MARCUS JUNKELMANN

DIE REITER ROMS

Teil III: Zubehör, Reitweise, Bewaffnung

277 Seiten mit 33 Farb- und 166 Schwarzweißabbildungen

Umschlag: Reiter und Pferd in der rekonstruierten Ausrüstung der Auxiliar-Kavallerie der 2. Hälfte des 1. Jahrhunderts n. Chr.

Vorsatz: Übungsreiten an der Küste bei Cap Circeo südlich von Rom.

Die Deutsche Bibliothek – CIP-Einheitsaufnahme

Junkelmann, Marcus:
Die Reiter Roms / Marcus Junkelmann. – Mainz am Rhein :
von Zabern
Teil 3. Zubehör, Reitweise, Bewaffnung. – 1992
(Kulturgeschichte der antiken Welt ; Bd. 53)
ISBN 3-8053-1288-1
NE: GT

3. Auflage 1998
ISBN 3-8053-1288-1

Printed in Germany by Philipp von Zabern
Printed on fade resistant and archival quality paper (PH 7 neutral)

NUBI NIGRAE

Inhalt

der mehr aufgenommen werden, doch wird die Ausrüstung vom Sommer 1993 an im Museum Carnuntinum ausgestellt werden.

Während des Herbstrittes 1990 und bei verschiedenen anderen Anlässen unterstützten uns mit großer Einsatzbereitschaft immer wieder die Männer der *Legio XIV Gemina Martia Victrix*, angeführt von meinem Mitreiter Dan Peterson, Frankfurt a. M. Wiederholt fand sich auch Dr. Klaus Schwab, Leverkusen, mit der 1. Römercohorte Opladen ein. Klaus Gebendorfer, Mainburg, danke ich für die mehrfache Überlassung seines Geländefahrzeuges. Bei den immer wieder auftretenden medizinischen und veterinärmedizinischen Problemen, nicht zuletzt den zahlreichen Unfällen, fanden wir zuverlässige Hilfe bei den Ärzten und Schwestern des Krankenhauses Mainburg, besonders Dr. Kurt Bröckner und Dr. Wolf-Dieter Götz, und bei den Tierärzten Dr. Eduard Jordan, Siegenburg, und Dr. Gerhard Strigl, Mainburg.

Nochmals darf ich mich für den steten Einsatzwillen aller meiner Mittreiter, zu denen inzwischen Philipp Höbel, Lindkirchen, gestoßen ist, bedanken, ganz besonders aber für die ebenso vielfältige wie unermüdliche Unterstützung von Marlies Höbel-Gall, ohne die die Unternehmungen ganz undenkbar gewesen wären.

Zahlreiche Photos machten für diesen Band Gerhard Bortenschlager, Mainburg, Dr. Nikolaus Grohmann, München, und Dr. Rainer Heilmann, Oberschleißheim. Obwohl das Material oft unter großem Zeitdruck an ihn herangetragen wurde, übernahm es Nikolaus Grohmann auch wieder, einen Großteil der graphischen Darstellungen, oft unter Einbringung eigener Überlegungen, zu zeichnen. Lynn Spiegl und Johannes Keh (C.A.T. Medienproduktion) besorgten die wegen der fortlaufenden Ergänzungen recht schwierigen Satzarbeiten. Schließlich sei nochmals dem Verlag Philipp von Zabern für die große Geduld bei der Betreuung dieser Trilogie und die großzügige Ausstattung gedankt.

Inhalt

Einleitung

Der dritte und abschließende Band von „Die Reiter Roms“ ist der antiquarischen und reittechnischen Seite des Themas gewidmet. Es sind diejenigen Kapitel, in denen unsere praktischen Experimente am ausgiebigsten Niederschlag gefunden haben, und sie wurden daher bewußt an den Schluß der Darstellung gesetzt, um dem Leser auch die neuesten Ergebnisse unserer Forschungen mitteilen zu können. Ganz entgegen dem ersten Eindruck ist die Archäologie ja eine höchst lebendige Wissenschaft. Neufunde und auch auf dem Wege des Experiments gefundene neue Erkenntnisse zwingen immer wieder zum Umdenken und zur Modifikation für gültig gehaltener Vorstellungen. Daher kann ein Buch wie dieses immer nur den zeitgebundenen Forschungsstand wiedergeben.

Gerade das römische Reitzubehör, und ganz besonders der Sattel, waren in den letzten Jahren Gegenstand eifriger Diskussionen. Die im folgenden vorgestellten Lösungsvorschläge wären ohne die vorangegangenen und parallel laufenden Arbeiten anderer Historiker und Archäologen ganz unmöglich zustande gekommen, auch wenn ich in einzelnen Details von ihren Ergebnissen abweiche. So waren die Arbeiten von Willy Groenman-van Waateringe und Peter Connolly wegweisend für unser Verständnis des römischen Sattels, letzterer war es auch, der damit begann, römische Reitausrüstung nachzubauen und praktisch zu testen bzw. testen zu lassen.

Natürlich ist man als „praktizierender“ und darstellender Historiker stets abhängig von der Mitarbeit der unmittelbar mit den Ausgrabungen befaßten Archäologen und Museumsleute. Mit großer Dankbarkeit darf ich erneut feststellen, daß ich hier überall auf bereitwillige Unterstützung gestoßen bin. Stellvertretend für viele sei Dr. Carol van Driel-Murray von der Universität Amsterdam genannt, die als Spezialistin für die gerade im Zusammenhang mit dem Reitzubehör so wichtigen Lederfunde unzählige Fragen beantwortete, praktische Vorschläge machte und mir auch noch unpubliziertes Material zur Kenntnis brachte. Im übrigen muß ich auf die Danksagungen in den Einleitungen zu den beiden ersten Bänden verweisen und mich auf einige Ergänzungen zu diesen beschränken.

In Nijmegen sei noch Drs. Annelies Koster vom Museum G.M. Kam für die Unterstützung während des Limesrittes im Herbst 1990 gedankt. Die Herstellung und Erprobung einer weiteren Variante des römischen Hörnchensattels wurde durch das Dominikanermuseum in Rottweil ermöglicht, wo dieser Sattel jetzt auch zu sehen ist. Die Rekonstruktion der kompletten Turnierausrüstung eines *eques* aus der Zeit um 200 n. Chr. nach Vorbildern aus *Carnuntum* und Straubing wurde vom Archäologischen Park Carnuntum (Bad Deutsch Altenburg in Niederösterreich) initiiert, für Hilfe danke ich hier vor allem Prof. Dr. Werner Jobst. Da die Arbeiten bei Drucklegung des Buches noch nicht abgeschlossen waren, konnten leider keine Bilder mehr aufgenommen werden, doch wird die Ausrüstung vom Sommer 1993 an im Museum Carnuntinum ausgestellt werden.

Während des Herbstrittes 1990 und bei verschiedenen anderen Anlässen unterstützten uns mit großer Einsatzbereitschaft immer wieder die Männer der *Legio XIV Gemina Martia Victrix*, angeführt von meinem Mitreiter Dan Peterson, Frankfurt a. M. Wiederholt fand sich auch Dr. Klaus Schwab, Leverkusen, mit der 1. Römercohorte Opladen ein. Klaus Gebendorfer, Mainburg, danke ich für die mehrfache Überlassung seines Geländefahrzeuges. Bei den immer wieder auftretenden medizinischen und veterinärmedizinischen Problemen, nicht zuletzt den zahlreichen Unfällen, fanden wir zuverlässige Hilfe bei den Ärzten und Schwestern des Krankenhauses Mainburg, besonders Dr. Kurt Bröckner und Dr. Wolf-Dieter Götz, und bei den Tierärzten Dr. Eduard Jordan, Siegenburg, und Dr. Gerhard Strigl, Mainburg.

Nochmals darf ich mich für den steten Einsatzwillen aller meiner Mittreiter, zu denen inzwischen Philipp Höbel, Lindkirchen, gestoßen ist, bedanken, ganz besonders aber für die ebenso vielfältige wie unermüdliche Unterstützung von Marlies Höbel-Gall, ohne die die Unternehmungen ganz undenkbar gewesen wären.

Zahlreiche Photos machten für diesen Band Gerhard Bortenschlager, Mainburg, Dr. Nikolaus Grohmann, München, und Dr. Rainer Heilmann, Oberschleißheim. Obwohl das Material oft unter großem Zeitdruck an ihn herangetragen wurde, übernahm es Nikolaus Grohmann auch wieder, einen Großteil der graphischen Darstellungen, oft unter Einbringung eigener Überlegungen, zu zeichnen. Lynn Spiegl und Johannes Keh (C.A.T. Medienproduktion) besorgten die wegen der fortlaufenden Ergänzungen recht schwierigen Satzarbeiten. Schließlich sei nochmals dem Verlag Philipp von Zabern für die große Geduld bei der Betreuung dieser Trilogie und die großzügige Ausstattung gedankt.

KAPITEL I

Das Zubehör

Auch der beste Reiter kann wenig mit einem Pferd anfangen, wenn er über keine Hilfsmittel verfügt, dem Tier seinen Willen mitzuteilen. Über das Leistungsvermögen einer Reiterei entscheiden also nicht nur die Qualität und die Ausbildung des Pferdes und das Können des Reiters, sondern auch die Eigenart des vorhandenen Zubehörs. Nicht alles, was man heute an Requisiten für unentbehrlich hält, war schon im Altertum gebräuchlich. So gab es mit Sicherheit noch keine Steigbügel, zumindest bis in die mittlere Kaiserzeit wohl auch keine Sättel mit festem Sattelbaum, genagelter eiserner Hufschutz war vermutlich gleichfalls unbekannt, auf keinen Fall wurde er regelmäßig angewandt. Daraus braucht sich freilich durchaus noch nicht zu ergeben, daß die Reitkunst im Altertum minderwertig gewesen sei, wie oft behauptet wurde, mit Sicherheit war sie aber anders.

Leider haben die Römer uns keine detaillierte Reitlehre hinterlassen, wie sie mit Xenophons beiden Büchern für die Reitweise der Griechen vorliegt. Wir können aber ruhig das meiste, was uns Xenophon mitteilt, auch auf die Römer anwenden, da die Bedingungen sich nicht grundsätzlich unterschieden haben und die Römer in Fragen der Pferdezucht, des Zubehörs und der Reitkunst ohnehin stark unter griechischem Einfluß standen. Glücklicherweise verfügen wir über reiches archäologisches Material, um die spärlichen schriftlichen Zeugnisse zu ergänzen. Bildlichen Darstellungen verdanken wir viele wertvolle Hinweise, doch sind es die erhaltenen Originalstücke, die uns die präziseste Auskunft über die materielle Ausstattung des römischen Reiters und seine Reitweise geben. Die Funktion manchen Gegenstandes ist freilich umstritten, und so bedarf es hier immer wieder des Experiments, um zu klareren Vorstellungen zu kommen. Das gilt erst recht für die realistische Beurteilung dessen, was ein antiker Reiter unter solchen Bedingungen zu leisten vermochte und was nicht. Hier gab es und gibt es in der Forschung oft krasse Fehleinschätzungen, die nur durch den praktischen Versuch überzeugend korrigiert werden können.

DAS GEBISS

Der Reiter hat, neben der Stimme, drei Möglichkeiten, auf sein Pferd dirigierend einzuwirken: die Gewichtsverlagerung, den Schenkeldruck und die Zügelhilfen. Letztere sind die verläßlichsten und durchgreifendsten. Auch wenn ein antiker Kavallerist, der im Gefecht oft genug beide Hände brauchte, um mit Schild und Lanze oder mit Pfeil und Bogen zu kämpfen, versuchen mußte, sein Pferd allein mit Gewichts- und Schenkelhilfen zu lenken, konnte er

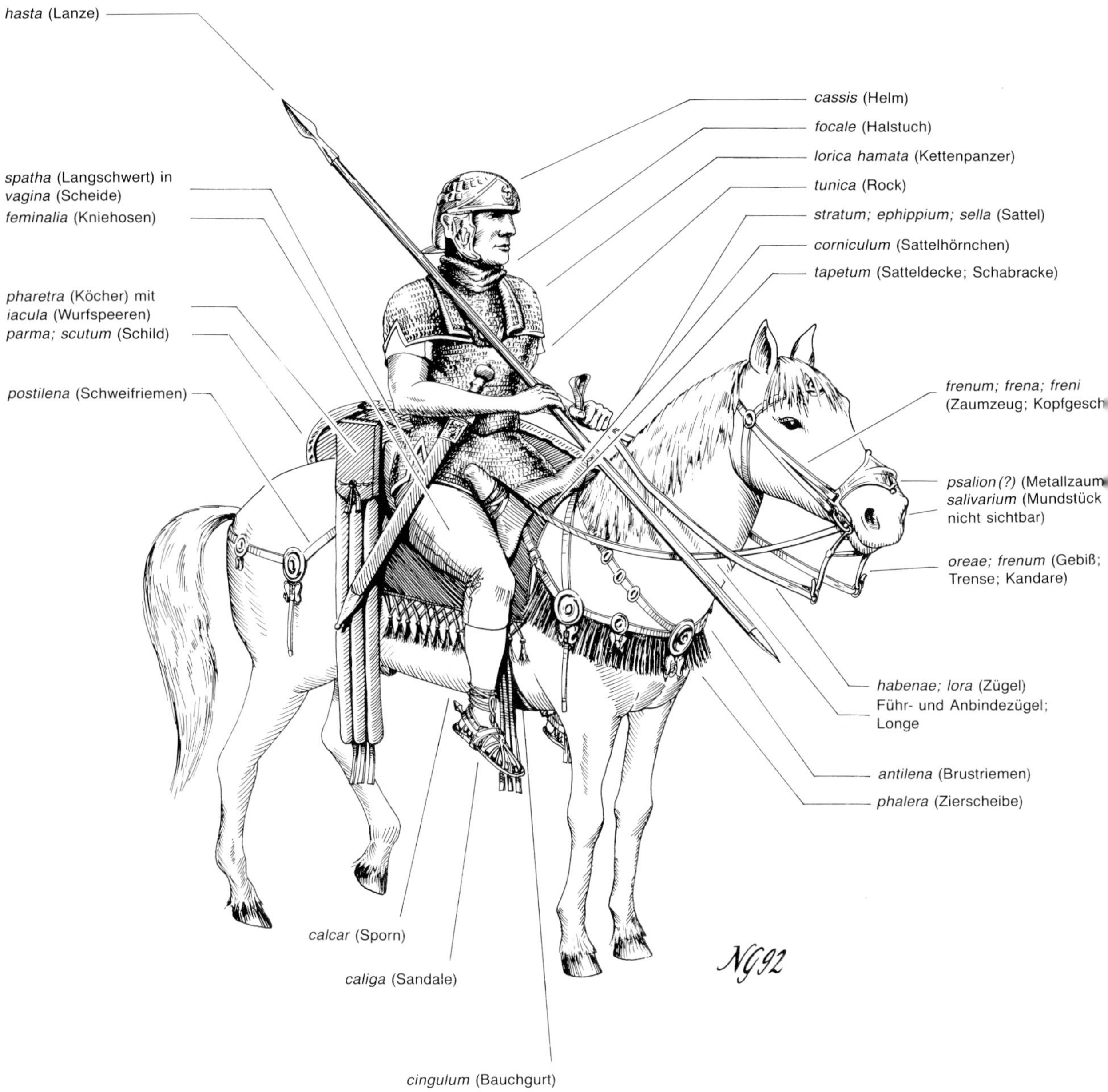

Abb. 1 Die lateinischen und deutschen Bezeichnungen für die wichtigsten Teile der römischen Reitausrüstung und Kavaller bewaffnung. Zeichnung Nikolaus Grohmann.

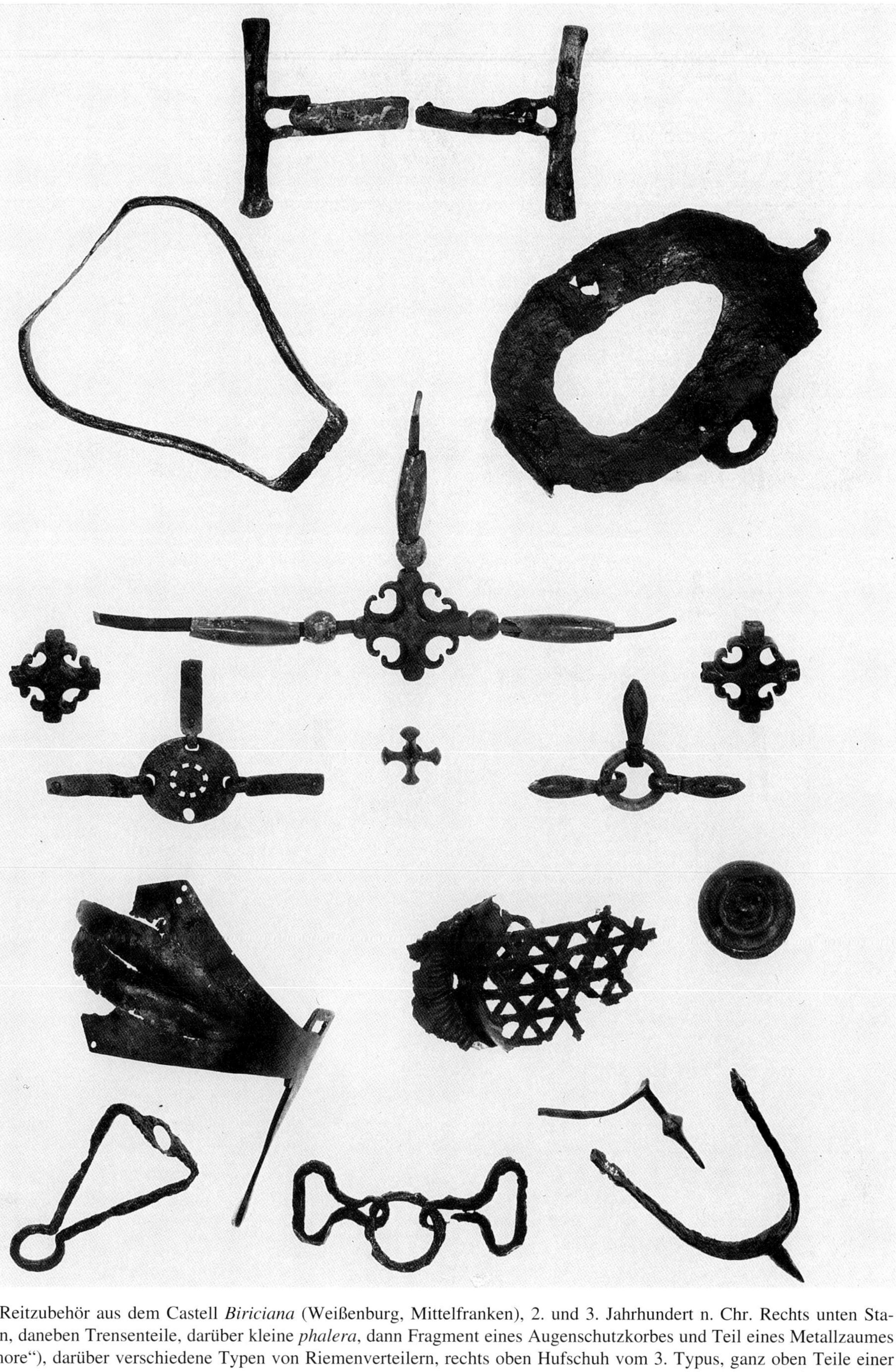

bb. 2 Reitzubehör aus dem Castell *Biriciana* (Weißenburg, Mittelfranken), 2. und 3. Jahrhundert n. Chr. Rechts unten Sta-elsporen, daneben Trensenteile, darüber kleine *phalera*, dann Fragment eines Augenschutzkorbes und Teil eines Metallzaumes Hackamore"), darüber verschiedene Typen von Riemenverteilern, rechts oben Hufschuh vom 3. Typus, ganz oben Teile einer nebeltrense. Bei dem Gegenstand links oben handelt es sich offensichtlich um einen Steigbügel, der in der Neuzeit unter die römi-hen Stücke geraten ist.

doch auf die „Notbremse“ in Gestalt des Zügels nicht ganz verzichten. Gerade weil er in den kritischsten Situationen nur sparsam vom Zügel Gebrauch machen konnte, mußte gewährleistet sein, daß jeder Einsatz sofort wirkte und beim Pferd „durchkam“. Das führte zur Verwendung sehr strenger Gebisse, die sich bei der heutigen Reitweise mit dauernd angenommenem Zügel wenig bewähren würden.

Die wichtigste Funktion des Zügels besteht darin, daß der Reiter mit seiner Hilfe in den Stand gesetzt wird, das Pferd rasch und zuverlässig unter Kontrolle zu bringen, er ist also seine Bremse. Zum Lenken dient er erst in zweiter Linie, wobei im Altertum die Signale weniger durch Ziehen als durch lockeres Anlegen gegeben wurden, da man die Zügel in der Regel nur mit einer Hand führte.

Es gibt nun sechs verschiedene Punkte, auf die der Reiter mit seinem Zügel einwirken kann. Das ist einmal das Maul, genauer die Lücke zwischen Schneide- und Hakenzähnen – letztere besitzen in der Regel nur Hengste – und den vorderen Backenzähnen, in die man das Mundstück des Gebisses legt, wobei die eigentliche fühlbare Wirkung gegen die Winkel der Maulspalte gerichtet ist, dann der Gaumen, die Unterseite der Kinnlade, der empfindliche Nasenrücken, die Zunge und schließlich die Luftröhre. Die Numider und Mauren verblüfften die Römer immer wieder dadurch, daß sie ohne Kopfzaum und – scheinbar – ohne Zügel ritten. Tatsächlich hatten die Reiter aus Nordafrika ihren Tieren eine Schlinge um den Hals gelegt, *Bd. I, Abb. 32,* mit der sie ihnen die Kehle einschnüren und sie so zum Gehorsam bringen konnten. Lefebvre *33* des Noëttes berichtet uns von einem französischen Offizier, der 1885 zum Staunen seiner Kameraden diesen uns heute so außergewöhnlich erscheinenden Reitstil pflegte: „Einer von uns, Leutnant Crémieux-Foa, der ein passionierter Reiter war, erschien eines Tages vor uns, einen kräftigen Vollblüter ohne Kopfzaum und Sattel reitend. Im gestreckten Galopp flitzte er über das Feld, übersprang Zeltseile, Gräben und Hindernisse, machte Wendungen, bremste ab und hielt sein Pferd an, ganz wie er wollte. Wir waren einigermaßen verblüfft, kamen aber bald hinter das Geheimnis: unser Kamerad hatte um den Hals des Pferdes einen Riemen geschlungen, den er als Zügel verwendete. Wenn er verlangsamen oder anhalten wollte, zog er mehr oder weniger kräftig an dem Riemen, der nahe den Ganaschen saß. Das drückte auf die Luftröhre und brachte das Tier zum Gehorsam. Wollte er nach links oder rechts wenden, gab er dem Pferd mit der flachen Hand einen Klaps auf den Hals.“ (Lefebvre des Noëttes, S. 227 f.)

Die Römer selbst haben diese Reitweise nicht angewandt. Der Zügel führte normalerweise zu einem im Maul liegenden Gebiß (*oreae*, häufig wird aber auch das eigentlich die ganze

◁ Abb. 3 Reitzubehör aus dem Kavalleriecastell *Asciburgium* (Moers-Asberg) am Rhein. Links eine *phalera*, auf der Rückseite befinden sich Ösen für einen dreifachen Riemenverteiler. Rechts unten vierfacher Riemenverteiler in Gestalt eines Ringes. Rechts oben Reste einer Stangentrense mit ungebrochenem Mundstück und seitlichen Bronzescheiben zur Befestigung des Zügels. Im 1. Jahrhundert n. Chr. lagen in *Asciburgium* hintereinander die *Ala I Tungrorum Frontoniana* und die *Ala Moesica.* Duisburg, Niederrheinisches Museum der Stadt Duisburg.

Abb. 4 Einige Ausrüstungsstücke eines römischen Kavalleristen, der Anfang des 4. Jahrhunderts n. Chr. im Moor bei Deurne in den Niederlanden versunken ist (vgl. Abb. 149). Sie umfassen eine Bronzeglocke vom Pferdegeschirr, den bronzenen Bügel eines Nietknopfsporns (der eiserne Dorn ist vergangen) und eine Zwiebelknopffibel. Leiden, Rijksmuseum van Oudheden.

Zäumung einschließlich des Kopfgestells meinende Wort *frenum* im Sinne von Gebiß gebraucht). Unter den Königen und in republikanischer Zeit waren, wie bei den Griechen, verschiedene Arten von Knebeltrensen die gebräuchlichsten Gebisse, sie kommen vereinzelt *Abb. 2, 5* noch in der Kaiserzeit vor. Sie konnten aus Bronze oder Eisen gefertigt sein und hatten einteilige, meist aber „gebrochene", d.h. zweiteilige und in der Mitte durch zwei ineinandergefügte Ösen zusammengehaltene Mundstücke. Auch wenn die sonstigen Teile aus Bronze waren, gab man der Trense meist ein Mundstück aus Eisen oder umfing dessen Bronzekern mit Eisen, um die bei Kupferlegierungen zu befürchtende Bildung von giftigem Grünspan zu vermeiden. Die seitlich vom Mundstück angebrachten senkrechten Knebel sollten verhindern, daß dieses aus dem Maul rutschte, außerdem drückten sie auf die empfindlichen Außenseiten der Lippen und die darüber und darunter befindlichen Knochenpartien. Schließlich dienten die Knebel bzw. seitlich an ihnen angebrachte Ringe zur Befestigung der Backenriemen und der Zügel. Die noch meist aus Bronze gefertigten Knebeltrensen des 8. und 7. Jahrhunderts v. Chr. (Villanova- und frühetruskische Periode) besaßen reichen figürlichen oder ornamentalen Schmuck an den Seitenteilen, die Mundstücke konnten eine glatte oder eine in Kordelrillung gekerbte Oberfläche haben. Letztere stellte eine Verschärfung dar, indem punktueller Druck erzeugt wurde. In den Gräbern jener Zeit werden die Trensen fast immer paarweise gefunden, was zeigt, daß die Pferde vor allem zum Ziehen von Wägen und weniger zum Reiten benutzt wurden. In der Folgezeit saßen auf dem Mundstück nach griechischem Vorbild oft lose übergeschobene Röhren, Scheiben und Walzen („Zungenspiel"), die mit Kerben und Sta- *Abb. 5* cheln versehen sein konnten (*echini* von ἔχινος – „Igel"). Stacheln verschärften natürlich den Zug auf die Maulspalte ganz ungemein und verursachten den berühmt-berüchtigten blutigen Schaum im Maul. Außerdem drückten die stacheligen Walzen auf die empfindliche Zunge, was diese anschwellen lassen konnte. Johannes Potratz schildert die brutale Wirkung der griechischen Knebeltrense recht anschaulich: „Der beabsichtigte Effekt ist zweierlei. Einmal soll verhindert werden, daß das Pferd sich mit der Zunge gegen das Mundstück stemmt und dadurch die Zügeleinwirkung mindert bzw. sogar unwirksam macht. Zum andern aber fügt das ruckweise Anziehen der Zügel den Tieren so jähen Scherz zu, daß sie selbst bei großer Hysterie den Gehorsam zu versagen vergessen." (Potratz 1966, S. 233)

Der Gebrauch ausnehmend grausamer Gebisse, wie die geschärften Knebeltrensen der Griechen und, mit Einschränkungen, die Hebelstangentrensen der römischen Kaiserzeit und des Mittelalters sie darstellten, erscheint uns heute wenig reiterlich, aber zum einen waren aus den oben dargelegten Gründen die Möglichkeiten der Zügeleinwirkung beim Gefechtsreiten sehr beschränkt, zum anderen brauchte der Krieger im Chaos des Nahkampfes ein verläßliches Mittel, um sein manchmal bis zur Panik erregtes Pferd unter Kontrolle zu halten. Verweigerte das Tier den Gehorsam, konnte es meist durch den Schock der plötzlichen Schmerzzufügung vom eigentlichen Gegenstand seines Schreckens abgelenkt und wieder gefügig gemacht werden. Natürlich setzte ein guter Reiter solche scharfen Hilfsmittel, die das Pferd ja ernsthaft verletzen und auf Dauer im Maul abstumpfen konnten, nur äußerst sparsam ein. Auch war es nicht notwendig, jedes Pferd mit einem so strengen Gebiß auszurüsten. Daß man hier durchaus zu nuancieren verstand, geht aus Xenophons berühmter Reitlehre hervor (Περὶ ἱππικῆς X,6ff):

„Zunächst müssen wir wenigstens zwei verschiedene Gebisse haben. Das eine soll glatt und mit ziemlich großen Scheiben versehen sein, das andere aber kleinere Scheiben und mit Stacheln versehene Walzen haben, die dem Pferd unangenehm sind und es veranlassen, das

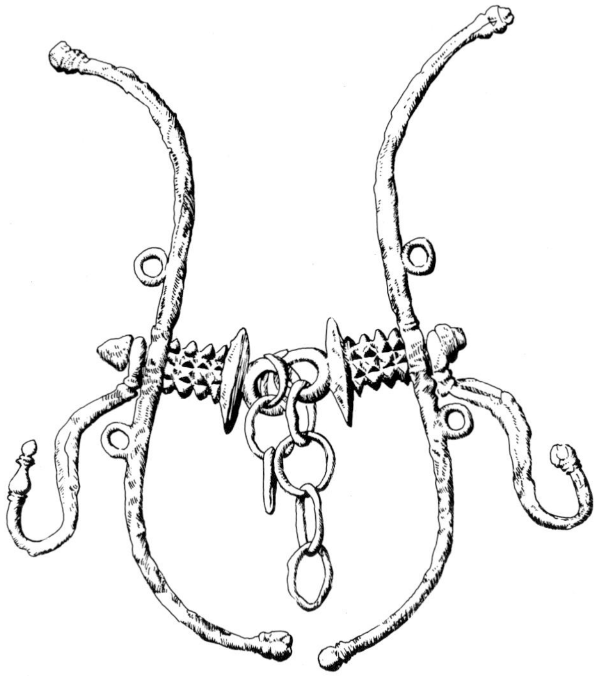

Abb. 5 Griechische Knebeltrense aus einem böotischen Grabe, 1. Hälfte 4. Jahrhundert v. Chr. Die S-förmig geschwungenen 28,5 cm langen Knebel aus Bronze sind typisch für griechische Trensen. Das gebrochene eiserne Mundstück ist mit Scheiben („Maulsperre"), stacheligen Walzen (ἔχινοι) und einer Kette als Zungenspiel versehen. Die beiden geschwungenen seitlichen Haken dienten zur Befestigung der Zügel, die ober- und unterhalb davon angebrachten Ösen zu der des Kopfgeschirrs. Antiquarium Berlin. Zeichnung Nikolaus Grohmann nach Potratz, *Die Pferdetrensen des Alten Orients*, Fig. 10.

Mundstück lose im Maul zu halten. Wird dagegen mit dem glatten Gebiß geritten, soll sich das Pferd über die Glätte freuen und sich ebenso verhalten, wie es das mit dem scharfen Mundstück gelernt hat. Sollte es aber die glatte Trense mißachten und sich zu häufig auf das Gebiß legen, dann geben wir den Scheiben eine entsprechende Größe, damit das Pferd gezwungen ist, das Maul zu sperren und das Gebiß lose zu halten. Man kann aber auch mit dem scharfen Gebiß flexibel umgehen, indem man manchmal mit den Zügeln nachgibt, manchmal die Zügel annimmt. Welcher Art von Trensen aber man sich auch bedienen mag, stets sollte das Mundstück gebrochen sein. . . Bei dem gebrochenen Mundstück ist es wie mit einer Kette, denn nur der Teil, den man fest im Griff hat, verhält sich starr, der Rest bleibt beweglich. Das Pferd wird immer bemüht sein, den entschlüpfenden Teil gleichfalls zu erfassen und dabei das Mundstück loslassen. Aus eben diesem Grunde befestigt man auch an den Ösen in der Mitte des Mundstückes eine Kette aus mehreren ringförmigen Gliedern, die das Pferd mit der Zunge und mit den Zähnen zu erreichen versuchen wird, wobei es vergißt, sich am Mundstück festzubeißen [‚Zungenspiel']. . . Man darf nicht zu scharf im Maul reißen, sonst schlägt das Pferd mit dem Kopf, nimmt man aber den Zügel zu leicht an, merkt das Pferd nichts. Wenn es unter dem Zügelzug den Nacken, hochnimmt, dann muß man sofort mit den Zügeln nachgeben und das Tier – wie bei jeder entsprechenden Gelegenheit – für seinen Gehorsam loben. Die Wichtigkeit dieser erzieherischen Maßnahmen betone ich immer wieder."

Die verschärfte Knebeltrense mit *echini* kam im 3. Jahrhundert v. Chr. außer Gebrauch, als mit den Hebelstangentrensen eine neue Art der Zäumung gefunden war, die bei vergleichbarer potentieller Strenge weniger verletzungsträchtig war und, im Gegensatz zu den stets unangenehm im Maul liegenden Stachelwalzen, dem Pferd nur im Bedarfsfalle Pein bereitete. Die spätrepublikanischen und kaiserzeitlichen Knebeltrensen der Römer verfügten im allgemeinen über keine Verschärfungen.

Eine Abart der Knebeltrense war die Trense mit Scheibenknebeln, die in spätrepublikanischer Zeit recht verbreitet war und noch in der Kaiserzeit vorkam. *Abb. 3* Sie konnte gebrochenes oder, häufiger, ungebrochenes Mundstück haben. Statt der Knebel saßen an den Enden des Mundstückes, vor den Zügelringen, Ösenscheiben, meist aber drei in der Form eines Kleeblattes zusammengefügte Ringe. An den Durchbrüchen der Ösenscheiben bzw. an zwei der drei Ringe wurden die zweiteiligen Backenriemen befestigt.

Der Wirkungsweise der Knebeltrense in ihren milderen Formen ähnelte die der Ringtrense. Dieses weitgehend unserer heutigen Wassertrense entsprechende Gebiß war eine Entwicklung der La-Tène-Zeit *Abb. 6, 7, 8* und kam mit der keltischen Kavallerie zu den Römern. Statt der Knebel war es mit großen Ringen versehen, die die gleichen Funktionen erfüllten. Die Mundstücke konnten auch hier einteilig sein (Stangengebiß), weit häufiger aber waren sie gebrochen. Sie hatten zum Teil viereckigen, zum Teil runden Querschnitt. Zungenspiel oder gar *echini* waren bei dieser Art von Trense nicht gebräuchlich. Die Wirkung beruhte ganz auf dem unmittelbaren Zug gegen Backenzähne und Maulspalte. Je schmäler der Durchmesser des Mundstückes war, desto schärfer und schneidender wirkte die Trense.

Die gewöhnlich eisernen römischen Ringtrensen waren in der Verarbeitung ihren latènezeitlichen Vorläufern meist unterlegen. Das mag damit zusammenhängen, daß sie die einfachste und billigste Art des Pferdegebisses darstellten und vorwiegend von weniger wohlhabenden Reitern verwendet wurden. Viele der gefundenen Ringtrensen dürften auch für Zugtiere bestimmt gewesen sein. Auf jeden Fall war die Ringtrense neben der Kandare das verbreitetste Gebiß der Kaiserzeit. Ihre Beliebtheit überdauerte das Altertum, und sie steht, wie gesagt, heute noch in fast unveränderter Form in Gebrauch.

Das typischste römische Gebiß ist jedoch die Hebelstangentrense, die in ihrer Wirkungsweise der modernen Kandare ähnelt. Man sollte sie auch eigentlich Hebelstangengebiß

Abb. 6 Zwei eiserne römische Ringtrensen, aus Tiefenbach und Gräfenhausen, Württemberg. Limesmuseum Aalen.

Abb. 7 Eiserne Ringtrense mit gebrochenem Mundstück, aus Newstead (Schottland), 1./2. Jahrhundert n. Chr. Edinburgh, Royal Museum of Scotland.

Abb. 8 Ringtrense mit gebrochenem eisernem Mundstück, im Überfangguß applizierten Bronzeverkleidungen an den Stangenenden, eisernen Zügelringen und durchbrochenen bronzenen Trensenscheiben. In den Öffnungen der letzteren wurden Backen-, Nasen- und Kinnriemen des Kopfgeschirrs befestigt. Aus der Gegend von Eichstätt, 3. Jahrhundert n. Chr. München, Prähistorische Staatssammlung.

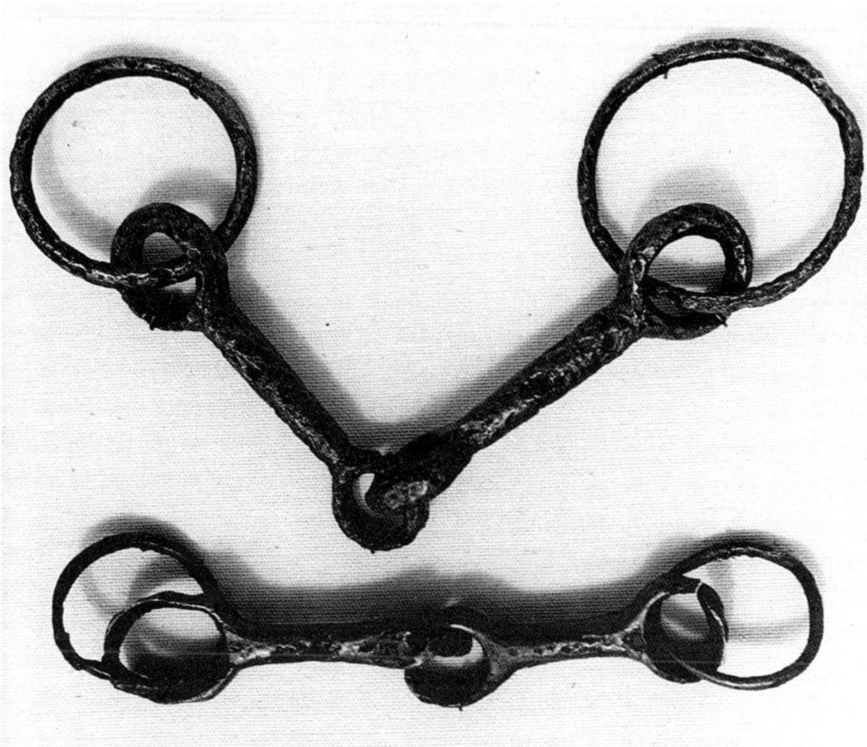

FRA 500

oder -kandare nennen, da es sich nicht um Trensen im engeren Sinne des Wortes handelt, doch hat sich der Ausdruck „Hebelstangentrense“ mittlerweile eingebürgert. Vermutlich ist sie das, was die Römer das *frenum lupatum* nannten, das wölfische, also besonders scharf „zubeißende“ Gebiß. Hebelstangentrensen tauchen ziemlich gleichzeitig gegen Ende des 4. Jahrhunderts v. Chr. im thrakischen und im süditalisch-römischen Bereich auf. Die thrakischen Kandaren besitzen ein gerades einteiliges oder gebrochenes Mundstück mit *echini*, die römischen ab spätrepublikanischer Zeit meist ein einteiliges, das aber die charakteristische Mittelbucht („Zungenfreiheit“ oder „Gaumendrücker“) aufweist. Zungenspiel kommt bei den römischen Kandaren beiderseits der Mittelbucht vor, aber so gut wie immer ohne Stacheln. Das Mundstück sitzt bei beiden Typen beweglich zwischen zwei Stangen („Bäume“ oder „Anzug“), die sich aus den Knebeln entwickelt haben dürften. Im Gegensatz zur Knebeltrense ist das Mundstück aber nicht in die Mitte der seitlichen Bäume eingelassen, sondern am oberen Ende, die etwa 15 cm langen Bäume hängen also vom Maul des Pferdes nach unten. Ein Quersteg verbindet die beiden Bäume unterhalb des Kinns. Dieser Steg ist bei vielen Trensen verstellbar, um sie dem jeweiligen Tier anpassen zu können. Am unteren Ende der Bäume befinden sich Haken und Ösen zur Befestigung der Zügel. Die Backenriemen des Kopfgestells werden an großen länglichen Ösen, die seitlich am Mundstück sitzen, festgemacht.

Abb. 9, 10, 11, 12, 13

Die römische Kandare war ohne Zweifel das ausgeklügeltste und wirksamste Gebiß, das bis dahin ersonnen worden war. Wie hat sie funktioniert? Selbst erfahrene Reiter standen der Anwendungsweise der Hebelstangentrense etwas ratlos gegenüber und machten ganz widersprüchliche Vorschläge, bis praktische Versuche Klarheit schafften. Da das Mundstück mit seiner Zungenfreiheit beweglich angebracht ist und da eine Kinnkette fehlt, wurde vielfach behauptet, es handle sich um keine echte Kandare. Der Quersteg unter dem Kinn erfüllt aber eine ähnliche Funktion wie die Kinnkette. Wird der Zügel scharf angenommen, drückt der Zug der Bäume, die nun wie Hebel wirken, mit beträchtlicher Gewalt den Quersteg gegen die empfindliche Kinnlade des Pferdes. In diesem Augenblick übernimmt der Steg auch die Rolle einer Achse, um die sich die Bäume drehen und in einem Kipphebelprozeß mit dem Mundstück den Vorderteil der Kinnladen nach unten drückt. Bei unseren Versuchen zeigte es sich, daß der Quersteg mit Leder oder Fell umwickelt werden sollte, da es sonst bei längerem Gebrauch blutige Druck- und Scheuerstellen geben konnte. Hätte der Quersteg nur die Aufgabe gehabt, die beiden Hebelbäume auseinander zu halten, wäre es überflüssig gewesen, ihn verstellbar zu machen.

Die Mittelbucht hat gleichzeitig eine mildernde und eine verschärfende Wirkung. Zunächst verhindert sie, daß das Mundstück auf die Zunge drückt, ist also buchstäblich eine „Zungenfreiheit“. Manche Autoren sehen hierin ihre einzige Funktion, doch würde das nicht erklären, weshalb die Römer die Bucht so ausnehmend lang gemacht haben, viel länger, als es notwendig gewesen wäre, um der Zunge auch bei angenommenem Zügel Raum zu verschaffen. Das Mundstück sitzt ja, anders als bei modernen Kandaren, beweglich zwischen den Bäumen, die beiden Stellen, an denen es in diese eingelassen ist, bilden Drehpunkte. Zieht man nun an den Bäumen und tritt der oben erwähnte Kipphebeleffekt ein, stellt sich die Mittelbucht auf und drückt gegen den Gaumen. Das Pferd öffnet, um dem Druck auszuweichen, das Maul und kann sich nicht mehr auf das Gebiß legen. Wesentlich strenger wird die Wirkung, wenn, wie das gewöhnlich der Fall gewesen zu sein scheint, die Hebelstangentrense in Verbindung mit einem entsprechend eingestellten Nasenband aus Leder oder gar aus Metall eingesetzt wird. Das Pferd kann dann das Maul nicht mehr öffnen und ist dem Druck der Mittelbucht gegen

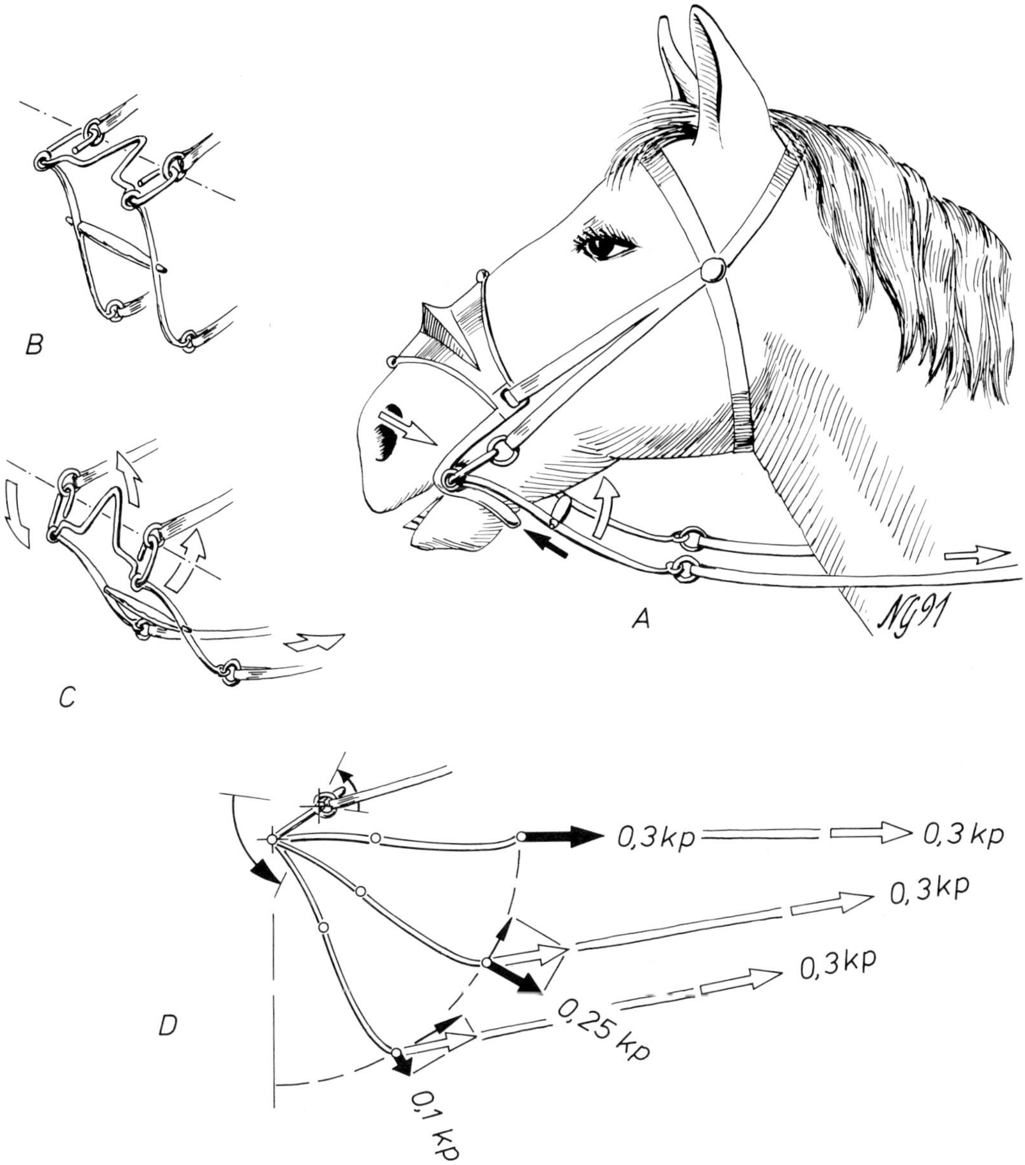

Abb. 9 Die Funktionsweise der Hebelstangentrense mit Mittelbucht. Abb. A zeigt die Trage- und Wirkungsweise in Kombination mit einem Metallzaum, Abb. B die Position bei durchhängendem Zügel, Abb. C die veränderte Position und die Zug- und Druckkräfte bei angenommenem Zügel. Auf Abb. D ist der sehr nuancierte Einsatz, den die Hebelstangentrense ermöglicht, dargestellt. Die durch die Hebel und den Abstand zwischen Kinnstange und Kinn bewirkte Länge der Wege hat zur Folge, daß ein geringfügiges Annehmen der Zügel noch keine spürbare Wirkung auf das Pferd ausübt. Erst in der obersten Stellung, in der der Reiter bereits mit einer Kraft von 0,3 kp die Zügel zurückzieht, tritt die eigentliche Kipp- und Hebelwirkung der Kandare ein. Zeichnung Nikolaus Grohmann.

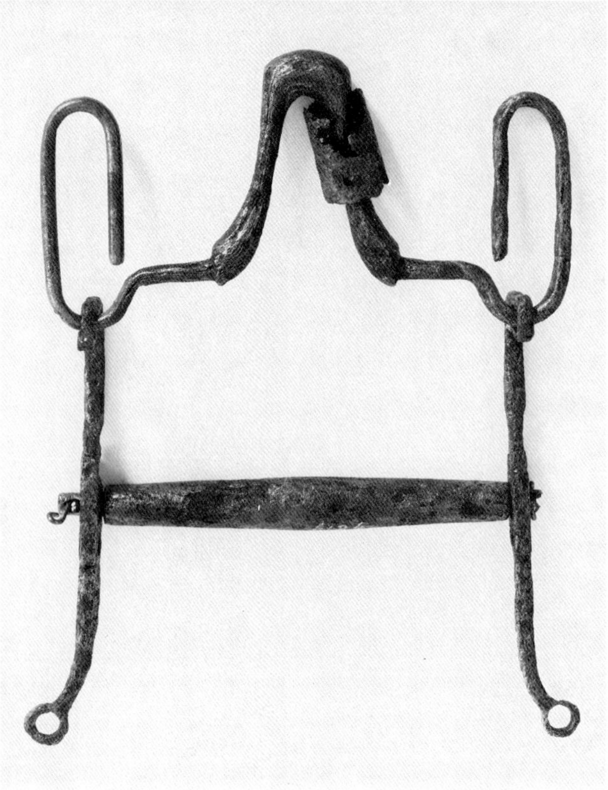

Abb. 10 Eiserne Hebelstangentrense mit Mundstück mit Mittelbucht und verstellbarer Kinnstange, aus Augsburg-Oberhausen, um Christi Geburt. Augsburg, Römermuseum.

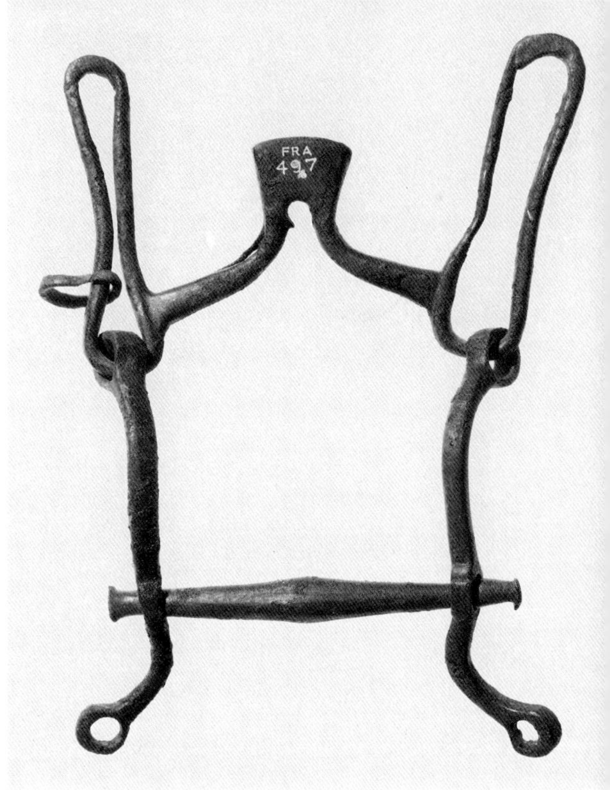

Abb. 11 Eiserne Hebelstangentrense mit Mundstück mit Mit
telbucht, aus Newstead (Schottland), 1./2. Jahrhundert n. Chr
Edinburgh, Royal Museum of Scotland.

Abb. 12

Abb. 13

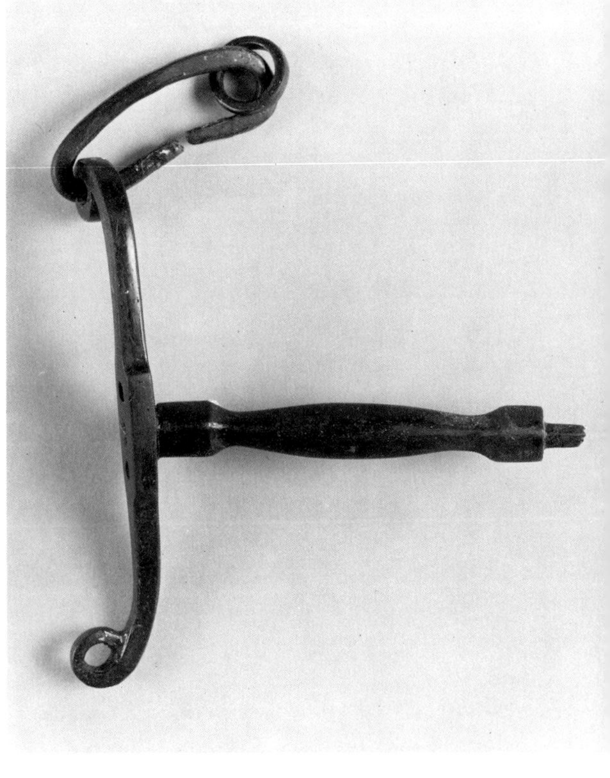

den Gaumen und dem gleichzeitig in die Gegenrichtung wirkenden Druck des Mundstückes auf den Unterkiefer ausgesetzt, während der Steg von unten in die Kinnlade preßt.

Die Hebelstangentrense ist also ein vierfach auf Maulspalte, Unterkiefer, Gaumen und Kinnladen des Pferdes einwirkendes überaus scharfes Gebiß, das diszipliniert und sparsam eingesetzt werden muß. Dadurch, daß im Gegensatz zu heutigen Kandaren das ganze System in sich beweglich ist, indem die beiden Bäume unabhängig voneinander vor- und zurückschwingen können, ist die Gefahr unbeabsichtigter Wirkung gemindert. Beim Lenken durch Anlegen des Zügels, wie es beim einhändigen Reiten praktiziert wird, bleibt das Mundstück ruhig, da die Bewegung der Bäume nur durch Zug, nicht aber durch seitliches Verlagern der Zügelhaltung übertragen wird. Es wäre also einseitig, nur die Schärfe der römischen Hebelstangentrense zu konstatieren. Gewiß, sie ermöglichte es dem Reiter im Bedarfsfalle, mit dem Vielfachen der von einer Ringtrense entwickelten Kraft auf Gaumen und Kinn des Tieres einzuwirken. Zugleich aber gestattete sie es ihm, seine Hilfen sehr viel nuancierter, dosierter anzubringen, und sicherte durch die Flexibilität der Bäume und des Mundstückes das Pferd vor unbeabsichtigtem Reißen im Maul. Man muß daher die Hebelstangentrense als ein durchdachteres und letztlich milderes System bezeichnen als viele moderne Kandaren. Mit Recht hat schon Potratz (1966, S. 262) die römische Hebelstangenmechanik im Vergleich zur griechischen Knebeltrense und zur mittelalterlichen Hebelstangentrense als „rücksichtsvoll" bezeichnet. Daß man aus der Länge der Bäume nicht pauschal auf die brutale Wirkung eines Gebisses schließen darf, ist von W.v. Unger (S. 59) auch im Zusammenhang mit den Kavalleriekandaren des 18. Jahrhunderts festgestellt worden: „Die Länge der Anzüge gab nun allerdings dem Reiter eine größere Hebelwirkung in die Hand . . . ein ungeschickter Reiter konnte einem noch unsteten Hals große Qualen bereiten; aber es bedurfte größerer Armbewegung, um die langen Hebel in Bewegung zu setzen; kleine Anzüge brachten im Maul nur feine Wirkungen hervor, Gueriniere geht so weit, die Stange mit längeren Anzügen für die weichere Zäumung zu erklären, weil bei den kürzeren Anzügen die Wirkung die schnellere sei."

Einigermaßen vollständige Exemplare von Hebelstangentrensen werden seltener gefunden als die von Ringtrensen. Das hat nicht zu bedeuten, daß sie weniger häufig bei Reittieren verwendet worden wären – eher scheint das Gegenteil der Fall gewesen zu sein –, sondern ist ganz einfach eine Folge des viel komplexeren Aufbaus. Einzelteile von Hebelstangentrensen tauchen nämlich recht häufig im Fundgut auf. Im Hochmittelalter waren noch verschärfte Formen von Hebelstangentrensen neben Knebel- und Ringtrensen in Gebrauch, erst im Spätmittelalter wurden sie durch Vorläufer unserer modernen Kandaren mit Kinnkette verdrängt.

Eine kurzlebige Erscheinung waren die Trensen mit Unterlegbügel. Sie wurden zu Unrecht häufig als eine Abart der Hebelstangentrense bezeichnet, es fehlt ihnen nämlich das Entscheidende, die Hebelstangen. Ann Hyland (1991) schreibt den kurzen Fortsätzen der Newsteader Exemplare, die der Anbringung der Backen- und wohl auch eines Nasenriemens dienten, eine gewisse Hebelwirkung zu, doch da diese Fortsätze, wie auch der Unterbügel, drehbar angebracht sind, ist eine solche kaum festzustellen. Da nicht alle Exemplare mit Fortsätzen verse-

◁ Abb. 12 Bronzene Hebelstangentrense mit eisenverkleidetem gebrochenem Mundstück, Herkunft unbekannt. Sammlung des Verfassers.

Abb. 13 Seitenteil mit verstellbarer Kinnstange von einer eisernen Hebelstangentrense aus dem Lager von Haltern. Anfang 1. Jahrhundert n. Chr. Münster, Westfälisches Museum für Archäologie.

Abb. 14, 15, 16, 17 hen sind, können sie kein entscheidender Bestandteil dieser Trensen sein. Von dem fast halbkreisförmig das Kinn umfassenden Unterbügel an sich geht kein hebelnder Druck gegen die Kinnladen aus, wie bei einer Kandare, vielmehr wird er durch den Zügelzug ganz einfach gemeinsam mit dem Mundstück nach hinten gezogen. Da die Kinnladen sich nach hinten verbreitern, bewirkt dies einen gewissen Druck, der die Wirkung des Gebisses verstärkt. In Verbindung mit einem Nasenriemen wird das Pferd daran gehindert, das Maul zu öffnen und sich der Wirkung der Trense zu entziehen. Die Mundstücke können einteilig, gebrochen oder mit einer Mittelbucht versehen sein. Der Trense mit Unterlegbügel fehlte sowohl die Flexibilität als auch die potentielle Schärfe der Kandare. In Pompeii wurde allerdings ein Exemplar ausgegraben, von dem eine gewisse kandarenartige Hebelwirkung ausgehen konnte. Das gebrochene Mundstück sitzt zwischen zwei senkrechten ovalen Scheiben, in die unterhalb des Mundstückes die Aufhängungen des Unterlegbügels und, ganz unten, die Zügelringe eingelassen sind. Nahm man den Zügel an, bildeten die ovalen Scheiben Hebel, die sich um den Unterlegbügel als Achse drehten und diesen kräftig gegen die Kinnladen drückten, während das Mundstück nach oben abknickte und ähnlich wie eine Mittelbucht wirkte. Normalerweise waren aber Mundstücke, Unterlegbügel und Zügel gemeinsam an den großen Ringen einer *Abb. 15* Ringtrense befestigt, so daß kein wesentlicher und schon gar kein kalkulierbarer Hebeleffekt eintrat. Die bereits erwähnte Trense aus Newstead besitzt zwar martialisch aussehende gekreuzte Knebel und eine Kordelrillung am Stangenmundstück und am Unterbügel, durch die kein flächiger, sondern punktueller, also schärferer Druck erzeugt wird, doch sitzen die Zügelringe an den Enden der Gebißstange und können somit keine eigentliche Hebelwirkung *Abb. 17* auslösen, wie wir uns bei Versuchen mit einem nachgebauten Exemplar überzeugen konnten. Die manchmal geäußerte Ansicht, der Unterlegbügel sei tatsächlich ein Nasenbügel und müsse dem Pferd über den Nasenrücken geschoben werden, verträgt sich nicht mit der Konstruktion dieser Gebisse. Da der Bügel nicht starr sitzt und kein das Kinn umfassendes Unterteil hat wie der gleich zu besprechende Metallzaum, würde er vornüber herunterrutschen. Selbst wenn er dies nicht täte, könnte der von den Zügeln ausgehende Zug so wenig eine hebelnde Wirkung gegen das Nasenbein ausüben, wie sie bei der Trageweise als Unterlegbügel gegen das Kinn eintritt. Trensen mit Unterlegbügel waren in der frühen Kaiserzeit recht verbreitet, scheinen aber bereits im 2. Jahrhundert n. Chr. wieder außer Gebrauch gekommen zu sein. In der mittleren und späten Kaiserzeit erfreuten sich Ringtrensen mit Mittelbucht und Unterlegbügel bei den Germanen einiger Beliebheit.

Kein Bestandteil des römischen Zaumzeugs hat solches Rätselraten verursacht wie die bronzenen (tatsächlich meist messingenen), in wenigen Ausnahmefällen eisernen Kopfgestel- *Abb. 18, 19, 21* le, die man in der neueren Literatur gewöhnlich mit der irreführenden Bezeichnung Metallhackamore belegt. Früher sprach man meist von Kappzäumen (*cavessons*), womit gleichfalls unrichtige Vorstellungen von der Wirkungsweise des antiken Metallzaums geweckt werden. Kappzäume wurden in der Antike tatsächlich verwendet, doch sind sie nicht mit dem zur Debatte stehenden Instrument identisch. Ein Kappzaum ist ein metallenes oder mit Metall ver-

Abb. 14 Eiserne Trense mit Unterlegbügel und gebrochenem Mundstück, aus dem Castell Neuwied-Niederbieber (Rheinland-Pfalz), 2. Jahrhundert n. Chr. Bonn, Rheinisches Landesmuseum. ▷

Abb. 15 Eine von zwei eisernen Trensen mit Unterlegbügel, einteiligem Mundstück und gekreuzten Knebeln, aus Newstead (Schottland), 1./2. Jahrhundert n. Chr. Edinburgh, Royal Museum of Scotland.

Abb. 16 Eiserne Trense mit gebrochenem Mundstück und Unterlegbügel vom Magdalensberg in Kärnten, 1. Jahrhundert n. Ch
An den in drei runden Ösen endenden dreieckigen Seitenteilen waren Unterlegbügel und Backenriemen befestigt, der Zügel saß i
den an den Enden des Mundstücks angebrachten Ringen. Eine spürbare Hebelwirkung konnte diese Trense nicht ausüben. Ei
zweites ganz ähnliches Stück wurde am gleichen Platz gefunden. Ausgrabungs- und Freilichtmuseum Magdalensberg.

Abb. 17 Rekonstruktion der in Newstead gefundenen Trense mit Unterlegbügel am Pferd. Die Kreuze an den Seiten wirken w
Knebel. Rekonstruktion Karl Huber, Train.

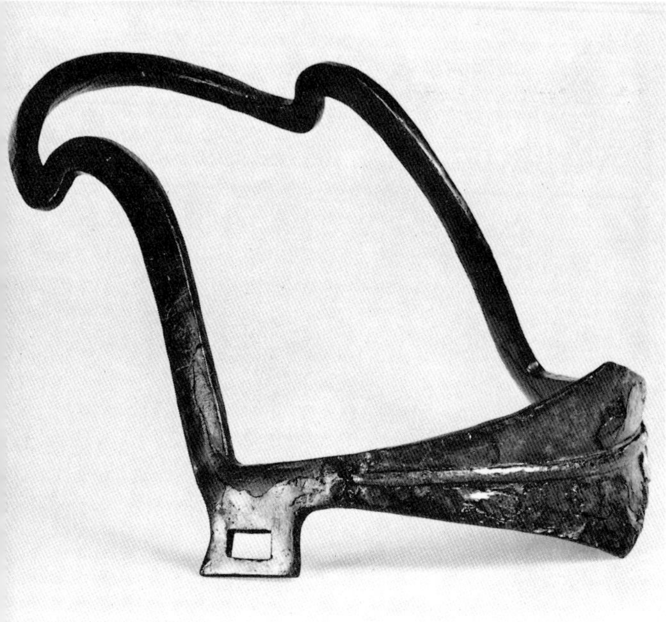

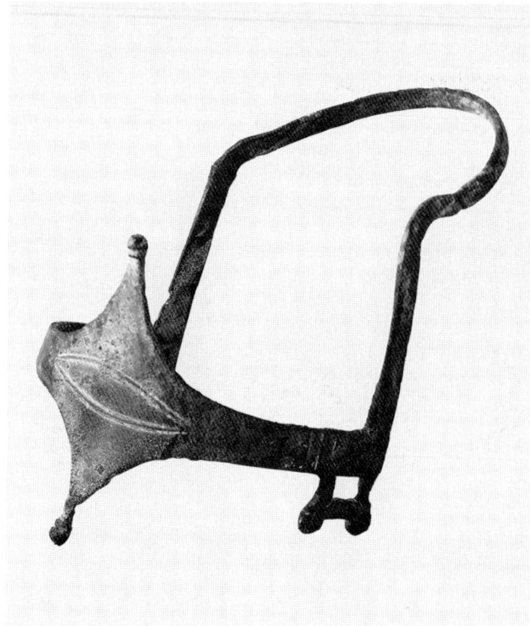

ɔb. 18 Eiserner Metallzaum mit bronzeverziertem Nasenband aus dem Legionslager Haltern in Westfalen, Anfang 1. Jahrhun-
rt n. Chr. Münster, Westfälisches Museum für Archäologie.
ıoto Westfälisches Museum für Archäologie, Münster

ɔb. 19 Bronzener Metallzaum („Hackamore"), aus Geinsheim-Böblingen. Speyer, Historisches Museum der Pfalz.

ɔb. 20 Pferdekopf mit Metallzaum, wohl von einer Iuppitergigantensäule, aus Wallerfangen, 2./3. Jahrhundert n. Chr. Trier,
ıeinisches Landesmuseum.

ɔb. 21 Bronzener Metallzaum aus Newstead (Schottland), 1./2. Jahrhundert n. Chr. Edinburgh, Royal Museum of Scotland.

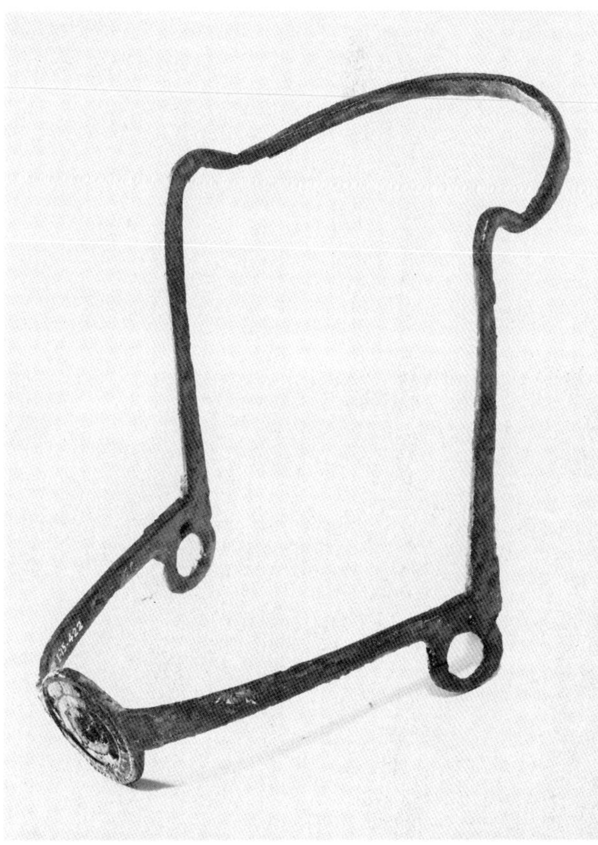

Abb. 22

Abb. 23

Abb. 24

Abb. 25

Abb. 26

stärktes Nasenband, das bei Betätigung durch den an diesem befestigen Zügel oder die Longe auf das empfindliche Nasenbein des Pferdes einwirkt. Er wird vor allem bei der Ausbildung junger Pferde benutzt, um sie nicht im Maul stumpf zu machen. Der römische Metallzaum besaß jedoch zusätzlich zum Nasenband einen durch Seitenstege versetzten Unterbügel. Zwei runde oder viereckige Ösen an den unteren Ecken des Nasenbandes dienten zur Befestigung. Die Kombination von Nasenband und gegen die Unterkiefer wirkendem Unterbügel war es, die die Analogie mit der modernen Hackamore nahelegte.

Die echte amerikanische Hackamore (*Jaquima*, *Bozal*) ist ein starkes Leder- oder Rohlederband, das über den Nasenrücken des Pferdes läuft und unter dem Kinn zu einem Knoten zusammengebunden ist. An diesem wird die Longe (*Mecate*) befestigt, die um den Hals des Pferdes gelegt und zu einem geschlossenen Zügel vereinigt wird. Bei Annehmen dieses Zügels drückt der Knoten der Hackamore auf die empfindlichen Unterkiefer des Pferdes, während der Nasenriemen auf den gleichfalls sehr sensiblen Nasenrücken wirkt. Man verwendet die Hackamore meist anstelle von Trensen oder Kandaren, vornehmlich um im Maul überempfindliche oder abgestumpfte Tiere durch die gleichzeitige Einwirkung auf Nasenrücken und Unterkiefer zu „erreichen". Der römische Metallzaum scheint dagegen immer nur in Ergänzung zur Ring- oder zur Hebelstangentrense eingesetzt worden zu sein. Würde man am Unterbügel eines römischen Metallzaums – richtige Trageweise mit dem Unterbügel nach vorn vorausgesetzt – einen entsprechenden Zügel anbringen, wäre die Wirkung allerdings die einer Hackamore, würde sie sogar entschieden übertreffen, da die Metallbänder schärfer und starrer einschnitten und die Versetzung von Unterbügel und Nasenband eine recht bösartige Hebelwirkung zur Folge hätten. Wäre dies vorgesehen gewesen, hätte man

◁ Abb. 22 Nach dem Vorbild der auf Abb. 11 und 19 abgebildeten Originale rekonstruierte Hebelstangentrense und Metallzaum. Die beiden Stücke sind in der von Annabel Lawson und Ann Hyland vorgeschlagenen Weise mit dem Nasenband der „Hackamore" nach vorn aneinander befestigt. Rekonstruktion Kunstschmiede Karl Huber.

Abb. 23 Hebelstangentrense und Metallzaum in der Lawson/Hylandschen Trageweise am Pferd. Der Unterbügel mußte erheblich vergrößert, der Abstand zwischen ihm und dem Nasenband verringert werden, um diese Anordnung praktikabel zu machen.

Abb. 24 Hebelwirkung des auf Abb. 23 gezeigten Metallzaums auf den Nasenrücken durch Zug des am Unterbügel befestigten Führ- und Anbindezügels.

Abb. 25 Metallzaum in den unveränderten Proportionen eines in Nijmegen gefundenen Originals in der von Mary Aiken Littauer vertretenen Trageweise mit dem Unterbügel nach vorn. Metallzaum und Ringtrense sind nicht fest miteinander verbunden, doch hält der Unterbügel die Trense gut in Position. Rekonstruktion Dieter Krompholz.

Abb. 26 Metallzaum in der Littauerschen Trageweise, zusammen mit einer verstellbaren Hebelstangentrense (vgl. Abb. 10) am Pferd. Diese Art von Gebiß macht es erforderlich, zwei getrennte Backenriemen an jeder Seite zu verwenden, um Kandare und Metallzaum am Kopfgeschirr zu befestigen, während bei der Ringtrense das Gebiß durch Unterbügel und Zügel allein in Position gehalten wird. Die hier gezeigte Kombination übt die schärfste Wirkung auf das Pferd aus, die in der Antike möglich war.

aber gewiß den Unterbügel in der Mitte mit einer Öse versehen, um den Hackamorenzügel anbringen zu können. Ohne eine solche rutscht ein lose festgeschnallter Zügel dem Pferd nämlich sogleich von links oder von rechts in die Maulspalte. Sowohl die Fundzusammenhänge als auch die (wenigen) bildlichen Darstellungen zeigen, daß der römische Metallzaum stets zusammen mit einer Ring- oder Hebelstangentrense verwendet wurde. Da es auch keinerlei Anzeichen dafür gibt, daß die Römer je mit zwei Zügeln geritten wären, ist die Funktion als echte Hackamore auszuschließen. Wenn der Metallzaum ohne eigenen Zügel lediglich mit dem Gebiß verbunden war und indirekt durch die Gebißzügel betätigt wurde, dann konnte nichts weiter geschehen, als daß er gemeinsam mit dem Mundstück nach hinten gezogen wurde, ohne irgendeinen Hebel- oder Kippeffekt. Ein solcher kann jedoch durch das Pferd selbst bewirkt werden, wenn es versucht das Maul zu öffnen, um sich der Wirkung des Gebisses zu entziehen. Es ist dies die gleiche Aufgabe, die normalerweise dem ledernen Nasenriemen zukam, wesentlich verstärkt jedoch durch die Starrheit des Metalls und durch die von den Seitenstegen herbeigeführte Hebelwirkung. Was sich dabei tat, hat Ann Hyland sehr anschaulich beschrieben. Sie benutzt für den römischen Metallzaum den griechischen Ausdruck psalion (ψάλιον, Schere), der ursprünglich jedoch eher einem normalen Kappzaum oder Nasenriemen gegolten haben dürfte, da der römische Metallzaum vor der frühen Kaiserzeit nicht nachweisbar ist:

„Wenn das Pferd versuchte, sich dem Zwang des Gebisses zu widersetzen, indem es das Maul öffnete, verhinderte das die starre Beschaffenheit des Ganzmetallpsalions, und je mehr das Tier sich widersetzte, desto peinsamer wirkte das psalion. Das Nasenband und das unter den Kinnladen befindliche Metallteil grub sich nahe der Stelle ein, wo der Unterkiefer in die Ganaschen übergeht. Jedes psalion mußte für ein bestimmtes Pferd speziell angefertigt oder aus einem sehr breit gestreuten Bestand verschiedener Größen und Typen ausgewählt werden. Wegen der unterschiedlichen Länge der Pferdeköpfe und der ebenso unterschiedlichen Breite der Unterkiefer kann die schraubstockartige Wirkung nicht ihre volle Kraft entwickeln, wenn die Vorrichtung schlecht angepaßt ist. Die Partie zwischen den Unterkiefern ist sehr empfindlich, und der Unterkieferknochen ist verhältnismäßig dünn, so daß massiver Druck diesen tatsächlich brechen kann. Verbunden mit der Wirkung des Gebisses hielt das psalion in der Tat den Kopf des Pferdes wie in einem Schraubstock fest." (Ann Hyland, *Equus*, S. 141f.)

In zwei Punkten ist hier Ann Hyland allerdings zu widersprechen. Zum einen ist es nicht wahr, daß der Metallzaum für jedes Pferd individuell hergestellt werden mußte, einige wenige Grundgrößen haben gewiß ausgereicht. Die seitliche Länge läßt sich mit Hilfe der Backenriemen regulieren, die Breite und die Wölbung von Nasenband und Unterbügel durch Verbiegen des Metalls anpassen. Zum zweiten hat Ann Hyland, wie vor ihr schon Annabel K. Lawson und W. Groenman-van Waateringe, den Zaum verkehrt herum am Pferdekopf angebracht. Der Unterbügel befindet sich unter dem Kinn, nicht nahe den Ganaschen, kann also auch nicht
Abb. 84 in die letzteren drücken. Ann Hyland beruft sich dabei auf die Grabstele des Flavius Bassus in Köln. Dort ist ohne Zweifel ein Metallzaum in Verbindung mit einer Hebelstangentrense ab-
Abb. 20 gebildet, doch ist die genaue Trageweise unklar. Ein wohl von einer Iuppitergigantensäule stammender Pferdekopf aus Wallerfangen, auf den Lothar Schwinden hingewiesen hat, zeigt jedoch mit aller Deutlichkeit, daß der Metallzaum mit dem Unterbügel nach vorn getragen
Abb. 27 wurde. Sassanidische Reliefs lassen die gleiche Position erkennen, stets im Zusammenwirken mit einer persischen Spielart der Hebelstangentrense (Georgina Herrmann 1989). In pannoni-
Abb. 28 schen Pferdegräbern *in situ* aufgefundene Metallzäume scheinen ebenfalls die Trageweise mit

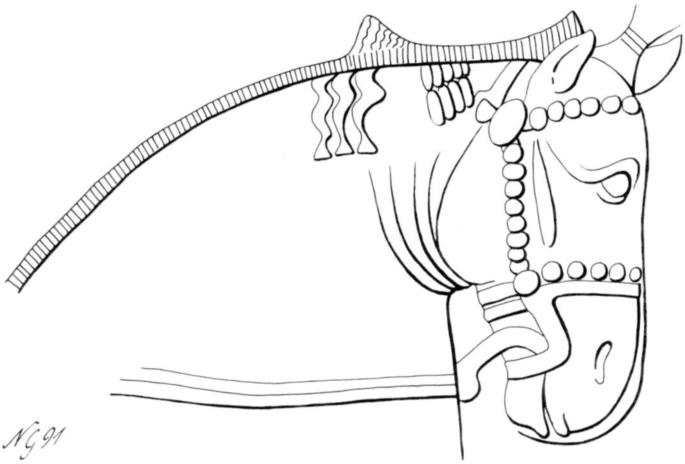

bb. 27 Mit Metallzaum und sassanidischer Hebelstangentrense aufgezäumtes Pferd Ardaschirs von einem sassanidischen Relief
Darabgird (Iran), 3. Jahrhundert n. Chr. Zeichnung Nikolaus Grohmann nach Georgina Herrmann, Fig. 2b.

bb. 28 Mögliche Trageweisen des Metallzaums. Abb. a zeigt die Lawson/Hylandsche Anordnung mit dem Unterbügel an den
anaschen. Die Abbildungen beruhen auf einem in Mözs (Ungarn) gefundenen Pferdegrab, wo man zusammen mit den „Hacka-
oren“ Trensen mit lyraförmigen Seitenteilen gefunden hat, die hier nach dem Vorschlag von A. Gaál als Bindeglied zum Me-
llzaum interpretiert sind. Auf Abb. b ist die Littauersche Trageweise mit dem Unterbügel am Kinn zu sehen. Die hier gezeigte
ösung wird von Sylvia Palágyi vertreten, doch gerät der Bronzezaum viel zu weit nach hinten, da sie ebenfalls die lyraförmigen
eitenteile als Bindeglied von Trense und Metallzaum sieht. Abb. c stellt eine Korrektur dieses Vorschlages dar, indem die Trense
mittelbar vom Unterbügel des wesentlich weiter vorn sitzenden Metallzaums gehalten wird, doch sollte letzterer, anders als auf
r Zeichnung, zusammen mit dem lyraförmigen Seitenteil an einem einteiligen, durch beide Ösen geführten Backenriemen befe-
igt sein. Zeichnungen Nikolaus Grohmann unter Verwendung von Sylvia Palágyi 1989, Abb. 9.

dem Unterbügel nach vorne zu bestätigen (Sylvia Palágyi 1984, 1989, 1990). Ein mit einem den Nasenrücken bedeckenden Schuppenstreifen vernieteter Metallzaum aus Spanien in der Sammlung Axel Guttmann in Berlin weist ganz eindeutig in die gleiche Richtung.

Als erste hatte Mary Aiken Littauer 1969 erkannt, daß dies die korrekte Trageweise sein muß. Es waren vor allem die exakten Abmessungen eines Exemplars im Metropolitan Museum, die sie zu dieser Annahme brachten. Während der Zaum am Nasenband eine Breite von 11,5 cm hat, beträgt diese am Unterbügel nur 8,7 cm. Das stimmt mehr oder weniger mit den Proportionen aller von mir selbst gesehenen Metallzäume überein, nur wird dies bei den Publikationen von Funden in der Regel nicht berücksichtigt und ist auf Abbildungen schwer auszumachen. Da der Kiefer sich in Richtung auf die Ganaschen verbreitert, kann der Metallzaum unmöglich mit dem schmäleren Ende in dieser Richtung angebracht worden sein.

Abb. 22, 23, 24 Wir hatten es auch zunächst mit der Lawson/Hylandschen Trageweise versucht, waren aber ohne erhebliche Veränderungen an den originalen Proportionen nicht ausgekommen. Als weiteres Problem erwies sich, daß die Ösen am Nasenband bei dieser Methode nach vorne, zum Gebiß wiesen und die Backenriemen ziemlich lose am Unterbügel angebracht werden mußten. Dreht man den Metallzaum um, kann man ihn mit den Ösen an den Backenriemen festschnallen, während der Unterbügel einfach vor das Gebiß geschoben wird und dieses überfangend in Position hält, ohne daß hier noch irgendeine Verschnallung nötig wäre, Gebiß und Metallzaum werden also getrennt nacheinander ins Maul eingeführt bzw. über das Maul geschoben. *Titelbild, Abb. 25, 26* Das gibt auch den Einbuchtungen einen Sinn, den die Unterbügel der Mehrzahl der erhaltenen Metallzäume aufweisen. Die Position des Unterbügels unmittelbar unter dem Kinn bewirkt auch, daß das Pferd, öffnet es das Maul, die Hebelwirkung des Metallzaums viel direkter und kräftiger herbeiführt, als wenn der Unterbügel sich nahe an den Ganaschen befände. Als wir den Metallzaum in dieser Weise anbrachten, saß er bestens am Pferdekopf und erfüllte die erwarteten Funktionen, ohne daß man irgendwie an den originalen Proportionen hätte herummanipulieren müssen.

Die Hauptaufgabe des Metallzaums war zweifellos, wie oben beschrieben, das Pferd am Öffnen des Mauls zu hindern. Tauscht man bei Zäumung auf Hebelstangentrense den ledernen Nasenriemen mit einem Metallzaum aus, verschärft sich die Wirkung merklich, schon leiseste Zügelhilfen lassen das Pferd sofort reagieren. Nur bei schwer kontrollierbaren Pferden ist die Kombination Metallzaum–Hebelstangentrense vertretbar, und auch dann nur in der Hand eines erfahrenen Reiters mit schonender Zügelführung. Eine weitere Anwendungsweise bestand darin, daß man am Unterbügel die Longe, den langen Führ- und Anbindezügel befestigte. Wurde an diesem gezogen, oder löste ein festgebundenes Pferd selbst diesen Effekt aus, indem es sich losreißen wollte, trat gleichfalls die schmerzhafte Kipp- und Hebelwirkung gegen Nasenbein und Kinn ein. Hinzu kam, daß der Metallzaum natürlich wesentlich stabiler war als der lederne Nasenriemen, an dem man sonst die Longe befestigte.

Nicht ganz außer acht zu lassen ist, daß der Metallzaum dem im Kampf besonders gefährdeten Nasenrücken des Pferdes auch einen gewissen Schutz vor Hieben bieten kann. Und nicht zuletzt stellt der blitzende, manchmal mit Einlegearbeiten verzierte Metallzaum einen *Abb. 29* höchst dekorativen Schmuck des Pferdekopfes dar. Eine Abart des Metallzaums war der metallene Maulkorb, den man wohl vor allem bissigen Tieren anlegte. Er war schon von den Griechen verwendet worden. Georgina Herrmann vermutet, der Metallzaum habe sich aus ihm entwickelt.

Metallzäume wurden an Reit- wie an Zugpferden viel verwendet. Ihr Verbreitungsgebiet

Abb. 29 Bronzener Pferdemaulkorb aus Pompeii, Mitte 1. Jahrhundert n. Chr. Zeichnung Nikolaus Grohmann nach Potratz, Fig. 103a.

umfaßte die ganze westliche Reichshälfte einschließlich Griechenlands mit einem deutlichen Schwerpunkt im Oberrhein-Maingebiet. Die Funde setzen mit der frühen Kaiserzeit ein und reichen bis in die Mitte des 3. Jahrhunderts n. Chr. Auf Skulpturen finden sich derartige Zäume noch im 4. Jahrhundert, doch ist es bei bildlichen Darstellungen immer schwer zu entscheiden, ob wir es mit einer Ausführung in Leder oder in Metall zu tun haben, da die Form des Nasenbandes in beiden Fällen die gleiche sein konnte.

Weit verbreitet waren in der späteren Kaiserzeit jedoch Nasen- und Kehlbügel aus Bronze, die nicht mit dem gerade diskutierten eigentlichen Metallzaum verwechselt werden dürfen. Es *Abb. 30*

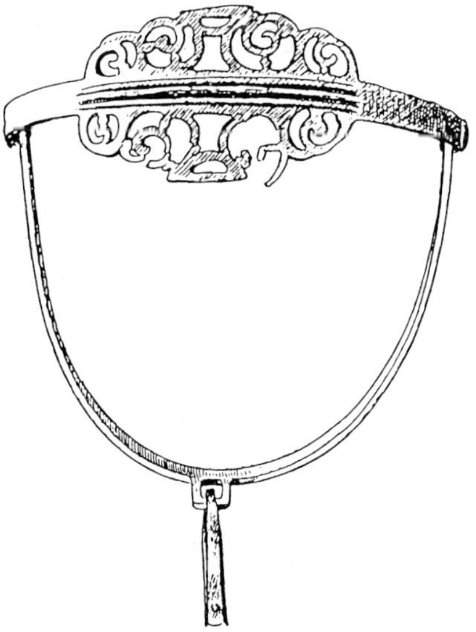

Abb. 30 Nasen- und Kehlbügel aus Bronze von einem in Ljubuški in Dalmatien gefundenen Pferdegeschirr, um 200 n. Chr. Die beiden Bügel sind mit Kopfnieten scharnierartig beweglich miteinander verbunden. Der Nasenbügel weist in der Mitte eine in Rankenmustern durchbrochene Verbreiterung mit je einer nach oben und unten weisenden halbmondförmigen Öse auf. Der Kehlbügel besitzt in der Mitte eine viereckige Öse, in die die Riemenzwinge des Führ- und Anbindezügels eingelassen ist. Die beiden Bügel wurden zusammen mit anderen Teilen des Kopfgeschirrs und einem Ringknaufschwert in einem Grab gefunden. Nach Hans-Jürgen Hundt 1955, Abb. 6,15.

handelte sich nicht um ein starres System, sondern um durch Scharniere beweglich miteinander verbundene Teile, auch fehlen die Seitenstege, die Ober- und Unterbügel in eine versetzte Position bringen und so erst die Kipp- und Hebelwirkung ermöglichen. Der Kehlbügel ist U-förmig und kommt einteilig und zweiteilig vor. In letzterem Falle werden die beiden Teile unten in der Mitte durch einen Ring zusammengehalten, der zugleich zur Aufnahme des Anbinde- und Führzügels dient. Bei den einteiligen Kehlbügeln findet sich zu diesem Zweck an der gleichen Stelle eine Öse angebracht. Der Nasenbügel ist langrechteckig, bei späteren Exemplaren oft nach der Mitte zu eingezogen. Gewöhnlich besitzt er mehr oder weniger rei-
Abb. 98 chen Zierrat, wie ihm überhaupt fast nur Schmuckfunktion zugekommen sein dürfte. Nasen- und Kehlbügel sind vom späten 2. bis weit ins 4. Jahrhundert hinein vielfach im Fundgut nachzuweisen.

Als Zügel (*habenae*) dienten meist starke Lederriemen, im 3. und 4. Jahrhundert hat man sie gerne aus zopfartig verflochtenen dünneren Riemen hergestellt. Daneben gab es, zumindest in der Spätantike, auch bronzene Kettenzügel. Sie bestanden aus abwechselnd ineinandergreifenden Ringen und massiven 8-förmigen Zwischengliedern.

Die aus Leder oder Hanf gefertigten Halfter, die man den Tieren im Stall oder auf der Koppel anlegte, werden sich in ihrem Grundaufbau kaum von den heute verwendeten unterschieden haben. Man sieht sie nur selten abgebildet, doch ist ihre allgemeine Verbreitung eine sachliche Notwendigkeit.

DER SATTEL

Die Römer hatten eine ganze Reihe verschiedener Ausdrücke für die Decken und Sättel, die sie ihren Reit- und Tragtieren auf den Rücken schnallten. Inwieweit die Verschiedenheit der Ausdrücke auf eine Verschiedenheit in der Sache schließen läßt, ist nicht immer klar.

Die allgemeinste Bezeichnung ist *stratum*. Damit können alle Arten von Decken, Trag- und Reitsätteln für Pferde, Maultiere, Esel oder Kamele gemeint sein. Daneben kommt in wohl gleicher Bedeutung auch *stragulum* vor. Eine mit Stickereien und Fransenbehang mehr oder weniger reich geschmückte Satteldecke aus Wolltuch oder Filz nannte man *tapetum*. Die einfache Filzunterlage unter einem Sattel hieß *cento*. Der üblichste Ausdruck für den Packsattel war *sagma* oder *sagmae*, vereinzelt kommt auch *clitellae* vor.

Der älteste und verbreitetste spezielle Name für den Reitsattel war das von dem griechischen ἐφίππιον abgeleitete *ephippium*. Ursprünglich war damit die Reitdecke bzw. das von einer Decke verhüllte Reitkissen gemeint. Später dürfte der Ausdruck auf die lederbezogenen Hörnchensättel mit oder ohne Bronzeversteifungen ausgedehnt worden sein, die in der frühen Kaiserzeit üblich wurden, für die auch das Wort *sedile* (Sitz) gesichert ist. Im 3. Jahrhundert n. Chr. kommt die Bezeichnung *scordiscus* auf, manchmal mit der Präzisierung *scordiscus militaris*. Sie dürfte nur für richtige Sättel und nicht für Decken oder Kissen gebraucht worden sein. Das gilt wohl auch für das Wort *sella*, das eigentlich Sitz oder Stuhl bedeutet und ab dem 4. Jahrhundert n. Chr. besonders gern für den Sattel angewandt wird (*sella equestris*).

Bd. I, Abb. 110, 125, Bd. II, Abb. 9–14 Die Entwicklung des Sattels im Altertum ist in vieler Hinsicht noch recht unklar. Die griechischen Künstler stellten in archaischer und klassischer Zeit ihre Reiter durchwegs auf dem blanken Pferderücken sitzend dar. Bei sportlichen und zeremoniellen Anlässen wird man zweifellos so geritten sein, der Krieger dürfte sich aber gewiß einer festgeschnallten Reitdekke bedient haben, wie sie schon auf den assyrischen Reliefs des 8. und 7. Jahrhunderts v. Chr. zu sehen ist. Gerade für einen unbehosten Reiter stellt es eine recht unkomfortable Sache dar, stundenlang auf dem verschwitzten Pferderücken herumzurutschen. Die angerauhte Oberfläche der Decke aus Wolltuch oder Filz gibt den Schenkeln des Reiters zudem festeren Halt als das glatte, nasse Fell des Pferdes. Daß das ἐφίππιον in vorhellenistischer Zeit so gut wie nie abgebildet wird, hängt gewiß mit den idealisierenden Konventionen der griechischen Künstler zusammen, die wohl den Körperbau des Tieres möglichst wenig verdecken wollten. Xenophon erwähnt im frühen 4. Jahrhundert v. Chr. mehrfach den Gebrauch des ἐφίππιον. Hellenistische und römische Kunstwerke zeigen dann regelmäßig mehr oder weniger reich verzierte, mitunter mehrlagige Reitdecken mit gezackten, gestuften oder gefransten Rändern, gelegentlich kommen statt der textilen Decken auch Tierfelle vor. Das *ephippium* blieb in dieser Form die klassische Unterlage des Reiters, auch nachdem der versteifte Hörnchensattel in Gebrauch gekommen war. Repräsentative Darstellungen hochgestellter Persönlichkeiten zeigen bis in die späte Kaiserzeit den Reiter stets nur auf der Decke, wenn nicht auf dem blanken Pferderücken sitzend.

Bd. I, Abb. 159, 160, 183, 196, 214, Bd. II, Abb. 19, 22

Vermutlich befanden sich unter der Reitdecke oftmals zwei längliche, mit Haar oder Schilf gefüllte Kissen, die beiderseits des Rückgrates aufsaßen. Sättel, die in skythischen Kurganen gefunden wurden, waren mit solchen Kissen versehen, die Kammerung über dem Widerrist konnte durch kleine hölzerne Bögen stabilisiert werden. Sergei Rudenko hat in den skythischen Gräbern von Pazyryk (Sibirien) vollständig erhaltene Kissensättel des 5. Jahrhunderts v. Chr. ausgegraben, bei denen er zwei Typen unterscheidet, einen primitiveren und einen entwickelteren. Ersterer bestand aus zwei längs des Rückgrats zusammengenähten, mit Haar gefüllten Lederkissen von 50–58 cm Länge. Der Abstand zwischen den Kissen betrug vorne, über dem Widerrist, 10 cm, hinten 6,5 cm. Vorne und hinten waren insgesamt vier flache hölzerne Sattelbögen von etwa 25 cm Länge und 6 cm Höhe befestigt, die dem Sitz der Kissen und damit der Kammerung Stabilität verleihen sollten. Unter den Sätteln befanden sich Schweißblätter aus Filz. Typ 2 hatte höhere Sattelbögen und besaß zusätzliche Holzbrettchen von 10–14 cm Länge, die vorne und hinten als Abstandhalter zwischen den Kissen angebracht waren.

Der Kissensattel verschafft nicht nur dem Reiter einen weicheren Sitz, er schützt auch das empfindliche Rückgrat des Pferdes besser vor Druck- und Scheuerverletzungen. Die Frage ist nun, wann und wo sich aus den ersten hölzernen Versteifungselementen, wie sie die Skythen bereits gekannt haben, feste Sättel mit vollständigem Sattelbaum aus Holz oder Metall entwickelt haben. Der Sattelbaum bewirkt, daß das Rückgrat des Pferdes völlig frei bleibt und daß das Gewicht des Reiters auf die Muskelpartien beiderseits des Rückgrats verlagert wird. Daß die Idee einer hölzernen Sattelkonstruktion dem Altertum nicht fremd war, beweisen die verschiedenen Tragsättel. Sie sind allerdings, nach den Abbildungen und den in La Tène gefundenen Originalteilen zu schließen, so primitiv und in der Funktion so andersartig gewesen, daß sie schwerlich die Keimzelle zur Entwicklung eines hölzernen Reitsattelbaums abgegeben haben werden.

Abb. 62

Die Darstellungen des klassischen *ephippium* liefern keinerlei Anhaltspunkte dafür, daß sich ein sattelbaumartiger Unterbau unter der Decke befunden haben könnte. Dagegen haben die Hörnchensättel, deren Abbildungen um Christi Geburt im römisch-keltischen Bereich auftauchen, immer wieder zu der Vermutung Anlaß gegeben, es handle sich bei ihnen um feste Sättel im modernen Sinne. Wie die Reitergrabsteine des 1. Jahrhunderts n. Chr. ausweisen, war der Hörnchensattel zu diesem Zeitpunkt bei der Kavallerie zumindest im Westteil des Reiches allgemein eingeführt. Da dieser Satteltyp zur gleichen Zeit auch bei den Parthern auftaucht – die früheste Darstellung auf dem Reiterrelief von Sarpol-i Zohab stammt aus dem 1. Jahrhundert n. Chr. –, ist die Annahme gerechtfertigt, daß die durch Abbildungen kaum dokumentierte frühkaiserzeitliche Kavallerie im Ostteil des Reiches ebenfalls den Hörnchensattel benutzte. Schon früh wurde die Auffassung vertreten, die Römer hätten den neuen Sattel von den Parthern übernommen, heute neigt man eher dazu, die Kelten für die Erfinder zu halten, da die meisten und frühesten datierbaren Darstellungen aus dem gallo-römischen Bereich stammen. Die bildliche Überlieferung des parthischen Heeres ist jedoch sehr dürftig, so daß es nicht unwahrscheinlich ist, daß der Hörnchensattel im Iran schon eine längere Geschichte besaß, bevor er erstmals auf Skulpturen auftauchte. Die Parther hatten mit ihren schwergepanzerten, mit langen Stoßlanzen bewaffneten Kataphrakten auch ein dringenderes Bedürfnis für eine zusätzlichen Halt gewährende Sattelkonstruktion. Die in Dura-Europos gefundenen Pferdepanzer bedeckten vollständig die Flanken der Tiere, der Reiter hatte also kaum Halt mit den Schenkeln und war daher auf einen tiefen Sattel angewiesen. Der Hörnchensattel ist für die Parther und vor allem für die sassanidischen Perser vom 1. bis zum 3. Jahrhundert n. Chr. durch Abbildungen vielfach belegt, wahrscheinlich war er aber schon im 1. Jahrhundert v. Chr. in Gebrauch, denn bereits bei Carrhae (53 v. Chr.) setzten die Parther Kataphrakten ein.

Abb. 112, 113, 178, 194, 196

An schriftlichen Zeugnissen zu diesem Satteltyp gibt es nur ein einziges, das aus dem 2. Jahrhundert n. Chr. stammt. Es findet sich in einem Brief Frontos an den Kaiser Lucius Verus, in dem die Verweichlichung der römischen Armee im Osten geschildert wird: „Er [ein römischer General] stellte fest, daß sie ihre Pferde mit Kissen gesattelt hatten [*equos pulvillis instratos*]; auf seinen Befehl wurden die Hörnchen [*cornicula*] aufgeschnittten, worauf ein Gestöber von Daunen aus den Sätteln [*a sedilibus equitum*] wie von Gänsen zu Boden ging." (Marcus Cornelius Fronto, *Epistulae, Ad Verum Imperatorem* II. 1,22) Sonst erfahren wir von den antiken Autoren weder etwas über die Existenz des Hörnchensattels noch über seine Herkunft, noch über seine Konstruktion. So sind wir ganz auf bildliche Darstellungen und ausgegrabene Originalteile angewiesen. Äußere Form und Funktion des Hörnchensattels werden schon durch die Skulpturen hinreichend klargemacht. Der Sattel besitzt vier mehr oder weniger lange Aufsätze, eben die Hörnchen. Zwei davon ragen vorne schräg über den obersten Teil der Oberschenkel, die beiden anderen stehen senkrecht hinter den Gesäßbacken. Letztere stützen den Reiter, wenn er nach hinten aus dem Sattel zu gleiten droht, etwa auf steigendem Pferd oder bei der Ausführung eines wuchtigen Lanzenstoßes. Die Vorderhörnchen verhindern, daß der Mann bei einem abrupten Halt nach vorne aus dem Sattel geschleudert wird, und sie bilden ein Widerlager für seine Oberschenkel, so daß er sich durch einen einfachen Schen-

Bd. I, Abb. 2, 177, Bd. II, Abb. 26, 44, Bd. III, Abb. 22, 31, 33–36, 46, 47, 76, 77, 81, 83, 84

Abb. 33 *Calo* mit zwei gesattelten Pferden. Relief aus *Intercisa* (Dunapentele, Ungarn), 1./2. Jahrhundert n. Chr. Der Reitknecht trägt die über dem Gürtel hochgebauschte normale Tunica. Die von einem Bauchgurt, Brust- und Schweifriemen gehaltenen kleinen Hörnchensättel mit geschwungenen Unterkanten sind sehr deutlich wiedergegeben. Der Umstand, daß zwei Pferde dargestellt sind, könnte auf das Denkmal eines *duplicarius* oder *sesquiplicarius* der Kavallerie verweisen. Budapest, ungarisches Nationalmuseum. Zeichnung Nikolaus Grohmann nach Lászlo Barkózzi u.a., *Intercisa I*, 1954, Tafel LXI, 5. ▷

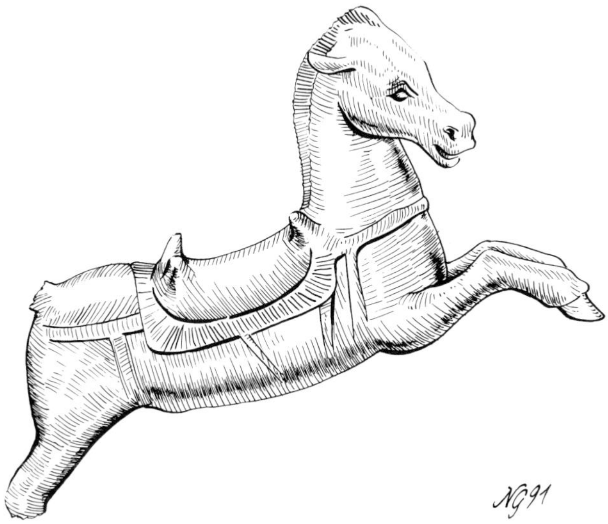

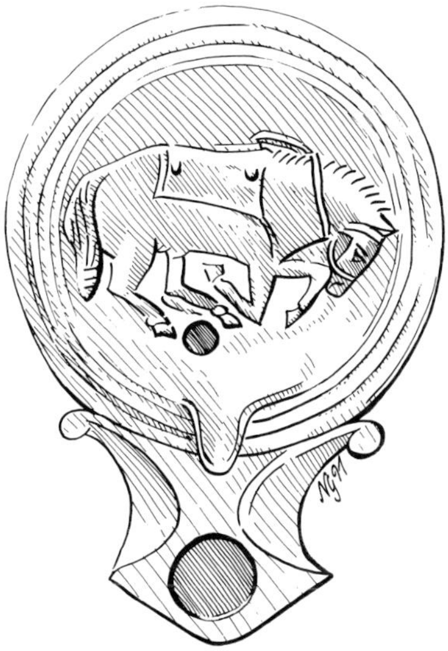

Abb. 31 Bronzepferdchen aus einer römischen *villa* an der Luxemburger Straße in Köln, 1. Jahrhundert n. Chr. Das in der Levade dargestellte Pferd trägt auf einer kurzen fransengeschmückten Decke einen flachen, von zwei Bauchgurten, Brust- und Schweifriemen gehaltenen Hörnchensattel. Die Gurte sind in Kupfer eingelegt. Köln, Römisch-Germanisches Museum. Zeichnung Nikolaus Grohmann nach *Archäologie in Deutschland 1991/4, S. 52.*

Abb. 32 Zusammenbrechendes (?) Pferd mit einem Hörnchensattel, Darstellung auf einer Tonlampe, 1. Jahrhundert n. Chr. Der Sattel erscheint schabrackenartig flach, die Hörnchen sind sehr klein. Berlin, Antikensammlung. Zeichnung Nikolaus Grohmann nach Gerald Heres, Die römischen Bildlampen der Berliner Antikensammlung, Berlin (Ost) 1972.

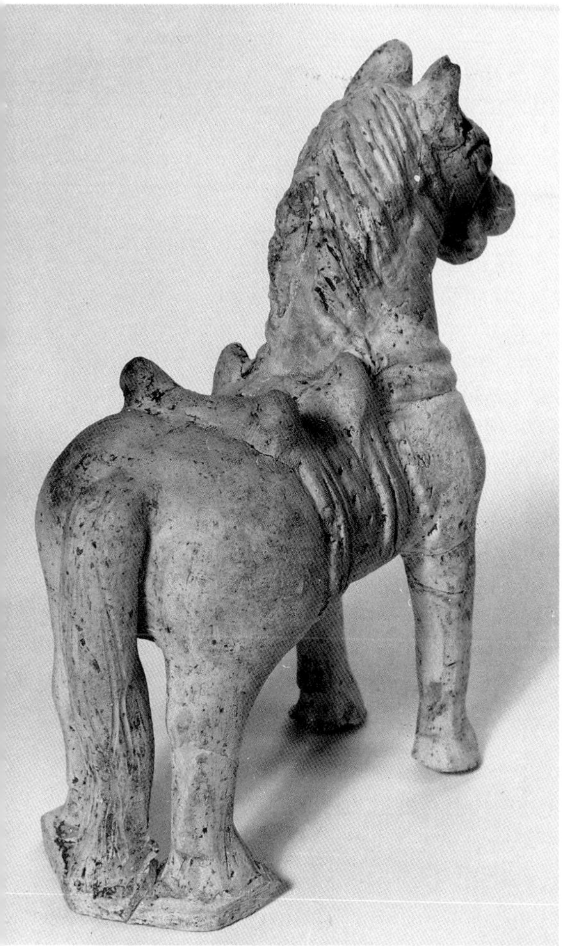

bb. 36

Abb. 37

Abb. 38

keldruck wieder ins Gleichgewicht bringen kann, wenn er seitlich abzurutschen droht – eine sehr wichtige Hilfe beim steigbügellosen Kampfreiten.

Die antiken Darstellungen haben schon lange, bevor irgendwelche Relikte dieser Sättel gefunden wurden, Anlaß zu Spekulationen über ihren inneren Aufbau geboten. Gewöhnlich hielt man den Hörnchensattel für eine starre Holzkonstruktion, die dem Reiter zwar festen Halt gewährt, aber wenig Bewegungsfreiheit gelassen habe. So glaubte Gyula László, der Sattel sei vorne und hinten gabelartig aufgebaut gewesen und sei auf vier Punkten des Pferderückens aufgesessen. Die Diskussion wurde auf eine ernsthaftere Grundlage gestellt, nachdem es gelungen war, originale Bestandteile von Hörnchensätteln im Fundgut zu identifizieren. Das war erstmals der Fall, als Willy Groenman-van Waateringe 1967 ein fast vollständiges Oberleder eines solchen Sattels, das im Castell Valkenburg Z. H. in Holland ausgegraben worden war, veröffentlichte. Mittlerweile sind eine ganze Reihe weiterer Lederfragmente zutage gekommen, vor allem in *Vindolanda*, Carlisle und Castleford (alle England), Vechten in Hol-

Abb. 39, 40

◁ Abb. 34 Gallorömische Skulptur eines Reiters auf Hörnchensattel aus Auxerre, 1. Jahrhundert n. Chr. Auxerre, Musée d'Art et d'Histoire.

Abb. 35 Grabstein des Alenkavalleristen Romanus. Der Stein wurde in Köln an der Gereonstraße gefunden und stammt aus flavischer Zeit. Die Inschrift lautet: „Romanus, Sohn des Attus, geborener Dardaner [von der Küste des Hellespont], Reiter in der *Ala Afrorum*, Turma des Firmarius, der 30 Jahre alt wurde und . . . Dienstjahre geleistet hat, liegt hier bestattet. Der Erbe ließ ihm gemäß dem Testament diesen Stein setzen." Die ursprünglich aus Afrikanern rekrutierte *Ala Afrorum* stand im späten 1. Jahrhundert n. Chr. wahrscheinlich in *Novaesium* (Neuss), Romanus dürfte zur Garde (*equites singulares*) des Provinzstatthalters nach Köln abkommandiert gewesen sein. Das Monument gehört zu den für diese Zeit typischen „Totenmahl"-Grabsteinen. Das obere Relief zeigt den Verstorbenen zu Tische liegend und die Freuden des Jenseits genießend, während auf dem unteren, hier abgebildeten Relief sein *calo* das voll aufgezäumte Kampfpferd führt. Der Bursche trägt Helm mit Lockenkalotte, Kettenhemd ohne Schulterverstärkung und mit kurzen Ärmeln, Halstuch und Kniehosen, in der linken Hand hält er zwei Speere, in der rechten den sehr langen Führzügel. Obwohl er von einer fransengeschmückten Decke verhüllt wird, ist der Sattel mit seinen sehr ausgeprägten hohen Hörnern gut zu erkennen. Links am Sattel hängt der große Ovalschild in Querlage. Brust- und Schweifriemen weisen *phalerae* und *lunula*-Anhänger auf. Das Pferd ist mit einer Hebelstangentrense gezäumt. Köln, Römisch-Germanisches Museum.

Abb. 36 Tonpferdchen mit Hörnchensattel unbekannter Herkunft. Derartige Pferdchen aus Terrakotta wurden in gallischen und rheinländischen Manufakturen im späten 1. und in der 1. Hälfte des 2. Jahrhunderts n. Chr. in großer Zahl und in vielen Variationen hergestellt. Sie waren ursprünglich bemalt und dienten vor allem als Votivgaben. Mainz, Römisch-Germanisches Zentralmuseum.

Abb. 37 Rechtes hinteres Sattelhörnchen aus dem Kavallerielager *Asciburgium* (Moers-Asberg) am Niederrhein, 1. Jahrhundert n. Chr. Duisburg, Niederheinisches Museum der Stadt Duisburg.

Abb. 38 *Calo* mit gesatteltem Pferd. Relief von einem Grabstein aus *Virunum* in Kärnten, spätes 1. Jahrhundert n. Chr. Das unverhältnismäßig groß dargestellte Tier trägt einen kissenartig flachen Sattel mit niedrigen Hörnchen, merkwürdigerweise sind weder Brust- noch Schweifriemen vorhanden. Eingemauert in die Fassade des Gasthofes Zollfeld.

land und in Bonn, die 1989 erstmals von Carol van Driel-Murray und S. Winterbottom geschlossen publiziert wurden. Sie stammen fast ausnahmslos von Fundplätzen des 1. und der 1. Hälfte des 2. Jahrhunderts n. Chr., nur unter den Stücken aus Vechten könnten auch solche des späten 2. oder frühen 3. Jahrhunderts sein.

Alle gefundenen Lederteile sind aus Ziegenleder hergestellt und weisen taschenartige Ausbuchtungen für die Hörnchen auf. Willy Groenman-van Waateringe erkannte erstmals, daß die Sätze von eigenartig geformten Bronzeteilen, die man verschiedentlich gefunden hatte und deren Funktion bis dahin unerkannt geblieben war, in diese „Taschen" paßten. Genaugenommen passen sie allerdings nur der Form, nicht der Größe nach. Die Lederreste sind in der Regel zu klein für die erhaltenen Bronzehörner. Die mir bekannten vorderen Bronzehörnchen sind im Durchschnitt 19,8 cm hoch, Abweichungen von mehr als 2 cm kommen nur zweimal vor (15,6 und 17,4 cm). Die entsprechenden Taschen an den erhaltenen Sattelledern haben aber im Durchschnitt nur eine maximale Höhe (Außenseite) von 17 cm mit einer Variationsbreite von 15–19 cm. Dabei ist zu berücksichtigen, daß die jetzt im flachen Zustand gemessene Lederhülle auch die Wölbung des Hörnchens und die des Futters auf der Innenseite umfangen mußte und ein Rand für die Einsäumung wegzurechnen ist, die Ledertaschen mußten also eigentlich größer sein als die Hörnchen, nicht kleiner. Peter Connolly legte seiner ursprünglichen Sattelrekonstruktion die in Rottweil gefundene Hörnchengarnitur zugrunde, deren Vorderhörnchen 20,6 cm hoch sind, die Lederstücke, in die er sie einnähte, hatten eine Höhe von 25 cm, waren also willkürlich der Größe der Bronzehörnchen angepaßt. Selbst die kleinsten bekannten Hörnchen passen kaum in eines der gefundenen Lederstücke, bei den meisten besteht eine Diskrepanz von etwa 10 cm, die auch mit eventueller Schrumpfung des Leders nicht erklärt werden kann, denn Leder pflegt, wie mir Carol van Driel-Murray brieflich mitteilt, im Boden nur unwesentlich, wenn überhaupt zu schrumpfen.

Abb. 37, 41, 42, 43, 48

Van Driel-Murray und Peter Connolly halten es daher mittlerweile für wahrscheinlich, daß es die Hörnchensättel in zwei verschiedenen Dimensionen gegeben habe, mit großen und mit kleinen Hörnchen. Merkwürdigerweise gehören alle erhaltenen Hörnchen der ersten Spezies, alle erhaltenen Sattelleder der zweiten an. Die kleinhörnigen Sättel dürften demnach keine Bronzehörnchen besessen haben. Sie wurden dann entweder mit Holz versteift, sei es als Teil einer Sattelbaumkonstruktion, wie sie von Connolly vertreten wird, sei es mit einzeln eingenähten, oben abgerundeten Holzkegeln, wie Dan Peterson vorgeschlagen hat, oder sie wurden, was das weitaus wahrscheinlichste sein dürfte und demnächst auch praktisch getestet werden soll, mit fest gepreßtem Ausstopfmaterial wie Filz gefüllt, das nach Auskunft von Sattlermeister Oskar Gross völlig ausreichend wäre, um kurzen Hörnchen die erforderliche Stabilität zu verleihen. Man könnte in letzterem Falle von einer Art schräg-vertikal hochstehender Pauschen sprechen. In der Tat vermitteln manche der bildlichen Darstellungen einen Eindruck, der in diese Richtung weisen könnte. Kurze Hörnchen würden das Auf- und Absitzen ganz wesentlich erleichtern, der Halt, den sie dem Reiter gewährten, wäre freilich geringer. Connolly hat neben länghörnigen Sätteln auch solche mit kurzen, durch hypothetische kleine Metallhörnchen und ein hölzernes Grundgestell versteiften Hörnern gebaut, die allerdings nicht im Detail publiziert wurden und mir nur von Abbildungen bekannt sind.

Abb. 31, 32, 38, 81

Eine Garnitur von Sattelhörnchen bestand aus einem Paar schuhsohlenförmiger, gewölbt herausgetriebener Bronzeplatten und einem Paar L-förmiger, gleichfalls gewölbter, etwas größerer Stücke. In ersteren sind die Vorder- und in letzteren die Hinterhörner zu erblicken. Am Rand entlang sind die Platten mit kleinen Löchern versehen, die zum Annageln auf eine

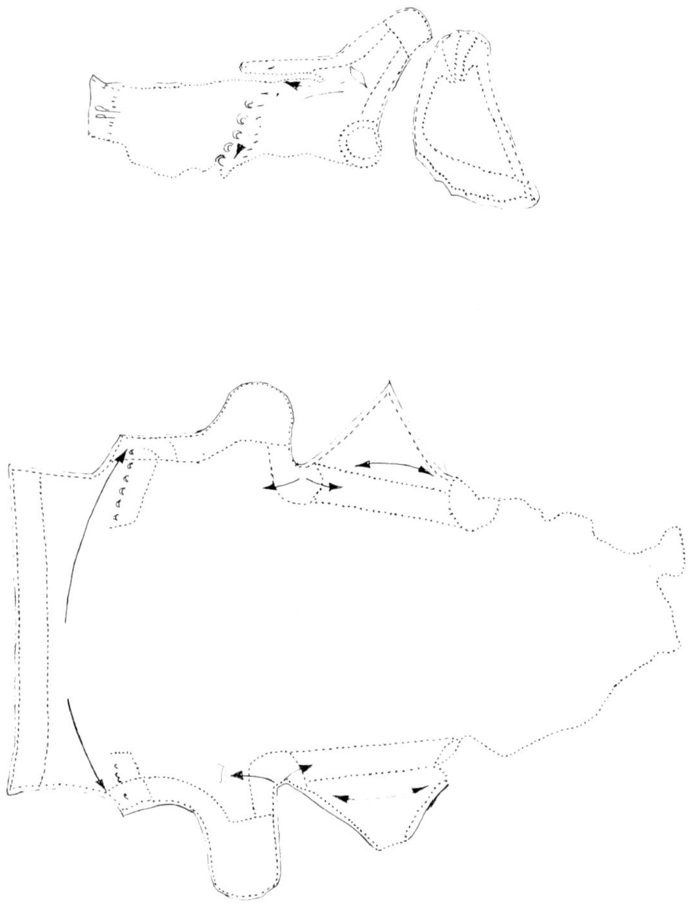

Abb. 39 Ziegenlederfragmente von römischen Hörnchensätteln, Maßstab 1:8. Das große Stück stammt aus Valkenburg Z.H. (Niederlande) und stellt die ziemlich komplett erhaltene linke Seite eines Sattelleders dar. Die spitzen Vorsprünge dürften nach unten umgeschlagen worden sein. Die runden Vorsprünge bildeten die Innenseite der Taschen, in die jeweils ein Bronzehörnchen eingenäht wurde. Die halbmondförmigen Öffnungen für die schmalen Sattelriemen sind deutlich zu erkennen. Die Pfeile zeigen die Zugrichtung an, in der die Leder, nach ihrer Faltenbildung zu schließen, einer starken Beanspruchung ausgesetzt waren. Die beiden anderen Stücke wurden in Castleford (England) gefunden und sind zusammengehörige Bestandteile eines Sattels. Die erhaltenen Fragmente bildeten die Hülle des linken Vorderhörnchens. Das kleinere Stück saß auf der Vorderseite des Hörnchens und wurde an dem runden Vorsprung des Hauptleders festgenäht. Die kreisförmigen Nähte stammen von runden Verstärkungsflecken, die häufig an Punkten besonderer Belastung aufgenäht wurden. Zeichnung Gudrun Pfrogner nach Carol van Driel-Murray 1989, Fig. 8, A1, B1, B2.

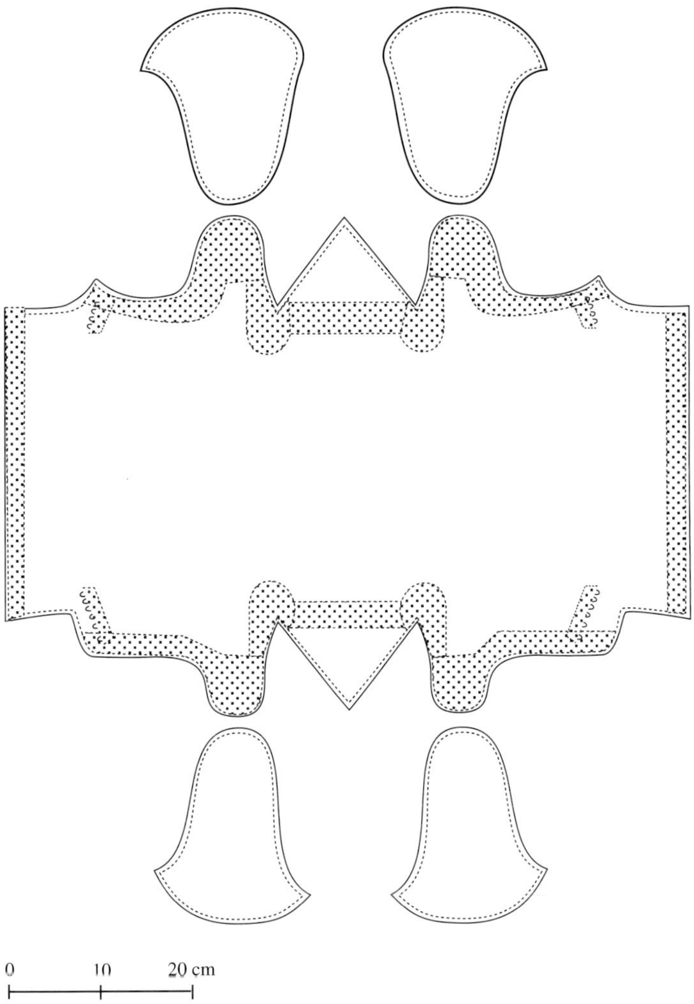

Abb. 40 Vereinfachte Zeichnung des ergänzten Valkenburger Sattelleders mit den Gegenledern zum Einnähen der Bronzehörnchen. Die gepunkteten Zonen zeigen, wo das Leder doppelt liegt. Maßstab 1:8 (Länge der geraden Seitenkanten 32,5 cm). Zeichnung C.A.T. Medienproduktion nach Peter Connolly 1987, Fig. 2.

feste Unterlage oder zum Ein- oder Aufnähen gedient haben können. Lederreste an den in Newstead (Schottland) gefundenen Stücken lassen erkennen, daß sie an der Außenseite mit *Abb. 41* Leder überzogen waren, das dann um den Rand geschlagen und durch die Löcher auf der Innenseite festgenäht wurde. Eingeritzte Besitzerinschriften haben sich an den Außen- wie an den Innenseiten verschiedener Exemplare gefunden. Sie waren wahrscheinlich ein Hilfsmittel des Sattlers, um die zusammengehörigen Paare zu kennzeichnen, mußten also nach der Verarbeitung nicht sichtbar bleiben. Die Hörnchen wurden durch Auftiefen und Aufziehen des Bronze- oder Messingblechs mit dem Hammer in ihre gewölbte Form getrieben, die Löcher am Rand brachte man in der Durchschlagstechnik an. Komplette Garnituren wurden bisher in Newstead in Schottland (2 Garnituren), in Rottweil, Mainz-Weisenau und Moers-Asberg gefunden, eine halbe Garnitur in Nijmegen, Einzelstücke in Haltern, Mainz-Weisenau, Neuss (8 Stück), Moers-Asberg, Sheepen und Vinkovci, dazu kommen etliche ohne gesicherten Fundort. Wie die Sattelleder stammen alle Stücke mit gesicherter Provenienz aus Lagern und Castellen des 1. und des früheren 2. Jahrhunderts n. Chr.

Die einzelnen Garnituren weisen zum Teil Abweichungen voneinander auf. Zahl und Abstand der Löcher am Rand können sehr unterschiedlich sein, vor oder hinter den Löchern ist manchmal noch ein paralleler Wulst angebracht, der in so geringem Abstand verläuft, daß Nagelköpfe keinen Platz hätten. Das, wie auch der Umstand, daß bisher noch nirgends Nägel oder Nagelspuren aufgetaucht sind, dürfte die Annahme, es handle sich um „Sattelbeschläge", ausschließen. Die Löcher dienten also zum Einnähen. Am unteren Ende der Hörnchen, namentlich der vorderen, befindet sich oftmals ein halbmondförmiger Durchbruch oder eine *Abb. 39, 42* Einbuchtung von unten. Dem entsprechen bei den Lederfragmenten Schlitze, es muß also durch den unteren Teil mancher Hörnchen ein Riemen oder ähnliches nach außen gelaufen sein (Brust- bzw. Schweifriemen?). Um ein notwendiges konstruktives Merkmal kann es sich jedoch nicht gehandelt haben, da der Durchbruch bei der Mehrzahl der Exemplare fehlt. Der nach innen weisende waagerechte Fortsatz der Hinterhörnchen ist meist am Ende abgeschrägt oder nach unten in einer gewölbten Spitze auslaufend, nur bei der Rottweiler Garnitur stoßen die Fortsätze in einer geraden Linie zusammen. Letzteres kann bei mangelhafter Verarbeitung des Sattels dazu führen, daß sich die oberen Kanten unangenehm am Gesäß des Reiters fühlbar machen, während die übliche Formgebung eine wohldurchdachte sich nach oben öffnende V-förmige Einbuchtung an dieser kritischen Stelle schafft.

Groenman-van Waateringe rekonstruierte auf diesen Grundlagen zeichnerisch einen wei- *Abb. 44* chen Ledersattel mit eingenähten Bronzeversteifungen. Das „Innenleben" des Sattels blieb

Abb. 41 Eine von zwei vollständigen Sattelhörnchengarnituren, die in den Gruben des Castells Newstead in Schottland gefunden wurden, 1./2. Jahrhundert n. Chr. Auf alle Innenseiten der abgebildeten Garnitur ist der Name des Besitzers Senecio graviert. Edinburgh, Royal Museum of Scotland. ▷

Abb. 42 Sattelhörnchen von verschiedenen Garnituren aus *Novaesium* (Neuss), 1./2. Jahrhundert n. Chr. Drei von ihnen besitzen halbmondförmige Aussparungen oder Einbuchtungen. Neuss, Clemens-Sels-Museum.

Abb. 43 Vollständige Garnitur von bronzenen Sattelhörnchen aus *Arae Flaviae* (Rottweil) in Württemberg, 1. Jahrhundert n. Chr. Rottweil, Dominikanermuseum.

Abb. 41

Abb. 42

Abb. 43

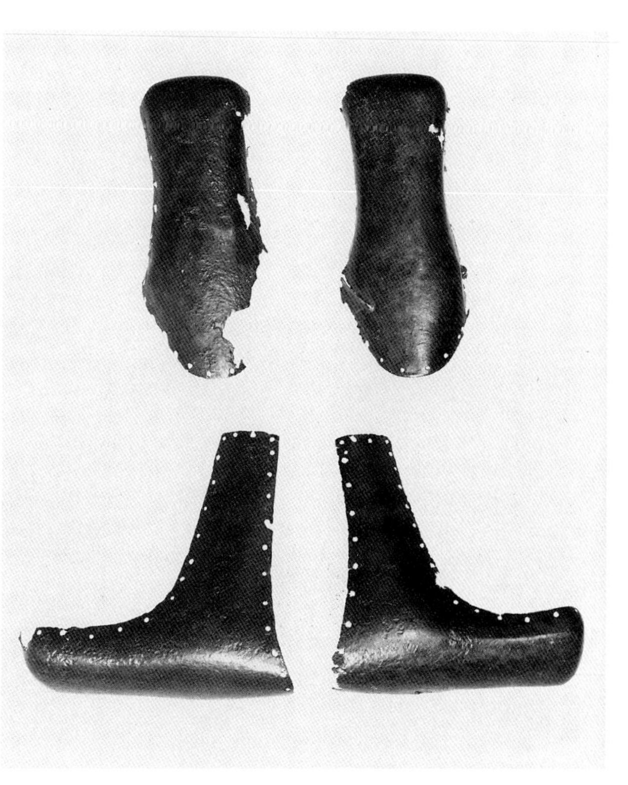

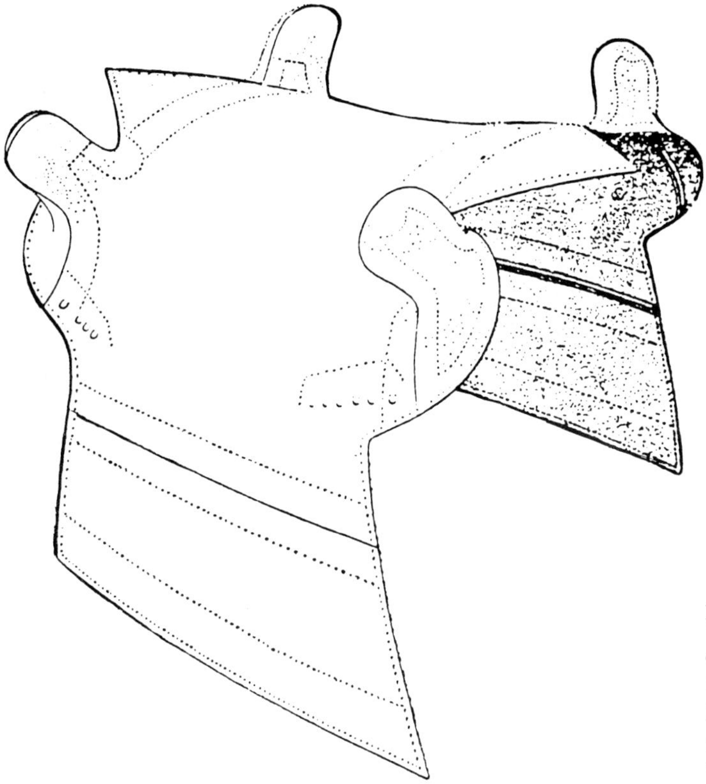

Abb. 44 Rekonstruktion des Valkenburger Sattels in Art einer Schabracke durch Willy Groenman-van Waateringe. Zeichnung Gudrun Pfrogner nach Willy Groenman-van Waateringe 1967.

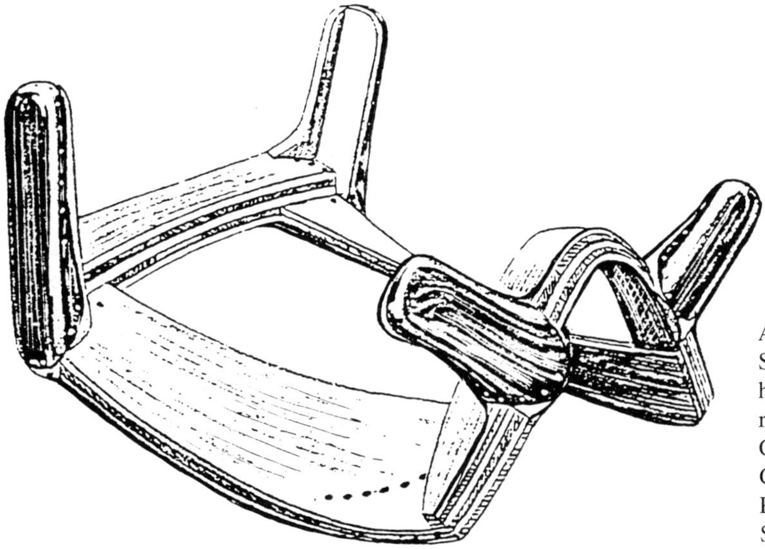

Abb. 45 Der hölzerne Sattelbaum mit Bronzehörnchen von der Sattelrekonstruktion Peter Connollys. Zeichnung Gudrun Pfrogner nach Peter Connolly 1988, S. 31, Abb. 6.

unklar. Mitte der 80er Jahre begann sich Peter Connolly eingehender mit der Problematik des Römersattels zu beschäftigen. Er kam zu dem Ergebnis, daß die seitlichen Lederfortsätze, die Groenman-van Waateringe als eine Art Sattelblätter hatte herabhängen lassen, tatsächlich umgeschlagen und mit den zwischen den Hörnchen vorne und hinten spitz vorspringenden Lederteilen an der Unterseite des Sattels festgenäht werden müßten. Dadurch entstand ein Sattel mit leicht geschwungener unterer Kante, dessen Form vielen Abbildungen recht gut entspricht. Allerdings besteht die Schwierigkeit, daß die Unterkanten aller erhaltenen Sattelleder an der Stelle, an der sie nach Connolly zusammengenäht sein müßten, lediglich Saumnähte besitzen. Ferner ist nicht klar, wie der Bauchgurt angebracht gewesen sein soll. Weder Nähspuren noch Schlitze weisen auf einen solchen hin, obwohl es ihn aus sachlicher Notwendigkeit gegeben haben muß, wie das auch etliche bildliche Darstellungen bestätigen. Die Betrachtung einiger vollplastischer gallo-römischer Reiterskulpturen führte Connolly auch zu einer präziseren Rekonstruktion der Anordnung und Stellung der einzelnen Hörnchen. Die Art, in der Connolly das Sattelleder zusammengenäht hat und dieses den Sattel als „geschlossene Einheit" (Carol van Driel-Murray) umschließen ließ, wurde durch spätere Funde im wesentlichen bestätigt und erwies sich als richtungsweisend für weitere Rekonstruktionsarbeiten.

Als Connolly dazu überging, den von ihm entworfenen Sattel tatsächlich zu bauen und praktisch zu erproben, gelangte er zu dem Schluß, daß sich unter dem Leder ein fester hölzerner Sattelbaum befunden haben müsse. Er glaubte, sonst die Widerristfreiheit des Pferdes nicht sicherstellen und den Hörnchen nicht den erforderlichen Halt geben zu können. Er wurde hierin bestärkt durch Carol van Driel-Murray, die einige neu gefundene Sattelleder analysiert und dabei festgestellt hatte, daß die Richtung der Falten auf einen starken Zug von der Stelle über dem Widerrist schräg nach unten hinweise, was nur mit der Existenz eines starren Sattelbogens erklärt werden könne (wobei ein Sattelbogen freilich noch nicht einen festen Baum zu bedeuten braucht und schon gar nicht eine Fixierung der Hörnchen auf Holzkernen). Nach Connolly und van Driel-Murray (1991) sind Zugfalten und Rißstellen weniger auf das Reiten als auf das stramme Überziehen des Leders über das Grundgestell durch den Sattelbauer zurückzuführen. Ein dermaßen gewaltsames und materialverschleißendes Verfahren erschiene mir aber nur dann sinnvoll, wenn die Hörnchen ihre Stabilität eben durch die Spannung des Oberleders und nicht durch einen vollständigen Holzunterbau erhielten. Übrigens ist die ganze Frage, ob der Hörnchensattel einen festen Baum gehabt hat, lediglich von antiquarischem und technischem Interesse. Reit- und Militärgeschichtlich betrachtet, kommt es ja nur auf die Funktion des Sattels an, und die ist, wie unsere Versuche zeigen sollten, auch durch eine Kissenkonstruktion gewährleistet.

Connollys Sattelbaum besteht aus Sperrholz, der Form des Leders entsprechend sind die beiden Seitenstege nach unten geschwungen. Das hat den Nachteil, daß der Sattel etwas instabil auf dem Pferderücken aufsitzt, die geschwungenen Seiten wirken wie die Kufen eines Schaukelstuhls. Eine Folge davon ist, daß der Sperrholzrahmen ungleichmäßig belastet wird. Um ein Auseinanderbrechen, an den Ecken, wo die einzelnen Leisten zusammengefügt sind, zu vermeiden, hatte Connolly deshalb bei den zwei Sätteln, die er für uns machte, zu dem unrömischen Hilfsmittel dicker Schrauben gegriffen. Nichtsdestotrotz waren die Rahmen beider Sättel der Dauerbelastung auf dem vierwöchigen Testritt im Sommer 1988 nicht gewachsen. Ohne daß es zu Unfällen oder sonstigen außergewöhnlichen Belastungen gekommen wäre, brach der eine Baum an fünf verschiedenen Stellen, der andere an drei.

Abb. 45, 64, 65, 66

Bei seinen ersten Sätteln hatte Connolly die Bronzehörnchen auf einen hölzernen Kern aufgenagelt. Später kam er von dieser Methode, für die es keinen archäologischen Anhalt gibt, da die erhaltenen Hörnchen nirgends Spuren von Nägeln aufweisen, wieder ab. Er schob nun die Bronzebestandteile über hölzerne Vorsprünge, die vom Rahmen hochragten und mit Polstermaterial umwickelt waren, und nähte sie in das Oberleder ein. Die Anbringung der Hörnchen war auch so noch starr und unnachgiebig. Connolly legte den Sattel auf ein Holzpferd und stellte fest, daß man sich beim Aufsitzen an den Hörnchen sehr bequem hochhebeln könne.

Auf unserem Testritt machten sich freilich auch unangenehme Folgen bemerkbar. Die die Oberschenkel des Reiters eng und starr umklammernden Hörnchen schränken die Bewegungsfreiheit ein und erhöhen die Beschwerden, die sich bei längerem steigbügellosem Reiten in den Hüftgelenken einstellen, noch beträchtlich. Der Reiter kommt in voller Ausrüstung tatsächlich nur schwer in und noch schwerer aus dem Sattel, vor allem wenn sich dieser auf einem lebendigen Pferd befindet. Beim Absitzen bleibt man leicht mit Panzer, Tunica oder Waffen an den Hörnchen hängen, jedenfalls gilt das für die langhörnigen Modelle. Aus einem wirklich brauchbaren Sattel muß man bei einem Sturz mit dem Pferd herausfallen können, sonst wird das vermeintliche Hilfsmittel leicht zur Todesfalle. Spätmittelalterliche Rittersät-

Abb. 46 Grabstein des Kavalleristen Silius von der *Ala Picentiana* aus der 2. Hälfte des 1. Jahrhunderts n. Chr., gefunden zwischen Dienheim und Ludwigshöhe in der Pfalz. Das nach der Auffindung entstandene Aquarell zeigt noch die mittlerweile weitgehend verschwundene ursprüngliche Bemalung. Im oberen Feld liegt Silius beim Totenmahl, unten führt sein *calo* das gesattelte Pferd, an dessen Seite der Stumpfovalschild hängt. Die Inschrift lautet: „Silius, Sohn des Atto, Reiter in der *Ala Picentiana* hat 45 Jahre gelebt und 24 Jahre gedient. Sein Erbe hat ihm diesen Stein setzen lassen." Landesmuseum Mainz. ▷

Abb. 47 Rekonstruierter Hörnchensattel (Kissensattel von Oskar Gross, Firma Max Benz) vor dem Grabstein des Kavalleristen Romanus von der *Ala Afrorum* im Römisch-Germanischen Museum in Köln (vgl. Abb. 35).

Abb. 48 Garnitur von vier nach dem Vorbild der in Rottweil in Württemberg gefundenen Exemplare rekonstruierten Sattelhörnchen. Oben liegen die Vorder-, unten die Hinterhörnchen. Rekonstruktion Dieter Krompholz.

Abb. 49–52 Pferde in Paradegeschirren des 1. Jahrhunderts n. Chr. Das Tier wird, wie auf zahlreichen Reitergrabsteinen zu sehen, am langen Führ- und Anbindezügel gehalten, der an der Unterseite des Nasenbandes befestigt ist. Bei dem Hörnchensattel handelt es sich um die zweite Version von Oskar Gross, Sattlerei Max Benz, mit festen Sattelbögen (das von Alfons Rauch gebaute Grundgestell ist auf Abb. 63 zusehen) und mit elastisch montierten Hörnchen. Der versilberte Bronzeschmuck ist nach dem Vorbild der bei Doorwerth (Niederlande) im Rhein gefundenen Stücke aus der Mitte des 1. Jahrhunderts n. Chr. angefertigt (vgl. Abb. 85, 86). Er besteht aus versilberten und nielloeingelegten *phalerae* mit Dreiblattanhängern in drei verschiedenen Größen, Riemenendbeschlägen, Schnallen bzw. T-förmigen Knebeln und durchbrochen gearbeiteten Schmuckplatten für die seitlichen Sattelriemen. Rekonstruktion des Geschirrs Dieter Krompholz und Georg Schindlbeck.

Abb. 53 Spätrömischer geschlossener Schuh mit Nietknopfsporn. Rekonstruktion Dominikus Ringeisenwerk, Ursberg (Schuh) und Kunstschmiede Karl Huber (Sporn).

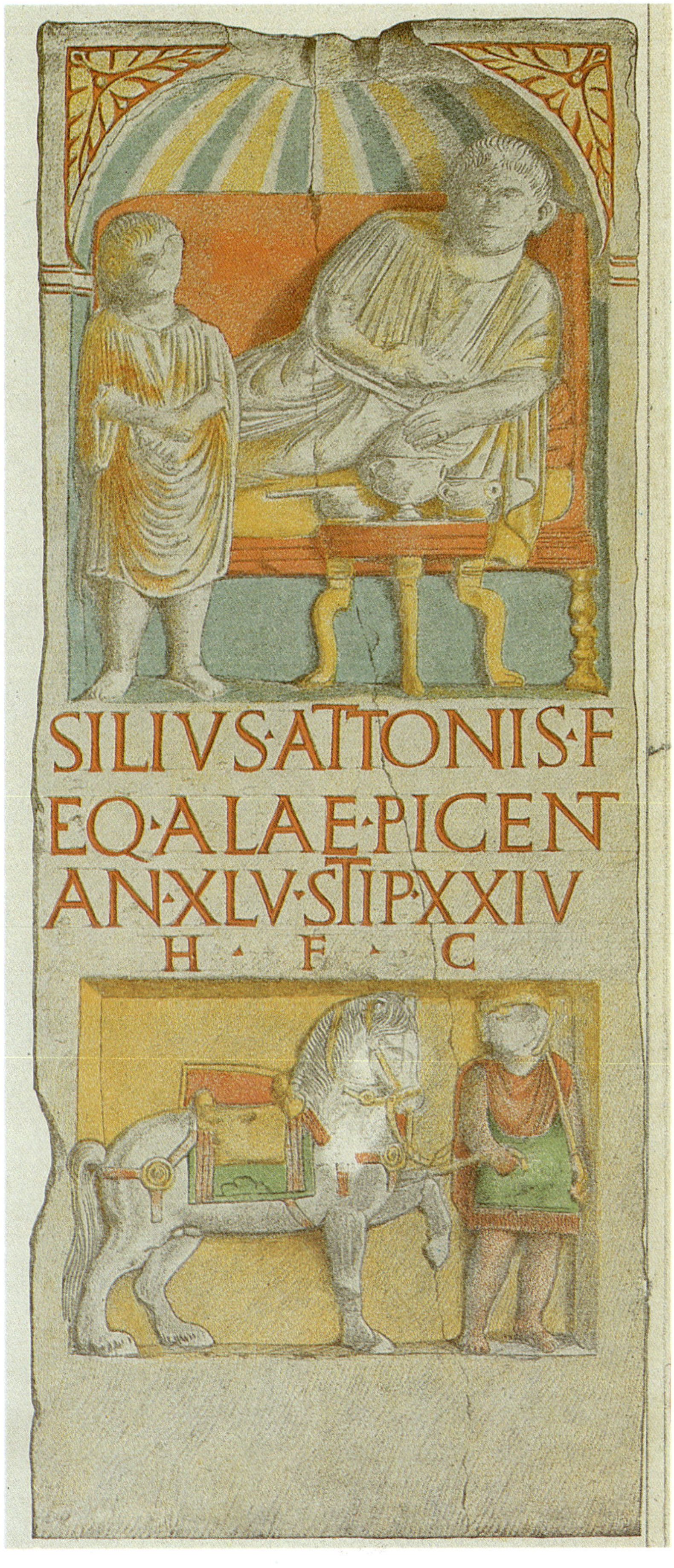

Abb. 46

Abb. 47

Abb. 48

bb. 49

bb. 50

Abb. 51

Abb. 52

Abb. 53

Abb. 54

Abb. 55

Abb. 56

Abb. 59

Abb. 57

Abb. 58

Abb. 60

Abb. 61

tel, wie der auf der Reiterstatue des Cangrande I. della Scala in Verona abgebildete, haben ihren Reiter allerdings manchmal regelrecht eingesperrt, doch waren die Reiter damals von Kopf bis Fuß starr gepanzert, so daß sie, selbst wenn sie beim Sturz unter das Pferd gerieten, noch eine gute Chance hatten, ohne allzu schwere Blessuren davonzukommen. Ferner ist zu berücksichtigen, daß die Fechtweise eine ganz andere, einseitig auf den Anprall mit eingelegter Lanze ausgerichtete war. Von den römischen Kavalleristen wird dagegen berichtet, sie hätten das rasche Auf- und Abspringen vom laufenden Pferd drillmäßig geübt, mit einem starren langhörnigen Sattel eine ganz unmögliche Vorstellung. Eine weitere Mißlichkeit, die sich bei der praktischen Erprobung ergab, bestand darin, daß die quer über den Sattel laufenden Teile der Hinterhörnchen Rottweiler Typs so unglücklich unter dem Gesäß des Reiters zusammenstießen, daß dieses regelmäßig blutige Blessuren davontrug. Ann Hyland schreibt, ihr hätten bei Reitversuchen mit Connollys Rekonstruktion vor allem die in die Schenkel schneidenden Unterkanten des Sattelbaums Beschwerden verursacht. Es ist dies in der Tat ein fataler Mangel der schmalen Sättel mit geschwungenen Unterkanten. Diese befinden sich genau an den Stellen, auf denen die Innenseiten der durch keine Steigbügel gehaltenen Oberschenkel am intensivsten lasten. Sind diese Unterkanten hart und scharf, reitet man sich schnell blutig. Auch dies ist wieder ein Gesichtspunkt, der für eine weiche Version des römischen Hörnchensattels spricht.

◁ Abb. 54 Kavallerist in der Ausrüstung des mittleren 1. Jahrhunderts n. Chr. auf feldmarschmäßig bepacktem Pferd. Im Hintergrund die *porta decumana* der Saalburg.

Abb. 55 Kavallerist in der Ausrüstung der Zeit um 200 n. Chr.

Abb. 56 Angriff mit erhobener *hasta*, Ausrüstung Mitte/2. Hälfte 1. Jahrhundert n. Chr.

Abb. 57, 58 Angriff mit eingelegter Lanze auf einen 2 Zentner schweren Sandsack, der mühelos vom Holzpferd gestoßen wurde.

Abb. 59 Anreiten mit zu Stoß oder Wurf erhobener *hasta*. Dies war die typische Attackenhaltung des antiken Lanzenkämpfers.

Abb. 60, 61 Angriff und Durchbruch durch eine Schildmauer, Aalen 14. Oktober 1990. Beim Anreiten haben die Pferde sehr aufmerksam und noch etwas mißtrauisch die Ohren gespitzt, doch führen sie die Attacke durch, worauf sich die Schildmauer auflöst.

Abb. 62 Holzgestell eines keltischen Tragsattels, aus La Tène, 2. Jahrhundert v. Chr. Es handelt sich nur um die seitlichen Trageflächen, der unmittelbar auf dem Rücken des Tieres aufliegende, wohl stark abgepolsterte eigentliche Sattel hat sich nicht erhalten. Es ist umstritten, wie die Tragflächen angebracht waren, ob mit nach oben oder nach unten gekehrten Holzhaken. Im ersten Falle konnte man einfache Körbe oder ähnliche Gefäße seitlich anhängen, im zweiten wurde eine auf dem Rücken getragene Last mit Strängen seitlich festgezurrt. Zürich, Schweizerisches Landesmuseum. ▷

Abb. 63 Sattelbaum aus eisernen „Jochbögen“ und ledernen Verbindungsstegen. Rekonstruktion Alfons Rauch, Berufsschule Mainburg.

b. 64 Hörnchensattel mit starrem
zernem Sattelbaum. Die Anbringung des
uchgurtes ist während eines Proberittes
ı einem Reiter abgeändert und eine
ätzliche Polsterauflage hinzugefügt
rden. Rekonstruktion Peter Connolly.

. 65, 66 Der von Peter Connolly re-
struierte Hörnchensattel mit geöffneten
tem Vorderhörnchen. Man kann das
enommene, in Leder eingenähte Metall-
ıchen erkennen, das Filzfutter und den
hrfach gebrochenen) Holzkern.

Nun mögen manche der Mängel, die Connollys Sättel auf unserem Testritt 1988 offenbarten, mit der nicht fachmännischen Verarbeitung durch einen als Sattelbauer dilettierenden Forscher zusammengehangen haben. Einige grundsätzliche Einwände gegen den Rekonstruktionsvorschlag mit komplettem hölzernem Sattelbaum und starr verzapften Hörnchen bleiben trotzdem bestehen, wobei betont werden muß, daß die Diskussion sich nur um die Frage des Sattelbaums und der starren Befestigung der Hörnchen dreht, nicht um die Zusammenfügung der Lederteile durch Connolly, über deren Richtigkeit kaum Zweifel bestehen können. Die geschwungenen Seiten des Sattels werden ihren destabilisierenden Schaukeleffekt immer behalten, zumindest müßte man jeden Sattel ganz individuell einem bestimmten Pferd anpassen, bei einem Militärsattel immer eine recht mißliche Angelegenheit. Auch der auf Dauer unangenehme und bei Unfällen lebensgefährliche eingesperrte Sitz zwischen den starren Hörnchen liegt an der Grundkonstruktion und läßt sich nicht entscheidend verbessern.

Das bestätigte sich, als Ludwig Pfaud auf der Grundlage des Camarguesattels eine in mancher Hinsicht funktionsfähigere Version des Connollysattels herstellte. Camarguesättel wurden und werden von uns viel benützt, wenn keine ausreichende Zahl von funktionsfähigen
Abb. 68 Hörnchensätteln zur Verfügung steht. Der tiefe Camarguesattel, eine massive Konstruktion von 11,5 kg Gewicht (ohne Steigbügel) – Connollys Hörnchensattel wiegt 6,8 kg, ein moderner Vielseitigkeitssattel ohne Steigbügel etwa 6 kg –, ähnelt stark den Rittersätteln des Hochmittelalters. Man kann in ihm ganz ausgezeichnet ohne Steigbügel reiten, die hohen Zwiesel erfüllen dann genau die gleiche Funktion wie die Hörnchen des römischen Sattels. In einer Hinsicht ist der Camarguesattel jedoch dem antiken Modell unterlegen: Die vor und hinter der Körpermitte bis zur Taille reichenden Zwiesel verhindern, daß man sich tief nach hinten lehnen oder nach vorne beugen kann, während beim Römersattel die Hörnchen vorne wie hinten in der Mitte eine tiefe Einbuchtung frei lassen, weshalb der Reiter in seiner Bewegungsfreiheit weit weniger eingeschränkt wird. Galoppiert man etwa unter tiefhängenden Ästen durch, kann der Reiter auf dem Hörnchensattel sich flach über den Hals des Pferdes beugen und so einer unter Umständen gefährlichen Verletzung entgehen. Diese Bewegungsfreiheit wird natürlich noch gesteigert, wenn die Hörnchen elastisch und nicht starr befestigt sind. Das machte
Abb. 67 sich bemerkbar, als Ludwig Pfaud auf dem Unterbau des Camarguesattels statt der Zwiesel Hörnchen anbrachte, und zwar starr. Der Sattel sitzt zwar vorzüglich auf dem Pferderücken, doch für den Reiter ist die Sache weniger angenehm, vor allem kommt er nur schwer in und aus dem Sattel, da die Hörnchen an den Seiten höher aufragen als die Zwiesel des Camarguesattels.

Methodisch ist der Haupteinwand gegen die von Connolly angebotene Lösung, daß die bronzenen Hörnchen keine rechte Funktion besitzen. Wenn man schon einen festen Sattelbaum und einen starren Kern für die Hörnchen hat, dann hätte man am einfachsten die ganze Konstruktion aus Holz gemacht und die geschnitzten Hörnchen mit Polster und Leder über-

Abb. 67 Hörnchensattel mit hölzernem Sattelbaum nach Vorbild des Camarguesattels, Hörnchen mit Holzkern. Rekonstruktion von Ludwig Pfaud. ▷

Abb. 68 Südfranzösischer Camarguesattel. Er leitet sich von hochmittelalterlichen Rittersätteln her, hat aber, reitet man auf ihm ohne Steigbügel, eine ähnliche Funktion wie der römische Hörnchensattel.

zogen. Die Bronzeversteifungen stellen nur eine unnötige Komplizierung und Verteuerung dar. Schmuck sind sie nicht gewesen, da sie den an der Außenseite gefundenen Lederresten nach eingenäht waren. Auch weisen sie an der Außenfläche keinerlei Verzierungen auf, wie das bei der sonst überall zu beobachtenden Prunksucht der römischen Kavallerie an einem Dekorationsstück unbedingt zu erwarten wäre. Eine nennenswerte Schutzfunktion kann ihnen auch nicht zugekommen sein. Zwar gibt es aus dem späten Mittelalter ganz mit Metall verkleidete Sättel, die dem Unterleib zusätzlich zum Panzer Deckung boten, aber die Vorder- und Hinterzwiesel ragten bei diesen Sätteln hoch auf und bildeten auf diese Weise tatsächlich eine Art Brustwehr. Die römischen Sattelbauer dagegen sparten gerade die entscheidenden Partien zwischen den Vorder- und zwischen den Hinterhörnchen aus und reduzierten den Sattel auf die für seine Stützfunktion unentbehrlichen Elemente, eben die Hörnchen. Hätten sie dem Reiter vor allem Schutz bieten wollen, wäre der Sattel ganz anders gestaltet worden. Viel gefährdeter als der ohnehin gepanzerte Unterleib waren zudem die Oberschenkel. Solange man – anders als im Mittelalter – nur in Ausnahmefällen etwas zu ihrem Schutz unternahm, wird man sich schwerlich Gedanken über die Panzerung des Sattels gemacht haben.

Carol von Driel-Murray meint, die Metallhörnchen hätten dazu gedient, das Futter in Form zu halten und die ganzen Hörnchen, die ja einer erheblichen Belastung ausgesetzt waren, wie die Lederfragmente erkennen lassen, vor Abnutzung zu schützen. Es ist aber nicht recht einzusehen, weshalb die Hörnchen nach außen eine festere Form brauchten als an der durch den scheuernden Panzer stark beanspruchten Innenseite, wo sich ja nur Polster unmittelbar unter dem Leder befand. Und wenn man Leder und Polster nach außen vor Beschädigungen schützen wollte, hätte man die Metallteile besser über statt unter dem Leder angebracht.

Die Frage ist nun, ob man auch ohne starres Holzgestell die Hörnchen so stabil am Sattel anbringen kann, daß sie dem Reiter den gewünschten Halt geben. Im Gegensatz zu Peter Connolly war Michael Simkins der Ansicht, dies sei möglich, indem man die Bronzehörnchen mit einem dicken, festen Futter versehe und sie zusammen mit diesem in das Oberleder einnähe. Da er sich handwerklich noch nicht mit Sattelbau beschäftigt hatte, beschränkte er sich auf eine zeichnerische Rekonstruktion. Diese versuchten nun zwei deutsche Sattelbaumeister, *Abb. 71* Wolfgang Schmidt und Hermann Schnierle, zu realisieren. Im entscheidenden Punkt waren sie erfolgreich. Es gelang ihnen, durch Polsterung und strammes Einnähen der Bronzeversteifungen die Hörnchen fest und voll funktionsfähig auf einem weichen Kissensattel zu montieren. Der Umstand, daß die Hörnchen nicht starr, sondern leicht flexibel aufsitzen, ist von großem Vorteil für den Reiter, der auf diese Weise mehr Bewegungsfreiheit erhält und leichter in und aus dem Sattel kommt. Auch bei langen Märschen erwies sich auf dem Testritt 1988 der damals eingesetzte Kissensattel mit eingenähten Hörnchen als bequem, jedenfalls im Vergleich mit Connollys Holzsätteln.

Leider wurde unser erster Kissensattel aufgrund von Mißverständnissen überdimensioniert, wodurch er auch den orginalen Sattelledern unähnlich wurde, wie Carol van Driel Murray kritisch bemerkte. Er war mit 8,2 kg schwerer als Connollys Sattel, der trotz hölzernem Sattelbaum nur 6,8 kg wog. Allerdings waren die Hörnchen des letzteren zu dünnwandig, und der Baum war, wie sich zeigte, zu wenig massiv. Voll funktionsfähig gebaut, würde Connollys Modell schwerlich unter 10 kg wiegen. Ludwig Pfauds im Unterbau am Camarguesattel orientierte Konstruktion hat ein Gewicht von 10,8 kg. Die Überdimensionierung des Kissensattels hatte vor allem zur Folge, daß die Vorderhörnchen zu weit auseinanderstanden, daher eine zu waagrechte Position erhielten und auf die Mitte der Oberschenkel wirkten statt auf die

Partie unmittelbar unterhalb der Hüftgelenke. Die Dicke der Kissen hätte nach den Seiten zu verringert werden müssen. So wie sie waren, spreizten sie die Beine auseinander und beeinträchtigten erheblich die Bequemlichkeit des Sitzes. Der Bauchgurt war an Lederblättern angebracht, die in der Mitte des Sattels festgenäht waren. Auf diese Weise saß der Sattel weniger stabil auf dem Pferderücken, als wenn man die Gurte direkt an den Seiten befestigt hätte. Das Polster war gleichmäßig verteilt, so daß sich keine Kammerung über dem Widerrist ergab. Die Folgen waren zwar nicht so dramatisch, wie von manchen befürchtet, doch stellten sich nach einigen Tagen kontinuierlichen Reitens leichte Scheuerstellen auf dem Widerrist ein.

Ein grundsätzlicher Einwand gegen den Kissensattel ist hierin nicht zu erblicken, da die Existenz funktionsfähiger Sättel ohne festen Baum vielfach belegt ist. Aus Süd- und Osteuropa, Nordafrika und Nordamerika sind reine Kissensättel bekannt, der argentinische Bastossattel ruht auf zwei schilfgefütterten wurstförmigen Sattelkissen, auch das Militär benutzte im 19. Jahrhundert bei Artillerie und Train lediglich aus zwei durch ein Oberleder zusammengehaltene Kissen bestehende Sättel, die allerdings nicht der vollen Beanspruchung eines Kavalleriesattels ausgesetzt waren. Am interessantesten für uns war jedoch der italienische Maremmasattel. Dieser wurde ursprünglich von Rinderhirten benutzt, mußte also extremen *Abb. 69, 70, 72* Belastungen gewachsen sein. Bei seiner beachtlichen Größe hat er ein recht erhebliches Gewicht (um 14 kg), der Sitz auf den gesteppten Polstern ist von unübertrefflicher Weichheit. Zwar predigt man seit langem den auf ihren harten Sätteln leidenden Kavalleristen und Reitschülern, man sitze nur auf solch fakirhaft asketischer Unterlage wirklich bequem, die Wirklichkeit ist aber viel logischer – weiche Sättel sind in aller Regel auch die angenehmsten. Bis weit ins 18. Jahrhundert hinein waren die Sitzflächen so gut wie aller Reitsättel mehr oder weniger stark gepolstert. Der Maremmasattel ruht auf zwei großen Kissen aus gestepptem Leinen. Beiderseits des Widerristes sind zwei weitere Kissen aufgenäht, die von einem hölzernen Sattelbogen in Position gehalten werden. Verkürzt man die sehr langen, voluminösen Kissen, bildet der Maremmasattel die ideale Basis für die Montierung der Hörnchen. Es wäre damit eine für Pferd und Reiter gleich angenehme, voll funktionsfähige Rekonstruktion gefunden, die die Bronzehörnchen als formgebende Versteifungen sinnvoll einsetzt und mit einem Minimum an archäologisch nicht gesicherten Ergänzungen auskommt.

Ein Prototyp einer solchen Verbindung von modifiziertem Maremmasattel und Hörnchensattel wurde von Sattlermeister Oskar Gross von der Firma Max Benz in München gebaut und im Laufe des Jahres 1990 verschiedenen Tests unterworfen. Der Sattel besaß zunächst, wie *Abb. 47, 73,* der Maremmasattel, vorne einen starken Sattelbogen aus Sperrholz, der noch mit Zapfen zur *104, 142* Befestigung der Vorderhörnchen versehen wurde. Letzteres erwies sich als nicht zweckmäßig, da die Vorderhörnchen dann ebenso steif und hinderlich auf dem Sattel saßen wie bei den Modellen mit starrem Sattelbaum. Wir entfernten daraufhin den ganzen Sattelbogen, so daß

Abb. 69 Vollständiger Maremmasattel. Er besitzt große Ähnlichkeit mit spätantiken persischen und römischen Sätteln. Die Pauschen, die den Oberschenkeln und den Knien Halt geben, sind deutlich sichtbar. ▷

Abb. 70 Unterbau eines italienischen Maremmasattels von vorn. Er besitzt über dem Widerrist einen hohen hölzernen Sattelbogen, ansonsten besteht er nur aus festen, mit Schilf und Haaren gefüllten Kissen. Anfertigung Sattlerei Lamberto Bartolozzi, Tolfa (Italien).

Abb. 71 Der von Wolfgang Schmidt, Forst, und Hermann Schnierle, Augsburg, rekonstruierte, etwas überdimensionierte Kissensattel.

Abb. 72 Unterbau des Maremmasattels (Abb. 70) von unten.

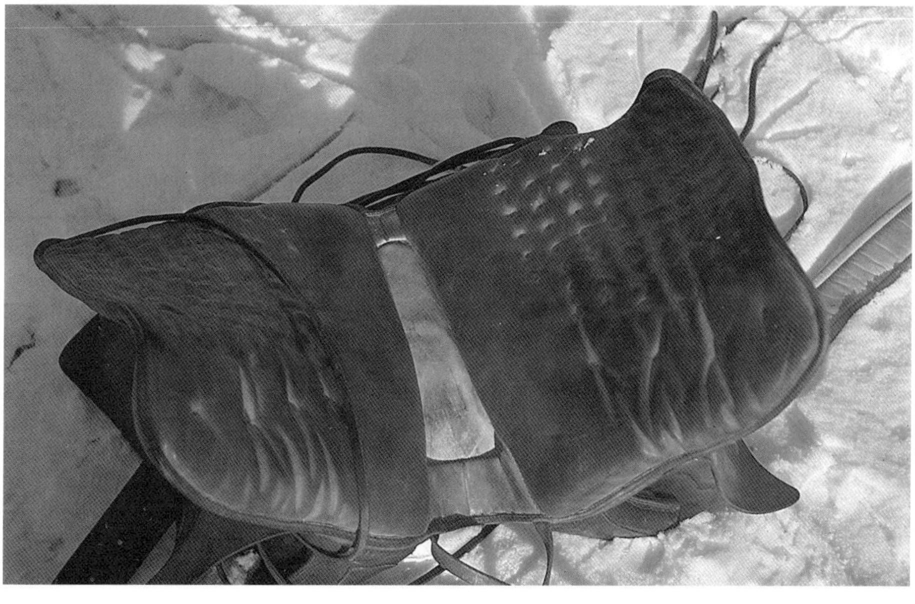

Abb. 73 Rekonstruierter Hörnchensattel von Oskar Gross, Sattlerei Max Benz, München, von unten. Es handelt sich um einen festen Kissensattel ohne Baum oder Bogen. Die Aufnahme entstand, nachdem auf dem Sattel 4 Wochen lang über eine Strecke von etwa 900 km geritten worden war.

ein reiner Kissensattel mit einem Gewicht von 11 kg entstand. Die Filzpolsterung war auf einer formgebenden Grundlage von Sohlenleder aufgebaut. In dieser Gestalt wurde die neue Rekonstruktion auf dem Limesritt im Herbst 1990 von Holland nach Aalen in Württemberg erprobt. Die Stabilität der elastischen Hörnchen erwies sich bei den zahlreichen Gefechtsübungen, die unterwegs veranstaltet wurden, als völlig befriedigend. Unser Mitreiter Bruno Pöpping, der langjährige Erfahrung im Westernreiten besitzt, bezeichnete ihn als einen idealen Sattel für alle Formen des Kampfreitens, da er festen Halt und größtmögliche Bewegungsfreiheit miteinander verbinde. Obwohl der hölzerne Sattelbogen entfernt worden war, gewährleistete die starke Polsterung der Sattelkissen die Widerristfreiheit des Pferdes. Nachdem 900 km in voller Rüstung auf dem Sattel geritten worden waren, setzte sich die Polsterung allerdings etwas, wodurch die Widerristfreiheit auf ein gerade noch zu verantwortendes Maß reduziert wurde. Der Mangel ließ sich jedoch durch Nachpolstern sehr leicht beheben. Nach diesem Versuch muß das beliebte Argument, ein reiner Kissensattel sei unbrauchbar, da er den Hörnchen und damit dem Reiter nicht ausreichend festen Halt gebe und da er mangels Widerristfreiheit beim Pferd Satteldruck erzeuge, als nicht stichhaltig abgelehnt werden. Das braucht nun nicht zu heißen, daß der Hörnchensattel tatsächlich ein reiner Kissensattel gewesen sein m u ß, es beweist nur die Möglichkeit, daß er einer gewesen sein k a n n.

Folgende vier Möglichkeiten sind demnach voneinander zu unterscheiden.

1. Der (langhörnige) Hörnchensattel war ein reiner Kissensattel, der außer den Bronzehörnchen keinerlei Versteifungen besaß;

2. Der Hörnchensattel war ein teilweise versteifter Kissensattel, der, wie der Maremmasattel, über dem Widerrist mit einem Bogen oder vorne und hinten mit je einem Bogen versehen war; die Hörnchen hatten keine direkte Verbindung mit diesen Bögen und waren elastisch montiert;

3. Der Hörnchensattel besaß einen regelrechten Sattelbaum, der, wie in Variante 2, keinen festen Kern für die Hörnchen bot, die hier also auch nur durch Futter und Lederhülle in Position gehalten wurden;

4. Der Hörnchensattel hatte nicht nur einen festen Sattelbaum, sondern auch hölzerne Fortsätze, auf die die Hörnchen starr montiert wurden.

Grundsätzlich praktikabel sind alle vier Möglichkeiten, doch haben sich bei der Erprobung der vierten Variante so erhebliche Nachteile gezeigt, daß sie meines Erachtens für ausgesprochen unwahrscheinlich gelten muß, zumal da sie den Bronzehörnchen keine echte Funktion zuweist. Die anderen drei Varianten haben alle gemeinsam, daß die Hörnchen elastisch und nicht starr montiert sind, so daß der Halt des Reiters ganz auf den eingenähten Metallhörnchen bzw. – bei den kurzhörnigen Sätteln – auf dem Futter beruht und diese bei den langhörnigen Sätteln somit einen entscheidenden und unverzichtbaren Bestandteil der Konstruktion bilden. Die so bewirkte elastische Festigkeit des Sitzes gewährt volle Bewegungsfreiheit und vermeidet alle Nachteile des Sattels mit starr befestigten Hörnchen. Vom Reiter aus betrachtet, können Variante 1, 2 und 3 gleich gut eingesetzt werden. Die Unterschiede betreffen den Unterbau, also den Sitz des Sattels auf dem Pferderücken. Ein fester Sattelbogen über dem

Abb. 74, 75 Feldmarschmäßig bepacktes Pferd, Ausrüstung Mitte und 2. Hälfte des 1. Jahrhunderts n. Chr. Am Hörnchensattel sind Schild, Speerköcher, *sagum*, *paenula*, Lederbeutel mit Kleingepäck, Netz mit Verpflegung, eiserne Feldflasche und bronzenes Eßgeschirr befestigt. ▷

Widerrist, möglicherweise ein weiterer am hinteren Ende des Sattels, tragen sicherlich bei langem und intensivem Gebrauch zur Stabilisierung der Konstruktion bei, obwohl sie, wie unser letzter Versuch gezeigt hat, keine unabdingbare Voraussetzung sind. Da Bögen, wenn auch etwas anderer Art, schon von den Skythen verwendet worden waren, dürfte ihr Gebrauch auch bei den Römern mit großer Wahrscheinlichkeit anzunehmen sein, wovon schon Gansser-Burckhardt ausgegegangen war. Sie reichen völlig hin, um die von Carol van Driel-Murray an den Sattelledern beobachteten, von der Stelle über dem Widerrist ausgehenden Zugfalten zu erklären, sie tun das sogar plausibler, da ein durch keinen harten Kern mit dem Sattelbogen oder Sattelbaum verbundenes Hörnchen das Leder, durch dessen Spannung es ja in Position gehalten wird, notwendigerweise einer stärkeren Zugbelastung aussetzt. Die halbmondförmigen Durchbrechungen mancher Bronzehörnchen und die entsprechenden Schlitze in den Hörnchentaschen der meisten Stattelleder könnten auch am besten damit erklärt werden, daß sie Brust- und Schweifriemen zum vorderen bzw. hinteren Sattelbogen durchlaufen ließen, wo sie befestigt wurden. Mit einer solchen Konstruktion konnte sich Carol van Driel-Murray anfreunden: „Solltest Du den ‚reinen Kissensattel‘ durch ein Zwei-Kissen-Arrangement ersetzt haben, das vorne und hinten durch feste Bögen gehalten wird, alles eingeschlossen in Leder, dann könnte ich mir vorstellen, daß das Ergebnis den archäologischen Funden viel näherkommt, und ich denke, damit wäre ein großer Durchbruch erzielt. Ich war immer etwas unglücklich mit der sehr komplexen Schreinerei, die ein vollständiger Sattelbaum nötig machte, und Deine Rekonstruktion hat das sehr große Verdienst, das zu vermeiden.“ (Briefliche Mitteilung vom 2. April 1991)

Nachdem sich schon die am wenigsten stabil erscheinende Variante 1 sowohl dem Stress eines Langstreckenrittes wie auch den Anforderungen zahlreicher Gefechtsreitübungen gewachsen gezeigt hat, ist an der vollen Funktionsfähigkeit der Varianten 2 und 3 nicht zu zweifeln. Einen speziellen Lösungsvorschlag, der ein Mittelding zwischen diesen beiden Möglichkeiten darstellte, machte Sattlermeister Alfons Rauch schon in einem frühen Stadium unserer Rekonstruktionsarbeiten. Er verband die eisernen „Jochbögen“, die im römischen Fundgut häufig auftauchen und auch schon früher von manchen für Sattelbögen gehalten wurden, mit Seitenstegen aus dickem Leder. Dadurch entstand eine Art Sattelbaum, aber ohne Holzbestandteile. Die Mehrzahl der gefundenen Eisenbögen weist eine so starke Krümmung auf, daß sie nur vorne, über dem Widerrist, gesessen haben können, doch wurden, etwa in Rottweil, daneben auch flachere Bögen ausgegraben, die gut den hinteren Abschluß eines Sattels gebildet haben mögen. Ein größerer Fund solcher „Jochbögen“ in der Schweiz zeigt allerdings, daß sie zu den Kummets von Zugtieren gehörten. Ob eine gleichzeitige Verwendung als Sattelbogen deshalb grundsätzlich auszuschließen ist, mag dahingestellt bleiben, zumal die bekannten Bögen typologische Verschiedenheiten aufweisen.

Abb. 63

Oskar Gross baute auf der Grundlage der Rauchschen Konstruktion unsere neueste Version des Hörnchensattels. Der 10,1 kg schwere Sattel bietet optimalen Sitz. Die nur durch den Lederüberzug und das Filzfutter in Position gehaltenen Hörnchen sind äußerst stabil. Sie sitzen tiefer im Körper des Sattels, ragen also nicht so hoch über die Sitzfläche, was ihnen nicht nur höhere Festigkeit verleiht, sondern auch das Auf- und Absitzen entschieden erleichtert. Der Sattel ist vorne steiler gekammert als die reinen Kissensättel, und verhindert die spreizende Wirkung der letzteren. Wahrscheinlich könnte der hintere Bogen, wie beim Maremmasattel, ohne große Probleme weggelassen werden. Bei längeren Einsatz tendiert er dazu dem Reiter etwas in den Steiß zu drücken.

Abb. 47, 49

Einen weiteren Vorschlag machte Michael Simkins. Er hält es für möglich, daß dem Hörnchensattel eine abgepolsterte, leicht elastische Konstruktion aus Weidengeflecht zugrundegelegen sei. Das könnte sich mit Curles Bericht über die Auffindung einer der Newsteader Hörnchengarnituren decken, die, wie Carol van Driel-Murray vermutet, möglicherweise zu einem komplett vergrabenen Sattel gehört hat. Man hatte damals neben den Hörnchen Spuren von „Spreu" und „Zweigen" gefunden, bei denen es sich um Reste eines solchen gehandelt haben könnte. Leider ist es noch zu keinem realen Bau eines solchen Sattels gekommen.

Gelegentlich wird die Auffassung vertreten, manche der Hörnchensättel könnten Kissensättel gewesen sein, andere aber einen hölzernen Sattelbaum besessen haben. Die in Rottweil, Newstead, Mainz–Weisenau, Neuss, Moers, Nijmegen und an anderen Orten gefundenen Bronzehörnchen weisen in der Tat Abweichungen voneinander auf, die darauf schließen lassen, daß es eine gewisse Variationsbreite dieser Sättel gegeben hat, wie das auch angesichts der weiten geographischen Verbreitung und der langen Dauer der Benutzung nicht anders zu erwarten ist. Auf die Tatsache, daß die Bronzehörnchen und die Oberleder größenmäßig nicht zusammenpassen, wurde oben schon eingegangen. Trotzdem sind die Bronzehörnchen und Oberlederfragmente meines Erachtens immer noch uniform genug, um auf eine einheitliche Grundkonstruktion schließen zu lassen, die es höchst unwahrscheinlich machen dürfte, daß manche der Sättel einen Baum hatten und andere nicht. Der Umstand, daß die erhaltenen Bronzehörnchen zu groß sind für die erhaltenen Oberleder, hat zu der Vermutung geführt, die Hörnchen könnten zu einer Art Stechsattel, einem reinen Turniersattel also, gehört haben. Abgesehen davon, daß es mir ziemlich suspekt erscheint, daß das meiste, was an römischer Kavallerieausrüstung auf uns gekommen ist, nur zu Turnieren und Paraden gedient haben soll, dürfte es auch kaum Bedarf für einen solchen Stechsattel gegeben haben, da man sich, wie aus Arrians ausführlicher Beschreibung der Reiterübungen hervorgeht, bei diesen Gelegenheiten nicht, wie im Mittelalter, aus dem Sattel zu heben versuchte. Connolly und van Driel-Murray (1991) meinen, der langhörnige Sattel sei nur im eigentlichen Gefecht, der kurzhörnige auf Reiseritten verwendet worden. Man kann sich aber kaum vorstellen, römische Kavalleristen hätten dauernd zwei verschiedene Sättel mit sich geführt. Wahrscheinlich war die Variante mit kleinen Hörnchen ohne Metallversteifung die ursprüngliche Form des Sattels, die sich recht gut aus dem Sattelkissen entwickelt haben könnte. Manche Reiter mögen dann eine langhörnige Version vorgezogen haben, die noch festeren Sitz gab. Da pauschenartige, nur ausgestopfte Hörnchen ab einer gewissen Länge zu instabil geworden wären, griff man nun zum Hilfsmittel der eingenähten Metallhörnchen. Diese mir recht logisch erscheinende Entwicklung würde auch wieder gegen einen festen Baum sprechen. Die klein- und großhörnigen Sättel werden dann wohl längere Zeit nebeneinander bestanden haben. Ob persönliches Reitvermögen und persönliche Vorliebe oder die Zugehörigkeit zu bestimmten Kavalleriegattungen ausschlaggebend für die Wahl des Satteltyps waren, muß dahingestellt bleiben. Im 18. und 19. Jahrhundert wurden etwa von den Kürassieren und Husaren ganz verschiedene Sattelmodelle verwendet, die weit weniger miteinander gemein hatten als die kurz- und langhörnigen Sättel der Römer.

Bd. II, S. 175–182

Letzte Sicherheit in der Rekonstruktion des Hörnchensattels könnten wir nur dann erhalten, wenn eines Tages ein weitgehend kompletter Sattel gefunden werden sollte. Bei den in den Gruben von Newstead in Schottland Anfang des 20. Jahrhunderts ausgegrabenen Garnituren von Bronzehörnchen und Sattellederfragmenten könnte es sich nach Carol van Driel-Murray um vollständige Exemplare gehandelt haben, die von den Besitzern zusammen mit anderen Ausrüstungsgegenständen als Weihegaben dem Boden übergeben worden waren. Leider konnten mit den damaligen Ausgrabungsmethoden etwaige Reste der inneren Struktur dieser Sättel nicht festgestellt werden, auf jeden Fall gingen sie undokumentiert verloren, sieht man von den oben erwähnten Zweigen ab. Die Bronzehörnchen und Lederreste wurden damals ja auch nicht als Bestandteile von Sätteln erkannt. Eines der in Vechten in Holland gefundenen Oberleder wies an einer Seitenkante drei große Löcher auf, von denen eines einen hölzernen Stift enthielt. Carol van Driel-Murray wertet das als ein sicheres Indiz für einen hölzernen Sattelbaum, nimmt aber gleichzeitig an, das stark durch Schnitte und Reparaturen verunstaltete Leder sei wahrscheinlich durch eine sekundäre Nutzung abgeändert worden. Selbst wenn man den Vechtener Holzstift für einen Bestandteil der ursprünglichen Sattelkonstruktion halten will, beweist er nicht mehr als die Möglichkeit eines hölzernen Unterbaus, seien es voneinander unabhängige Bögen, sei es ein zusammenhängender Sattelbaum, nicht aber die einer steifen Montierung der Hörnchen, die ja für die Reitweise ausschlaggebend ist.

Das eben erwähnte Vechtener Sattelleder (Vechten Nr. 7) ist zusammen mit einem Gegenstück vom selben Fundplatz das späteste einigermaßen datierbare Originalteil eines Hörnchensattels. Es dürfte in das späte 2., frühe 3. Jahrhundert n. Chr. gehören. Die Formgebung weist auf eine etwas abweichende Variante des alten Modells hin. Die gerade, mit einem Saum versehene Unterkante könnte als ein herabhängendes Sattelblatt angesehen werden. Ein so interpretiertes Teil hat allerdings schon das weitgehend vollständige Valkenburger Sattel-
Abb. 46 leder, der farbige Grabstein aus Mainz zeigt auch ein ledernes Sattelblatt. Die erste von Oskar Gross gebaute Kissensattelversion wurde ebenfalls mit einem solchen Sattelblatt ausgestattet, das vor allem die Schenkel vor der Schnalle des Bauchgurts schützen soll. Eine dicke Satteldecke aus Filz, die Schlitze besitzt, durch die der Sattelgurt geführt wird, kann jedoch die gleiche Funktion erfüllen und ist zudem dekorativer. Die Römer scheinen nach den Abbildungen in der frühen Kaiserzeit meist vom Sattel unabhängige Decken benutzt zu haben.

Wann der Hörnchensattel außer Gebrauch kam und durch einen neuen Sattel ersetzt wurde, ist schwer zu sagen, da realistische Abbildungen von römischen Kavalleristen ab dem späten 2. Jahrhundert n. Chr. sehr selten werden und Originalteile, gleich welchen Satteltyps, nach dem frühen 3. Jahrhundert vollkommen fehlen. Eine mit Jagdszenen geschmückte Silber-
Abb. 76 schale aus dem sogenannten Seuso-Schatzfund, der dem 4. Jahrhundert angehört, zeigt an Bäume gebundene Pferde, deren Sättel hörnchenartige Zwiesel erkennen lassen. Demnach scheint der Hörnchensattel im 4. Jahrhundert noch existiert zu haben. Das sassanidische
Abb. 77 Relief von Bischapur III., das den Triumph Schapurs I. über Kaiser Valerian im Jahre 260 n. Chr. darstellt, enthält die Abbildung eines geführten, wahrscheinlich römischen Pferdes, dessen Sattel ein nach unten abgerundetes Sattelblatt und hohe Vorder- und Hinterzwiesel besitzt. Es ist unklar, ob es sich bei diesen um im Profil dargestellte Hörnchen oder um bogenartig den Rücken des Pferdes überspannende Zwiesel nach Art der späteren römischen und persischen Sättel handelt. Deutlich erkannbar ist jedoch, daß der Bauchgurt nicht mit der üblichen Schnalle, sondern mit einem durch zwei Ringe geführten Lederband geschlossen ist, wie das bei neuzeitlichen Western- und Camarguesätteln geschieht. Im 4. Jahrhundert erscheint
Abb. 78 der Hörnchensattel auf sassanidischen Denkmälern nicht mehr, statt dessen finden wir einen recht niedrigen bogenförmigen Vorderzwiesel, der Hinterzwiesel wird von den flatternden

Abb. 77 Römisches (?) Pferd mit Sattel. Detail aus dem sassanidischen Relief von Bischapur III, nach 260 n. Chr. Zeichnung Nikolaus Grohmann nach Georgina Herrmann, Fig. 71. ▷

Abb. 76 Gesatteltes spätrömisches Jagdpferd, Detail vom Mittelmedaillon der sogenannten Seuso-Platte, 4. Jahrhundert n. Chr. Das in Niello-Technik abgebildete Pferd, das der Inschrift nach *In(n)ocentius* (der Unschuldige, der keinen Schaden Verursachende) hieß, steht neben der tafelnden Jagdgesellschaft an einen Baum angebunden. Um zu verhindern, daß das Pferd in seinen Zügel tritt, ist dieser um das rechte Vorderhörnchen gelegt. Es handelt sich um die späteste eindeutige Darstellung des Hörnchensattels. London, Sotheby's. Zeichnung Nikolaus Grohmann nach *Antike Welt* 21/2, 1990, S. 74.

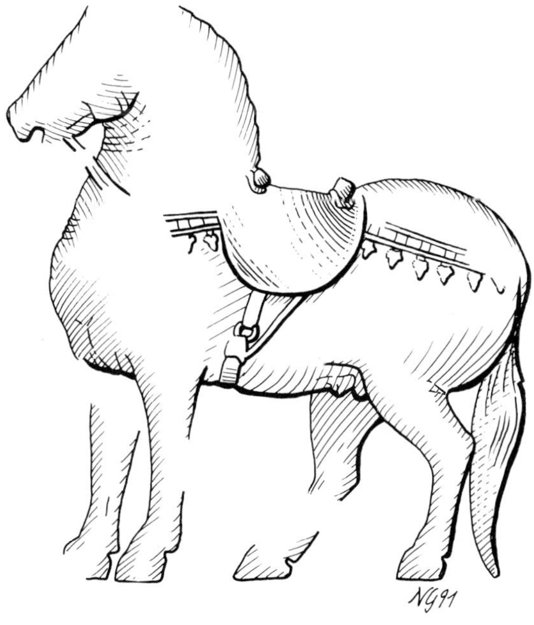

Gewändern verdeckt. Ein solcher Sattel hätte eigentlich Steigbügel verlangt, denn sonst hätte er weniger Halt geboten als sein Vorgänger, der Hörnchensattel. Der Vorderbogen endete jedoch in seitlichen Pauschen, an denen man sich mit den Schenkeln ähnlich ausbalancieren konnte wie früher an den Hörnchen. Die abgerundeten Zwiesel erleichterten gegenüber dem Hörnchensattel das Auf- und Absitzen beträchtlich. Ob dieser neue Sattel, der auf den spätrömischen Reliefs am Constantinsbogen dargestellt sein dürfte und demnach spätestens im 4. Jahrhundert auch in der römischen Armee eingeführt wurde, einen festen Sattelbaum besaß, ist unsicher. Zwingend erforderlich war ein solcher jedenfalls nicht, denn der dem persisch-spätrömischen Sattel sehr ähnliche Maremmasattel kommt ja auch mit einem Holzbogen über dem Widerrist aus und ist im übrigen ein reiner Kissensattel.

Aus dem 5., möglicherweise schon aus dem 4. Jahrhundert n. Chr. liegen Funde vor, die
Abb. 79 man in hunnischen Gräbern im nördlichen Kaukasusgebiet gemacht hat. Sie enthalten Metallbeschläge von Sätteln mit höheren Vorder- und Hinterzwieseln als sie die sassanidischen und römischen Sättel des 4. Jahrhunderts gehabt zu haben scheinen. Mary Aiken Littauer nimmt wohl mit Recht an, daß diese hunnischen Sättel einen hölzernen Sattelbaum besaßen und Vorläufer der awarischen und ungarischen Sättel des frühen Mittelalters waren. Dazu würde es passen, daß Attila sich während der Schlacht auf den Catalaunischen Feldern (451) einen Scheiterhaufen aus Sätteln errichten lassen haben soll. Typisch für die hunnischen Sättel sind die mit schuppenartigem Fiedermuster verzierten Goldblechbeschläge. Der westlichste Vertreter wurde bei Straßburg gefunden. Ein etwas abweichender, gleichfalls reich mit Beschlägen versehener Typ von primitivem Holzsattel taucht wenig später in germanischen Adelsbestattungen auf (Krefeld-Gellep, Wesel-Bislich, Ravenna, alle 6. bis frühes 7. Jahrhundert, schwedische Grabfunde).

Ab dem 7. Jahrhundert ist die Entwicklung anhand von awarischen und ungarischen Grabfunden klar zu verfolgen. Die Holzbestandteile sind zwar nur dort erhalten geblieben, wo sie vom Eisenrost der Beschläge konserviert wurden, doch reicht das aus, um einen Sattelbaum mit ausgeprägten bogenförmigen Vorder- und Hinterzwieseln, die mit Seitenbrettern verbunden waren, zu rekonstruieren, der große Ähnlichkeit mit den auch in späteren Jahrhunderten gebräuchlichen ungarischen Sätteln aufweist. Gleichzeitig mit dem awarischen Sattel tauchen auch die ersten Steigbügel in Europa auf. Damit stehen wir am Anfang der mittelalterlichen und neuzeitlichen Reitweise. Blickt man von diesem Punkt zurück, erscheinen der Hörnchensattel und der Sattel mit bogenförmigen Zwieseln und Pauschen als logische Fortführung des Kissensattels und zugleich als Endpunkt einer langen, nicht mehr entwicklungsfähigen Geschichte.

Wie nun auch immer der Unterbau des Hörnchensattels und der seines Nachfolgers ausgesehen haben mag, eines ist sicher, nämlich daß die römische Kavallerie spätestens seit der frühen Kaiserzeit einen echten Sattel besaß, der dem Reiter einen so festen Sitz gab, daß der Mangel von Steigbügeln sich beim Gefechtsreiten kaum bemerkbar gemacht haben dürfte. Der römische Reiter war also durchaus imstande, den Schockangriff mit blanker Waffe auszuführen. Welche Festigkeit im Sattel der römische Kavallerist auch ohne Steigbügel hatte, mag folgender Zwischenfall aus dem Jüdischen Krieg illustrieren: „Ein Mann aus den teilberittenen Cohorten namens Pedanius lenkte sein Pferd im Galopp an die Flanke der ins Tal hinabfliehenden Judäer, ergriff einen von ihnen, einen kräftigen und wohlbewaffneten jungen Mann, am Fußgelenk – so tief hatte er sich von seinem dahinjagenden Pferd herabgebeugt und damit nicht nur die Kraft seines rechten Arms, sondern auch seine Vortrefflichkeit als Reiter

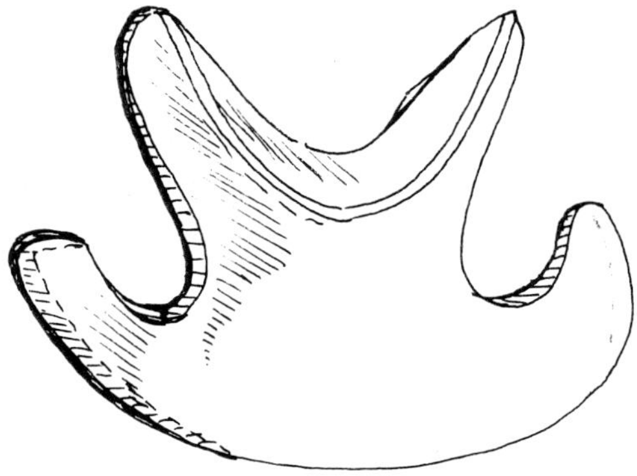

Abb. 78 Sassanidischer Sattel mit bogenförmigen Zwieseln und Pauschen. Detail von einem Rhyton in Pferdeform, Sammlung M. Foroughi, 3. Jahrhundert n. Chr. Die Zeichnung zeigt den Sattel von oben mit dem Vorderzwiesel nach oben. Zeichnung Gudrun Pfrogner nach Ghirshman 1973, Fig. 1 und Pl. I,1–2.

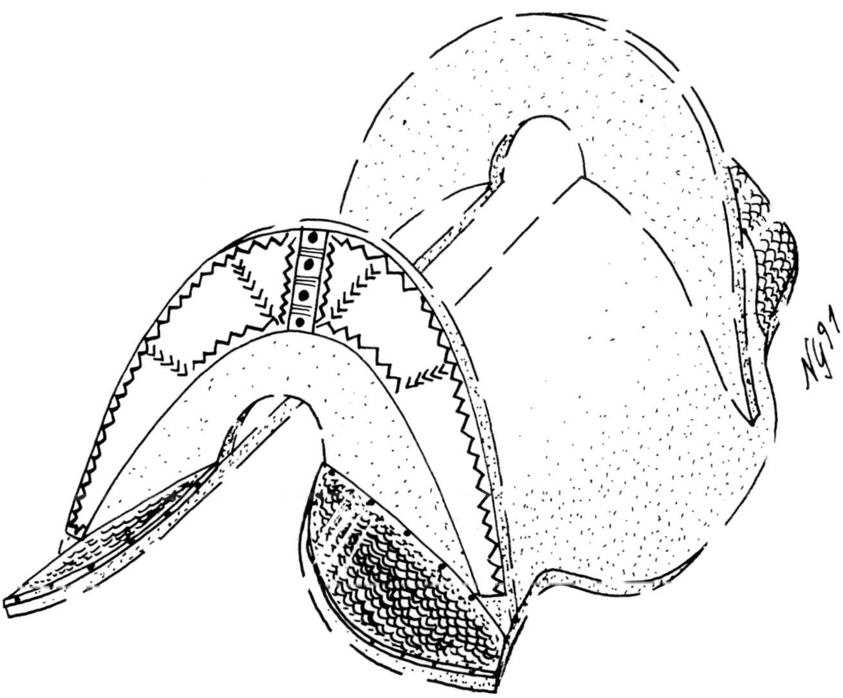

Abb. 79 Hunnischer Sattel nach A.V.Dmitriev. Die Rekonstruktion beruht auf den wohl aus dem 5. Jahrhundert n. Chr. stammenden Pferdegräbern vom Novorossiisk im nördlichen Kaukasus, in denen mehrere geschuppte goldene Sattelbleche *in situ* gefunden wurden. Dabei erwies sich, daß die auch in zahlreichen anderen hunnischen Gräbern ausgegrabenen D-förmigen Beschläge nicht an den Zwieseln, sondern an den unter den Zwieseln hervorragenden vorderen Enden der Seitenbretter des Sattelbaums angebracht waren. Nach A.K. Ambroz schmückten schmälere bandförmige Beschläge in analoger Weise die hinteren Vorsprünge der Sattelbretter. Die Form des Sattels ähnelt bereits stark den awarischen und magyarischen Modellen des frühen Mittelalters, doch sind noch keine Steigbügel nachweisbar. Zeichnung Nikolaus Grohmann nach *Soviet Archaeology* 4, 1979, S. 219 und 230.

demonstriert –, und preschte mit ihm davon. Wie eine Trophäe brachte er den Gefangenen zum Caesar [Titus]." (Flavius Josephus, Jüdischer Krieg, VI.2,8) Eine solche Bravourleistung wäre auch dem besten Reiter ohne Hörnchensattel unmöglich gewesen.

Abb. 74, 75

Eine weitere wichtige Funktion eines jeden Militärsattels erfüllte der Hörnchensattel gleichfalls aufs beste, nämlich die Funktion als Gepäckträger. Was der schwerbepackte Legionär auf seinen Schultern schleppen mußte, befestigte der Reiter an seinem Sattel. Unterhalb der Hörnchen sind am römischen Sattel jeweils mehrere feste Riemen angebracht, die durch halbmondförmige Schlitze im Oberleder geführt sind und die sich bestens dazu eignen, während des Marsches Taschen, Kochgeschirr, Verpflegungsnetz und Mantel festzubinden. Der Schild wird in Querlage mit einem Riemen direkt an den Hörnchen aufgehängt. Während des Reitens kann man auch vorübergehend die Zügel über eines der Vorderhörnchen hängen, um beide Hände frei zu haben. Beim Gefechtsreiten besteht freilich die Gefahr, daß der Zügel sich manchmal unbeabsichtigt an einem der Hörnchen verfängt.

Bd.I, Abb. 21, 22, 166, 171, Bd. II, Abb. 56, Bd. III, Abb. 34, 35, 46, 83

Unter den Sattel kam eine kurze fransengeschmückte Satteldecke wohl aus Filz, bei parademäßigem Auftritt konnte noch eine lange, fast bis auf den Boden herabhängende zweite Decke dazukommen, die entweder unter der kürzeren Decke getragen oder über den Sattel gelegt wurde. Sie war aus weicherem Material, vermutlich Wolltuch. Wenn die Decken sich unter dem Sattel befanden, mußte der Bauchgurt durch Schlitze geführt werden. Auf einem in Mainz gefundenen Reitergrabstein, der bei seiner Auffindung noch Bemalungsreste aufwies, war die Satteldecke grün und hatte rote Saumbänder, rote Brust- und Schweifriemen hielten den Sattel zusätzlich zum Bauchgurt in Position; die Riemen des Kopfgeschirrs waren gleichfalls rot, der Sattel selbst war gelb.

Abb. 80 Bronzener Geschirrbeschlag mit Darstellung eines berittenen Jägers, aus dem Hauptgebäude der Villenanlage bei Borg (Saarland), 1. Hälfte 3. Jahrhundert n. Chr. Das durchbrochen gegossene Stück wurde mit einem auf der Rückseite befindlichen Knebel auf einer Lederunterlage befestigt. Der von einem Hund begleitete Reiter trägt einen Gegenstand in der Hand, bei dem es sich nach freundlicher Auskunft von Joachim Brück von der Ausgrabung Borg um ein Blasinstrument handeln soll, eine ziemlich einmalige Darstellung in der römischen Kunst. Die Komposition erinnert stark an die Ikonographie des thrakischen Reiterheros. Perl-Borg, Ausgrabung Borg. ▷

Abb. 81 Pferd mit Hörnchensattel. Bronzener Endbeschlag von der Karosserieaufhängung eines römischen Reisewagens (vgl. Bd. I, Abb. 80), gefunden in Rom, 2. Jahrhundert n. Chr. Wadsworth Athenaeum, Hartford, Conn.

Abb. 82 Bugpanzer (*balteus*), aus Aosta, um 100 n. Chr. Die quer über die Brust des Pferdes laufende Bronzeplatte (zur Trageweise vgl. Bd. I, Abb.183) ist mit einem fast vollplastisch gearbeiteten Relief geschmückt, das einen Reiterkampf zwischen Griechen oder Römern und Barbaren darstellt. Der jugendliche Feldherr (Alexander der Große?) sprengt mit der triumphierenden Geste des Reitersiegers mitten ins Gewühl. Aosta, Museo Archeologico.

bb. 80

Abb. 81

bb. 82

GESCHIRR UND SCHMUCK DES PFERDES

Der den Sattel festhaltende Bauchgurt (*cingulum*) ist auf den Skulpturen wegen der darüberhängenden Satteldecke nur selten zu sehen. Nach den gefundenen Schnallen zu schließen, war
Abb. 77 er 5–6 cm breit. Der sassanidischen Abbildung eines reiterlosen römischen Pferdes zufolge scheint man zumindest in der späteren Kaiserzeit auch die Befestigung mit Hilfe von langen Ledernesteln, die an zwei Strippenringen festgezurrt wurden, gekannt zu haben. Diese Methode ist, wie schon erwähnt, heute noch bei Camargue- und Westernsätteln üblich. Manchmal wurden auch zwei Sattelgurte statt des normalerweise verwendeten einen getragen.

Brust- und Schweifriemen (*antilena* und *postilena*), die ein Verrutschen des Sattels verhindern sollten, sind auf den älteren Darstellungen gewöhnlich einteilig, in der Kaiserzeit setzten sie sich dagegen meist aus jeweils drei oder fünf Teilriemen zusammen, die über den Schultern bzw. Hüften des Pferdes durch Riemenverteiler miteinander verbunden waren. Vom Sattel selbst gingen nach vorne bzw. nach hinten beiderseits je ein oder zwei Riemen aus; waren es zwei, stießen sie beim Riemenverteiler V-förmig zusammen. Von den Riemenverteilern lief dann stets nur mehr ein Riemen um die Brust bzw. um das Hinterteil. Wie die Befestigungen und Ösen an den Schmuckelementen des Geschirrs erkennen lassen, waren Vorder- und Schweifriemen ca. 2 cm breit und 0,5 cm stark.

Abb. 83 Aufgezäumtes Kavalleriepferd vom Grabstein des Marcus Sacrilus, gefunden in Köln, Gereonstraße, letztes Drittel 1. Jahrhundert n. Chr. Die Stele zeigt oben den Verstorbenen beim Totenmahl, im unteren Feld führt der *calo* von hinten das Pferd am langen Führzügel. Unter dem Hörnchensattel werden zwei Satteldecken getragen, von denen die untere fast bis zum Boden reicht. An den Seitenriemen des Sattels sind die viereckigen Schmuckplatten angebracht, die wohl Teil des Paradegeschirrs waren. An Brust- und Schweifriemen befinden sich *phalerae* und Halbmondanhänger. Kopf und Hals sind mit Schmuckscheiben und -perlen reich verziert, auf der Stirn wird ein Medaillon getragen. Das sehr kompakt gebaute und mit einer üppigen gelockten Mähne und ebensolchem Schweif ausgestattete Tier ist mit einer Hebelstangentrense gezäumt. Die Inschrift lautet: „Marcus Sacrilus Primigenius, Sohn des Securus, Reiter in der *Ala Noricorum*, Turma des Paterclus, römischer Bürger, lebte 26 Jahre und diente 11. Sein Erbe hat ihm diesen Stein errichten lassen.“ Die Einheit rekrutierte sich ursprünglich aus Norikern, Kelten, die im heutigen Österreich saßen. Köln, Römisch-Germanisches Museum. ▷

Abb. 84 Grabstein des Kavalleristen Flavius Bassus aus Köln, Gereonstraße, spätes 1. Jahrhundert n. Chr. Flavius Bassus ist als Reitersieger über einen zu Boden stürzenden bärtigen Barbaren dargestellt. Hinter ihm steht sein *calo* mit Schild und zwei Speeren. Flavius Bassus trägt einen Kavalleriehelm mit Haarkalotte, einen seitlich geschlitzten Kettenpanzer, *spatha* mit überdimensioniert wiedergegebenem Griff, Ovalschild und *hasta*. Der Hörnchensattel ist gut zu erkennen, ebenso der reiche Schmuck des Pferdes mit *phalerae*, *lunulae*, Fransenbehang am Brustriemen, Tonperlenkette um den Hals. Das Stirnhaar des Tieres ist zu einem Schopf hochgebunden. Die Zäumung besteht aus Hebelstangentrense und Metallzaum. Flavius Bassus gehörte dem thrakischen Volksstamm der Dansaler an, diente aber in der eigentlich keltischen *Ala Noricorum* und hatte das Bürgerrecht erhalten, wie aus seinem Namen mit den *tria nomina* hervorgeht. Die Inschrift lautet: „Titus Flavius Bassus, Sohn des Mucala, vom Stamme der Dansaler, Reiter in der *Ala Noricorum*, Turma des Fabius Pudens, hat 46 Jahre gelebt und 26 Jahre gedient. Sein Erbe hat ihm diesen Stein errichten lassen.“ Köln, Römisch-Germanisches Museum.

Statt einfacher Riemenverteiler in Form von Ringen wurden beim Militär gerne Zierscheiben, sogenannte *phalerae*, verwendet, die an ihrer Hinterseite Ösen besaßen, in die hakenartige Blechlaschen am Ende der Teilriemen eingehängt werden konnten. Die silbernen *phalerae* waren ursprünglich ein Standesabzeichen der adeligen Reiterei gewesen. Hannibal ließ am Abend der Schlacht von Cannae massenhaft das Silber von den Pferden der römischen Reiter einsammeln. Dem Consul und Imperator standen goldene *phalerae* zu, eine Tradition, die sich noch bis in die Kaiserzeit nachweisen läßt. Der *equus phaleratus* behielt sein Prestige als Standesabzeichen, im militärischen Bereich unterlag aber der Gebrauch der *phalerae* einer ausgesprochenen Inflation. Sie dürften zur Standardausrüstung der Auxiliarkavallerie gehört haben, wozu sicher beitrug, daß die Kelten gleichfalls *phalerae* an ihrem Pferdegeschirr anzubringen pflegten. Ob sie bis zu einem gewissen Grad den Charakter einer militärischen Auszeichnung hatten, wissen wir nicht. Im Laufe des 2. Jahrhunderts n. Chr. scheinen die *phalerae* aus der Mode gekommen zu sein, sieht man von denen ab, die zum Kopfgeschirr gehörten.

Bd. I, Abb. 23, Bd. III, Abb. 49, 51, 52, 83–90

Die *phalerae* wurden im 1. Jahrhundert n. Chr. in verschieden großen Ausführungen hergestellt. Die kleinsten waren reine Zierelemente, die auf die Riemen aufgenietet wurden. Die mittleren dienten als Riemenverteiler, zwei für das Vorderzeug, zwei für das Hinterzeug. Von jeder dieser *phalerae* hing ein mit Metallbeschlägen besetzter Schwankriemen herab. Die größte *phalera* schließlich wurde in der Mitte des Brustriemens angebracht. An ihr befestigte man einen oder mehrere verzierte Halsriemen, die über den Nacken des Pferdes liefen und ein Abrutschen des Brustriemens verhindern sollten. Der Schweifriemen wird mit einem dünnen Riemen an der Schweifrübe festgebunden, um seitliches Verrutschen zu vermeiden; das Abrutschen nach unten, das höchst irritierend auf das Pferd wirken kann, verhindert der stramme Sitz des eng unter der Schweifrübe durchgezogenen Schweifriemens.

Das am Kopf getragene Riemenwerk bestand ähnlich seinen modernen Nachfolgern aus Stirnriemen, Genickstück, ein oder zwei Backenstücken, Kehlriemen und Nasenriemen. Die

Abb. 85, 86 *Phalera* mit Dreiblattanhänger und Halteelementen, Vorder- und Rückseite, Bronzemassivguß, auf der Drehbank nachgearbeitet, Außenseite versilbert und mit Niello eingelegt, Mitte 1. Jahrhundert n. Chr. Das Stück wurde zusammen mit 180 weiteren Metallteilen von Pferdegeschirren – der größte Fund dieser Art, der je gemacht wurde – im Jahre 1895 aus dem Niederrhein bei Doorwerth westlich von Arnhem geborgen. Die *phalerae* und Beschlagteile gehörten zu mehreren verschiedenen Garnituren, von denen keine komplett erhalten blieb. Wahrscheinlich gelangten die Stücke als Beutegut während des Bataveraufstandes 69/70 n. Chr. in den Fluß. Es dürfte sich um in Italien entstandene Arbeiten handeln, die Weinrankenmotive weisen starke Ähnlichkeiten mit pompeianischen Wandmalereien des 3. Stils auf. Die Rückseite der *phalera* besitzt oben zwei Ösen, in denen mit umgebogenen und vernieteten Blechstreifen die Halteelemente von Riemen saßen, darunter sind zwei senkrechte Metallschlaufen angebracht, durch die der Brustriemen lief, der mittels einer durch das Loch in der Mitte des Medaillons geführten Niete fixiert wurde. Unten hängt in einem Scharnier beweglich der Dreiblattanhänger. Mit einem Durchmesser von 10,5 cm gehört das Stück zum größten Typ der Doorwerther *phalerae*, der auf der Mitte des Brustriemens saß und an dem der Halsriemen mit den Halteelementen befestigt wurde (vgl. Abb. 49–52). Leiden, Rijksmuseum van Oudheden. ▷

Abb. 87 Kleine *phalera* mit Riemenanschlüssen aus versilberter und nielloeingelegter Bronze, Herkunft unbekannt, 1. Jahrhundert n. Chr. Bonn, Rheinisches Landesmuseum.

Abb. 88 und 89 Rekonstruktionsvorschlag von Ian Jenkins für den Brustriemen der in Xanten gefundenen Geschirrgarnitur aus der Mitte des 1. Jahrhunderts n. Chr. (vgl. Abb. 90). Von der großen *phalera* mit Dreiblattanhänger geht nicht nur der Brustriemen, sondern auch ein mit kleinen *phalerae* verzierter Halsriemen aus. Zwei der großen und eine der mittelgroßen *phalerae* besitzen eingepunzte Inschriften. Die eine, die auf Abb. 89 zu sehen ist, lautet: „*Plinio Praef[ecto] Eq[uitum]*" – „Dem [oder: unter dem] Reiterpraefecten Plinius", die beiden anderen „*T. Capitoni[i] Marian[i]*" und „*Ver[e]cundi*". Während es sich bei den letzteren mit Sicherheit um Besitzerinschriften handeln dürfte, ist die Interpretation der Pliniusinschrift umstritten. Mit größter Wahrscheinlichkeit bezieht sie sich auf den berühmten Naturforscher C. Plinius Secundus, bekannt als Plinius der Ältere, von dem wir wissen, daß er um die Mitte des 1. Jahrhunderts n. Chr. Reiterpraefect im Rheinland war. Unklar ist jedoch, ob die Geschirrgarnitur ihm verliehen worden ist, also zeitweise sein Eigentum war, oder unter seinem Kommando von T. Capitonius Marianus getragen wurde, später dann von Verecundus. Originale im British Museum, London. Zeichnungen Nikolaus Grohmann nach Ian Jenkins in *Britannia 16*, Fig. 3 und 16.

ɔb. 90 Reich dekorierte *phalerae*, aus Xanten, Mitte 1. Jahrhundert n. Chr. Die aus versilbertem und mit Niello eingelegtem ɛssing hergestellten Stücke gehören zu einer umfangfreichen Garnitur unterschiedlich großer, zusammengehöriger *phalerae*, die lweise mit Dreiblattanhängern ausgestattet waren (vgl. 88 und 89). Die vier größten, die hier abgebildet sind, haben einen Durchɛsser von etwas über 10 cm und sind in der Mitte mit einer getrennt hergestellten, aufgenieteten Porträtbüste geschmückt, die ıhrscheinlich einen Kaiser darstellen soll. Courtesy by the Trustees of the British Museum, London.

Verbindung von sich kreuzenden Riemen, besonders an den Schläfen, wo Stirn- und Kehlriemen, Genick- und Backenstücke zusammenstießen, geschah gleichfalls mit Hilfe kleiner *phalerae.*

Die Zierscheiben waren, wie auch der übrige Geschirrschmuck, meistens aus Messing gegossen und versilbert. Es handelte sich dabei häufig um echte Versilberung und nicht um Verzinnung oder Weißmetallüberzug. Neben den kleinen und großen *phalerae* kamen aufgenietete Riemenbeschläge und verschiedenartige Anhänger vor, die mit Hilfe von Haken, Scharnieren und Ösen an den *phalerae* oder an den Riemen befestigt wurden. Die Auswahl und Trageweise dieser Verzierungen scheint gewissen Regeln unterworfen gewesen zu sein, bei manchen könnte es sich um militärische Auszeichnungen und Abzeichen bestimmter Truppengattungen und Einheiten gehandelt haben, manche, wie Halbmond (*lunula*) und Phallus (*fascinum*), haben eindeutig apotropäischen, also unheilabwehrenden Charakter.

Der prächtigste Pferdeschmuck stammt aus dem 1. Jahrhundert n. Chr. Vornehmlich *phalerae*, an denen oft Dreiblattanhänger befestigt sind, auch breite „geflügelte", weinblattförmige, herz- oder efeublattförmige Anhänger und Halbmonde waren beliebt. Viele Stücke aus dieser Zeit sind mit pflanzlichen Motiven, vor allem Weinranken, in Niellotechnik verziert, das heißt, die eingetieften Ornamente wurden mit durch Schwefel geschwärztem Silber eingelegt. Sogar plastische, figürliche Verzierung kommt bei einigen besonders kostbaren Garnituren vor.

Bd. I, Abb. 22, Bd. III, Titelbild, Abb. 49–52, 83, 93

Umstritten ist die Funktion viereckiger, oft durchbrochen gearbeiteter (*opus interrasile*) Metallplättchen. Reitergrabsteine vom Totenmahltyp, die in der flavischen Zeit aufkommen, zeigen solche Platten auf Riemen montiert vorn und hinten am Sattel herabhängen. Auf all diesen Skulpturen wird das Pferd geführt, nicht geritten, aber das hat nicht viel zu bedeuten, da es ganz unvorstellbar ist, daß man für die Kavallerie aufwendigen Pferdeschmuck herstellte, nur um das damit herausgeputzte Pferd in der Gegend herumzuführen. Der Einwand, die Metallplatten seien beim Reiten hinderlich, trifft nicht zu, wie sich der Verfasser bei zahlreichen Versuchen überzeugen konnte. Sie werden, wie auch die langen Satteldecken, mit denen zusammen sie meist dargestellt sind, nicht zur normalen Kampfausrüstung gehört haben, sondern vornehmlich bei Paraden und ähnlichen Anlässen getragen worden sein. Im Felde dienten die Riemen ja zur Befestigung des Gepäcks, standen also zur Anbringung der Zierplatten nicht zur Verfügung.

Das Gewicht eines kompletten Pferdeschmuckes des 1. Jahrhunderts n. Chr. ist recht beachtlich. Die von Dieter Krompholz und Georg Schindlbeck nach den im Rhein bei Door-

Abb. 91 Halbmondförmiger Bronzeanhänger vom Pferdegeschirr mit kleinem blattförmigem Anhänger, aus Xanten, 1./2. Jahrhundert n. Chr. Bonn, Rheinisches Landesmuseum. ▷

Abb. 92 Halbmondförmiger Bronzeanhänger mit *fascinum* (Phallusamulett), Fundort unbekannt, 1./2. Jahrhundert n. Chr. Bonn, Rheinisches Landesmuseum.

Abb. 93 Teilweise versilberte Messingteile vom Pferdegeschirr, aus Newstead (Schottland), 1./2. Jahrhundert n. Chr. Die abgebildeten Stücke umfassen eine *phalera*, rechteckige Zierbehänge für die Sattelseitenriemen und schmale Riemenverbindungen bzw. Riemenendbeschläge. Edinburgh, Royal Museum of Scotland.

Abb. 91

Abb. 92

Abb. 93

Abb. 49, 59, 84
Bd. I, Abb. 52, 54, 115, 122–124, 135, 144

Schweife, um zu verhindern, daß die Haare sich in den Zügeln verfingen oder in den Speichen der Räder verwickelten. Beliebt war es, das über die Stirn hängende Mähnenhaar zusammenzuflechten oder mit Bändern zu umwickeln, so daß es zwischen den Ohren in die Höhe ragte (*cirrus in vertice*). Auch das hintere Mähnenhaar wurde manchmal geflochten. Bei Circuspferden brachte man häufig einen Kopfschmuck aus Federn, meist Straußenfedern an. Rennpferde erhielten gewöhnlich Bandagen um die Fesseln, die die Beine vor Verletzungen schützten, für Militärpferde finden sich keine entsprechenden Abbildungen.

DER HUFSCHUTZ

Kein anderer Bereich der römischen Pferdehaltung ist Gegenstand einer so andauernden und widersprüchlichen Diskussion geworden wie die Frage des Hufschutzes. Der Streit drehte und dreht sich dabei vor allem um zwei Probleme. War den Römern das genagelte Hufeisen bekannt, und welche Funktion erfüllten die eisernen Hufschuhe?

Was letztere anbetrifft, so steht ihre vielfache Verwendung durch die Römer ganz außer Frage. Man hat eine große Menge von ihnen in zweifelsfrei römischen Fundzusammenhängen ausgegraben, die meisten davon in den Nordwestprovinzen, besonders im nördlichen Gallien, aber auch Britannien und die Provinzen an Rhein und Donau sind gut vertreten. In den Mittelmeergebieten dagegen kommen Hufschuhe recht selten vor. Man muß sich freilich davor hüten, solche Fundstatistiken überzuinterpretieren, denn gerade so unscheinbare und für viele Forscher uninteressante Gegenstände wie Hipposandalen wurden bei Ausgrabungen oft nicht beachtet und ruhen, soweit überhaupt geborgen und identifiziert, unausgewertet in den Museumsdepots. Das regste wissenschaftliche Interesse wurde den Hipposandalen bisher in Frankreich und Österreich entgegengebracht, und prompt haben wir in diesen Ländern eine unverhältnismäßig große Zahl publizierter Fundstücke. Wenn man diesen Vorbehalt auch berücksichtigen muß, so erscheint doch die Häufung der ausgegrabenen Hufschuhe in keltisch-römischen Gebieten auffallend genug, um mit einiger Wahrscheinlichkeit zu vermuten, daß es sich um eine keltische Erfindung handelt. Keine der Hipposandalen, bei denen die Fundzusammenhänge eine Datierung zuließen, stammt aus der Zeit vor der Mitte des 1. Jahrhunderts n. Chr., keine aus der Zeit nach dem 4. Jahrhundert.

Abb. 100–102

Man unterscheidet drei Grundtypen von Hipposandalen. Typ 1, der der älteste sein dürfte, hat einen langen senkrechten Vordersteg, der oben eine Einrollung oder einen Haken aufweist, seitlich befinden sich die nach außen gewölbten, die Hufe umklammernden Flügel (Seitenaufzüge). Hinten ist ein ziemlich hoher Haken angebracht. Typ 2 stellt eine Vereinfachung dar. Der Hufschuh ist vorne offen, die beiden Flügel sind zusammengeschmiedet und laufen in der Mitte in einen Haken aus. Der hintere Haken sitzt tiefer. Die Lauffläche dieses Typs ist abgerundet und bedeckt die ganze Sohle, während die von Typ 1 rechteckig und schmäler als der Huf ist und Typ 3 eine seitlich eingezogene Grundfläche hat, die zudem oft eine Aussparung in der Mitte aufweist. Bei Typ 3 fehlt der vordere Haken, statt dessen besitzen die beiden Flügel an ihren oberen Enden jeweils eine Öse. Der Schuh ist vorne offen, der Haken hinten ist tief angebracht. Dieses ist die leichteste und zweckmäßigste Form der Hipposandale, dürfte also den Endpunkt der Entwicklung darstellen.

Alle drei Typen kommen im ganzen Verbreitungsgebiet des eisernen Hufschuhs vor, es handelt sich also um keine regionalen Spielarten. Wahrscheinlich sind sie als allmähliche handwerkliche Weiterentwicklung eines ursprünglichen Modells aufzufassen, gelegentlich wird aber auch die Meinung vertreten, die verschiedenen Typen seien mit unterschiedlichen Verwendungszwecken zu erklären. Hans Deringer hat in einer Abhandlung über 49 in Oberösterreich gefundene Hipposandalen die Laufflächen zum entscheidenden Kriterium seiner Typologie gemacht. Er unterscheidet Hufschuhe, deren Laufflächen mit Stollen und solche, die mit Furchen versehen sind. Dabei geht er fälschlicherweise davon aus, daß Exemplare vom Typus 3 niemals Stollen hätten, denn tatsächlich kommen Stollen wie Furchen bei allen drei Typen vor. Daher dürfte es auch unzutreffend sein, in den Hipposandalen mit Stollen ein im Winter verwendetes Hilfsmittel sehen zu wollen, das ein Ausgleiten des Tieres auf Schnee oder Eis verhindern sollte, während die Exemplare ohne Stollen ausschließlich Hufschutz für erkrankte Tiere gewesen seien. Eher denkbar wäre es wohl, daß es sich um Winter- und Sommerschuhe gehandelt hat, die ersteren mit Spikes, die letzteren nur mit Furchen versehen, welche reichten, um auf dem Straßenpflaster einen sicheren Tritt zu ermöglichen.

Die meisten Autoren glauben jedoch, es habe einen ganz bestimmten gemeinsamen Zweck für alle Hipposandalen gegeben. Welcher Art dieser gewesen sei, darüber herrscht allerdings keine Einigkeit. Folgende Möglichkeiten wurden immer wieder diskutiert: 1. Schutz des Hufes vor Abnutzung auf hartem Boden, also eine Art abnehmbares Hufeisen; 2. Hilfsmittel gegen Ausgleiten auf glattem Boden; 3. Hilfsmittel bei der Arbeit in sumpfigem Gelände; 4. Schutz für verletzte oder erkrankte Hufe.

Man kann sich nun kaum vorstellen, daß ein schweres Stück Eisen, das die Auftrittsfläche des Hufes nicht oder nur geringfügig vergrößert, dem Pferd auf nassem und schwerem Boden von irgendeinem Vorteil gewesen soll. Gewiß haben viele Hipposandalen vom Typus 3 eine tropfenförmige Aussparung in der Mitte der Lauffläche, die das Abrinnen von Wasser und Schlamm erleichterte. Doch darf man daraus nicht schließen, die Hipposandalen seien speziell für den Einsatz im Sumpf bestimmt gewesen. Eher war die Aussparung dafür gedacht, ihre Funktion zu erfüllen, wenn man zufällig oder notgedrungen in Wasser oder Morast geriet. Außerdem hatte sie auf jeden Fall den Vorzug, das Gewicht des Hufschuhs zu vermindern.

Daß die große Zahl von gefundenen Hipposandalen nur zum Kurieren kranker Hufe gedient haben soll, kann man gleichfalls kaum glauben. Eine leichtere Vorrichtung hätte für diesen Zweck zweifellos genügt. Nur einen einzelnen Hufschuh zu tragen, hätte zudem, namentlich bei den mit Stollen versehenen Exemplaren, zu einem humpelnden Gang geführt. Gelegentlich wird die Hipposandale gewiß auch medizinischen Zwecken gedient haben, wie der Grabstein eines *mulomedicus*, der einen Hufschuh vom Typus 1 in der Hand hält, beweist, *Bd. I,*
doch kann das kaum der primäre oder ausschließliche Grund für deren Existenz gewesen sein. *Abb. 41*
Das geht auch aus antiken Textstellen hervor, die vom Anlegen der *soleae ferreae* als einem ganz normalen Vorgang berichten, ohne daß von irgendwelchen Unfällen oder Krankheiten die Rede wäre.

Man darf also davon ausgehen, daß die Hipposandalen in erster Linie dazu dienten, den Huf auf hartem Boden vor Abnutzung und Beschädigung zu schützen. Da eine glatte Eisenfläche zu leicht das Tier hätte ausgleiten lassen, versah man die Laufflächen mit Furchen oder Stollen. Leztere hatten im Winter den zusätzlichen Vorteil, dem Pferd einen sichereren Tritt auf Schnee und Eis zu gewähren.

Felsboden, Geröll, hartes Pflaster, Schnee und Eis werden den Anlaß geboten haben, die Hipposandalen anzulegen. Das muß in der Form geschehen sein, daß der Huf umwickelt und dann in den Schuh gestellt wurde. Anschließend band man die Hipposandale mit Hilfe von

Bändern, die man durch die Haken und Ösen am vorderen und hinteren Ende des Schuhs führte, am Fuß fest. Die Sandalen müssen gut sitzen, da sie sich sonst leicht lösen und das Pferd irritieren, womöglich verletzen. Gefährlich sind vor allem die Vorderhaken an Typ 1 und 2, mit denen sich das Tier in die Vorderbeine treten und diese schwer beschädigen kann. Eine schnellere Gangart als Schritt erscheint mit den Hipposandalen kaum möglich gewesen zu sein. Zu diesem Ergebnis kam schon Lefebvre des Noëttes nach praktischer Erprobung von rekonstruierten Hufschuhen, und wir können das nur bestätigen, nachdem wir einen Satz Hipposandalen vom Typus 2 mehrfach getestet haben. Für Reittiere waren die *soleae ferreae* gewiß nur in Ausnahmefällen bestimmt. Normalerweise wurden sie Trag- und vor allem Zugtieren umgebunden, manchmal Pferden, weit häufiger jedoch Maultieren und Ochsen. Das bestätigen die äußerst verschiedenartigen Formate, in denen die Hipposandalen vorkommen.

Die gelegentlichen Erwähnungen der Hufschuhe in der antiken Literatur lassen gleichfalls erkennen, daß sie von Zugtieren, vor allem Maultieren getragen wurden, die im Gegensatz zu den Reitpferden an die Straße gebunden waren und Fels- oder Pflasterstrecken nicht ausweichen konnten. So berichtet Sueton in einer Anekdote über den Kaiser Vespasian: „Auf einer Reise hatte er einmal seinen Maultierkutscher [*mulio*] im Verdacht, er sei nur deshalb abgestiegen, um den Maultierstuten die Hufschuhe anzuziehen [*ad calciandas mulas* – „um die Maultierstuten zu beschuhen"], weil er einem Bittsteller Zeit und Gelegenheit verschaffen wollte, sich an den Kaiser zu wenden. Er fragte den Kutscher daher, wieviel er bei diesem Beschuhen verdient hätte, und wollte daran beteiligt sein." (Sueton, *Divus Vespasianus*, 23,2) Von Nero weiß der gleiche Schriftsteller zu berichten, er sei „niemals mit weniger als 1 000 Wägen [*carrucis*] gereist, wobei die Maultierstuten silberne Hufschuhe [*soleis mularum argenteis*] getragen haben sollen". (*Divus Nero*, 30,3) Seine Gemahlin Poppaea hat ihre Zugtiere laut Plinius dem Älteren sogar mit goldenen [d.h. vergoldeten] Hufschuhen ausgestattet (*iumentis suis soleas ex auro quoque induit*). (Naturgeschichte, XXXIII, 49,1)

Neben den schweren und aufwendigen eisernen Hipposandalen (*soleae ferreae*) gab es einfache Hufschuhe aus Pfriemengras, Bast, Ginster, Binsen oder ähnlichem Material (*soleae sparteae*). Ihr Gebrauch war sicher schon viel älter als der der eisernen Sandalen. Sie werden von antiken Schriftstellern verschiedentlich erwähnt, vornehmlich in Zusammenhang mit Rindern. Ein gelegentlicher, unter Umständen improvisierter Einsatz der *soleae sparteae* bei Reittieren wäre durchaus denkbar. Natürlich besitzen die geflochtenen Hipposandalen nicht die Stabilität von eisernen.

Der Vorteil eines abnehmbaren Hufschutzes besteht darin, daß das Tier ihn nur zu tragen braucht, solange er erforderlich ist. Dem stehen aber schwere Nachteile gegenüber. Hipposandalen sind im Vergleich zu genagelten Hufeisen kompliziert und aufwendig in der Herstellung und haben ein hohes Gewicht. Für den Kutscher und erst recht für einen eventuellen Reiter stellen sie ein überaus lästiges Extragepäck dar, das An- und Ablegen verursacht erhebliche Aufenthalte. Das Gewicht, die Form und die unsichere Befestigung schränken die Bewegungsfreiheit der Tiere ein und machen schnellere Gangarten unmöglich, wenn man nicht ein hohes Verletzungsrisiko in Kauf nehmen will. Diesen Nachteilen kann nur das genagelte Hufeisen abhelfen. Und damit sind wir bei der bis auf den heutigen Tag umstrittenen Frage angelangt, ob die Römer bereits diese Art des Hufschutzes gekannt haben.

Mehrere gewichtige Gesichtspunkte sprechen dagegen, daß es vor dem Mittelalter genagelte Hufeisen gab. Antike Autoren, auch die Verfasser tierheilkundlicher Abhandlungen,

›b. 100 Hufschuh vom Typ 1, aus
ıchendorf (Oberbayern). München,
ihistorische Staatssammlung.

›b. 101 Hufschuh vom Typ 2,
ndort unbekannt. München,
ihistorische Staatssammlung.

b. 102 Hufschuh vom Typ 3, aus
uting (Oberbayern). München,
ihistorische Staatssammlung.

erwähnen nichts, was man als einen eindeutigen Hinweis auf den genagelten Hufschutz interpretieren könnte. Man muß allerdings berücksichtigen, daß die römischen Werke zum Veterinärwesen fast durchwegs Bearbeitungen älterer griechischer Texte darstellen, die aus einer Zeit stammen, in der man mit Sicherheit noch keine Hufeisen kannte.

Zum gleichen Ergebnis führt die Analyse der bildlichen Überlieferung. Weder die Reiterdenkmäler noch die Jagd- und Schlachtensarkophage oder sonst eine antike Pferdedarstellung zeigen Hufeisen. Gewiß muß man bedenken, daß die auf griechischen Vorbildern fußenden künstlerischen Konventionen einer realistischen Wiedergabe im Wege standen – es gibt ja auch meines Wissens keine einzige römische Pferdedarstellung, auf der das Tier eindeutig umgebundene Hipposandalen trüge –, trotzdem ist das Fehlen der Hufeisen auf den Tausenden von Pferdebildnissen sehr bemerkenswert, um so bemerkenswerter, als man im Mittelalter selbst auf den oberflächlichsten und primitivsten Abbildungen von Pferden noch peinlich bemüht war, wenigstens die Nägel deutlich erkennen zu lassen. Eine Ausnahme soll es allerdings geben, nämlich die Darstellung eines Jagdpferdes auf dem rechten Seitenrelief eines ins späte 2. Jahrhundert n. Chr. zu datierenden Hippolytussarkophags im Camposanto von Pisa, die eindeutig Hufeisen erkennen lasse; jedoch wird man angesichts der Tatsache, daß der Sarkophag schon die Aufmerksamkeit mittelalterlicher Bildhauer auf sich gezogen und womöglich zu späteren Überarbeitungen angeregt hat, diesem Einzelfall nicht ganz ohne Skepsis begegnen, zumal es sich um eine der ganz von klassizistisch-hellenistischen Traditionen geprägten Darstellungen mythologischen Charakters handelt, bei denen am allerwenigsten mit Alltagsrealismus zu rechnen sein sollte.

siehe Korrektur S. 261

Nachdem die schriftlichen und bildlichen Quellen *ex silentio* gegen die Existenz römischer Hufeisen zeugen, bleiben nur noch die Bodenfunde. In der Tat haben verschiedene Forscher seit 150 Jahren immer wieder auf Hufeisen hingewiesen, die in römischen Fundzusammenhängen aufgetaucht seien. Da die meisten aus nicht sicher festgestellten Ausgrabungsschichten stammten, fiel es nicht schwer, ihre römische Provenienz anzuzweifeln und sie dem Mittelalter oder der Neuzeit zuzuschreiben. Über viele der Fundplätze führen Wege und Straßen aus nachrömischer Zeit, so daß später von Reit- und Zugtieren verlorene Eisen leicht in den Boden gelangen und aufgrund ihres Gewichts auch in römische Schichten absinken konnten. Da in Pompeii und Herculaneum, wo Funde eindeutigen Beweischarakter gehabt hätten, keine Hufeisen auftauchten, gelangte man um die Jahrhundertwende ziemlich einhellig zu der Ansicht, das Hufeisen sei dem Altertum völlig unbekannt gewesen und alle angeblichen Fundstücke seien frühestens dem Mittelalter zuzurechnen. Man konnte umso leichter in diesem Sinne argumentieren, als sich keine formalen Kriterien zur Unterscheidung von „römischen“ und mittelalterlichen Hufeisen feststellen ließen. Unter den sogenannten römischen Eisen befanden sich solche mit gewelltem und mit glattem Rand, mit und ohne Stollen, mit sechs, sieben, acht und mehr Nagellöchern, vereinzelt auch mit aufgeschmiedeten Stegen, alles Merkmale, die ebenso auf eindeutig mittelalterliche Stücke zutreffen können. Der Umstand, daß die meisten „römischen“ Hufeisen klein sind, der oft als Indiz für ihre vormittelalterliche Herkunft herhalten muß, ist tatsächlich ohne Aussagekraft, da man erst im Spätmittelalter Pferde gezüchtet zu haben scheint, deren Größe über der der römerzeitlichen Tiere lag.

Die Überzeugung, vor dem10. Jahrhundert habe es keine Hufeisen gegeben, führte manchmal zu bizarren Folgen. So ließen die Ausgräber der Kapersburg im Taunus die von ihnen ans Licht geförderten Exemplare einfach verschwinden, da sie Angst hatten, man würde sonst zu der Annahme kommen, die Kapersburg sei kein rein römischer Fundplatz. Sie vermieden damit den sich über Jahrzehnte hinziehenden Streit, der sich um die in der wenige Kilometer von der Kapersburg entfernten Saalburg ausgegrabenen über 200 Hufeisen entspann, von denen wenigstens einige den Fundberichten nach aus eindeutig römischen Schichten zu stammen schienen.

In anderen Castellen dagegen, sogar in solchen, in denen nachweislich berittene oder teilberittene Einheiten gelegen hatten, tauchten wieder gar keine Hufeisen auf. So fand man im Castell Pfünz, dem Lager der *Cohors I Breucorum equitata*, unter den zahlreichen eisernen Gegenständen kein einziges Hufeisen. Das Castell ist im 3. Jahrhundert n. Chr. im Handstreich überrannt worden, hätte die römische Reiterei ihre Pferde beschlagen gehabt, wären entsprechende Fundstücke unbedingt zu erwarten gewesen.

So stark die Argumente der „Hufeisengegner“ schienen, es wurden doch immer wieder neue und angeblich aus gesicherten römischen und sogar vorrömischen Schichten stammende Funde dagegen ins Feld geführt. Gordon Ward untersuchte allein in England über 300 „eisenzeitliche“ Stücke, die er für keltisch und keltisch-römisch hielt und in verschiedene Typen einteilte. Für die wenigsten von ihnen konnten freilich einigermaßen klare Fundumstände geltend gemacht werden. In Spanien entdeckte man in keltiberischen Gräbern Hufeisen, die mit anderen eindeutig datierbaren Eisengegenständen zusammengerostet waren. Weitere, teils „römische“, teils „keltische“ Eisen kamen in der Schweiz und in Österreich zum Vorschein. Trotzdem unternahm es Georges Carnat 1951 in einer umfangreichen Untersuchung noch einmal, die vormittelalterliche Identität all dieser Funde abzustreiten. Seitdem schlug das Pendel aber immer mehr zugunsten der „Hufeisenanhänger“ aus. Mit verfeinerten Grabungsmethoden schien es nun doch gelungen zu sein, eine Reihe von unzweifelhaft römischen Stücken vorzustellen. Dazu gehören etwa die von R.E.M. Wheeler in Maiden Castle, Dorset (England), unter spätrömischen Straßenschichten versiegelt gefundenen Hufeisen aus dem späten 4. oder frühen 5. Jahrhundert n. Chr. und die von Dieter Planck in einem römischen Keller zusammen mit Keramik des späten 2. Jahrhunderts n. Chr. in Rottenburg am Neckar ausgegrabenen Exemplare. Weitere Fundplätze mit als stratigraphisch gesichert geltenden Hufeisen sind u. a. Linz in Österreich, Le Rondet in der Schweiz, Portchester Castle und Fishbourne in England. Besonders interessant ist ein wohl als Amulett verwendetes bronzenes Miniaturhufeisen mit Wellenrand, das in dem zu Beginn des 2. Jahrhunderts n. Chr. aufgegebenen Castell Waldmössingen in Württemberg entdeckt wurde.

Abb. 103 oben rechts

Die Mehrzahl der gefundenen „römischen“ Hufeisen hat einen gewellten Rand, der beim Einschlagen der ovalen Stempellöcher („Dellenlöcher“) in die Lauffläche entsteht. Die Stärke des Eisens beträgt etwa 6 mm, die Breite 13–20 mm, es waren also für heutige Verhältnisse recht leichte Eisen. Bei vielen ist die Lauffläche flach, häufig kommen aber auch niedrige Stollen vor, die dadurch entstanden, daß man das Eisen an beiden Enden einrollte. Hufkappen waren unbekannt. Die Zahl der Nagellöcher beläuft sich bei weitaus den meisten römischen Hufeisen auf sechs, also drei auf jeder Seite („Rute“), wie das auch von modernen Hufspezialisten empfohlen wird. Manchmal befindet sich in der Mitte ein siebtes Loch, Eisen mit acht und neun Löchern sind auch anzutreffen. Die länglichen Köpfe der Scheiben- oder Griffnägel ragten über die Stempellöcher, so daß das Tier bis zur Abnutzung der Nägel auf diesen und nicht auf dem Hufeisen selbst lief. Dadurch wurde die relativ geringe Stärke der Eisen möglich, die sich sonst sehr schnell verbraucht hätten. Außerdem bewirkten die überstehenden Nagelköpfe ähnlich den „Spikes“ an den Hipposandalen einen sichereren Tritt auf dem Boden. Neben den Hufeisen mit gewelltem Rand kommen auch solche mit geradem

Abb. 103 oben und Mitte links

Abb. 103 Mitte rechts und unten

Rand vor, meist mit sich zum „Schuß“ (vordere Wölbung) hin verbreiternden Ruten, sogenannte Hufeisen mit Mondsichelruten.

Gerade diese Typologie hat nun Walter Drack zum Anlaß genommen, um in einem gerade erschienenen Aufsatz nochmals den schon fast allgemein akzeptierten Argumenten der „Hufeisenanhänger“ entgegenzutreten. Er geht von Hufeisenfragmenten aus, die „in, auf und über“ einer Römerstraße in Oberwinterthur in der Schweiz zusammen mit anderen römischen Kleinfunden ausgegraben worden sind. Sogleich hatte man diese Stücke wieder für eine Bestätigung der Hufeisentheorie in Anspruch genommen. Eine nähere Untersuchung ergab nun, daß sich unter dem Fundgut auch eine Anzahl eindeutig mittelalterlicher und neuzeitlicher Objekte befand, da die Straße von römischer Zeit bis in die jüngste Vergangenheit in ununterbrochener Benutzung gestanden war. Dabei konnten vor allem schwere Gegenstände auch in sehr tiefe Schichten gelangen. Drack verglich dann die Oberwinterthurer Hufeisen mit solchen von genau datierbaren mittelalterlichen Fundplätzen in der Schweiz und kam zu dem Schluß, daß es typologisch keinen Unterschied zwischen den „römischen“ und den mittelalterlichen und frühneuzeitlichen Eisen gab. Die leichten Hufeisen mit Wellenrand und meist drei Dellenlöchern pro Rute sind typisch für das 11. und 12. Jahrhundert, die mit glattem Rand und Mondsichelruten kamen im 13. Jahrhundert auf und blieben mit gewissen Abänderungen bis ins 16. Jahrhundert in Gebrauch. Es wäre nun mehr als merkwürdig, wenn die römischen Hufeisen 1000 Jahre früher auch schon genau die gleiche typologische Entwicklung durchgemacht hätten.

Bei einem Vergleich mit allen anderen angeblich vormittelalterlichen Hufeisen aus der Schweiz, aus Österreich, Deutschland, Frankreich, Spanien und England stellte Drack fest, daß sie allesamt bestens in die Typologie des 10. bis 16. Jahrhunderts passen. Er sieht darin eine eindeutige Bestätigung der schon 1928 von F. Winkelmann vertretenen Auffassung, daß das Hufeisen in Mittel- und Westeuropa im 10. Jahrhundert aufgekommen und vorher völlig unbekannt gewesen sei, sieht man davon ab, daß zwei Eintragungen im Urkundenbuch der Abtei St. Gallen mittlerweile dazu veranlassen, die Einführung des Hufeisens in das 9. Jahrhundert hinaufzurücken. Drack gibt damit der Typologie klaren Vorrang vor der Stratigraphie. Leider hat er darauf verzichtet, näher auf Hufeisenfunde wie die von Rottenburg am Neckar und Waldmössingen einzugehen, die mit modernen Methoden gemacht worden sind und von den Ausgräbern für einwandfrei römisch gehalten wurden, jedenfalls bis zur Publikation von Dracks Aufsatz. Dem steht allerdings entgegen, daß diese Funde noch nicht detailliert publiziert sind und sich daher einer Diskussion entziehen. Trotzdem wird man Dracks Argumentation insgesamt für schlüssig ansehen dürfen. Das Schweigen der schriftlichen und bildlichen Quellen, die typologische Identität aller gefundenen „Originale“ mit mittelalterlichen und frühneuzeitlichen Stücken sowie die sachliche Unwahrscheinlichkeit, daß das Hufeisen, nachdem es einmal bekannt war, über Jahrhunderte hinweg nur sporadisch angewandt worden und gleichzeitig der umständliche Hufschuh in Gebrauch geblieben sein soll, legen geradezu zwingend die Folgerung nahe, daß es weder keltische noch römische Hufeisen gegeben hat. Ein einziger absolut zweifelsfrei gesicherter Fund könnte diese Beweiskette allerdings widerlegen, doch dürfte sich mit großer Wahrscheinlichkeit ein solcher nie einstellen. So ist aller Voraussicht nach mit Walter Dracks Aufsatz „das Kapitel römisches Hufeisen wohl endgültig zu Grabe getragen“, wie Harald Stadler es in einem Brief an Herrn Drack formuliert hat. Auch frühere Befürworter des antiken Hufeisens wie Erwin Ruprechtsberger haben sich nun der Auffassung des Schweizer Forschers angeschlossen.

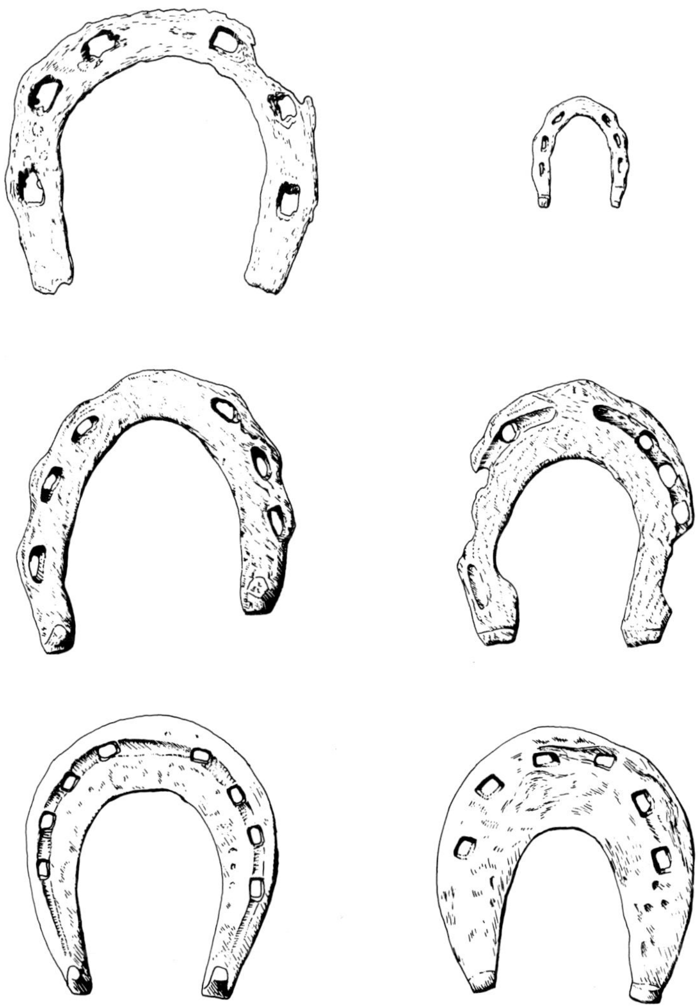

Abb. 103 Angeblich römische Hufeisen, von süddeutschen Fundplätzen. Von oben links:
Hufeisen mit Wellenrand, aus Rottenburg a. N. (Württemberg), wahrscheinlich 13. Jahrhundert. Nach Dieter Planck 1977, Abb. 6, Nr. 6.
Bronzenes Hufeisenamulett mit Wellenrand, aus Waldmössingen (Württemberg), wahrscheinlich 13. Jahrhundert. Nach Dieter Planck 1977, Abb. 6, Nr. 2.
Hufeisen mit Wellenrand, aus Waldmössingen (Württemberg), wahrscheinlich 13. Jahrhundert. Nach R. Rabold, Abb. 11, Nr. 1.
Hufeisen mit Mondsichelruten, aus Waldmössingen (Württemberg), wahrscheinlich 14. Jahrhundert. Nach B. Rabold, Abb. 11, Nr. 2.
Hufeisen mit Mondsichelruten aus Augsburg-Oberhausen, wahrscheinlich 14./15. Jahrhundert. Nach Hübner, Tafel 21, Nr. 1.
Hufeisen mit Mondsichelruten aus Augsburg-Oberhausen, wahrscheinlich 16. Jahrhundert. Nach Hübner, Tafel 21, Nr. 4.

Aber selbst wenn wir einmal hypothetisch davon ausgehen wollen, daß wenigstens ein Teil der Funde tatsächlich dem Altertum angehört, dann blieben immer noch einige Merkwürdigkeiten. Abgesehen von den „keltiberischen" Stücken, hat man bis jetzt im Mittelmeerraum und besonders in Italien überhaupt noch keine Hufeisen gefunden, was umso befremdlicher ist, als gerade Italien den höchsten Anteil an gepflasterten Straßen besaß. Ihre Verbreitung scheint sich in noch höherem Maße als die der Hipposandalen auf die Nordwestprovinzen des Reiches beschränkt zu haben. Auffallende Konzentrationen von Funden liegen in der Schweiz, in Österreich (Salzkammergut), in Süddeutschland, besonders im Bereich des Obergermanischen Limes, und in Südengland vor. Dagegen wurden in Frankreich, dem Hauptverbreitungsgebiet der Hipposandalen, bisher nur ganz wenige Hufeisen ausgegraben.

Man hat daran verschiedene Vermutungen geknüpft. Ähnlich der Hipposandale dürfte das Hufeisen demnach eine Erfindung der latènezeitlichen Kelten gewesen sein. Mit einiger Wahrscheinlichkeit nahm sie bei den in den Nordalpen wohnenden Stämmen ihren Ausgang. Hufeisen und Hipposandalen dienten ähnlichen Zwecken, so daß in Gallien, wo man sich eifrig des Hufschuhs bediente, das genagelte Eisen überflüssig war. Der Umstand, daß man sich nur in den Nordwestprovinzen intensiver mit den Problemen des metallenen Hufschutzes beschäftigt zu haben scheint, könnte mit den klimatischen Gegebenheiten zusammengehangen haben. Feuchtigkeit macht den Huf weich und führt auf hartem Boden zu wesentlich stärkerem Verschleiß, als das bei trockener Witterung der Fall ist. Man beschlug die Tiere vor allem in der Absicht, ihre Hufe vor Abnutzung und Beschädigung auf felsigen oder gepflasterten Wegen zu schützen.

In erster Linie trugen Last- und Zugtiere Hufeisen. Anders als die umgebundenen Hufschuhe konnte man die genagelten Hufeisen aber auch Reittieren, sogar Kavalleriepferden anlegen, doch scheinen die Römer das nur in Ausnahmefällen getan zu haben. Bei den über 30 bei Krefeld-Gellep gefallenen römischen Militärpferden (seit der Publizierung hat sich die Zahl der in ihrer Identität – römisch oder batavisch – wieder umstrittenen Gelleper Pferdeskelette auf mittlerweile über 200 erhöht!) fand sich kein einziges Hufeisen. Das erklärt das nur sporadische Auftreten der Hufeisen auf römischen Fundplätzen. Hätte man die Pferde grundsätzlich beschlagen, wie man das in Europa seit dem Hohen Mittelalter zu tun pflegt, dann wäre eine viel dichtere und gleichmäßigere Streuung von Fundstücken zu erwarten, und gewiß hätte das Hufeisen auch Eingang in die bildende Kunst gefunden.

Es muß nun befremdlich vorkommen, daß die Römer eine uns so unentbehrlich erscheinende Erfindung wie das Hufeisen zwar gekannt, aber nicht regelmäßig verwendet haben sollen. Aber selbst wenn es das Hufeisen tatsächlich schon gegeben haben sollte, so hatten sie ausgezeichnete Gründe dafür. Ein Pferd mit guten, gesunden Hufen – und man achtete im Altertum sehr auf die Qualität der Hufe – läuft am natürlichsten und besten barfuß, ohne Eisen. Die meisten Huf- und Gelenkschäden kommen heutzutage von fehlerhaftem Beschlag. Wenn es also aufgrund der dem Pferd gestellten Anforderungen möglich ist, das Pferd unbeschlagen gehen zu lassen, dann sollte man das unbedingt tun, es gibt auf diese Weise die wenigsten Probleme. Die Mehrzahl der heutigen Sport- und Freizeitpferde würde wohl besser ohne Hufeisen bleiben. Allerdings hat man, seitdem es im Mittelalter üblich wurde, die Pferde fast grundsätzlich zu beschlagen, bei der Zucht und Auswahl vielfach der Hufqualität nicht mehr die gebührende Aufmerksamkeit geschenkt, so daß viele Tiere tatsächlich schon bei durchschnittlicher Belastung auf Hufeisen angewiesen sind. Im allgemeinen haben große Pferde auch weichere Hufe als kleine, da das Horngewebe lockerer ist. Wolfgang Christian Schneider nimmt sogar an, man habe aus diesem Grunde in Altertum und Frühmittelalter ganz bewußt keine großen Pferde gezüchtet.

Hinzu kommt, daß das Beschlagen stets einen großen Aufwand an Zeit, Geld und sonstigen Komplikationen mit sich bringt. Hufschmiede mit Werkzeug und Werkstätten müssen bereitstehen, Reservehufeisen mitgeführt werden, die Eisen in regelmäßigen Abständen gewechselt werden. Gerade beim Militär bedeutet das einen beträchtlichen logistischen Extraaufwand und viele zeitintensive Aufenthalte. Zudem ruinieren beschlagene Pferde viel rascher und gründlicher ihre Koppel und können sich gegenseitig oder dem Menschen durch Huftritte ungleich gefährlichere Verletzungen beibringen als unbeschlagene Tiere.

Müssen jedoch größere Entfernungen in steinigem Gelände oder auf gepflasterten Straßen zurückgelegt werden, womöglich bei feuchter Witterung, nützt sich auch der beste Huf rasch ab oder bricht aus, wie es auch dem in einen Esel verwandelten Lucius bei Apuleius ergeht: „Die Hufe waren schon ganz abgelaufen, so daß ich mich nur mehr unter argen Schmerzen hinkend und stolpernd vorwärtsbewegte." (Apuleius, Metamorphosen, IV.4) Ist der Hufrand erst einmal verbraucht und das Tier geht auf dem Strahl, ist es auf Monate marschunfähig. Den Hufen unserer Camarguepferde wurde von Hufspezialisten optimale Qualität bestätigt, und wir brachen im Juli 1988 ohne Eisen zu unserem Proberitt den Limes entlang auf. Wir bemühten uns zwar, möglichst wenig auf Asphalt und Pflaster zu reiten, aber es war oft unmöglich, derartige Strecken zu vermeiden. Nachdem sie etwa 450 km zurückgelegt hatten, mußten bei drei Pferden, die ununterbrochen mitmarschiert waren, die Vorderhufe beschlagen werden. Von den anderen vier Tieren hätten vermutlich auch einige Eisen erhalten müssen, wenn sie nicht aus dem einen oder anderen Grund hin und wieder einige Tage hätten pausieren können bzw. müssen oder nicht nur als Handpferd mitgeführt worden wären.

Daraus ergibt sich, daß die Pferde der am Limes stationierten Kavallerieeinheiten normalerweise nicht beschlagen zu werden brauchten. Der Aktionsradius einer Ala betrug im routinemäßigen Patrouillendienst wohl kaum mehr als 100 km, selten dürfte man den Pferden mehrere Tage hintereinander Gewaltritte zugemutet haben. Übungsmärsche und Gefechtsausbildung verlegte man gewiß in Gelände mit geeignetem Boden, was angesichts der relativen Menschenleere der Landschaft keine großen Probleme bereitet haben kann. Mußten bei Truppenverlegungen oder im Rahmen von kriegsmäßigen Operationen tatsächlich einmal Distanzen von mehr als wenigen hundert Kilometern zurückgelegt werden, war die Beanspruchung für die Hufe immer noch nicht so groß wie unter modernen Verhältnissen. Die Oberfläche der römischen Straßen bestand in der Regel aus feinem Schotter, außerdem konnte man im Gegensatz zu den Fuhrwerken bei Bedarf meist auf die Grasstreifen neben der Straße ausweichen. Es wird also für die römische Kavallerie nur dann angezeigt gewesen sein, die Pferde zu beschlagen, wenn in Gelände voller Felsen und Geröll operiert werden sollte oder wenn ein Feldzug begann, dessen Dauer und räumliche Dimension sehr beträchtlich werden konnten. Unterließ man in solchen Fällen das Beschlagen, war ein starker Verschleiß der Hufe und damit der Pferde unvermeidlich.

Diese Gesichtspunkte gelten natürlich erst recht für den Fall, daß die Römer, wie wir mit größter Wahrscheinlichkeit annehmen dürfen, das genagelte Hufeisen überhaupt nicht gekannt haben. Die großen Distanzen, die etwa skythische, persische, makedonische und karthagische Reiterheere auf ihren Feldzügen zurückgelegt haben – man denke nur an die Kriege Alexanders des Großen –, zeigen, daß Kavallerie auch ohne Hufbeschlag zu größten Leistungen fähig ist. Die Römer waren also keineswegs darauf angewiesen, die angebliche keltische

Erfindung zu übernehmen, um ihre Reiterei in die Lage zu versetzen, raumgreifende Operationen durchzuführen. Allerdings müssen wir davon ausgehen, daß es unter extremer Beanspruchung bei feuchter Witterung und auf hartem Boden weit höhere Pferdeausfälle gegeben hat, als das bei beschlagenen Pferden der Fall gewesen wäre. Häufiger Pferdewechsel und somit das Mitführen zahlreicher Reservepferde waren dann unabdingbar, wie wir das von den Steppenvölkern kennen.

DIE SPOREN

Der Gebrauch von Sporen ist für die Zeit vor dem 5. Jahrhundert v. Chr. nicht nachweisbar, und auch dann sind die Zeugnisse noch recht spärlich. In klassischer Zeit scheint man dem traditionellen Stachelstock zunächst noch den Vorzug gegeben zu haben. Xenophon erwähnt Sporen in seiner „Reitkunst", Originale von latènezeitlichen Fundplätzen liegen ab dem 4. Jahrhundert v. Chr. vor. Es handelt sich um kleine Stachelsporen mit sehr kurzen Bügelschenkeln, die in außen sitzende Knöpfe auslaufen, mit deren Hilfe sie um das Fußgelenk gebunden wurden.

Über den römischen Sporn (*calcar*) läßt sich erst ab Beginn der Kaiserzeit etwas Sicheres aussagen, da wir von da an über Fundstücke verfügen, meist aus den Provinzen. Die frühkaiserzeitlichen Sporen sind gewöhnlich aus Eisen gefertigt und bestehen aus einem schmalen einfachen Bügel mit schlankem kurzem Stachel. Sie laufen an den Enden in zunächst runden, später meist viereckigen Endplatten aus, die eine Öse bilden, durch die der Halteriemen ge-
Abb. 2 führt wurde („Ösensporen"). In der mittleren und späten Kaiserzeit wurden die Bügel aus Bronze gefertigt, nur der Stachel ist in den meisten Fällen weiterhin aus Eisen und wird in die Spornplatte in der Mitte des Bügels eingenietet. Der Stachel erhielt eine birnenförmig schwellende Form, die ein zu tiefes Eindringen der Spitze verhindern sollte. Im 4. Jahrhundert n. Chr. machte sie häufig einer Kugel, auf die die kurze konische Spitze aufgesetzt war, Platz. Wohl im 2. Jahrhundert n. Chr. versah man die Spornplatte mit einem kurzen stumpfen Vorsprung nach unten, der seiner Form nach auf einem am Fersenstück des Schuhes angebrachten Stützsteg aufgesessen sein muß, der ein Absinken des Sporn verhindern sollte. Die gleiche Funktion konnte auch ein oben an der Spornplatte angebrachter, mit seiner Krümmung nach hinten weisender Haken erfüllen, durch den man einen gesonderten Riemen führte und um das Fußgelenk band. Gleichzeitig vertauschte man die Ösen mit flachen Knöpfen, die an der Innenseite der Endplatten eingenietet wurden („Nietknopfsporen"). Mit den Knöpfen befestigte man den Sporn am Halteriemen. Statt des Hakens oder zusätzlich zu ihm konnte auch an
Abb. 4, 53 der Innenseite der Spornplatte ein dritter Knopf angebracht werden. Die oft hübsch verzierten spätrömischen Nietknopfsporen beeinflußten stark die Entwicklung des durch zahlreiche Grabfunde sehr viel besser bekannten germanischen Sporns des 3., 4. und 5. Jahrhunderts.

Mit den Knöpfen wurde der Sporn ohne Zweifel auf dem Riemenwerk befestigt, das ihn in Position hielt. Der Haken diente dazu, ihn unabhängig davon mit einem weiteren Riemen um das Fußgelenk herum festzubinden, um ein Absinken zu verhindern. Wie die Befestigung im einzelnen aussah, hing vom jeweils verwendeten Schuhtyp ab. Da die Sohlen grundsätzlich dicht benagelt waren und keine Absätze hatten, konnte man nicht ohne weiteres einen Riemen unten um den Fuß herum führen, wie das in späterer Zeit üblich war, er wäre jedenfalls sehr bald durchgelaufen gewesen. Helfried Trost, der für das Schuh- und Ledermuseum in Offenbach schon zahlreiche römische Originalschuhe restauriert und rekonstruiert hat, entwickelte für uns eine Lösung, die das Dreiknopfsystem mit rückwärtigem Haken als sinnvolle Antwort auf dieses Problem erscheinen läßt. Er brachte am Fersenstück des Schuhs einen senkrecht nach oben stehenden Lederstreifen an, der einen Schlitz zur Aufnahme des hinteren Knopfes besaß. Damit wurde die Fixierung des Sporns nach unten bewirkt, und das machte einen um die Sohle laufenden Riemen überflüssig. Tatsächlich wies ein in Ägypten gefundener purpurfarbener Halbschuh aus dem 4. Jahrhundert n. Chr. eine ähnliche Aufdopplung an der Ferse auf, die zur Befestigung eines kleinen, mit mehreren Nieten dauerhaft angebrachten Sporns diente.

Viele römische Sporen, vor allem die Nietknopfsporen, haben Bügelhenkel von ungleicher Länge, so daß der Stachel nicht in der Mitte sitzt. Man hat nun darum gestritten, welcher der Sporen eines Paars rechts, welcher links getragen wurde. Je nach vorgeschlagener Lösung wies dann die Spitze des Stachels nach innen und erleichterte dem Reiter den Einsatz des Sporns, oder sie wies nach außen und schützte das Pferd vor unbeabsichtigter Einwirkung. Die Art der Dekoration an manchen Exemplaren läßt den Schluß zu, daß letzteres der Fall war. Der Befund in einem germanischen Grab in Leuna wies in die gleiche Richtung, und auch die sachliche Wahrscheinlichkeit spricht dafür. Gerade beim steigbügellosen Reiten würde man nur allzuleicht dem Pferd versehentlich die Sporen in die Flanke bohren, außerdem sind nach innen gekehrte Stacheln recht lästig, wenn man zu Fuß geht.

Der Nietknopfsporn mit Hinterhaken, den Zschille und Forrer „ein mit raffinierter Berechnung hergestelltes Werkzeug, dessen Autoren wir noch heute unsere volle Bewunderung zollen müssen“, genannt haben, war aber nicht das einzige Modell der spätern Kaiserzeit. Es gab weiterhin Sporen, deren Bügel in Ösen statt in Knöpfen ausliefen und keinen Haken hatten. Eine andere Variante bestand nur aus einer kleinen Grundplatte, auf der der Dorn saß, und mit deren Hilfe er am Fersenstück eines geschlossenen Schuhes fest angenietet war, er konnte also nicht abgenommen werden. Der Sporn an den obenerwähnten in Ägypten gefundenen Schuhen gehörte zu diesem Typ. Alle Sporen waren Stachelsporen, Radsporen kamen erst im 13. Jahrhundert auf.

Der Gebrauch der Sporen ist für die Römer sowohl durch schriftliche Zeugnisse wie auch durch gefundene Originalstücke vielfach belegt. Umso erstaunlicher mutet es daher an, daß man sie auf fast gar keiner bildlichen Darstellung entdeckt. Weder die Reiterdenkmäler noch die Reliefs der Triumphsäulen, noch die Grabsteine lassen Sporen auch nur andeutungsweise erkennen. Das ist wieder ein klarer Beweis dafür, wie sehr künstlerische Konventionen der Abbildung der Wirklichkeit im Wege stehen konnten. Es dürfte allerdings die Gewohnheit der Künstler, den Sporn zu übersehen, auch zu der Annahme berechtigen, daß dieses Requisit nicht als ein fester, unverzichtbarer Bestandteil der Reitausrüstung galt, wie das in Mittelalter und Neuzeit der Fall sein sollte. Die meisten Sporen, die gefunden werden, stammen aus militärischen Zusammenhängen. Man wird also davon ausgehen dürfen, daß die Römer der späten Republik und der Kaiserzeit den Sporn zwar kannten, daß er jedoch nur von den Soldaten häufig, aber nicht unbedingt regelmäßig getragen wurde. Will man sein Pferd zu den im Nahkampf notwendigen blitzartigen Reaktionen veranlassen, ist der Einsatz von Sporen sehr empfehlenswert. Mittelalterliche Miniaturen zeigen oftmals die blutigen Spuren der Stachelsporen in schonungsloser Deutlichkeit.

Neben dem Sporn gab es als Antriebsmittel noch den Stachelstock (*stimulus*), welchen man als dessen Vorläufer bezeichnen könnte, einfache Stöcke und natürlich Peitschen. Sie wurden hauptsächlich von Wagenlenkern und Treibern benutzt, Reiter bedienten sich seltener dieser Hilfsmittel. Beim Militär waren Reitpeitschen völlig ungebräuchlich, da man keine Hand frei hatte für ihren Gebrauch und da man, wenn man wollte, über Sporen verfügte. In der Hitze des Gefechts werden aber nicht selten Lanzen- und Speerschäfte oder die flache Schwertklinge als Ersatz für eine Peitsche benutzt worden sein.

DAS REITEN OHNE STEIGBÜGEL

Die Art der Reitkunst wird geprägt von dem mit dem Reiten verfolgten Zweck, von den zur Verfügung stehenden Hilfsmitteln und von den von jeder Reiterkultur herausgebildeten und gepflegten Traditionen. Wer sich heute in Reiterkreisen umsieht, könnte meinen, der Umgang mit dem Pferd sei von Engländern oder Amerikanern erfunden worden. Während das Westernreiten eine spezielle Form des herkömmlichen Gebrauchsreitens darstellt, die die Amerikaner von den Spaniern übernommen und weiterentwickelt haben, handelt es sich bei der sogenannten klassischen englischen Reitweise um ein Kunstprodukt recht jungen Datums, das auf bestimmte, heute dominierende Arten des Sportreitens zugeschnitten ist, den Reiter jedoch wenig tauglich macht, irgendwelche Formen wirklich praxisbezogenen Reitens zu betreiben. Wer den Reitstil früherer Epochen rekonstruieren will, sollte möglichst schnell und gründlich so manches von dem vergessen, was man ihm in der „klassischen" Reitschule beigebracht hat. Der grundsätzliche Unterschied zwischen dem modernen Sportreiten und dem Gebrauchsreiten gleich welcher Art sei an einigen Punkten kurz erläutert. Wer sein Pferd zum Kämpfen, Jagen und Viehhüten benützt, muß eine Hand frei haben, um mit Waffe, Lasso oder sonst einem Werkzeug hantieren zu können, er darf also den Zügel nur mit einer Hand, gewöhnlich der linken, führen. Das aber wieder schließt es weitgehend aus, dem Pferd Signale zu vermitteln, indem man abwechselnd links oder rechts den Zügel annimmt. Der Zügel hängt in den meisten Situationen vielmehr locker durch, gelenkt wird durch Anlegen an den Hals („neck-reining"), nicht durch Zug. Nur wenn das Pferd zu langsamerer Gangart oder zum Stehen gebracht werden soll, wird der Zügel, möglichst schonend, angenommen. Da letzteres gewissermaßen nur als Notbremse gedacht ist und dann mit einer Hand sofort wirksam gemacht werden muß, handelt es sich oftmals um sehr scharfe Gebisse, Kandaren verschiedener Art und Hackamoren. Setzt man nun einen in der modernen Reitweise ausgebildeten Reiter auf ein solches „Gebrauchspferd", hat das nicht selten ungute Resultate. Er ist gewöhnt, fortwährend mit beiden Händen unmittelbaren Zugkontakt zum Maul zu halten und macht das Tier dadurch wild, heftiges Kopfschlagen und manchmal Schlimmeres pflegen die Folge zu sein.

Dann sitzen moderne Reiter mit relativ kurz gestellten Steigbügeln, also mit angewinkelten Beinen, auf einem flachen Sattel, der zum Halt des Reiters wenig beiträgt. Für das Springen ist das eine gute Anordnung, für manch andere Erfordernisse des Reitens jedoch nicht. Je kürzer die Steigbügel geschnallt werden, desto höher liegt der Schwerpunkt des Reiters, desto schwächer ist der Schluß von Gesäß und Pferderücken, desto leichter gerät er aus dem Gleichgewicht. Er verläßt sich ganz auf die manchmal trügerische Sicherheit der Steigbügel statt auf seinen Sitz. Kein Wunder also, daß die mittelalterlichen Ritter, wie Cowboys und Camarguereiter noch heute, grundsätzlich mit sehr lang gestellten Steigbügeln und fast durchgestreckten Beinen geritten sind. Im Orient bürgerte sich allerdings das Reiten mit kurzen Bügeln und stark angewinkelten Beinen (*a la jineta*) schon im Mittelalter ein. Man wandte dort weniger den Schock mit der Lanze an und schoß viel mit dem Bogen, wobei es vorteilhaft ist, sich hoch aus dem Sattel erheben zu können.

Ann Hyland vermutet wegen gewisser Ähnlichkeiten in der Ausrüstung des Westernreiters – den Hörnchensattel vergleicht sie in seiner Funktion mit einem „*American cutting horse saddle*“, die Hebelstangentrense mit dem „*Santa Barbara spade bit*“, den Metallzaum mit der Hackamore – und seiner Reitweise eine Kontinuität, die vom römischen Reitstil über spanische Vermittlung zum „Western Riding“, vor allem zum „*California stock-seat riding*“ geführt habe. (Ann Hyland 1990, S. 102f., 134, 137, 141f.) Tatsächlich fußt das Westernreiten eher auf spätmittelalterlichen und frühneuzeitlichen Traditionen, die Ähnlichkeiten mit der vom römischen Zubehör geforderten Reitweise liegen in den Sachzwängen des Gebrauchsreitens begründet, ohne daß man eine direkte Abhängigkeit anzunehmen bräuchte.

Der Hauptunterschied, der zwischen der antiken und späteren Formen der Reitkunst besteht, ist zweifellos in der Tatsache zu erblicken, daß dem Altertum der Steigbügel überhaupt noch nicht bekannt war.

Der Ursprung des Steigbügels ist ein seit langem umstrittenes Problem. Die frühesten gesicherten Funde wurden in China und Korea gemacht und stammen aus dem 4. Jahrhundert n. Chr. Das Material war zunächst Holz, doch kamen schon bald bronzene und eiserne Exemplare auf. All diese Stücke besitzen bereits die querovale Form, die auch die Steigbügel der Awaren aufweisen, die wohl mit Recht als diejenigen gelten, die dieses Requisit im 6. Jahrhundert n. Chr. in Europa einführten. In Mittel- und Westeuropa finden sich Belege für den Gebrauch des Steigbügels erst in karolingischer Zeit, allgemein durchgesetzt hat er sich wohl nicht vor dem 10. Jahrhundert.

Da die Erfindung eine so einfache und naheliegende ist, wird manchmal die Auffassung vertreten, Steigbügel oder steigbügelähnliche Hilfsmittel aus organischem Material seien schon viel länger in Gebrauch gewesen, sie hätten sich nur wegen der Vergänglichkeit der Substanzen, aus denen sie angefertigt wurden, nicht erhalten. In der Tat sind Steigbügel und Aufstiegshilfen aus Leder, Schnur oder Holz aus späteren Zeiten vielfach bezeugt. Hinweise in der schriftlichen und bildlichen Überlieferung fehlen aus den griechisch-römischen Bereichen aber völlig, so daß zumindest von einer regelmäßigen Anwendung gewiß nicht ausgegangen werden kann. Bei den Skythen scheinen Aufstiegshilfen gelegentlich vorgekommen zu sein, jedenfalls zeigt das Endstück eines in einem Kurgan auf der Krim gefundenen Torques aus dem 4. Jahrhundert v. Chr. nach Mary A. Littauer (1981) eindeutig einen an einer Kette vom Sattel herabhängenden Haken, in dem der Fuß des Reiters ruht. Ein ähnliches Gerät ist auf einer Gemme aus Kushan (um 50 n. Chr.) abgebildet. Littauer hat Versuche mit solchen hakenförmigen Steigbügeln unternommen und sie als funktionsfähig befunden. Sie ist der Ansicht, der Steigbügel sei sowohl in seinen Vorformen als auch in seiner ersten vollgültigen Ausgestaltung, dem chinesisch-awarischen Typ, eine Erfindung zentralasiatischer Reitervölker gewesen. Man habe ihn aber zunächst nur als ein Hilfsmittel für Alte, Frauen und Kranke angesehen, während der Krieger ihn allenfalls auf Reisemärschen, aber nie im Kampf benutzt habe. Deshalb sei ihm kein hohes Ansehen zugekommen und sei er nicht den Toten ins Grab mitgegeben worden. Erst die Chinesen, die ja kein eigentliches Reitervolk gewesen seien, hätten dann den Steigbügel ganz ungeniert auch militärisch genutzt. Bei den nordamerikanischen Prärieindianern, die den Steigbügel nun ohne Zweifel gekannt haben, findet man in der Tat ganz ähnliche Verhältnisse. Wie wir sehen werden, hängt das aber nicht nur mit reiterlichem

Selbstbewußtsein zusammen, sondern hat auch praktische Gründe, da das steigbügellose Reiten in manchen Situationen Vorteile bietet.

Gleichgültig, wie und wann sich die Genesis des Steigbügels in Asien abgespielt hat, an der Tatsache, daß in Europa vor dem frühen Mittelalter keine echten Steigbügel benutzt wurden, ist nicht zu zweifeln. Bloße Schlaufen und ähnliche Hilfen, die schon länger vorgekommen sein mögen, können zwar das Aufsteigen erleichtern und während Reiseritten dem Fuß als Gegenlager dienen, um die Beine ausruhen zu lassen, beim Jagd- und Kampfreiten wird man sie jedoch schwerlich verwendet haben, da der Fuß sich entweder in ihnen verfing, was im Fall eines Sturzes höchst gefährlich werden konnte, oder sie verlor und nicht wiederfand. Wirklicher, die Reitweise prägender Steigbügeleinsatz wurde erst durch die festen und schweren chinesisch-awarischen Modelle möglich.

Wenige Erfindungen sind von den Historikern in ihren Auswirkungen auf die Kriegführung und letztendlich auf die Herrschafts- und Gesellschaftsstruktur so ungeheuer überschätzt worden wie die des Steigbügels. Sie gilt in der Geschichtsschreibung als die Trennmarke zwischen der taktisch wenig wirksamen Kavallerie des Altertums und den im Schockangriff alles niederwuchtenden Ritterheeren des Mittelalters, und man hat die Bedeutung dieser Erfindung sogar mit der des Schießpulvers verglichen. Hans Delbrück stellte als erster fest, daß es im Altertum den Angriff mit eingelegter Lanze noch nicht gegeben zu haben scheine, doch war er ein zu souveräner Kenner der Kriegsgeschichte, um daraus übertriebene Schlüsse zu ziehen, vielmehr wandte er sich gegen Eduard Meyers Theorie, „welche die antike Kavallerie generell als fast unwirksam hinstellt", und vertrat die Ansicht „dass antike Kavallerie die geschlossene, schwere Infanterie direkt zu überwältigen nicht imstande war, wohl aber sie durch Angriffe in Flanke und Rücken zum Stehen zu bringen, dadurch ihre eigentliche Kraft, den Druck aufzuheben, sie zu lähmen und wehrlos zu machen". (Delbrück 1910, S. 335)

Bd. II, S. 130 f. Bd. III, S. 142–146

Diese Auffassung, welche man in ihrer Ausgewogenheit hätte stehenlassen können, und zwar nicht nur für das Altertum, mußte aber in der Folgezeit fast gänzlich der Vorstellung weichen, steigbügellose Reiterei sei zu nichts weiter als zu Plänkeleien fähig gewesen. Am konsequentesten hat ihr Lynn White Jr. Ausdruck verliehen. „Vor der Einführung des Steigbügels ist der Sitz des Reiters unsicher gewesen. Gebiß und Sporen mögen ihm zum Beherrschen seines Pferdes geholfen, auch mag der einfache Sattel seinem Sitz besseren Halt gegeben haben, trotzdem ist er in seiner Kampfesweise schwer gehemmt gewesen. Er war vor allem flinker Bogenschütze und Lanzenstecher. Der Gebrauch des Schwertes war eingeschränkt, denn ohne Steigbügel braucht der Reiter, der zu einem guten beidhändigen Streiche gegen seinen Gegner ausgeholt hat, nur einen Lufthieb zu tun, um sich auf dem Erdboden wiederzufinden. Und was die Lanze anbelangt, so wurde sie bis zur Erfindung des Steigbügels mit freiem Arm gehalten, und der Stoß wurde mit der Kraft von Schulter und Oberarm ausgeführt. Der Steigbügel erlaubte – wenn er sie auch nicht verlangte – eine weit wirksamere Art des Angriffs: Nun konnte der Reiter die Lanze fest einlegen, sie zwischen Oberarm und Oberkörper klemmen, und so den Stoß gegen den Feind nicht mehr nur mit seiner Muskelkraft, sondern mit der ganzen Wucht seines eigenen Körpers und seines stürmenden Hengstes führen. Der Steigbügel, indem er zu dem Halt nach vorn und hinten, den der Sattel gab, nun noch seitlichen Halt hinzufügte, schweißte in der Tat Roß und Reiter zu einer Kampfeinheit zusammen, die eine vorher nicht geahnte Gewalt ausüben konnte. Die Hand des Reiters führte nicht mehr den Stoß aus – sie lenkte ihn nur noch. In diesem Sinne ersetzte der Steigbügel Menschenkraft durch Pferdekraft und steigerte dadurch die Kampfkraft des Reiters in unmeßbarem Maße. Mit einem Schlage, ohne Vorstufen, ermöglichte er den Schockangriff zu Pferde, eine umwälzende neue Form der Schlacht . . . Wenige Erfindungen sind so einfach gewesen wie die des Steigbügels, aber wenige haben einen so katalysierenden Einfluß auf die Geschichte ausgeübt. Die Anforderungen der neuen Art von Kriegsführung, die der Steigbügel möglich machte, wirkten sich zu einer neuen Form der westeuropäischen Gesellschaft aus . . . *Das Altertum hat den Kentauren erdacht, das frühe Mittelalter hat ihn zum Herrn von Europa gemacht.*" (Lynn White Jr. 1962/1968, S. 13/14 und S. 38)

Dieser durch den Steigbügel bewirkte Umbruch führte nach Lynn White Jr. bereits im 8. Jahrhundert dazu, daß bei den Franken das feudale Rittertum die Macht übernahm. White fand mit seinem simplen Erklärungsmodell allerdings auch Widerspruch. Sehr treffend legte 1966 J. D. A. Ogilvy die Schwachpunkte der Whiteschen Argumentation dar: „ . . . Whites Glaube, diese Erfindung habe zur Entwicklung des Feudalismus geführt, ruht auf sehr fragwürdigen Grundlagen: einer viel zu hohen Einschätzung, die er dem militärischen Wert des gepanzerten Lanzenreiters zollte, einigen höchst wackeligen Vermutungen zur Taktik und einem zu selektiven Umgang mit der Geschichte. Die erste Frage, die sich dem Leser aufdrängt, ist in der Tat die, ob White je auf einem Pferd gesessen hat. Jeder, der einen auch nur einigermaßen im sattellosen Sitz geübten Reiter beobachtet hat, sollte erkennen, daß der Steigbügel eine Annehmlichkeit, aber keine Notwendigkeit für den Reiter darstellt. Doch White nimmt an, der Steigbügel habe den Kavalleristen – und zwar den Kavalleristen mit Sattel – erst ‚von einem Bogenschützen und Speerwerfer' in einen effektiven Lanzenreiter verwandelt. Es ist wahr, daß der Steigbügel dem Reiter eine gewisse Stabilität nach der Seite zu gewährt, obwohl ein Reiter, der nicht ständig seinen Schwerpunkt über dem Rückgrat des Pferdes hält, indem er sich unbewußt fortlaufend korrigiert und anpaßt, bald einen verrutschten Sattel und ein gedrücktes Pferd haben wird. Es stimmt auch, daß Steigbügel, besonders an einem englischen Sattel, wo ihre Aufhängung sich etwas vor dem Schwerpunkt des Reiters befindet, sehr hilfreich sind, den Reiter beim Sprung über der Bewegung sitzen zu lassen. Aber keine dieser stabilisierenden Einwirkungen ist das, was ein Lanzenreiter am dringlichsten braucht. Was dieser benötigt, das ist etwas, das verhindert, daß er über die Kruppe seines Pferdes geworfen wird, wenn er mit seiner Lanze trifft oder von einer Lanze getroffen wird. Wenn er sich nicht mit seinen Knien fest genug anklammert und wenn der Hinterzwiesel seines Sattels ihn nicht hält, dann wird er geradewegs aus seinen Steigbügeln herausfliegen . . . Die Annahme, es sei leichter, seinen Sitz zu behalten, während man einen Speer schleudert oder einen Pfeil abschießt (wobei man beide Hände braucht), als wenn man ein Schwert schwingt oder mit einer Lanze stößt, ist eine, die ich noch nie praktisch auf die Probe gestellt gesehen habe, doch scheint mir das ganz und gar nicht selbstverständlich zu sein. Weshalb man beim Schwertschwingen vom Pferd fallen, beim Speerwerfen aber sitzen bleiben soll, leuchtet nicht ein . . . Gewiß gefährdet ein Reiter, der mit einem schweren Schwert danebenhaut, seinen sicheren Sitz, aber das tut ein ungeschickter Speerwerfer nicht weniger. Es wäre wohl für beide besser gewesen, wenn sie daheim geblieben oder zur Infanterie gegangen wären . . . Zwei Reiter, die kopfüber aufeinanderzugaloppieren, entwickeln zusammen die ziemlich furchterregende Geschwindigkeit von 90 km/h. Unter diesen Umständen besteht das Problem eines Lanzenreiters nicht darin, genügend Wucht zu entwickeln, um den Gegner wirksam zu treffen, sondern die Wucht des Stoßes so weit zu drosseln, daß er noch eine gewisse Chance hat, seine Waffe in der Hand zu behalten. Der Stoß über die Schulter oder der von der Hüfte aus, die beide größere Flexibilität in der Handhabung der Lanze gewährten, machten es möglich, diese wieder herauszuziehen. Als der Panzer so schwer wurde, daß der Lanzenreiter mit aller zu Gebote stehenden Gewalt stoßen mußte [im späten Mittelalter], wurde der eingelegte Stoß unerläßlich, und es gab praktisch keine Aussicht, die Lanze ein zweites Mal einzusetzen . . . Im Rahmen aller Wandlungen [die zum Feudalismus führten] spielte der Steigbügel nur eine untergeordnete Rolle, die man fast als eine unvermeidliche bezeichnen könnte. Früher oder später mußte irgend jemand auf die Idee kommen, daß es einen einfacheren Weg gab, ein Pferd zu besteigen als zu springen, zu klettern oder sich hinaufheben zu lassen. Nachdem er einmal erfunden war, gab der Steigbügel keinem Kavalleristen einen Vorteil über einen anderen, da alle ihn nun hatten. Er veränderte auch nicht wirklich das Kräfteverhältnis zwischen den verschiedenen Waffengattungen. Es gab effektive Schock-Kavallerie schon vor dem 8. Jahrhundert: Die Taktik bei Cannae war im wesentlichen die gleiche, die bei Roosebeke [1382] angewandt wurde; die Parther bekämpften die Römer bei Carrhae in der gleichen Weise wie die Türken die Kreuzfahrer auf demselben Schlachtfeld; Eduard III. [von England] war mit der gleichen Taktik erfolgreich wie Narses fast ein Jahrtausend früher. Der Steigbügel war eine große Annehmlichkeit für alle Reiter, aber es war die Panzerung, die dem mittelalterlichen Ritter seine besonderen Eigenheiten gab." (J. D. A. Ogilvy 1966, S. 1/2, 6/7, 13)

Ogilvy ist in allen wesentlichen Punkten beizupflichten. Von einer plötzlichen taktischen Umwälzung infolge der Einführung des Steigbügels kann nicht die Rede sein. Die Reiterei spielte in der Antike, wie in den militärgeschichtlichen Kapiteln des 2. Bandes dargelegt worden ist, kaum eine geringere Rolle als im Mittelalter, und der Schockangriff war der makedonischen, keltischen, römischen, parthischen Kavallerie durchaus nichts Unbekanntes. Auf der anderen Seite dauerte es nach dem Aufkommen des Steigbügels noch Jahrhunderte, bis der Stoß mit eingelegter Lanze das dominierende Angriffsverfahren der europäischen Reiterei wurde. Erst im 12. Jahrhundert verdrängte er die anderen Einsatzarten der Lanze, im Orient konnter er sich nie durchsetzen. Die entscheidende Hilfe beim Anprall ist der tiefe Sattel, den die Römer mit ihren Hörnchensätteln im Prinzip auch schon benutzt haben, die Steigbügel sind für die Stabilität des Sitzes ziemlich unerheblich. Moderne Reiter, die in völliger Abhängigkeit vom Steigbügel großgezogen worden sind, können sich das freilich nicht vorstellen und lassen, sollten sie gleichzeitig auch Historiker sein, ihre Vorurteile in die Geschichtsbücher einfließen.

Herbert Schwarz sieht in seiner verdienstvollen Arbeit über die Armee Alexanders des Großen nicht nur die Stabilität des Sitzes und die Fähigkeit zu wuchtigem Waffeneinsatz beim einzelnen Reiter durch den Mangel des Steigbügels eingeschränkt, sondern auch den Zusammenhalt und die Manövrierfähigkeit der taktischen Einheiten: „Ein Exerzieren im Verband etwa, wie bei der friderícianischen Reiterei, war bei Reitern ohne richtigen Sattel und ohne Steigbügel nicht durchführbar, weil ein genaues Einhalten der Richtung und der Gliederabstände, sowie der Zwischenräume zwischen den Reitern nicht möglich war." (S. 19) Eine Begründung für diese Annahme wird nicht gegeben und läßt sich auch schwerlich finden.

Wenden wir uns nun den tatsächlichen Vor- und Nachteilen des Steigbügelgebrauches zu. Unbestreitbar ist, daß der Steigbügel, wie der Name sagt, eine große Bequemlichkeit beim Aufsteigen darstellt, die riesigen Pferde, die man für das moderne Sport- und Renommierreiten züchtet, wären ohne diese Hilfe nur mehr von Hochsprungolympioniken zu erklimmen. Im Altertum war das weniger problematisch, da sehr wenige Pferde über 150 cm und so gut wie keine über 160 cm Stockmaß besaßen, während man heutzutage mit Tieren von 180 cm Höhe und darüber rechnen muß. Hat man jedoch ein Pferd von handlicher Größe vor sich und beherrscht das Aufspringen, dann ist dies die bei weitem vorzuziehende Methode. Man braucht nicht umständlich nach dem Steigbügel zu suchen und sitzt mit einem Schwung sicher im Sattel. Das erfordert freilich viel Übung. Die lateinischen Wörter *insilire* und *desilire* – „Aufspringen" und „Abspringen" – illustrieren schön die übliche Praxis des Altertums, im Mittelalter werden sie bezeichnenderweise durch *scandere* und *descendere*, „Aufsteigen" und „Absteigen", ersetzt.

Wer heutzutage plötzlich mit der Notwendigkeit konfrontiert wird, ein ungesatteltes Pferd zu besteigen, springt meist in den Stütz und versucht dann aus dieser Position, das rechte Bein über den Pferderücken zu bringen. Das ist ein wenig elegantes, langwieriges Verfahren, das den Reiter, sollte das Pferd sich nicht ruhig verhalten, leicht in Verlegenheit bringen kann. Die beste Methode wird sehr anschaulich von Xenophon in seiner Reitkunst beschrieben: „Als erstes muß er die Führleine, die am Kinnriemen oder am Kappzaum befestigt ist, zusammengelegt in die linke Hand nehmen, und zwar locker genug, um weder, wenn er die Mähne nahe bei den Ohren packt und sich daran hochziehen will, noch wenn er mit Hilfe der Lanze aufzuspringen gedenkt, das Pferd zu irritieren. Mit der rechten Hand fasse er den Zügel am Widerrist zusammen mit der Mähne, so daß er beim Aufsitzen das Pferd auf keinen Fall im Maule reiße. Wenn er Schwung genommen hat, ziehe er mit dem linken Arm den Körper hoch, während er sich mit dem rechten nach oben abstemme und das rechte Bein anwinkle. Wenn er so aufsitzt, wird er auch von hinten keinen anstößigen Anblick bieten. [Die Griechen und die Römer der republikanischen Zeit trugen ja keine Hosen.] Das Knie soll nicht auf dem Rücken des Pferdes landen, vielmehr bringe man den Unterschenkel gleich zu den Rippen der rechten Seite hinüber. Erst, wenn der Fuß in die richtige Position gebracht ist, setze man sich mit beiden Gesäßbacken auf das Pferd. Sollte der Reiter mit der Linken das Pferd, mit der Rechten aber die Lanze halten, dürfte es gut sein, das Aufspringen auch von rechts zu üben. Er braucht nichts weiter zu lernen, als das, was er vorher rechts tat, links zu tun, und umgekehrt." (Xenophon, Περὶ ἱππικῆς, VII.1–3)

Von welcher Seite ein Reiter aufsteigt, hängt davon ab, ob er seine Seitenwaffe links oder rechts trägt. Bei den Griechen war das Schwert links angebracht, also saßen sie gewöhnlich von links auf. Das gleiche war im Mittelalter und in der Neuzeit der Fall, und das erklärt, weshalb wir noch heute stets von links an das Pferd herangehen. Die Römer trugen dagegen das Schwert bis weit ins 2. Jahrhundert n. Chr. hinein auf der rechten Seite, sie müssen also bis zu dieser Zeit von rechts aufgesprungen sein. Laut Arrian und Vegetius sollten die römischen Reiter im Prinzip von beiden Seiten aufsitzen können, normalerweise machte man es aber gewiß von der Seite, auf der das Schwert am wenigsten hinderlich war.

Die von Xenophon beschriebene Methode des Aufspringens hat sich als recht praktikabel erwiesen. Sitzt man von rechts auf, ergreift man also mit der rechten Hand die Mähne des Pferdes gleich hinter den Ohren, oder man stützt sich an der in den Boden gerammten Lanze ab, mit der linken faßt man die Zügel und die untersten Haare der Mähne am Widerrist. Man nimmt mit dem linken Bein Schwung, schnellt sich mit dem rechten ab, zieht sich mit dem rechten Arm an der Mähne oder an der Lanze hoch, stemmt sich mit dem linken auf dem Widerrist ab, senkt den Oberkörper über Widerrist und Hals, bringt das angewinkelte linke Bein über den Pferderücken auf die linke Seite und richtet sich auf. Das ganze ist mehr eine Frage der Technik und der Übung als der Kraft.

Bd. II, Abb. 21 Bd. III, Abb. 104–106

Der Hörnchensattel, vor allem der langhörnige Typ, erschwert den Vorgang natürlich, da der Reiter nun gut 15 cm höher springen muß. Das linke Vorderhörnchen bietet seiner rechten

Hand jedoch ein gutes Widerlager, um sich daran hochzuziehen. Die manchmal geäußerte Ansicht, das Pferd würde erschrecken, wenn ihm ein Mann in voller Rüstung in den Rücken springe, ist nicht zutreffend, wenn der Reiter sich nicht allzu ungeschickt anstellt oder das Pferd sehr nervös oder unerfahren ist. Die Wucht, mit der der Reiter in der Sattellage auftrifft, ist kaum größer als bei raschem Aufsteigen mit Steigbügeln.

Ein eigenes Problem stellt es dar, wie der Reiter nach dem Aufspringen in den Besitz seiner in der Hand zu haltenden Ausrüstungsstücke kommt. Unter friedlichen Bedingungen konnten sie ihm gewiß von seinem *calo* oder einer anderen Person hinaufgereicht werden, im Ernstfall mußte er aber für sich selbst sorgen. Die Lanze bereitet hier gewöhnlich keine großen Schwierigkeiten, da man sie, wenn man sie als Aufsteigehilfe benützt, ohnehin schon in der Hand hält, andernfalls kann man sie mit dem Lanzenschuh senkrecht in den Boden stecken und dann bequem aufnehmen. Weit problematischer ist ein großer Schild. Es gibt die Möglichkeit ihn niedrig am Sattel aufzuhängen und nach dem Aufsitzen unter den Beinen hervorzuziehen, was ziemlich umständlich ist. Dann kann man ihn sich schräg über den Rücken schnallen, wodurch man aber behindert wird, außerdem besteht die Gefahr, daß, wenn der Schild nicht ganz fest sitzt, dieser mit Schwung dem Pferd in die Seiten oder in den Rücken schlägt, wodurch das Tier nun doch leicht scheu werden kann. Am günstigsten ist es natürlich, wenn der Reiter in der Lage ist, mit dem Schild in der Hand aufzuspringen, doch kann er sich dann mit der linken Hand nicht mehr in der Sattellage abstemmen, muß also höher springen. Das ist schwierig, doch hat es einer meiner Mitreiter erfolgreich praktiziert. Demnach müßte es gut trainierten römischen Kavalleristen auch möglich gewesen sein.

Wir übten das Aufsitzen und den Waffengebrauch am Holzpferd, bevor wir die Reittiere selbst mit unseren Versuchen traktierten. Das war bei der Kavallerie zu allen Zeiten üblich und wird uns von Vegetius auch für die römische Armee bestätigt: „Nicht nur Rekruten, auch die diensttuenden Soldaten wurden strikt dazu angehalten, das Aufspringen zu üben, eine Praxis, die sich bis in die Gegenwart gehalten hat [Vegetius schreibt im 4. Jahrhundert n. Chr.], wenn sie auch vernachlässigt wird. Man stellte Holzpferde auf, im Winter in der Halle, im Sommer auf dem Exerzierplatz, auf die die jungen Soldaten aufsitzen mußten, zuerst ohne Waffen und Rüstung, um die Technik zu erlernen, dann in voller Ausrüstung. Sie übten mit solchem Eifer, daß sie es schließlich gleichermaßen beherrschten, von links wie von rechts aufzuspringen, das gezogene Schwert oder die Lanze in der Hand. Man exerzierte das fortwährend, damit die im Frieden Geübten im Gewühl der Schlacht keine Schwierigkeiten beim raschen Aufsitzen hatten." (Vegetius, *Epitoma rei militaris*, I,18.).

Abb. 104–106 Aufsitzen mit Hilfe der Lanze. Die drei Bilder zeigen in drei Momenten das Aufspringen auf den mit einem Hörnchensattel aufgesattelten Hengst Incitatus (Stockmaß 142 cm), wobei die rechte Hand sich mit der Lanze abstützt. ▷

Abb. 107 Absitzen ohne Steigbügel. Beim Absitzen nach rechts wird das linke Bein über den Pferdehals gebracht, dann gleitet man mit dem Rücken zum Pferd herab.

Abb. 108, 109 Aufsitzen unter Hochhebeln am linken vorderen Sattelhörnchen. Mit der Linken stemmt man sich in der Sattellage ab.

Es ist auf jeden Fall zweckmäßig, den von Xenophon empfohlenen „Spaltsitz" mit möglichst senkrecht stehenden Ober- und lose hängenden Unterschenkeln einzunehmen. Bei längerer Praxis gewöhnt man sich bis zu einem erheblichen Grade an das Reiten mit hängenden Beinen, trotzdem wird nach einigen Stunden der Wunsch nach Abhilfe auch beim abgehärtetsten Reiter übermächtig. Man kann die Beine abwechselnd überschlagen, ein Ausweg, dem gerade der römische Hörnchensattel sehr entgegenkommt, der dann fast die Funktion eines neuzeitlichen Damensattels übernimmt, oder man sitzt ab und führt sein Pferd eine Weile. Einfache Schlaufen, wie man sie als Aufstiegshilfen eventuell benutzt hat, können bei Distanzritten auch als Steigbügelersatz gedient haben. Man braucht nur auf jeder Seite zwei der Riemen, die unterhalb der Vorderhörnchen am Römersattel angebracht sind, zusammenzubinden, und schon ist eine geeignete Schlaufe geschaffen. Der Gedanke drängt sich geradezu auf, man kann sich kaum vorstellen, daß römische Kavalleristen nicht auch darauf verfallen sein sollen. Allerdings darf man sich nur bei risikolosem Reiten im Schritt dieses Hilfsmittels bedienen, denn im Falle eines Sturzes bleibt man in einer elastischen Schlaufe geradezu unvermeidlich hängen. Auch sind die Riemen nicht stabil genug, um heftigen und ruckartigen Belastungen auf Dauer gewachsen zu sein. Eine merkwürdige Erfahrung war es, daß, entgegen den Erwartungen, das steigbügellose Reiten nur im Schritt zu Beschwerden in den Hüftgelenken und an den Sehnen zwischen den Beinen führte, während selbst mehrere Kilometer lange Trabpassagen problemlos ohne Steigbügel oder Steigbügelersatz ausgesessen werden konnten und geradezu als Wohltat gegenüber dem Schritt empfunden wurden. Wir machten es uns bei dem langen Ritt von der holländischen Nordseeküste nach Aalen in Württemberg im Herbst 1990 zur Regel, nur Wegstrecken, die aufgrund der Bodenbeschaffenheit überwiegend in schnelleren Gangarten – gewöhnlich einem gemächlichen Trab von 10–12 km/h – geritten werden konnten, aufgesessen zurückzulegen, ansonsten aber abzusitzen und die Pferde zu Fuß zu führen. Man verliert dadurch keine Zeit, da ein Pferd im Schritt nicht schneller ist als ein Fußgänger, die Tiere regenerieren sich jedoch ohne die Belastung durch den gepanzerten und bewaffneten Reiter wesentlich besser, und auch für diesen ist aus den oben dargelegten Gründen ein Wechsel von Geh- und Reitpassagen ausgesprochen wohltuend. Der Anteil der zu Fuß marschierten Strecken an dem durchschnittlichen Tagespensum von 45 km betrug je nach Wege- und Bodenverhältnissen 10–50%, in der Regel waren es 12–15 km.

Als Hilfsmittel beim Aufsteigen und zum Entlasten der Beine und Hüften bietet der Steigbügel also unleugbare Vorteile. Diejenigen Historiker, die die These von den umwälzenden Folgen, die die Einführung des Steigbügels im frühen Mittelalter gehabt habe, vertreten, denken aber kaum an diese Gesichtspunkte, sondern haben fast ausschließlich die stabilisierende Wirkung im Auge, die der Steigbügel auf den Sitz des Reiters ausgeübt und aus diesem überhaupt erst einen effektiven Nahkämpfer gemacht habe. Das ist im wesentlichen unzutreffend. Der tiefe Sattel, nicht der Steigbügel ist das entscheidende Hilfsmittel im Gefechtsreiten. Selbst für den so gepriesenen Angriff mit eingelegter Lanze ist der Steigbügel nur von untergeordneter Bedeutung. Sieht man sich Abbildungen mittelalterlicher Ritter bei der Lanzenattacke an, wird man feststellen, daß sie stets die gestreckten Beine schräg nach vorne halten, also gerade entgegengesetzt als sie es tun müßten, wollten sie sich mit dem Steigbügel gegen *S. 143* die von vorn kommende Wucht des Aufpralls abstemmen. Der lehnenartig hochgezogene Hinterzwiesel ihres schweren Sattels ist es, der ihnen tatsächlich den erforderlichen Halt gibt. Auch für die seitliche Stabilität, die beim Angriff mit eingelegter Lanze kaum gefährdet wird, ist der Steigbügel weniger wichtig als der tiefe Sattel, das sichere Gleichgewichtsgefühl des

Kämpfers, das man sich durch steigbügelloses Reiten am schnellsten und besten aneignet, und der feste Griff, den Schenkel und Knie des Reiters auf die Seiten des Pferdes ausüben. Gerade letzterer wird, ebenso wie alle Schenkelhilfen, durch den Steigbügel erheblich behindert. In wirklich kritischen Situationen verliert man ohnehin häufig die Steigbügel oder man bleibt, was weit schlimmer ist und schon vielen Leben oder Gesundheit gekostet hat, in ihnen hängen. Die Sioux und andere Prärieindianer, die auf Märschen durchaus Sättel und Steigbügel benutzten, legten sie ab, wenn gejagt oder gekämpft wurde, um sich völlig frei bewegen zu können. Die meisten neuzeitlichen Kavallerievorschriften sahen vor, den Rekruten lange – manchmal bis zu einem halben Jahr – im sattellosen Reiten zu üben, bevor man den Gebrauch von Sattel und Steigbügeln erlaubte. So heißt es im ersten preußischen Husarenreglement (1743): „Die neuen Leute müssen die Officiers sehr oft auf den bloßen Pferden und mit der Trense reiten lassen, damit sie fest sitzen lernen und einen Schluß zu Pferde bekommen."

Am angenehmsten und schönsten ist das Reiten ohne Steigbügel und ohne Sattel. Eine Satteldecke sollte allerdings sein, um den Pferdeschweiß abzuhalten. Schon der Hörnchensattel bedeutet eine unangenehme Beeinträchtigung der Bewegungsfreiheit. Während des Marsches besteht der einzige Vorteil eines Sattels darin, daß man viel Gepäck an ihm festbinden kann. Beim Gefechtsreiten erhöhen die Hörnchen allerdings erheblich die Stabilität des Sitzes. Der Schwung der scharfen und plötzlichen Wendungen und die Gewalt der ausgeteilten wie der erhaltenen Stöße und Schläge würden den durch das Gewicht der Rüstung etwas kopflastigen Reiter ohne diese Hilfe doch immer wieder einmal das Gleichgewicht verlieren und vom Pferd kippen lassen. Zwar kann ein sehr gut geübter Reiter auch ohne Sattel ziemlich stabil auf dem Pferde sitzen und von seinen Waffen energischen Gebrauch machen, doch wenn er auf einen Gegner stößt, der sich dieses Hilfsmittels bedient, wird er, gleiches reiterliches Geschick bei beiden vorausgesetzt, entscheidend im Nachteil sein. Der Steigbügel würde die Verteilung der Chancen dagegen weit weniger beeinflussen. Wenn ich mit eingelegter Lanze auf einen anderen Reiter losgehen sollte und einer von uns beiden müßte mit tiefem Sattel ohne Steigbügel, der andere mit flachem modernem Sattel, aber mit Steigbügeln antreten, gäbe es für mich gar keinen Zweifel, daß ich mich für das erste entscheiden würde.

Der eine Vorteil, den der Steigbügel im Kampf gewährt, besteht darin, daß der Reiter sich bei Bedarf in den Bügeln aufrichten kann. Das erleichtert es ihm, sich zum Hauen, Stoßen oder Bogenschießen nach den Seiten oder nach hinten zu drehen. Dies ist zwar ohne Steigbügel bis zu einem gewissen Grade auch möglich, erfordert aber mehr Kraft und Geschmeidigkeit in der Hüftpartie. Zum anderen kann man sich bei den im Nahkampf erforderlichen schnellen und engen Wendungen auf den inneren Bügel stellen und so bequem im Gleichgewicht bleiben, während sich der steigbügellose Reiter mit den Schenkeln anklammern und sich durch Druck des äußeren Oberschenkels gegen das Vorderhörnchen des Sattels (falls vorhanden) ausbalancieren muß, was ebenfalls auf Dauer recht anstrengend ist.

Die vorschriftsmäßige Haltung des Reiters wird von Xenophon folgendermaßen beschrieben: „Wenn der Reiter nun sitzt, gleichgültig ob auf dem blanken Pferderücken oder auf der Satteldecke, dann finden wir es nicht gut, wenn er eine Haltung wie auf einem Stuhle sitzend zeigte, sondern eine solche, als stünde er aufrecht mit gespreizten Beinen. So hat er nämlich mit den Oberschenkeln mehr Halt am Pferd und kann, wenn es nötig wird, mit größerer Wucht vom Pferd herab den Speer schleudern oder mit dem Schwert zuhauen. Unterschenkel und Fuß aber sollen vom Knie abwärts locker herabhängen; hielte man sie nämlich starr, würden sie bei jedem Anprall beschädigt werden." (Περὶ ἱππικῆς VII.5,6)

Bd. I, Titelbild, Abb. 21, 23, 177, 179, 196, 205, Bd. III, Abb. 54

Der Sitz mit lose herabhängenden Unterschenkeln ist auf zahllosen griechischen und römischen Bildwerken zu sehen. Die Fußspitzen zeigen dabei leicht nach unten. Ann Hyland (*Equus*) glaubt allerdings, man müsse beim steigbügellosen Reiten die Fersen möglichst tief und die Fußspitzen dementsprechend hoch halten, um bei heftiger Aktion tief im Sattel zu sitzen. Die dieser Annahme durchwegs widersprechenden bildlichen Darstellungen hält sie für „artistic convention" (Legende zu Tafel 7). Es ist mir schleierhaft, wie sie zu dieser Ansicht gekommen ist. Die von ihr empfohlene Haltung nimmt der Fuß allenfalls für kurze Augenblicke ein, wenn man etwa das Pferd mit dem Sporn antreiben will, ansonsten ist sie ebenso unnatürlich wie unnötig und kann auch nicht längere Zeit durchgehalten werden. Die von Xenophon beschriebene, dem in der modernen Reitkunst verschrienen „Spaltsitz" ähnelnde, fast senkrechte Stellung der Oberschenkel ist bei steigbügellosem Reiten die zweifellos zweckmäßigste und angenehmste. Sie verleiht dem Reiter auch den erforderlichen „tiefen Sitz". Der in den Reglements des 17. und 18. Jahrhunderts vorgeschriebene Sitz ähnelte noch stark dem des antiken Reiters. So heißt es in einem Befehl des großen preußischen Kavalleriegenerals Friedrich Wilhelm von Seydlitz aus dem Jahre 1766: „Da ich wahrnehme, daß schon wieder viele Leute zu kurz reiten, so muß durchgängig darauf gesehen werden, daß die Bügel so lang sind, daß die Leute auf dem Sattel nicht wie auf einem Polsterstuhl sitzen, sondern die Füße beinahe gerade herunter haben." Im Normalfall wird der Oberschenkel mit einer leichten Schräghaltung nach vorne unten angelegt, doch sollte diese möglichst schwach ausgeprägt sein. Da das Bein vom Knie abwärts senkrecht hängt, ergibt sich eine geringfügige Anwinklung. Dies ist der Sitz auf schreitendem, verhalten trabendem und gemäßigt galoppierendem Pferd. Bei scharfem Trab empfiehlt es sich dagegen, die Beine durchzustrecken und dadurch eine starke Anspannung der Oberschenkelmuskulatur im Schritt zu erzeugen, die es erleichtert, die Stöße des Pferderückens abzufangen. Glücklicherweise steht das sogenannte leichte oder englische Traben, das selbst der würdevollsten aller Fortbewegungsarten einen Hauch des Komischen zu verleihen vermag, gar nicht zur Debatte, da es ohne Steigbügel nicht durchzuführen ist. Man darf in der Fähigkeit zum Leichttraben übrigens kein historisches Verdienst des Steigbügels erblicken, denn auch mit lang gestellten Steigbügeln konnte man nicht in dieser Weise reiten, und noch im späten 19. Jahrhundert machten sich viele Kavallerieoffiziere über Kameraden lustig, die dieser neuen Mode huldigten.

Bd. I, Abb. 154, 159, 160, 164, 165, 167, 173, 186–188, Bd. II, Abb. 55, 76, 88 Bd. III, Abb. 84, 112, 113, 117, 123 124, 134–136, 157

Wer an das Reiten ohne Steigbügel nicht gewöhnt ist, der tendiert dazu, die Beine stark anzuwinkeln und sich mit den Unterschenkeln festzuklammern. Das ist natürlich das Falscheste, was man tun kann, denn dann wird sich das Pferd sofort in schnellste Gangart setzen und in dieser verbleiben, solange der Klammersitz beibehalten wird. Nun sehen wir auf zahlreichen Skulpturen tatsächlich den Reiter die Beine mit stark zurückgenommenen Fersen anwinkeln, vornehmlich den rechten Unterschenkel. Das hängt damit zusammen, daß diese Reiter eben in scharfem Galopp oder in der Levade abgebildet sind, wobei diese Beinhaltung angebracht ist, und daß sie meist auch mit der Lanze zu Stoß oder Wurf ausholen. Um hierbei die größtmögliche Wucht zu entwickeln, richtet man sich in den Oberschenkeln auf und bringt den Unterschenkel auf der dem Ziel abgewandten Seite nach hinten, um ein Gegengewicht zur ruckartigen Kraftentladung zu schaffen. Bei einem beidhändig geführten Stoß nach vorne, wie er etwa mit dem *contus* ausgeführt wird, biegt man beide Unterschenkel zurück.

Der Oberkörper wird in allen Gangarten leicht zurückgenommen und gerade, aber flexibel getragen. Die zügelführende linke Hand sollte möglichst tief und ruhig gehalten werden. Reitet man nach links, legt man den Zügel locker an der Außenseite des Halses – also rechts – an,

Abb. 112, 113 Der Schockangriff mit der beidhändig geführten langen Stoßlanze (*contus*) auf sassanidischen Reliefs des 3. Jahrhunderts n. Chr. Auf dem oberen, das sich in Firuzabad (Iran) befindet, stößt Prinz Schapur den parthischen Großvesir vom Pferd. Beide Männer sind gänzlich in Ketten- und Segmentpanzer gehüllt und haben Köcher an der Hüfte. Schapurs Pferd trägt eine wohl aus dickem Filz gefertigte, reich dekorierte Schutzdecke. Das untere Relief aus Naqsch-i-Rustam (Iran) zeigt einen von einem Standartenträger gefolgten sassanidischen Fürsten im Angriff auf einen Gegner, dessen Lanze beim Aufprall gebrochen ist. Die sehr bulligen Pferde scheinen nicht gepanzert zu sein. Zeichnungen Nikolaus Grohmann nach Georgina Herrmann 1989, Fig. 2a, Plate IIb, Plate IVb.

ohne zu ziehen, verlagert das Gewicht nach links und treibt mit dem Außenschenkel, dem rechten also. Rechts herum verläuft die Sache gerade umgekehrt. Das Pferd wird nicht, wie in der englischen Schule, um den angelegten Innenschenkel „gedreht", denn dies ergäbe bei schnelleren Gangarten einen ganz instabilen Sitz. Man sollte soviel wie möglich mit Gewichts- und Schenkelhilfen, so wenig wie möglich mit Zügelhilfen wirken. Der Gebrauch des Schildes reduziert die Möglichkeit, mit dem Zügel zu arbeiten, ohnehin auf ein Minimum, ebenso das Bogenschießen zu Pferde oder das Stoßen mit der beidhändig geführten Lanze. Gewichtshilfen kommen beim Reiten ohne festen Sattel viel besser zum Pferd „durch", als wenn das Gesäß durch einen Sattelbaum vom Rücken des Tieres getrennt wird.

Bd. II, Abb. 10, Bd. III, Abb. 107, 114

Das Absteigen erfolgte im Altertum auch ganz anders als heutzutage. Man schwingt nicht ein Bein rückwärts über die Hinterhand des Pferdes, sondern sitzt vornüber ab. Wird das Schwert rechts getragen, bringt man den linken Fuß über den Hals des Pferdes nach rechts und gleitet aus dem Sattel. Diese Methode ist auf mehreren antiken Abbildungen zu sehen, und sie ist auch die natürlichste für den steigbügellosen Reiter. Ein weiterer Vorteil ist, daß der Mann sofort kampfbereit, das Gesicht dem Gegner zugewandt, auf dem Boden aufkommt. Man muß sich dabei kräftig aus dem Sattel schnellen, um nicht an einem Hörnchen hängen zu bleiben. Deshalb glaubt Connolly, die Römer hätten sich an einem Vorderhörnchen hochgestemmt

Abb. 114 Absitzender etruskischer Reiter. Fresko in der *Tomba dei leopardi* in Tarquinia, 5. Jahrhundert v. Chr. Der mit einem Speer bewaffnete junge Mann hat sein linkes Bein über den Hals des Pferdes geschwungen und gleitet an der rechten Seite herab. Zeichnung Gudrun Pfrogner nach Andreas Alföldi, *Die Herrschaft der Reiterei in Griechenland und Rom nach dem Sturz der Könige*, S. 69.

und rückwärts aus dem Sattel katalpultiert. Hierfür gibt es keinerlei Beleg, auch ist es einem bewaffneten Mann oft unmöglich, eine Hand für diese Prozedur freizuhaben.

Ein Kunstreiten im Sinne unserer Dressur oder unserer Hohen Schule gab es weder im Altertum noch im Mittelalter. Wohl kannte man verschiedene Paradekunststücke wie Levade, Courbette oder Passage, die manchen Pferden beigebracht wurden und ihren Wert erhöhten, doch machte man kein System daraus und hielt auch keine einschlägigen Wettbewerbe ab. An Reisepferden wurde es geschätzt, wenn sie den bequemen Paßgang gelernt hatten.

Freilich stellt schon die Ausbildung eines guten Kampfpferdes einen hohen Akt der Dressur dar. Das Pferd muß auf kleinste Hilfen des Reiters schnell und sicher reagieren. Hinzu kommt, daß es gegen die erschreckenden Eindrücke auf dem Schlachtfeld abgehärtet und an Dinge gewöhnt werden muß, die den natürlichen Instinkten des Pferdes völlig entgegengesetzt sind. Besonders der Angriff auf geschlossenes Fußvolk erfordert vom Pferd ein hohes Maß an Selbstüberwindung. Daß es im Laufe der Kriegsgeschichte der Kavallerie nur sehr selten gelungen ist, eine intakte Infanteriefront niederzureiten, ist eine bekannte Tatsache. Dabei spielte es überhaupt keine Rolle, ob der Reiter über Steigbügel verfügte oder nicht. Sehr anschaulich heißt es im Bericht eines britischen Augenzeugen der Schlacht bei Waterloo im Jahre 1815: „Die Pferde des ersten Gliedes der Kürassiere kamen zitternd und schaumbedeckt trotz allen Bemühungen ihrer Reiter etwa 20 m von unserem Carré entfernt zum Stehen und widersetzten sich allen Versuchen, sie zu zwingen, die Linie aus massiertem Stahl anzugreifen.“ (Ensign Gronow von den 1st Foot Guards, Antony Brett-James, *The Hundred Days. Napoleon's Last Campaign in Eyewitness Accounts*, London 1964, S.135f.)

Theoretisch mußte der geschlossene Aufprall selbst einer recht bescheidenen Anzahl von Reitern jede Infanterieformation zersprengen. Schon ein relativ kleines und leichtes Pferd, wie es von der römischen Kavallerie geritten wurde, wiegt zusammen mit seinem gepanzerten Reiter 5–600 kg. Trifft es in einem mittelschnellen Galopp von 40 km/h (11 m/s) auf den Feind, verwandelt es sich in ein Geschoß mit einer kinetischen Energie von etwa 35 000 Joule. Ist die Front erst einmal zerrissen, ist ein Reiter, der ein gut ausgebildetes Pferd energisch einzusetzen weiß, dem Fußkämpfer ohnehin weit überlegen. So bemerkt ein anderer Veteran der napoleonischen Kriege: „Es giebt sehr viele Beispiele, daß die Reuterei vor den Infanterie-Massen umgekehrt ist, oder, neben ihnen vorbeischiebend, großen Verlust [durch das Gewehrfeuer] erlitten hat, aber nur wenige, daß sie wirklich mit gehöriger Ordnung und Energie hineingeritten und dann von den Bajonetten niedergestoßen worden wäre. Wenn es wirklich zum Handgemenge kommt, hat ein Reuter im dichtesten Gedränge schon durch die Kraft seines Pferdes unbezweifelt großen Vortheil gegen mehrere Infanteristen. – Scheu gewordene Pferde und Reuter haben dies öfters zu ihrer Schmach bewiesen, und manche Reuterschaar würde sich mit Ruhm bedeckt haben, wenn sie mit derselben Vehemenz den Feind attakiert hätte, mit der sie fliehend alles überritt, was ihr im Wege stand.“ (Anonymer Autor, *Nachrichten und Betrachtungen über die Thaten und Schicksale der Reuterei in den Feldzügen Friedrichs II. und in denen neuerer Zeit*, Bd. II, Berlin und Posen 1824, S. 390 Fußnote)

Nun ist es recht schwierig, die Pferde auf die direkte Konfrontation mit geschlossenem Fußvolk vorzubereiten. Selten stehen Infanteristen als Ausbildungspartner zur Verfügung, und selbst dann, wenn diese Voraussetzung erfüllt ist, können die Verhältnisse eines scharfen Einsatzes nicht mit absolutem Realismus hergestellt werden. Entweder scheuen die Pferde, dann ist das Ausbildungsziel nicht erreicht, oder sie scheuen nicht und brechen in die Infanterie ein, dann ist das Ausbildungsziel zwar erreicht, aber die Partner zu Fuß müssen mit mehr

Bd. II, Abb. 68 Bd. III, Abb. 133, 134, 141

oder weniger schweren Blessuren rechnen. Trotz diesen Einschränkungen haben sich die Attackenversuche, die wir bei verschiedenen Gelegenheiten gegen „römisches" Fußvolk unternommen haben, als recht aufschlußreich erwiesen. Zunächst reagierten die Pferde, wie erwartet, mit Angst und Schrecken, der Anblick der Mauer von großen Schilden, hinter denen Männer in blitzenden Rüstungen standen, war ungewohnt und signalisierte Gefahr. Das Verhalten der einzelnen Pferde war dabei unterschiedlich. Pegasus wurde etwa 20 Meter vor der Infanteriefront langsamer, 10 Meter weiter blieb er ganz stehen, auf heftiges Treiben hin entwickelte er dann zwar wieder eine beträchtliche Geschwindigkeit, aber rückwärts (ohne Wendung!). Pius behielt meist sein Tempo bei, bog aber spätestens 10 Meter vor dem Ziel unaufhaltsam nach rechts oder links und galoppierte am Ziel vorbei. Incitatus bewegte sich zwar direkt auf die kleine Phalanx zu, blieb aber 5 Meter vor ihr ziemlich abrupt stehen und reagierte auf Versuche, ihn vorwärtszutreiben, indem er stieg und dann zu einer blitzartigen Wendung ansetzte, die man zwar mit dem Zügel verhindern konnte, woraufhin er jedoch erneut zu steigen pflegte.

Ziel der Ausbildung war es nun, die Pferde gewissermaßen betrügerischerweise davon zu überzeugen, daß eine solche Schildmauer etwas ganz Harmloses sei, und so den völlig richtigen Gefahreninstinkt des Tieres zu betäuben. Die Pferde wurden immer wieder neben aufgestellten Schilden gefüttert und spielerisch mit ihnen traktiert, bis sie diese Requisiten problemlos tolerierten. Dann versuchten wir wieder, einzeln oder in Linie langsam und ruhig auf eine geschlossene Front loszureiten und die Pferde bis zum Körperkontakt an die Infanteristen heranzuführen, notfalls abgesessen. Das Fußvolk mußte sich dabei völlig passiv verhalten und den in die Front drückenden Pferden widerstandslos Platz machen, um die Tiere nicht in ihrem Mißtrauen zu bestärken. Bei jedem Erfolg wurden die Pferde natürlich gelobt und gefüttert. Nachdem ein gewisser Gewöhnungseffekt zu beobachten war, wurden diese Übungen in schnellerer Gangart und rasch hintereinander von verschiedenen Seiten durchgeführt.

Der nächste Schritt bestand darin, die Pferde nach dem optischen Schrecken einer Attacke auch an den akustischen zu gewöhnen. Tiere, die bereits problemlos dazu gebracht werden konnten, in eine stumm wartende Schildmauer einzubrechen, reagierten mit Panik, wenn die Fußkämpfer plötzlich ein wüstes Gebrüll erhoben und mit ihren Waffen auf die Schilde schlugen. Auch hier empfahl es sich, das Pferd regelmäßig und unter angenehmeren Begleitumständen derartigen Geräuschen auszusetzten und es dann wieder im geschlossenen Einsatz zu versuchen, zuerst langsam, dann schneller.

Nachdem die Tiere auch diese Lektion gelernt hatten, galt es, sie darauf vorzubereiten, daß der Gegner aktiven Widerstand leisten, vielleicht sogar zum Gegenangriff vorbrechen würde. Eine einschlägige Erfahrung machten wir ganz unerwartet bei unserem Limesritt im Juli 1988. Als wir mit fünf Pferden nichtsahnend auf einem Waldweg im Taunus dahinritten, wurden wir hinter einer Wegkrümmung plötzlich aus dem Gebüsch heraus von einer als Germanen verkleideten Gruppe mit ohrenbetäubendem Geschrei angefallen. Ich war mit Pegasus an der Spitze, der Hengst blieb völlig ruhig, und ich konnte sogleich den „Kampf" aufnehmen. Als ich mich umdrehte, mußte ich jedoch erkennen, daß von den anderen Reitern weit und breit nichts mehr zu sehen war, weil ihre Pferde in panischer Flucht kehrtgemacht hatten und davongejagt waren. Ähnlich erging es uns, als bei unseren Attackenübungen die Infanterie, statt passiv auf uns zu warten, plötzlich den angaloppierenden Pferden mit Geschrei entgegenstürmte. Sämtliche Tiere machten auf der Stelle kehrt und konnten erst nach 10–20 Metern wieder unter Kontrolle gebracht werden. Immer neue Versuche gewöhnten die Pferde schließlich auch an diesen Schock.

Erstaunlich leicht wurden die Pferde mit dem Speerhagel fertig, den ihnen das Fußvolk als nächstes entgegenschleuderte. Zwar gab es zunächst einige panische Reaktionen, wenn ein Tier von einem stumpfen Speer überraschend getroffen wurde, aber in der Regel ignorierten sie die herumfliegenden Geschosse und nahmen auch Volltreffer stoisch hin. Mittlerweile sind einige von unseren Pferden so weit, daß sie unmittelbar vor dem Aufprall zurückgehalten werden müssen, um die Sache für die Infanterie nicht zu gefährlich werden zu lassen. Natürlich spielt auch die wachsende Erfahrung des Reiters eine Rolle. Ein Pferd, das unter einem energischen und aggressiven Reiter, der den Einbruch ernsthaft will und die entsprechenden Hilfen im rechten Augenblick zu geben weiß, die Attacke tatsächlich ausführt, wird unter einem anderen Reiter, der dieser Eigenschaften entbehrt, den Angriff verweigern.

Man kann daraus den Schluß ziehen, daß durch geduldiges Üben unter möglichst realistischen Bedingungen einigermaßen geeignete Pferde dazu gebracht werden können, nicht nur einzelne Menschen – das ist kein großes Problem –, sondern auch geschlossene Fronten niederzurennen. Daß dies in der Kriegsgeschichte so selten gelungen ist, hängt wohl vor allem damit zusammen, daß in der Regel ein Großteil der beteiligten Pferde eine solche Ausbildung nicht oder nur in unzureichendem Maße erhalten hatte. Selbst wenn eine Einheit mit ausnahmslos entsprechend trainierten Pferden in den Krieg zog, was schon selten genug der Fall gewesen sein dürfte, dauerte es nicht lange, daß durch alle möglichen Arten von Verlusten Lücken in diesem Bestand auftraten, die mit ungenügend ausgebildetem Ersatz aufgefüllt werden mußten. So besaßen die Kavallerieeinheiten unter Kriegsbedingungen schon bald ein qualitativ sehr uneinheitlich zusammengesetztes Pferdematerial, für die Reiter galt meist ähnliches. Versucht nun eine solche Einheit, eine Schockattacke auszuführen, wird ein Teil der Pferde angesichts einer geschlossenen Infanteriefront fast unweigerlich versagen, indem sie langsamer werden, stehenbleiben, umdrehen, seitlich ausreißen, sich am Ziel vorbeidrücken, steigen oder durchgehen. Schon ein recht kleiner Prozentsatz von sich derartig verhaltenden Pferden reicht aus, um die Formation durcheinanderzubringen, die anderen Pferde zu behindern und womöglich anzustecken. Hierin lag ein wesentlicher Grund für die Bildung tiefer Formationen. Die bestausgebildeten Pferde mit den erfahrensten Reitern bildeten das erste *Bd. II, S.133*
Glied, vom Rest hoffte man, er würde im blinden Herdentrieb hinterherrennen. *Abb. 73–75*

Ist ein Pferd erst einmal daran gewöhnt, geschlossenes Fußvolk zu attackieren, bereitet es nur mehr geringe Probleme, es zu einem im Einzelgefecht flexibel einzusetzenden Kampfmittel zu machen, denn vor einzelnen Infanteristen empfinden die meisten Pferde wenig Scheu. Entscheidend ist, daß der Reiter sein Pferd ständig und in einer für seinen Gegner nicht berechenbaren Weise in möglichst schneller Bewegung hält. Läßt sich der Reiter auf stehendem Pferd in einen Kampf mit Fußvolk ein, zieht er gewöhnlich den kürzeren, da das leicht verwundbare Tier dann nur eine Behinderung für ihn darstellt. Das fortwährende Wenden und Angaloppieren nach allen Seiten erfordert natürlich sehr energische Hilfen durch den Reiter, vor allem mit den Schenkeln. Verbunden mit dem Waffengebrauch macht dies das Gefechtsreiten zu einer überaus anstrengenden Angelegenheit.

Die meisten Pferde, besonders die Hengste, sind relativ leicht dazu zu bewegen, auf ein anderes Pferd aufzuprallen, die Attacken von Kavallerie auf ihresgleichen waren also nicht mit solchen Schwierigkeiten verbunden wie die auf geschlossenes Fußvolk. Hauptsorge des Reiters ist es dabei eher, seine Knie und Schienbeine vor allzu heftigen Kollisionen zu bewahren.

Mit ungeeignetem Pferdematerial, Tieren, die stets in Ställen gehalten werden und wenig freien Kontakt mit Artgenossen haben, kann es hier allerdings auch Schwierigkeiten geben, vor allem wenn das gegnerische Pferd fremdartig aussehendes, klirrendes und blitzendes Geschirr trägt. So enden Versuche, Ritterturniere mit untrainierten Warmblütern zu veranstalten, mit denen sonst nur in der Halle oder auf dem Reitplatz Dressur- und Springreiten geübt werden, oft genug damit, daß die Pferde voreinander ausweichen und die Lanzen der „Ritter" ins Leere stoßen. Unsere Camarguepferde bereiteten dagegen in dieser Hinsicht von Anfang an fast gar keine Schwierigkeiten.

Ein besonderes Problem muß in einigen Schlachten der republikanischen Ära der Einsatz von Kriegselefanten dargestellt haben. Diese Tiere waren ja weniger dazu bestimmt, die feindliche Infanterie niederzutrampeln, als die Pferde der gegnerischen Kavallerie in Panik zu versetzten. Perseus von Makedonien ließ Elefantenatrappen bauen und mit Elefantendung bestreichen, um die Reittiere seiner Kavallerie auf diesen Schock vorzubereiten.

Feuer und Rauch sind für Pferde ein weiteres Schreckmittel. Erstaunlicherweise erwies es sich, verglichen mit den Attacken auf Fußvolk, als nicht allzu schwierig, unsere Camarguepferde dazu zu bringen, an größere Feuerstellen heranzugehen und sie sogar im Schritt zu durchqueren.

Natürlich kann auch ein allzu aggressives Verhalten des erregten Pferdes oder gar ein unkontrollierbares Durchgehen nach vorne einen Reiter im Gefecht in recht peinliche Situationen bringen. Sehr richtig schreibt Ann Hyland, es hätten „mehr Kavalleristen ihr Leben verloren, indem ihre Pferde in Panik gegen die feindlichen Reihen anrannten, als man vermutlich angenommen hat." (S. 79) Ein typisches Beispiel berichtet Tacitus aus der Schlacht am Mons Graupius, in der der Praefect Aulus Atticus den Tod fand, als ihn „sein wildes Roß mitten unter die Feinde trug". (*Agricola*, 37.6) Die sehr scharfe Zäumung hatte nicht zuletzt ihren Grund darin, daß dem Reiter eine „Notbremse" in die Hand gegeben werden sollte, um sein zur Unzeit lossprengendes Pferd in einer solchen Situtaion wieder rasch unter Kontrolle zu bringen.

Bd. II, S. 127f.

◁ Abb. 115, 116 Kampf mit Holzschwertern. Der Gebrauch des Schildes gewährt einen entscheidenen Vorteil gegenüber einem sich nicht dieser Waffe bedienenden Gegner, vorausgesetzt, man versteht es, gleichzeitig das Pferd sicher zu dirigieren. Die Aufnahmen entstanden in einem frühen Stadium unserer Übungen, als noch moderne Kandaren benutzt wurden.

Abb. 117 Kavallerist in Attacke. Relief vom Grabstein eines unbekannten Reiters, aus Köln, flavische Zeit. Wahrscheinlich w der Grabinhaber ein zur Garde des Provinzstatthalters abkommandierter Alenkavallerist. Die Skulptur gehört zu den künstleris gelungensten Ausführungen des „Reitersieger"-Grabsteins. Der mächtig gebaute Hengst trägt einen Hörnchensattel – die ober Teile der Hörner sind leider abgebrochen –, kurze Satteldecke und mit *phalerae* geschmücktes Riemenzeug. Der Reiter hebt c Lanze zum Stoß und hält den großen Ovalschild quergestellt dem imaginären Feind entgegen. An der rechten Seite hängt c *spatha*, das seitlich geschlitzte Kettenhemd mit Schulteraufdopplung, der Reiterhelm mit Lockenkalotte und die Kniehosen si deutlich wiedergegeben. Der Reiter stemmt sich mit angewinkeltem rechtem Bein ein, um seinem Lanzenstoß ein Höchstmaß Wucht zu verleihen. Köln, Römisch-Germanisches Museum.

KAPITEL II

Die Ausrüstung des römischen Kavalleristen

„Er befahl den tapfersten Männern seiner Kavallerie abzusitzen und formierte sie in drei Abteilungen gegenüber den Breschen. Von Kopf bis Fuß geschützt durch ihre Panzerung und mit gefällten Lanzen, waren sie die ersten, die in die Stadt eindrangen . . .“ So schildert Flavius Josephus (Jüdischer Krieg III.7,24) den entscheidenden Angriff der Römer unter Vespasian auf Jotapata. Wir sehen die Kavallerie hier, nicht zuletzt aufgrund ihrer hervorragenden Bewaffnung, als Elitetruppe den Sturm auf eine befestigte Stadt anführen, noch vor der Legionsinfanterie, die eigentlich für solche Aufgaben zuständig war. Und dieses Ereignis war durchaus kein Einzelfall. Sehr mit Recht stellt daher Mordechai Gichon fest (S. 297f.): „Liest man sich Josephus' Beschreibung des *Bellum Iudaicum* durch, ist man sich ganz und gar nicht sicher, wer in diesen Feldzügen die eigentliche Königin des Schlachtfeldes war, wer die Hauptlast der Kämpfe trug und wer die entscheidende Rolle spielte. Wie im Bildbericht der Traianssäule wurden die berittenen Truppen in den Bergen wie auf den Ebenen eingesetzt, im Wald ebenso wie im offenen Gelände. Ganz ähnlich den modernen Panzern, hatten sie sich zu einer oft entscheidenden Vielzweckwaffe entwickelt. Sie bildeten einen festen Bestandteil aller Kommandotruppen, die in diesem Krieg erwähnt werden, und arbeiten bewunderungswürdig mit allen anderen Truppen in einer Vielfalt taktischer Aufgaben zusammen. Wahrhaftig, die Kavallerie des späten 1. Jahrhunderts war die vielseitigste aller militärischen Gattungen.“

Die herausragende Rolle, die die Kavallerie als Elite- und Eingreiftruppe bei Flavius Josephus spielt, ist umso bemerkenswerter, als die geschilderten Vorgänge in die späten 60er Jahre des 1. Jahrhunderts n. Chr. fallen, also noch in die Blütezeit der schweren Legionsinfanterie. Für ihre vielfältigen Aufgaben mußten die berittenen Verbände natürlich entsprechend gerüstet sein. Das althergebrachte Bild, die Masse der römischen Kavallerie habe bis zur Einführung der Kataphrakteneinheiten aus leichtbewaffneten Plänklern bestanden, beruht auf dem bekannten Vorurteil gegenüber der steigbügellosen antiken Reiterei und auf einer Fehlinterpretation der Steindenkmäler.

In den folgenden Kapiteln sollen die Bewaffnung und Ausrüstung der römischen Reiterei in ihrer Entwicklung von der Königszeit bis in die späte Kaiserzeit skizziert werden. Von der Ausstattung des Pferdes wird an dieser Stelle nur die Panzerung diskutiert, da Sattel, Trense etc. schon in den Kapiteln über das Pferdegeschirr im allgemeinen besprochen worden sind. Die Bestandteile der sogenannten Paraderüstung bleiben gleichfalls unberücksichtigt, da ich sie im 2. Band dieses Werkes behandelt habe.

Bd. II, S. 164–174

METHODEN DER REKONSTRUKTION

Wenn wir die römische Kavallerieausrüstung rekonstruieren wollen, müssen wir, wie beim Reitzubehör, auf drei verschiedene Arten von Quellen zurückgreifen, auf schriftliche Zeugnisse, bildliche Darstellungen und erhaltene Originalstücke.

Ausschlaggebend sind stets die Originalstücke, soweit sie klar identifizierbar sind. Da es sich durchwegs um Bodenfunde handelt, ist der Erhaltungszustand in der Mehrzahl der Fälle recht schlecht. Am häufigsten sind Gegenstände aus Metall auf uns gekommen, wobei Bronze, Kupfer und Messing (die sogenannte römische Bronze steht dem Messing oft näher als wirklicher Bronze) besser zu überdauern pflegen als Eisen. Objekte aus organischem Material wie Holz, Bein, Leder, Leinen und Wolle haben sich nur unter besonders günstigen Bedingungen erhalten, am häufigsten noch Leder und Bein.

Grabfunde, die aus vorgeschichtlicher Zeit und auch aus dem frühen Mittelalter die häufigsten Lieferanten von Waffen sind, kommen bei den Römern nur in der frühen Königszeit in nennenswerter Zahl vor, da vom 6. Jahrhundert v. Chr. an der Brauch der Waffenbeigabe in Italien fast nur mehr in Randgebieten des römischen Machtbereichs bis ins 4. Jahrhundert v. Chr., später noch von einigen halbromanisierten Provinzialen gepflegt wurde. Selbst aus dem 8. und 7. Jahrhundert v. Chr. sind die Waffenfunde in Rom und Latium, verglichen etwa mit Etrurien, recht bescheiden, was mit der Metallarmut jener Gegenden zusammenhängen mag. Den bemerkenswertesten Fund auf stadtrömischem Gebiet stellt das Grab eines Streitwagenkämpfers auf dem Esquilin (Grab 94) dar, das ins frühe 7. Jahrhundert v. Chr. zu datieren sein dürfte. Es enthielt einen bronzenen Krempenhelm, Fragmente eines bronzenen Rundschildes und einer rechteckigen bronzenen Brustschutzplatte, eine eiserne Lanzenspitze und Teile eines zweirädrigen Wagens. Alle Stücke weisen starke Ähnlichkeit mit gleichzeitigen Funden aus Etrurien auf. In Latium wurde eine Reihe weiterer Gräber von Streitwagenkriegern des 7. Jahrhunderts entdeckt, so in Pratica di Mare (*Lavinium*, sog. Heroon des Aeneas), Velletri, Caracupa und Castel di Decima. Ab der späten Königszeit finden wir Waffenbeigaben in einiger Fülle nur mehr in Etrurien, Campanien und Apulien, doch bricht auch in diesen Gebieten mit der römischen Machtübernahme im Laufe des 4. und frühen 3. Jahrhunderts v. Chr. der Brauch fast völlig ab. Aus der Kaiserzeit ist allerdings im Barbaricum, wohin die Stücke als Beute, als Handelsgut oder als Eigentum von Söldnern und Verbündeten gelangten, eine sehr bedeutende Menge von römischen Waffen der Limeszeit aufgetaucht (Grab- und vor allem Moorfunde). Bei den Ausgrabungen in Castellen stößt man regelmäßig auf Streufunde von verlorenen und Abfalldepots von weggeworfenen Ausrüstungsteilen, meist zweitrangigen, weniger wertvollen Stücken, da man auf die Hauptobjekte wie Helme oder Schwerter gut aufzupassen pflegte und sie nur fortwarf, wenn sie völlig unbrauchbar geworden waren. Hortfunde von absichtlich vergrabenen Gegenständen enthalten dagegen meist kostbarere Stücke, da man sie ja auf diese Weise in Krisenzeiten in Sicherheit hatte bringen wollen. Das erklärt beispielsweise, weshalb im Limesgebiet das 3. Jahrhundert n. Chr., in das die großen Einbrüche der Alamannen fallen, ungleich besser mit Waffenfunden vertreten ist als das ruhige 2. Jahrhundert. Bei der Mehrzahl der Depots von Metallgegenständen handelt es sich jedoch um „Alteisen“, das zum Einschmelzen oder zu einer anderen Form der Weiterverwertung gesammelt und dann bei der Aufgabe eines Lagers zurückgelassen worden war.

Sieht man von den zahlreichen im Barbaricum (Nord- und Ostdeutschland, Skandinavien, Polen, Tschechoslowakei) gefundenen Stücken ab, die überwiegend als Handels-, teilweise auch als Beutegut dorthin gekommen sein dürften, stammen fast alle ausgegrabenen Waffen- und Ausrüstungsteile aus den westlichen Provinzen des Imperiums, vor allem den Grenzgebieten von Britannien bis zum Schwarzen Meer. Aus den asiatischen und afrikanischen Provinzen ist mit Ausnahme der spektakulären, zum größten Teil aber seit Jahrzehnten unpublizierten Funde aus Dura-Europos in Syrien sehr wenig bekannt geworden. Das dokumentiert natürlich nur den sehr viel schlechteren Forschungsstand in jenen Ländern. Die günstigen klimatischen Bedingungen lassen gerade hier noch viele Entdeckungen erhoffen.

Ganz schlecht sieht es, was Originalstücke anbetrifft, mit der republikanischen Ära aus. Für die ganze Zeit von den Punischen Kriegen bis zu denen Caesars mit ihren gewaltigen Feldzügen und Schlachten gibt es nicht mehr als einige wenige Helme und Speerspitzen als archäologische Zeugen, eindeutig mit der Kavallerie in Verbindung zu bringende Objekte fehlen ganz, seitdem die Tradition der oskisch-campanischen und apulischen Waffengräber im späten 4. Jahrhundert v. Chr. abgebrochen ist. Die dingliche Überlieferung spezifisch römischer Reiterausrüstungen setzt erst mit dem Fundgut aus dem 1. Jahrhundert n. Chr. ein.

Auch die Bildquellen bleiben die ganze republikanische Ära über äußerst dürftig, wobei bemerkenswert ist, daß die Reiterei auf den wenigen erhaltenen Soldatendarstellungen aus dem 6. bis 1. Jahrhundert v. Chr. einen unverhältnismäßig hohen Anteil der Abgebildeten stellt. Weitaus am besten vertreten sind mit Bildwerken das 1. und das frühe 2. Jahrhundert n. Chr., vor allem die Zeit von Claudius bis Traian. Das liegt in erster Linie an den zahlreichen Reitergrabsteinen, die in der frühen Kaiserzeit einsetzen und unter Traian, jedenfalls im Westen des Reiches, ziemlich jählings abbrechen und erst hundert Jahre später in veränderter und schlichterer Form wieder auftauchen. Während die frühkaiserzeitlichen Reitergrabsteine, im Gegensatz zu denen der Infanterie, den Verstorbenen fast immer in voller Kampfausrüstung zeigen, gewöhnlich im Typus des Reitersiegers, führen uns die späteren, zumeist dem 3. Jahrhundert entstammenden Reliefs den Grabinhaber unter Angleichung an die anderen Waffengattungen gewöhnlich nur mehr in der friedensmäßigen Dienstuniform vor, was zu der verbreiteten Fehlannahme beigetragen hat, die Masse der spätrömischen Soldaten sei ungepanzert gewesen. Einen Übergang zwischen den beiden Darstellungsweisen bilden die in flavischer Zeit aufkommenden Monumente mit Totenmahlszenen, auf denen nur mehr der das parademäßig aufgezäumte Pferd führende *calo* in kriegerischer Tracht zu sehen ist. Die relative Häufigkeit der kostspieligen Bildgrabsteine läßt, wie auch die ausnehmend reiche Dekoration und aufwendige Fertigung der gefundenen Ausrüstungsstücke des 1. Jahrhunderts n. Chr., auf einen relativ hohen Lebensstandard der Soldaten in claudisch-neronisch-flavischer Zeit schließen sowie auf ein sehr ausgeprägtes Selbstgefühl. Es fällt auf, daß über die Hälfte der erhaltenen frühkaiserzeitlichen Grabsteine für Angehörige der berittenen Truppenteile errichtet wurde. Weitaus die meisten der frühen Exemplare finden sich in den großen Garnisonen des Rheinlandes, wo damals ja auch der Hauptkonzentrationspunkt des römischen Heeres lag, später, im 3. Jahrhundert vor allem, entstand die große Mehrzahl der Steine in den Donauprovinzen, was wiederum der strategischen Schwerpunktbildung entsprach.

Bd. I, Abb. 174, 175, 177–179, Bd. II, Abb. 25, 26, 29, 30, 33, 34, 44, 55, 56, 76–78, 79, Bd. III, Abb. 35, 46, 47, 58, 83, 84, 117

Ein großer Vorteil der Militärgrabsteine gegenüber anderen Bildquellen besteht darin, daß die Inschriften genaue Auskunft über Dienstgrad, Einheit, Alter, Herkunft und manchmal auch Werdegang des Verewigten erteilen, wodurch meist auch eine ziemlich präzise zeitliche Einordnung der Stücke möglich wird. Zwar sind die Darstellungen nicht frei von hellenistischen Konventionen, aber sie lassen doch stets einen ausgesprochenen Willen zur realistischen Wiedergabe der Ausrüstung erkennen. Die Ausführung pflegt allerdings recht roh zu

Roms gefundene Skulptur einen Mann von senatorischem Rang oder einen Decurionen zeigt. So hält es Johannes Bergemann für wahrscheinlich, daß die von ihm in die Zeit um 30 v. Chr. datierten Reiterdenkmäler von Cartoceto nicht, wie seit Stucci gewöhnlich angenommen wird, Angehörige des Kaiserhauses, sondern der lokalen Führungsschicht entstammende Amtsträger darstellen.

Bd. I, Abb. 183

Grundsätzlich ist bei Abbildungen von in ein togaartiges Gewand gehüllten Reitern mit folgenden Möglichkeiten zu rechnen. 1. *Eques angusticlavius*, Angehöriger des Ritteradels, in seiner Standestracht (*trabea* und ritterliche Stiefel); 2. *Eques laticlavius*, der Ritterschaft beigetretener jugendlicher Angehöriger des Senatsadels oder *sevir* (*trabea* und senatorische Stiefel); 3. Inhaber eines senatorischen oder ritterlichen Amtes oder *decurio* eines *municipium* (*toga praetexta*, also purpurgesäumte weiße Toga, und senatorische Stiefel); 4. Feldherr bei der *ovatio*, dem kleinen Triumph (*ornamenta triumphalia* mit *toga picta* und senatorischen Stiefeln). Ein besonderes Problem bilden die berittenen *togati* oder *trabeati* auf den Sockelreliefs der Antoninus-Pius-Säule in Rom. Da sie senatorische Stiefel tragen, hält Gabelmann sie für *seviri*, während Henning Wrede in ihnen beliebige Senatoren sieht, welche aus Anlaß der Staatstrauer die *trabea* angelegt haben, und Gerhard M. Koeppel (1989) sie als Angehörige von *cohortes togatae* der Praetorianergarde betrachtet. Zwar konnten die Praetorianer bei bestimmten Anlässen in der Toga auftreten, doch gab es schwerlich besondere Einheiten von Togaträgern, und wohl schon gar nicht mit senatorischem Schuhwerk. Warum die *vexilliferi*, die diese angeblichen Turmen anführen, dann in normaler Kavallerieuniform und Panzer stekken, ist auch ziemlich unerklärlich.

Bd. II, Abb. 88

Zur *trabea* des alten Reiteradels gehörte als Fußbekleidung ursprünglich der *calceus patricius*, der hohe geschnürte Stiefel aus weichem Leder. Nachdem der senatorische und der Ritteradel im 2. Jahrhundert v. Chr. scharf voneinander getrennt worden waren, stand nur mehr den *equites laticlavii*, den nur vorübergehend dem Ritterstand angehörenden Jünglingen des Senatsadels, der *calceus patricius* bzw. der *calceus senatorius* zu. Der normale *eques* trug zur *trabea* dagegen den *calceus equester*, einen nur knapp über die Knöchel reichenden niedrigen weichen Lederstiefel, der nicht die Bänder und Schnürriemen (*corrigiae*) der hochadeligen Fußbekleidung besaß. Über dem Knöchel wurde das sehr feine Leder umgeschlagen, so daß es in bogenförmigen Falten seitlich fast bis zur Sohle herabhing. Auf die häufigen Ausnahmen, die es von dieser ständischen Kleiderordnung gab, wurde schon oben eingegangen. Im Feld mag nach griechischem Vorbild auch der hohe, unter den Knien umgeschlagene und in mehreren Lappen auf die Waden herabhängende thrakische Reitstiefel aus mit der Fellseite nach innen getragenen Hirschfell (ἐμβάς, *cothurnus*) zum Einsatz gekommen sein.

Bd. I, Abb. 183, 196, 205, 214

Bd. II, Abb. 21, 22

Bd. I, Abb. 171

Abb. 118 Römische Kavalleristen, wohl *Equites Singulares Augusti* oder Praetorianerreiter, in Attakke auf dakische Gegner. Detail vom großen Traianischen Fries am Constantinsbogen in Rom, 106–117 n. Chr. (vgl. Bd. I, Abb. 186–188). Die Reiter tragen attische Helme, Schuppen- und Kettenpanzer und große Schilde von wahrscheinlich ursprünglich sechseckiger Form, von denen der eine mit Adlerschwingen und Blitzbündeln, der andere mit Skorpionen geschmückt ist. ▷

Abb. 119 Abgesessene Kavalleristen, ihre Pferde führend. Detail von der Traianssäule auf dem Traiansforum in Rom, 107–117 n. Chr. Die Reiter tragen nicht näher identifizierbare Helme, kurze Kettenhemden ohne Schulterverstärkung, Kniehosen und *sagum*.

Unter der *trabea* trug man in der Frühzeit gewöhnlich nur einen Lendenschurz. Als wohl um 300 v. Chr. die *equites* sich wieder stärker panzerten, vertauschten sie den Lendenschurz mit der ärmellosen Tunica aus Wolltuch, die sich im Schnitt kaum von der der Infanterie unterschieden haben dürfte. Die Farbe war vermutlich das altehrwürdige Soldatenrot der Spartaner und Römer (*tunica russata*). Der Adel wird wohl, wie an der *trabea*, purpurne Streifen (*clavi*) angebracht haben. Unter der Tunica, die, nachdem sie über den Gürtel hochgerafft war, gut eine Handbreit über dem Knie endete, wurde normalerweise kein unterhosenartiges Kleidungsstück getragen, das heißt, man saß mit dem blanken Gesäß auf dem Pferd. Wenn eine Decke untergelegt wird, um den Pferdeschweiß von der Haut fernzuhalten, ist das entgegen dem Vorurteil durchaus nicht unangenehm, wovon man sich durch einen einfachen Versuch überzeugen kann. Die in spätrepublikanischer Zeit und dann unter den Kaisern zur *trabea* als offiziellem Staatsgewand des Ritteradels oder zur ritterlichen Offiziersrüstung getragene Tunica war weiß und hatte zwei von den Schultern senkrecht zum unteren Saum verlaufende schmale purpurrote Streifen (*tunica angusticlavia*).

Bd. I, Abb. 21, 159, 173, 177, 188, Bd. II, Abb. 4 Bd. III, Abb. 46, 54, 84, 117, 119

Mit den keltischen und anderen barbarischen Hilfstruppen fanden in der römischen Kavallerie die Hosen Eingang. Die Reitergrabsteine des 1. Jahrhunderts n. Chr. zeigen durchwegs eine Handbreit unter die Knie reichende enganliegende Hosen, die als *feminalia* bekannt waren. Im Laufe des 2. Jahrhunderts wurden diese Kniehosen dann von der Infanterie übernommen, zunächst der der *auxilia*, dann auch von den Legionären. Das Material der *feminalia* ist unsicher, es kann weiches Leder, Leinen oder Tuch gewesen sein. Möglicherweise sind je nach Jahreszeit, Standort und Gelegenheit verschiedene Materialien verwendet worden. Auf einem Reitergrabstein aus Mainz, der noch Reste seiner Bemalung besaß, waren die Hosen des *calo* von hellgelber Farbe, was gut zu Leder passen würde. In London wurden Übereste lederner römischer Hosen gefunden, germanische Moorleichen sind oft mit Lederhosen bekleidet. Wir benutzten vornehmlich *feminalia* aus vegetabilisch gegerbtem Hirschleder, die sich ganz hervorragend bewährten. Wundreiten kam nur vor, soweit mißlungene Sattelrekonstruktionen eingesetzt wurden. Leder hat vor allem den Vorzug, daß sich keine Falten bilden. Die rauhe Oberfläche des Leders gibt den Schenkeln zudem einen besseren Halt am Sattel und an den Pferdeflanken. Die Nachteile gegenüber leinernen Hosen bestanden darin, daß sie schwerer zu reinigen waren und dadurch rasch ein unansehnliches Äußeres bekamen, und daß sie bei Hitze etwas stickig wurden.

Bd. II, Abb. 77, Bd. III, Abb. 35, 84

Die Tunica des 1. Jahrhunderts n. Chr. war gewöhnlich kurzärmelig, später erhielt sie lange Ärmel. Bei der Auxiliarkavallerie scheint das Kleidungsstück wesentlich kürzer als in ihrer klassischen Form geschnitten gewesen und meist ohne Gürtel getragen worden zu sein. Sie reichte nur bis unmittelbar unter den Unterleib – da er Hosen trug, konnte der Reiter sich einen so kurzen Rock erlauben. An den Seiten war sie unten senkrecht eingeschnitten, wie die Kettenhemden der Reiter. Ob die Auxiliartruppen das Rot der Legionen tragen durften, ist unsicher und eher unwahrscheinlich. Wir färbten unsere nach originalen Stoffmustern gewebten kurzärmeligen Tunicen senfgelb, die langärmeligen Schlechtwettertunicen graubraun.

Bd. I, Abb. 21, 173, Bd. III, Titelbild, Abb. 53, 54, 119

Die Fußbekleidung ist auf den Reitergrabsteinen nicht genau zu erkennen, vermutlich war sie aufgemalt. Die Traianssäule zeigt in aller Deutlichkeit den gleichen Schuh, den auch die Infanterie trägt, nämlich die *caliga*, die schwere Militärsandale. Im Fundgut der Lager verschwindet die *caliga* im Laufe des 2. Jahrhundert n. Chr. und wird durch geschlossene weiche Schuhe mit gleichfalls genagelten Sohlen ersetzt. Der Wechsel hing wohl weniger mit den kühleren Temperaturen nördlich der Alpen zusammen, denn auch die geschlossenen Schuhe waren bei der damaligen Nähtechnik nicht wasserdicht, als mit der Bequemlichkeit der Soldaten, die das umständliche Anlegen der *caliga* scheuten.

Weder die Sandale noch der weiche, bis zu den Knöcheln reichende Schuh können in Verbindung mit der Kniehose als ideale Fußbekeidung für einen Reiter gelten. Wenn man durch Gestrüpp, Brennessel- und Distelfelder oder ähnliches reitet, muß man die Beine hochheben oder schmerzliche Blessuren in Kauf nehmen, wie wir bei unseren Übungsritten bis zum Überdruß feststellen konnten. Jede mechanische Einwirkung gegen das Schienbein, die Wade oder den Fuß, sei es durch den Huf des Pferdes beim Führen oder Hufeauskratzen, sei es durch einen Baumstamm, mit dem das Bein im Galopp kollidert, sei es durch einen Schild oder eine Waffe im Nahkampf, macht sich ungleich intensiver spürbar als wenn man richtige Stiefel trüge. Bei Kälte und Regen friert der nackte Fuß eines im Schritt reitenden Kavalleristen viel schneller als der seines mit vollem Marschgepäck dahinmarschierenden Kameraden von der Infanterie. Abhilfe können hier nur *tibialia* und andere Typen von strumpf- und gamaschenartigen Umwicklungen aus Leder, Filz, Leinen oder Tuch bringen. Sie gehörten nicht zur regulären Uniform und wurden daher auf den Skulpturen nicht dargestellt, doch wissen wir von ihrer Existenz aus der Literatur und vor allem auch aus gefundenen Soldatenbriefen vom Hadrianswall in Nordengland. Von ihrem Aussehen geben Jagdbilder eine Vorstellung, die den berittenen Jäger fast immer mit bis zu den Knien reichenden Gamaschen (*fasciae crurales*) zeigen. Gewöhnlich handelt es sich um in einer unserem Kornährenverband ähnlichen Technik gelegte Wickelgamaschen. Wir dürfen annehmen, daß derartige Kleidungsstücke im Felddienst zumindest nördlich der Alpen die normale Ergänzung der Kniehosen bildeten.

Bd. I, Abb. 153, 162, 164, 171, 172, Bd. III, Abb. 74, 75, 137, 138

Der lange Wollschal (*focale*), mit dem die Soldaten auf der Traianssäule durchgehend abgebildet sind, war sicher auch schon im 1. Jahrhundert n. Chr. üblich, zumindest wurde er bei schlechtem Wetter als Kälteschutz und im Kampf, eng um den Hals geschlungen, als, wenn auch bescheidener, Schutz gegen Waffenwirkung angelegt.

Bd. I, Abb. 21, Bd. III, Abb. 35

Der verbreitetste Militärmantel der frühen Kaiserzeit war die *paenula*, ein ponchoartiger Kapuzenumhang aus gewalktem Wolltuch. Zusammen mit Tunica, Schal, Sandalen, Gürtel(n) und Seitwaffe(n) gehörte die *paenula* zur friedensmäßigen Dienstuniform, wie das der Grabstein des Oclatius aus Neuss auch für die Kavallerie belegt. Der vom Hals bis zur Magengrube zugenähte Umhang hat sich bei unseren Übungsritten als geradezu idealer Reitmantel erwiesen. Daneben erfreute sich bei den Reitern auch das *sagum*, ein halb übergeschlagenes, auf der rechten Schulter mit einer Fibel zusammengeheftetes rechteckiges Tuch, großer Beliebtheit. Auf der Traianssäule tragen die Kavalleristen durchwegs das *sagum*, das auseinandergefaltet beim Schlafen auch eine schöne große Decke abgibt. Vom 3. Jahrhundert an scheint nur noch das *sagum* verwendet worden zu sein.

Bd. II, Abb. 3, 6, 41, 77

Bd. II, Abb. 24, Bd. III, Abb. 119

Sieht man vom Helm ab, gab es bis ins 3. Jahrhundert hinein als Kopfbedeckung nur die Kapuze der *paenula*. Dann kam eine flache Pelzmütze auf, der *pilleus Pannonicus*, die aus dem Donauraum stammte und zum typischen Erscheinungsbild des römischen Soldaten im späten 3. und im 4. Jahrhundert gehörte.

Bd. I, Abb. 72

Merkwürdigerweise kannte die frühkaiserzeitliche Kavallerie nicht das reich verzierte *cingulum militare*, den Militärgürtel der Legions- und Auxiliarinfanterie. Der Reitergürtel scheint bis zum späten 2. Jahrhundert stets einfach und ohne Metallbeschläge gewesen zu sein. Ebensowenig wurde der von der Mitte des Gürtels herabhängende Streifenschurz getragen, der für die Fußsoldaten des 1. Jahrhunderts n. Chr. so typisch ist. Die späteren Gürtelmoden – Ringschnallen- und Rahmenschnallen-*cingulum* im 3. Jahrhundert, mit Kerbschnitt verzierte reiche Gürtelgarnituren mit Dornschnallen im 4. und 5. Jahrhundert – folgten der in der ganzen Armee zu beobachtenden Entwicklung.

Bd. I, Abb. 72, Bd. II, Abb. 29, 30, 36

Im 3. Jahrhundert n. Chr. wurden die Kniehosen allmählich durch lange Hosen oder Strumpfhosen (*bracae*) ersetzt. In seiner mit farbigen Ornamenten geschmückten langärmeligen Tunica und seinen langen Strumpfhosen hatte der spätrömische Soldat ein mehr byzantinisch-frühmittelalterliches als antikes Aussehen.

DIE ANGRIFFSWAFFEN DER KAVALLERIE

Als Einleitung der beiden folgenden Kapitel dürfte es angebracht sein, kurz auf die Art und Qualität der den römischen Waffenschmieden zur Verfügung stehenden Metalle und die üblichen Verarbeitungstechniken einzugehen.

Kupferlegierungen, die die Archäologen mit dem wenig präzis gebrauchten Begriff „Bronze“ zu belegen pflegen, kamen in sehr verschiedenen Zusammensetzungen vor. Es konnte sich um echte Bronze, also eine Legierung von Kupfer und Zinn handeln („Kupferbronze“), der häufig Blei beigemengt wurde, vor allem wenn das Material für den Guß bestimmt war. Oft gab es aber in römischer Zeit auch einen starken Zinkanteil, so daß die Legierung dann eher dem modernen Messing entsprach („Messingbronze“). Je höher der Zinn- und/oder Zinkanteil ist, desto härter, aber auch desto spröder wird das Material. Typische römische Messingbronze besitzt Anteile von 80–85% Kupfer, 10–15% Zink, 1–5% Zinn und 0–2% Blei, doch kommen je nach Verwendungszweck erhebliche Schwankungen vor. Modernes Messing hat gewöhnlich einen Zinkanteil um 30%.

Gegossene Bronze erreicht eine Härte von 100 HV (Vickershärte, kp/mm^2), während kalt gehämmerte (verdichtete) Bronze Werte bis zu etwa 250 HV aufweisen kann. Letztere ist somit nicht nur dem Schmiedeeisen, also reinem Ferrit, das nicht viel über 100 HV besitzt, sondern auch kalt gehämmertem Eisen (um 200 HV) und ungehärtetem („mildem“) Stahl (150–250 HV) überlegen. Gehärteter d.h. abgeschreckter kohlenstoffreicher Stahl (Martensitstahl) besitzt Härten von 200 HV aufwärts und kann je nach Höhe des Kohlenstoffgehalts auf über 1 000 HV kommen. Moderne Axtklingen pflegen um 600, gute Küchenmesser 700 HV und mehr zu haben.

Das bedeutet, daß an der Wende von der Bronze- zur Eisenzeit das neue Material durchaus noch keine klare Überlegenheit gegenüber den ausgereiften Kupferlegierungen besaß, außer daß es billiger war. Erst als die Schmiede Techniken wie Feuerschweißen, Gärben, Aufkohlen und Härten durch Wärmebehandlung beherrschten, konnte das Eisen bei den Angriffswaffen die Bronze verdrängen. Dies war teilweise in der Hallstattzeit, in vollem Umfang aber erst in der La-Tène-Zeit der Fall. In Mittelitalien sind Lanzen- und Speerspitzen sowie Schwert- und Dolchklingen aus Bronze im 8. Jahrhundert v. Chr. noch sehr häufig, sie machen aber schon im Laufe des 7. Jahrhunderts fast gänzlich solchen aus Eisen Platz. Bei den Schutzwaffen behauptete sich die leichter zu bearbeitende Bronze aber noch bis in die mittlere Kaiserzeit recht gut neben dem Eisen. Sie wurde teils gegossen, teils in Treibarbeit gehämmert.

Härtbarer Stahl mit einem Kohlenstoffgehalt von wenigstens 0,35% ließ sich erst nach der Einführung des Schachtofens im Hochmittelalter direkt produzieren. In dem bis dahin ausschließlich gebräuchlichen Rennfeuerverfahren erzeugte man relativ kleine Eisenluppen von porös teigiger, wenig homogener Beschaffenheit, die mit vielen Verunreinigungen durchsetzt waren und selten einen Kohlenstoffgehalt von über 0,1% besaßen. Nur die Verwendung hochwertigen Eisenerzes wie des stark manganhaltigen norischen Erzes schuf gelegentlich etwas bessere Voraussetzungen. Unter diesen Verhältnissen war es erforderlich, die Luppen durch ausgiebiges Schmieden zu veredeln. Dadurch wurden viele Einschlüsse herausgepreßt, der Kohlenstoffgehalt glich sich aus, das Material gewann an Homogenität und Zähigkeit. Am effektivsten erreichte man dieses Ziel durch das Gärben (Raffinieren, Paketieren), bei dem das Eisen mehrfach zu Stangen ausgeschmiedet, zerschnitten oder übereinandergefaltet und verschweißt wurde. Das Ergebnis dieses Verfahrens nennt man Schweißeisen. Es besitzt ein charakteristisches Gefüge von Blättchen oder Fasern. Ein besonderer Vorteil des Gärbens besteht darin, daß man auf diese Weise sehr gut Schrottmaterial einarbeiten kann.

Um die Härte des Endprodukts zu steigern, konnte man zu dem von der Bronzeverarbeitung her vertrauten Kalthämmern (Verdichten) des weichen Stahls greifen, das dem bis heute üblichen Dengeln der Sensen entspricht. Eine wirklich bedeutende Härtung war aber nur möglich, wenn die chemische Zusammensetzung des Materials berücksichtigt und nach Möglichkeit in zweckdienlicher Weise verändert wurde. Ein hoher Phosphor- und besonders ein hoher Kohlenstoffgehalt steigert die Härte, im ersten Fall aber auch die Sprödigkeit des Materials. Das viel verwendete Rasenerz besaß einen recht beachtlichen Phosphoranteil und wurde bei Verbundstählen mitunter gezielt zur Härtung des Produkts eingesetzt. Weit vorzuziehen war aber in der Regel die Verwendung kohlenstoffreichen Stahls bzw. das Aufkohlen von weichem Stahl. Letzterer Vorgang wird durch einen hohen Phosphoranteil unmöglich gemacht.

Das Aufkohlen (Zementieren) wurde auf verschiedene Weise durchgeführt. Gewöhnlich legte man das Werkstück bei Temperaturen um 900°C in kohlenstoffreiches Material wie Holzkohle. Es ist dies ein sehr langwieriger Prozeß, da der Kohlenstoff mindestens 6 Stunden braucht, um 2 mm tief einzudringen. Es gelang daher meist nur sehr dünne Schichten an den Schneiden und Spitzen aufzukohlen. Da Stickstoff als Katalysator für den Kohlenstoff dient, ergänzte man dieses Verfahren oft durch eine vorausgehende Nitrierung (Nitrozementation). Hierbei wurde den Randzonen des Werkstückes Stickstoff zugeführt, indem man sie lange bei gleichmäßiger Hitze in Substanzen wie Hornspäne, Federn oder Mist legte.

Bei der Aufkohlung entsteht in den betroffenen Zonen des Materials eine mehr oder weniger starke Anreicherung des reinen, weichen Eisens (Ferrit) mit dem härteren Perlit, einem Gefüge aus Ferrit und Cementit. Erhitzt man nun einen Stahl mit wenigstens 0,35% Kohlenstoff auf Temperaturen um 900°C, entsteht das Härtegefüge Martensit, das sich aber bei all mahlichem Abkühlen an der Luft wieder auflöst. Schreckt man dagegen den Stahl von einer Temperatur von 770–900°C in Wasser oder einer anderen Flüssigkeit ab, bleibt die harte martensitische oder, bei etwas niedrigeren Temperaturen, eine nicht ganz so harte sorbitische Struktur erhalten. Da diese Strukturen sehr spröde sind, muß das Material nochmals auf 210–320°C erhitzt und dann langsam abgekühlt werden, ein Verfahren, das man als Anlassen bezeichnet. Dabei geht nur wenig an Härte verloren, doch gewinnt der Stahl an Elastizität.

Natürlich war es für den rein empirisch vorgehenden antiken Schmied sehr schwer, diese Prozesse, bei denen oft geringfügige Unterschiede in der Zusammensetzung der Ausgangsmaterialien und kleine Temperaturschwankungen über Gelingen oder Mißlingen entscheiden, zuverlässig zu beherrschen. Obwohl die Methode des Härtens durch Abschrecken, die allein es ermöglicht, Härten von deutlich über 250 HV zu erreichen, seit der La-Tène-Zeit bekannt war, fand sie keineswegs so allgemeine Anwendung, wie man eigentlich erwarten würde. Oft

Um 200 n. Chr. kam eine neue, wesentlich aufwendigere und vor allem ungemein dekorative Art von Schweißdamast auf, der Wurm- oder Torsionsdamast. Gegen Ende des 3. Jahrhunderts hatte die neue Technik alle anderen Herstellungsarten so gut wie völlig verdrängt. Zur Produktion von Torsionsdamast wurden Stäbe aus gewöhnlich sieben Lamellen zusammengeschweißt, wobei sich vier weiche, ferritische und drei harte, perlitische Lagen abwechselten. Die meist viereckigen, machmal auch achteckigen oder runden Damaststäbe hatten einen Durchmesser von 6–10 mm und wurden im glühenden Zustand tordiert („verdrillt"), also korkenzieherartig gedreht. Die in linker oder rechter Richtung tordierten Damaststäbe wurden nun so miteinander verschweißt, wie es dem angestrebten Muster entsprach. Die Schneiden bestanden aus zwei perlitischen Stäben, die an einem Ende, der späteren Spitze, zusammengeschmiedet wurden. Dann steckte man den damaszierten Mittelteil zwischen die Schneidenstäbe und verschweißte das ganze. Nachdem die Klinge poliert worden war, wurden die damaszierten Partien mit Säure behandelt, die die kohlenstoffreichen Lamellen stärker angriff als
Abb. 131, 132 die anderen und sie dadurch dunkel färbte. So entstand die „wurmbunte" Musterung dieser Klingen.

Wurde der Damast aus Stählen sehr unterschiedlicher Beschaffenheit hergestellt, ergab das eine Klinge von großer Härte und einer Biegfestigkeit, die die normaler damaliger Klingen um das Doppelte bis Dreifache übertraf. Dies war jedoch vor dem 7. Jahrhundert nur in Ausnahmefällen wirklich der Fall, da es den rein empirisch verfahrenden Schmieden oft nicht gelang, die geeigneten Materialien miteinander zu kombinieren. Die Mehrzahl der untersuchten wurmbunten Klingen besteht aus einander sehr ähnlichen Stählen, von denen oft selbst die härtesten einen zu geringen Kohlenstoffgehalt besitzen, um überhaupt härtbar zu sein. Die meisten spätantiken und frühmittelalterlichen Torsionsdamastklingen weisen selbst in den Schneidenregionen Härten von nur 150–270 HV auf, sind also im allgemeinen nicht abgeschreckt worden. Tylecote und Gilmour kommen so zu der Ansicht, „diese Schwerter seien kaum besser gewesen als ihre Vorgänger und meistens nicht so gut wie der gleichmäßig aufgekohlte Stahl der römerzeitlichen *spatha* von Whittlesey." (S. 247) Sie schließen daraus, „die Technik habe hauptsächlich dekorativen Zwecken gedient und die komplexe Vielfalt der Muster habe wenig zu tun mit den allgemeinen funktionalen Qualitäten der Klinge." (ebenda., S. 251)

Ohne Zweifel waren die Schwerter und, weit seltener, Lanzenspitzen mit wurmbunten Klingen in erster Linie Prestigewaffen, doch wäre es angesichts der weiten Verbreitung der Stücke und des hohen Arbeitsaufwandes, der mit ihrer Herstellung verbunden war (ca. 43 Stunden für eine Klinge nach Anstee und Biek, S. 83), erstaunlich, wenn sie keine weiteren Qualitäten besessen hätten.

Anstee und Biek gelangten beim experimentellen Nachschmieden einer angelsächsischen Torsionsdamastklinge zu dem Ergebnis, das Material gewinne durch das immer neue Ausschmieden und Verschweißen ständig an Härte und Festigkeit (S. 81). Durch Aufkohlen und Abschrecken hätte sich allerdings mit geringerem Zeitaufwand eine bedeutend höhere Härte erzielen lassen, doch unter dem Risiko größerer Brüchigkeit, da die meisten Schmiede die Wärmebehandlung nicht mit der erforderlichen Sicherheit beherrschten, nicht mehr, muß man eigentlich sagen, denn manche frühkaiserzeitlichen Erzeugnisse beweisen, daß damals eine feinere Kenntnis der Materialien und der Techniken verbreitet gewesen sein muß. Ein vergleichbarer Schritt von technisch anspruchsvollen zu anspruchsloseren, wenn auch oft sehr aufwendig dekorierten Produkten läßt sich gleichzeitig ja auch in der Helmherstellung beobachten. An die Stelle der aus einem Stück getriebenen Helme der frühen und mittleren Kaiserzeit treten um 270 n. Chr. aus Teilkalotten zusammengenietete Stücke, die dann bis weit ins frühe Mittelalter hinein das Feld beherrschen sollten. *S. 199 ff.*

Das Dominieren der wurmbunten Klingen vom 3. bis zum 10. Jahrhundert dürfte also in mancher Hinsicht eher einen Niedergang als einen Aufschwung des Schmiedehandwerks signalisieren. Verursacht wurde er wohl primär durch Erfordernisse der Massenproduktion und der mit ihr verbundenen Arbeitsteilung, so erstaunlich das angesichts der komplizierten Klingenkonstruktion erscheinen mag. Man konnte sich durch das Damaszieren das aufwendige Gärben sparen und war in der Lage, die verhältnismäßig leicht aufkohlbaren dünnen Lamellen auf Vorrat zu halten, so daß das langwierige Aufkohlen der fertigen Klingen entfiel. Die oft exzessive Künstelei der Damastmuster lief freilich alsbald diesen ursprünglichen Intentionen zuwider.

Die Mehrzahl der damaszierten Klingen des späten Altertums und des frühen Mittelalters besitzt eine oder mehrere Kehlungen („Blutrinnen"), welche eingeschmiedet, nicht eingeschliffen wurden. Abgesehen von ihrer dekorativen Funktion, erhöhten sie bei einer Hiebwaffe die Längsstabilität und verringerten das Gewicht. Die älteren, primär zum Stechen bestimmten Klingen hatte man statt dessen mit einem Mittelgrat versehen.

Die größten Bestände erhaltener römischer Damaststähle stammen aus den umfangreichen Moorfunden in Schleswig und in Dänemark (spätes 2. bis 5. Jahrhundert n. Chr.). Die älteren dieser Klingen bestanden noch überwiegend aus Streifendamast, die späteren nur mehr aus Torsionsdamast in verschiedenen Variationen. Analysen von Schwertern aus Nydam haben ergeben, daß die damaszierten Partien oft aus phosphorarmen und kohlenstoffreichem ferritisch-perlitischem Gefüge und phosphorreichem und kohlenstoffarmem ferritischem Gefüge aufgebaut waren, wobei letzteres das härtere war.

Wenden wir uns aber nun der Entwicklung der einzelnen Waffentypen zu.

Die römische Reiterei kämpfte zu allen Zeiten in erster Linie mit Stangenwaffen, die teils zum Wurf, teils zum Stoß dienten. Sie hatten verschiedene Bezeichnungen wie *hasta, contus, lancea, spiculum, iaculum, tragula.* All diese Waffen ähnelten sich in ihrem Aufbau und unterschieden sich eigentlich nur durch ihre Dimensionen. Sieht man von frühen Exemplaren vom Beginn der Königszeit, deren Spitzen noch aus Bronze gefertigt waren, ab, bestanden sie aus einer eisernen Blattspitze – daneben kommen drei- und vierkantige Spitzen vor – mit Tülle und einem schlanken Schaft, der gewöhnlich aus Eschen-, Kornelkirschen- oder Haselnußholz gefertigt wurde. Zumindest die längeren Exemplare hatten auch einen eisernen Lanzenschuh von konischer Form. Das *pilum* der Legionäre mit seiner langen dünnen Eisenklinge wurde von der Reiterei allenfalls bei der Verteidigung der Lagermauer benutzt.

Die in großer Zahl erhaltenen Blattspitzen variieren in ihrer Länge zwischen 10 und 35 cm. *Abb. 120, 122* Während es sich bei den kleineren Wurfspeeren um Massenverbrauchsartikel mit oft roh verarbeiteten Spitzen handelte, waren die Klingen der größeren Lanzen sorgfältig geschmiedet. Meist besaßen sie einen ausgeprägten Mittelgrat. Viele spätrömische Spitzen sind im unteren Teil des Klingenblatts sehr breit, fast rund ausgeschmiedet und laufen ganz abrupt in die schmale, eigentliche Spitze aus. Die Schneiden der Blattspitzen wurden scharf geschliffen, um das Muskelgewebe zu zerschneiden und möglichst bösartige Wunden zu verursachen. Wie sich bei Untersuchungen im 1. Weltkrieg gezeigt hat, drücken die modernen ungeschliffenen Lanzen- und Bajonettklingen den Muskel nur auseinander und schlagen daher, wenn nicht gerade ein lebenswichtiges Organ getroffen wird, verhältnismäßig harmlose Wunden.

Im Gegensatz zum neuzeitlichen Soldaten sollte und wollte der antike Krieger aber nicht nur kampfunfähig machen, sondern töten. Die Breite der Blattspitzen hatte gleichfalls die Aufgabe, die Verwundung zu verschlimmern, indem möglichst viel Gewebe durchschnitten wurde. Die rotierenden Bewegungen, die die Klinge im Leib des Getroffenen machte, wenn der Reiter im Vorbeigaloppieren seine Stoßlanze wieder herauszog, müssen besonders ekelhaft gewesen sein und noch weiteren Schaden angerichtet haben. Das Schleifen der Schneiden war auch deshalb angebracht, weil die Lanze im Gewühl des Handgemenges nicht selten im Rundschlag als Hiebwaffe eingesetzt wurde.

Während die Blattspitzen also auf möglichst gründliche Wirkung auf das Opfer berechnet waren, stand bei der Formgebung der recht schlanken drei- und vierkantigen Spitzen ein anderer Gesichtspunkt im Vordergrund. Sie sollten bei kleinem Durchmesser ein Höchstmaß an Stabilität besitzen, sich beim Eindringen in eine harte Fläche nicht verbiegen und auf einen Punkt konzentriert ein möglichst tiefes Loch schlagen: mit anderen Worten, es handelte sich um „panzerbrechende Munition". Die meisten von ihnen gehören in die kleinere Kategorie der Speerspitzen, manche sind kaum größer als die von mittelalterlichen Armbrustbolzen. Das hat zu der Vermutung geführt, es handle sich nicht um die Spitzen von Handwaffen, sondern um die von Bolzen leichter Wurfgeschütze. Dem steht entgegen, daß, wie Dietwulf Baatz ausgeführt hat, die Auxiliartruppen, in deren Castellen man diese Spitzen zu finden pflegt, über keine Geschütze verfügt haben sollen. Die Spitzen müßten also dann als die von leichten Wurfspeeren angesprochen werden, da sie für Pfeilspitzen zu schwer sind (über 20 g). Hans-Jörg Ubl hat darauf hingewiesen, daß viele der mehrkantigen Speerspitzen zusammen mit größenmäßig dazu passenden Speerschuhen gefunden wurden, die merkwürdigerweise nicht in eine Spitze, sondern in einen Knopf auslaufen. Geschosse von Wurfmaschinen hatten natürlich keine Schuhe, so daß es damit gesichert sein dürfte, daß zumindest ein großer Teil der mehrkantigen Spitzen zu leichten Wurfspeeren gehört hat. Auf die Funktion des Knopfes am Speerschuh werde ich unten zurückkommen.

Manche der mehrkantigen Spitzen sind aber so klein, daß sie zu irgendeiner Art von Geschütz- oder Armbrustbolzen gehört haben müssen. Speere mit einem Gesamtgewicht unter wenigstens 200 g besitzen, von Hand geschleudert, eine zu unbedeutende Durchschlagskraft, um ihren Einsatz sinnvoll zu machen, vor allem wenn man bedenkt, daß die mehrkantigen Spitzen primär zur Bekämpfung gepanzerter Feinde konzipiert gewesen sein dürften. Ich hal-

Abb. 120 Lanzen- und Speerspitzen, aus Newstead (Schottland), 1./2. Jahrhundert n. Chr. Edinburgh, Royal Museum of Scotland. ▷

Abb. 121 Eiserne Geschoßspitzen, aus dem Castell der *Ala II Flavia m.p.f.* in Aalen. Bei der zweiten Spitze von rechts handelt es sich um eine typische dreiflügelige Pfeilspitze mit Dorn, bei den anderen um mehrkantige Spitzen mit Tülle. Die beiden äußeren könnten zu leichten Wurfspeeren (*iacula*) gehört haben, die zweite von links erscheint jedoch zu klein für diesen Zweck und dürfte auf dem Bolzen einer leichten Wurfmaschine gesessen haben. Aalen, Limesmuseum.

Abb. 122 Spitzen und Schuhe von rekonstruierten Lanzen, Speeren und Pfeilen. Von links nach rechts Blattspitze einer *hasta*, Schuh einer *hasta*, Blattspitze einer *lancea*, vierkantige Spitze eines *iaculum*, Schuh mit Knopf eines *iaculum*, vierkantige Pfeilspitze. Rekonstruktionen Karl Huber, Eitel Schäpers, Johann Krieger, Anton Pitzl und Edward McEwen.

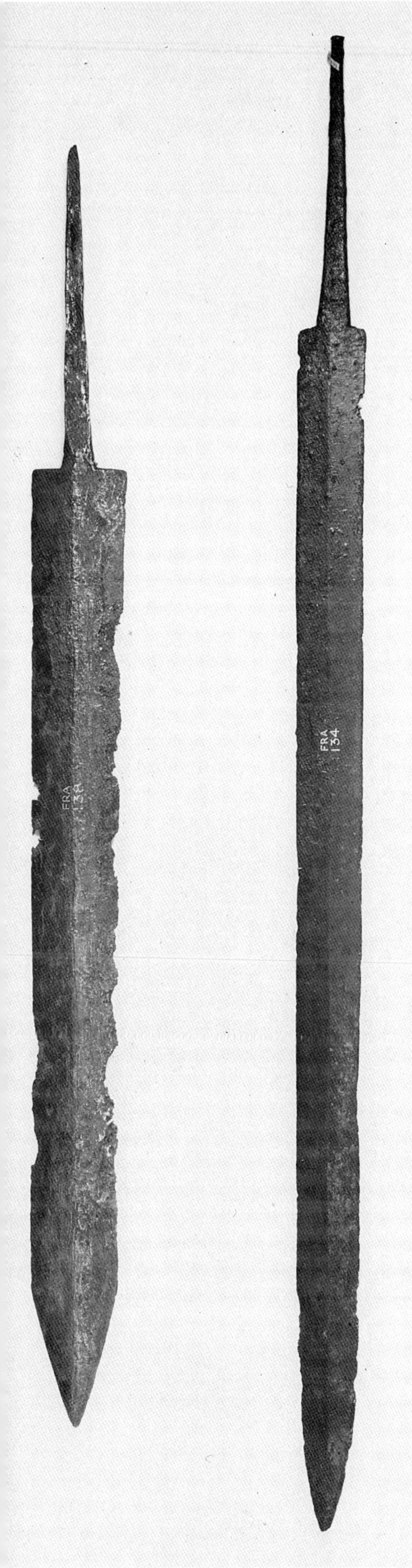
FRA
138
FRA
134

die notwendig geworden war, da letzterer nur mehr eine Klingenlänge von 40-50 cm besaß und damit im Gegensatz zu seinem Vorgänger, dem bis zu 60 cm lange Typus Mainz, kaum mehr zum Einsatz durch Reiter geeignet war. Entgegen einer verbreiteten Auffassung war die frühkaiserzeitliche *spatha* in nicht minderem Maße als der *gladius* primär eine Stichwaffe.
Abb. 126 Die sehr handliche, fast degenartige *spatha* hat zwar eine gut 15 cm längere Klinge als das Infanterieschwert vom Typus Pompeii, doch ist diese wesentlich schmäler. Die Rekonstruktion einer in Newstead gefundenen *spatha* wiegt mit Scheide 1,6 kg, ohne dieselbe 1,0 kg. Die entsprechenden Werte der Rekonstruktion eines ebendort gefundenen *gladius* betragen 1,65 kg und 1,2 kg. Beim Fechten wurde mit der einen wie mit der anderen Waffe hauptsächlich gestochen, doch konnte man bei Bedarf – etwa auf der Verfolgung – mit beiden gleichermaßen auch durchaus wirksame Hiebe austeilen.

Die *spatha* des 1. und frühen 2. Jahrhunderts hatte eine gerade, 60–70 cm, im Durchschnitt etwa 63 cm lange, 3,5 cm breite Klinge mit rhombischem Querschnitt. Die Schneiden verliefen parallel zueinander und verjüngten sich erst etwa 5 cm vor dem Ende der Klinge zur
Bd. I, Spitze. Der aus Bein oder Holz gefertigte Griff glich dem des *gladius*. Er hatte einen großen,
Abb. 21, 177, meist kugelförmigen oder querovalen Knauf, ein Griffstück mit sechseckigem Querschnitt
Bd. II, und vier horizontalen Kehlungen für die Finger und einen Handschutz mit einem Stichblatt,
Abb. 26, 76, aber keine eigentliche Parierstange. Im späteren 2. Jahrhundert tendierte man dazu, die Klin-
79, 81, gen etwas breiter zu machen, der Mittelgrat verschwindet häufig, mitunter kommen Kehlun-
Bd. III, gen („Blutrinnen") vor. Beides deutet auf einen verstärkten Gebrauch als Hiebwaffe hin. In
Abb. 54, 75, dieser Zeit verdrängte die *spatha* auch bei der Infanterie den *gladius*.

84, 117, 147 Bisher sind noch keine gesicherten Bestandteile einer frühkaiserzeitlichen *spatha*-Scheide (*vagina*) gefunden worden, wenngleich ein Ortband (Scheidenendstück) mit Knopfabschluß
Abb. 127, aus Rottweil möglicherweise und ein Mundblech aus Ptuj in Slowenien fast mit Sicherheit zu
147 solchen Waffen gehört haben. Soweit die Reitergrabsteine Einzelheiten erkennen lassen, ähnelt die Scheide der des *gladius* vom Typus Pompeii. Sie bestand aus zwei lederbezogenen Holzbrettchen mit einem langen Mundblech aus Messing oder Bronze, das mit Treibarbeiten oder Durchbrechungen verziert sein konnte und an beiden Seiten jeweils zwei Trageringe hatte, und einem gleichfalls metallenen und verzierten Ortband, das in einen Knopf auslief. Das Schwert wurde am Gürtel (*cingulum*) befestigt und, wie bei der Infanterie, auf der rechten Seite getragen. Die manchmal geäußerte, von P. J. Hazell sogar durch Experimente, bei denen allerdings stark klemmende Scheiden benutzt worden zu sein scheinen, „untermauerte" Ansicht, es sei schwierig, ein an der rechten Seite hängendes langes Schwert mit der rechten Hand zu ziehen, ist ganz falsch. Man muß den Griff von der Innenseite mit nach außen gekehrter Handfläche, den Daumen nach unten ergreifen. Nicht so einfach ist es dagegen auf galoppierenden Pferd das gezogene Schwert wieder in der Scheide zu verstauen. Ende des 1. Jahrhunderts n. Chr. verschwindet der Gürtel und die *spatha* kommt an einen *balteus*, an einen Schulterriemen. Im ausgehenden 2. Jahrhundert wird der *balteus* sehr breit und erhält durchbrochen gearbeitete Bronzeverzierungen. Die Ortbänder laufen nicht mehr in Knöpfen
Abb. 128 aus, sondern besitzen ab antoninischer Zeit eine abgerundete Form. Bis ins frühe 3. Jahrhundert dominieren pelten- und herzförmige Ortbänder, dann wurden scheibenförmige („Dosen-
Bd. II, ortband") Mode, Material war meist Eisen, das oft mit Einlegearbeiten verziert wurde, Ort-
Abb. 30, bänder aus Bronze und Bein kommen aber auch vor. Die Befestigung am Schulterriemen er-
Bd. III, folgte nicht mehr mittels Trageringen, sondern eines bügelförmigen Schwertriemenhalters,
Abb. 129 der an der Außenseite der Scheide senkrecht angebracht wurde und durch den sich kreuzende

Riemen liefen, mit denen die Scheide am *balteus* festgebunden wurde. Gleichzeitig wanderte das Schwert auf die linke Seite des Mannes und blieb dort bis zum Ende der Römerzeit.

Im 3. und 4. Jahrhundert werden die Klingen länger, im Schnitt etwa 70 cm, in einzelnen Fällen aber bis zu 80 cm und darüber, wobei die Klingen des 4. Jahrhunderts (meist über 75 cm) die des 3. an Länge zu übertreffen pflegen. Die Breite schwankt erheblich zwischen 4 und 7,5 cm. Die kürzeren und breiteren Klingen (Typus Lauriacum/Hromówka) werden wohl zu Infanterieschwertern gehört haben, die längeren und schmäleren (Typus Straubing/Nydam) zu solchen der Reiterei. Viele dieser Waffen besitzen mehrere Blutrillen. Manche Griffe weisen noch große Ähnlichkeit mit denen der frühen Kaiserzeit auf, die Kehlungen für die Finger dürften aber selten geworden sein, kurze Parierstangen kommen vor. Die Formgebung dieser Waffen wie auch die häufige Kehlung der Klingen zeigt, daß sie im Gegensatz zu den älteren Typen vor allem für den Hieb bestimmt waren, was dann bis zum Beginn des Spätmittelalters die Regel bleiben sollte.

Abb. 128, 130–132, 148

Der bei der Infanterie des 1. Jahrhunderts n. Chr. so beliebte und im frühen 3. Jahrhundert erneut in Gebrauch kommende Dolch (*pugio*) läßt sich für die Reiterei nirgends nachweisen, obwohl gelegentlicher Einsatz gewiß nicht auszuschließen sein dürfte.

Beile wurden von den etruskischen Hopliten zu Pferd und zu Fuß im 7. und 6. Jahrhundert v. Chr. viel benutzt, in Rom und Latium kommen sie dagegen nur recht wenig vor. In späteren Jahrhunderten spielt das Beil dann bei der römischen Kavallerie so gut wie gar keine Rolle mehr.

Fernwaffen, namentlich Pfeil und Bogen, gehörten erst in spätrömischer Zeit zur Ausrüstung eines Großteils der Kavallerie. Einzelne Abteilungen berittener Bogenschützen (*equites sagittarii*) gab es aber schon ab spätrepublikanischer Zeit. Sie stammten ganz überwiegend aus dem östlichen Mittelmeerraum, vor allem Syrien, aber auch Parther, Thraker, Sarmaten, Nordafrikaner, Germanen und Kelten kamen vor. Vom 1. bis zum 3. Jahrhundert n. Chr. sind 11 *alae sagittariorum* und 17 *cohortes equitatae sagittariorum* (davon 8 *miliariae*) nachzuweisen, das heißt, 60% der 46 bekannten Bogenschützeneinheiten der Auxiliartruppen waren beritten oder teilberitten, etwa jeder fünfte Reiter gehörte zu einem Verband von Bogenschützen. Die meisten dieser Einheiten standen im mittleren und östlichen Donauraum und in Vorderasien, auch in Nordwestafrika gab es eine gewisse Konzentration. Man setzte die Bogenschützen also vor allem dort ein, wo man es mit beweglichen Reitervölkern wie den Sarmaten, Parthern und Mauren zu tun hatte, die zum Teil auch sehr intensiven Gebrauch vom Bogen machten.

Obwohl aus den Nordwestprovinzen nur sehr wenige Bogenschützeneinheiten bekannt sind – in Britannien, Obergermanien und Raetien beispielsweise jeweils nur eine Cohorte –, wurde dort der größte Teil des einschlägigen Fundmaterials ausgegraben. Das hängt natürlich mit dem besseren Forschungs- und Dokumentationsstand in diesen Ländern zusammen, ist aber auch ein deutlicher Hinweis darauf, daß der Bogen nicht nur von Einheiten geführt wurde, die in ihrem Namen ausdrücklich die Bezeichnung *sagittarii* trugen, denn die allermeisten Pfeilspitzen und Bogenendversteifungen stammen aus Lagern, in denen Legionssoldaten oder nicht als Bogenschützen spezifizierte Auxiliartruppen zu Pferd oder zu Fuß stationiert waren. Das deckt sich mit der Angabe des Vegetius, der uns mitteilt, ein Drittel bis ein Viertel aller Rekruten solle im Bogenschießen ausgebildet werden (*Epitoma rei militaris* I.13). Das heißt natürlich nicht, daß diese dann auch alle wirklich als Bogenschützen Dienst taten, aber sie standen doch bereit, um im Bedarfsfalle, wenn keine Spezialeinheiten anwesend waren, als

Bd. II, Abb. 56

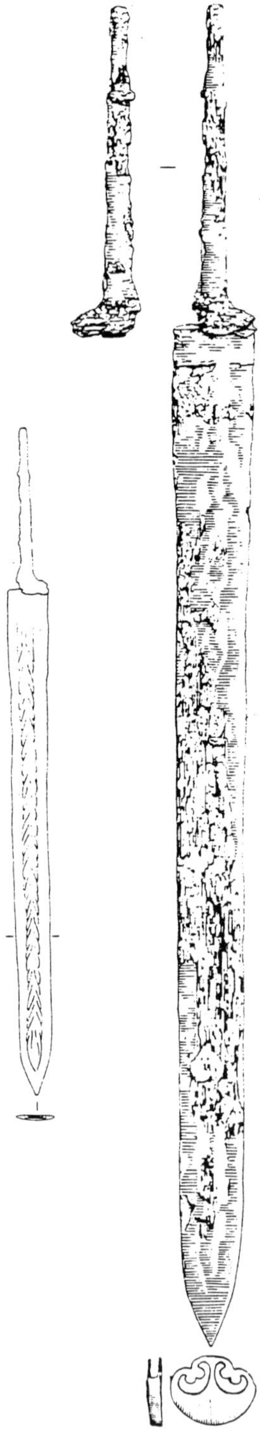

Abb. 128 Eine der beiden in Canterbury Castle (England) zusammen mit zwei Skeletten gefundenen *spathae* vom Typ Straubing/Nydam aus der 2. Hälfte des 2. Jahrhunderts n. Chr. Die wurmdamaszierte Klinge ist 69 cm lang und 5,6 cm breit, die recht lange Angel mißt 22,5 cm und läßt den Schluß zu, daß die Waffe gelegentlich mit zwei Händen geführt wurde. Das Schwert steckte in einer vermutlich aus Ahornholz hergestellten Scheide mit einem peltenförmigen bronzenen Ortband. Die beiden jungen Männer, der eine 173, der andere 181 cm groß, deren Überreste zusammen mit den Schwertern gefunden wurden, waren wahrscheinlich Opfer einer Gewalttat. Vgl. Abb. 131 und 132. Nach *Excavations at Canterbury Castle*, I Fig. 99.

Abb. 129 Silbernes, mit Niello eingelegtes Dosenortband einer *spatha* aus Köln, 2. Hälfte 3. Jahrhundert n. Chr. (vgl. Abb. 130). Bonn, Rheinisches Landesmuseum.

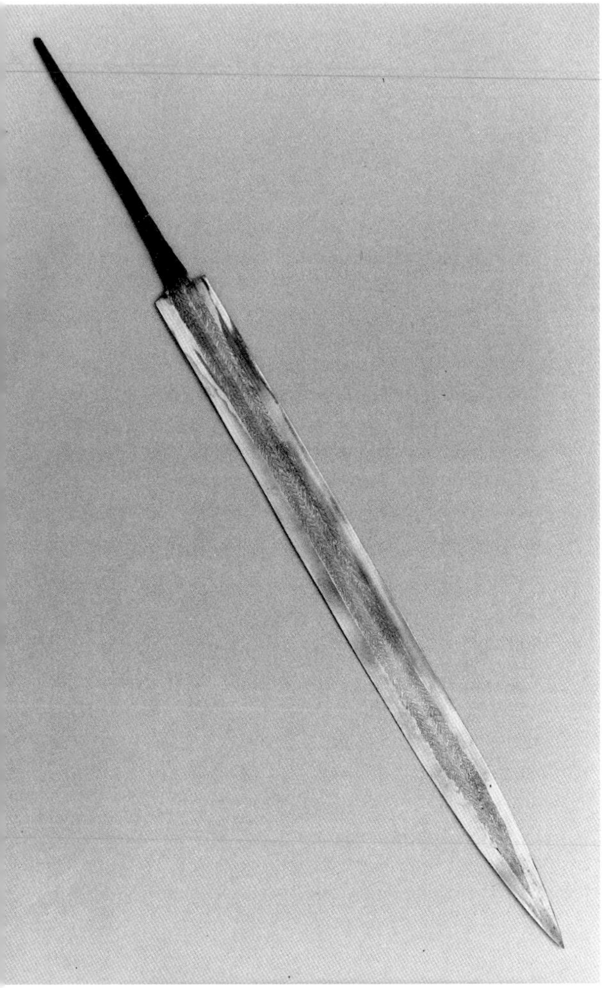
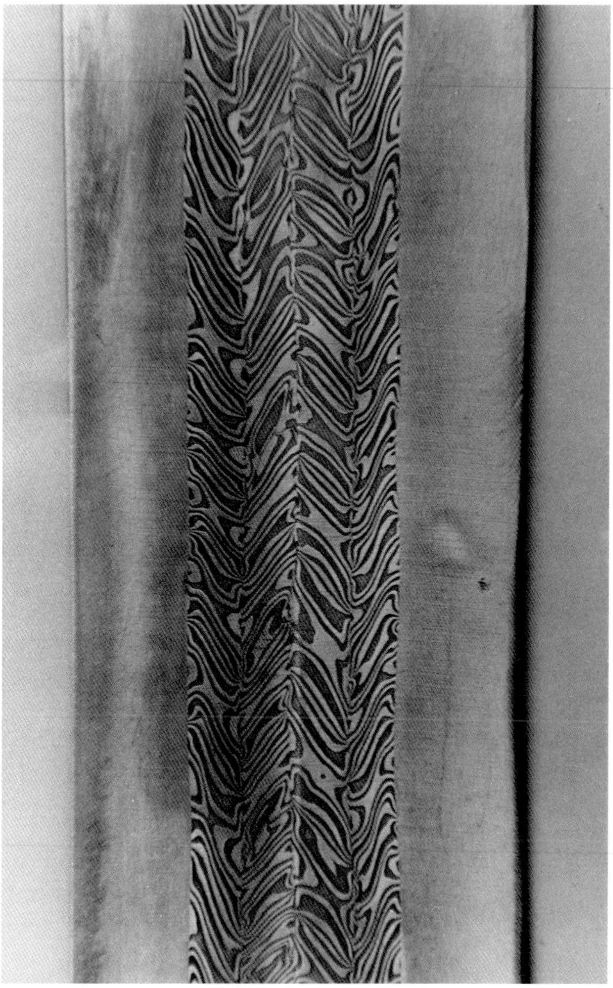
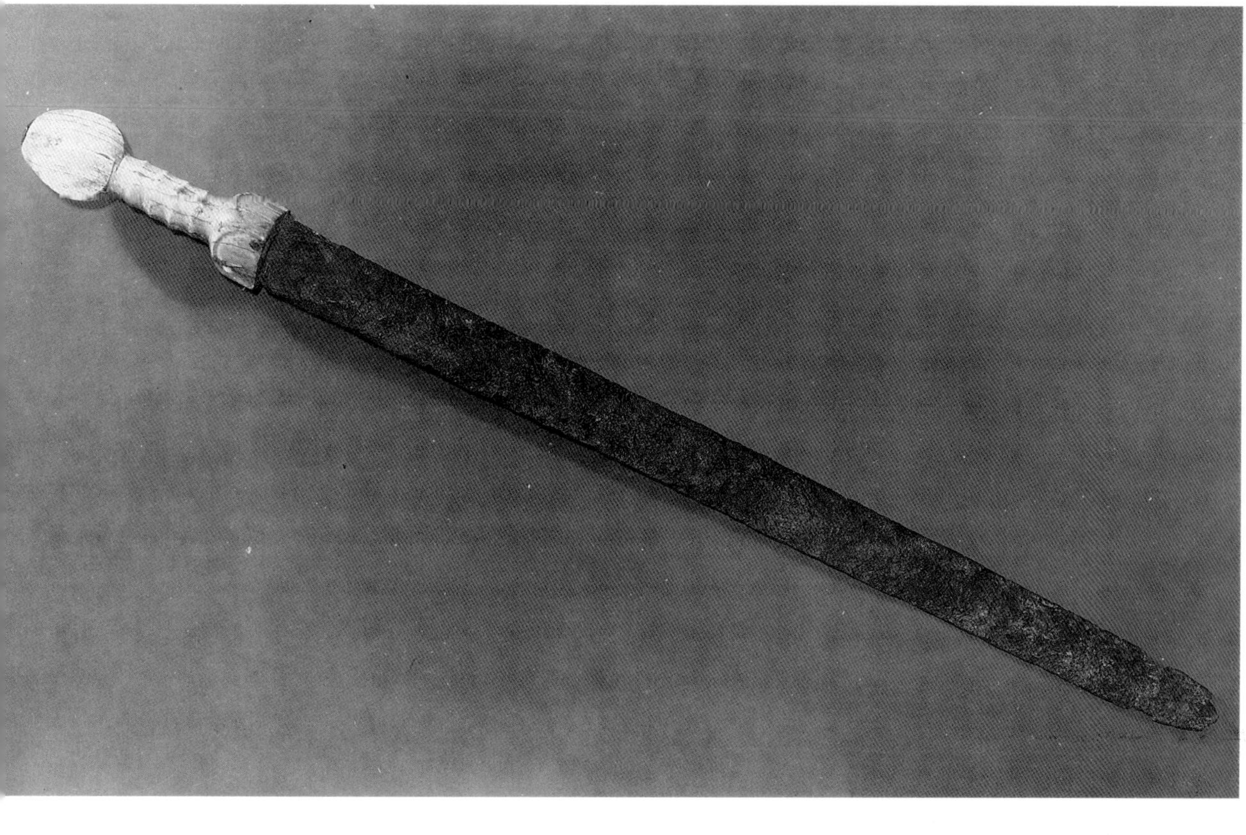

Schützen eingesetzt zu werden, etwa bei der Verteidigung von Lagermauern, Feldbefestigungen und Defileen oder im Vorposten- und Scharmützelkrieg.

Wie angesichts der Rekrutierung im östlichen Mittelmeerraum nicht anders zu erwarten, wurde so gut wie ausschließlich der hochentwickelte orientalische Reflexbogen verwendet, der ein aus verschiedenen Materialien zusammengesetzter Kompositbogen war. Die Zeit der römischen Besatzung war die einzige, in der in Mittel- und Westeuropa diese Form des Bogens in großem Umfang eingesetzt wurde, im Mittelalter dominierte wieder der reine Holzbogen.

◁ Abb. 131 und 132 Rekonstruktion einer der beiden in Canterbury Castle gefundenen *spatha*-Klingen des späten 2. Jahrhunderts n. Chr. (vgl. Abb. 128). Die Klinge besitzt Wurmdamaszierung. Rekonstruktion Ludwig Pfaud.

◁ Abb. 130 Offiziersschwert mit Elfenbeingriff und Dosenortband, aus einem Kölner Grabfund, 2. Hälfte 3. Jahrhundert n. Chr. Die Klinge gehört zu dem für die Reiterschwerter des 3. Jahrhunderts charakteristischen Typ Straubing/Nydam. Sie ist ohne den Griff 73 cm lang, mit diesem 90,5 cm, die Klingenbreite beträgt 4,1 cm. Der Stahl ist stellenweise noch mit den Resten der vermutlich mit Haifischhaut überzogenen Holzscheide überkrustet. Das 11 cm breite, mit Nielloeinlagen und Vergoldungen geschmückte silberne Dosenortband weist reichen geometrischen Zierrat auf, Zirkelschlagrosetten auf der einen Seite, ein kompliziertes Sternmuster auf der anderen (vgl Abb. 129). Zum Aussehen einer kompletten Scheide mit Dosenortband vgl. Bd. II, Abb. 30. Bonn, Rheinisches Landesmuseum.

Abb. 133 Angriff von Reitern auf die Schildmauer der Infanterie, Ratzenhofen Juli 1990. Während die beiden vorderen Pferde bereits recht bereitwillig auf das Fußvolk eindringen, zeigen die hinteren noch deutlich Hemmungen. ▷

Abb. 134 Reiter gegen Infanterist, Saalburg 7. Oktober 1990. Pius, der hier von Roland Heiß geritten wird, wirft sich bereitwillig gegen den Schild des Fußkämpfers. Die Haltung des Reiters mit weit zurückgenommenen Unterschenkeln ist typisch für die Position, die ein stark treibender und auf einen Aufprall vorbereiteter Kavallerist ohne Steigbügel auf seinem Pferd einnimmt.

Abb. 135, 136 Der beidhändige Einsatz einer 4,45 m langen Stoßlanze (*contus*). Der Reiter trägt Ausrüstung des 4. Jahrhunderts n. Chr. Am Gürtel hängen, außer dem Schwert, der Pfeilköcher und die Bogenscheide mit bespanntem Bogen.

Abb. 137, 138 Bogenschütze des 4. Jahrhunderts n. Chr. beim Bespannen eines Reflexbogens „sassanidischen" Typs (links) und mit gespanntem Bogen („Mittelmeerspannung") unmittelbar vor dem Schuß (vgl. auch Abb. 151–153). Rekonstruktion des Bogens Edward McEwen.

Abb. 139 Berittener Bogenschütze des 4. Jahrhunderts n. Chr. mit gespanntem „sassanidischen" Reflexbogen.

Abb. 140, 141 Speerkampf und Handgemenge mit Fußsoldaten. Der Reiter, der einen Maskenhelm mit Roßhaarbusch trägt, hält hinter dem Schild weitere Wurfspeere bereit. Saalburg, 30. Juli 1989.

Abb. 142 Griff in den Speerköcher. Der spätrömisch ausgerüstete Reiter zieht an dem in einem Knopf endenden Speerschuh ein *iaculum* aus dem Köcher. Er trägt einen Helm vom Typus Intercisa/Deurne nach einem in Burgh Castle in England gefundenen Original. Rekonstruktionen Michael Simkins (Helm), Jürgen Woltz (Kettenhemd), Dominikus Ringeisenwerk, Ursberg (Speerköcher).

ɔb. 133

ɔb. 134

Abb. 135

Abb. 137

Abb. 138

ɔb. 136
ıb. 139

Abb. 140
Abb. 141

Abb. 142

Abb. 143

Abb. 144

Abb. 145

ɔb. 143 Reiter mit verschiedenen römischen Kavalleriehelmen. Von rechts nach links tragen sie Typ Koblenz-Bubenheim, veischalig aus Eisen und Messing (2. Hälfte 1. Jahrhundert n. Chr.), Typ Weiler aus Eisen mit Messingverzierungen (1. Hälfte Jahrhundert n. Chr.), Typ Witcham Gravel aus Eisen mit Messingbeschlägen (Zeitstellung umstritten, möglicherweise 1. Jahr- ndert n. Chr.), Typ Niederbieber aus Eisen mit Messingbeschlägen (2./3. Jahrhundert n. Chr.) und Typ Koblenz-Bubenheim, veischalig aus Eisen und Messing (Mitte, 2. Hälfte 1. Jahrhundert n. Chr.). Rekonstruktionen Michael Simkins.

ɔb. 144 Eiserner Reiterhelm vom Typus Heddernheim, aus *Nida* (Frankfurt-Heddernheim), frühes 3. Jahrhundert n. Chr. Er ırde in einem Hallenbau gefunden, der im 3. Jahrhundert als Kaserne gedient haben dürfte. Der Helm ist mit versilberten Bronze- schlägen verziert, die zum Teil Schlangenform besitzen, zum Teil geometrische, zum Teil Schuppen- und Haarlockenmuster auf- ɛisen. Der kugelige Aufsatz auf der Kalotte ist in der Mitte mit einem Loch zur Aufnahme eines Helmbusches versehen. Über der irn befand sich ein Schirm (vgl. Abb. 172), der verschwunden ist. Die linke Wangenklappe fehlt gleichfalls, die Gravur auf der chten zeigt eine blitzschleudernde Minerva. Auf dem Nackenschirm ist ein Tragegriff angebracht. Frankfurt a.M., Museum für ɔr- und Frühgeschichte.

ɔb. 145 Reich verzierter Reiterhelm aus dem Castell*vicus* von *Iciniacum* (Theilenhofen, Mittelfranken), 2. Hälfte 2. Jahrhundert Chr. Der mit Treibarbeiten überreich verzierte Helm besteht aus teilweise mit Weißmetall überzogener Messingbronze. Er be- zt drei Helmkämme, deren mittlerer in eine Adlerprotome, die beiden seitlichen in springende Löwen auslaufen. Das Stück stellt ıen späten Vertreter der frühkaiserzeitlichen pseudoattischen Kavalleriehelme vom Typ Koblenz-Bubenheim/Weiler dar. Da der ɛlm nicht weniger als fünf eingepunzte Besitzerinschriften von Reitern der *Cohors III Bracaraugustanorum equitata* besitzt, muß über längere Zeit hinweg in Gebrauch gestanden haben. Obwohl er wahrscheinlich erst beim Alamanneneinfall von 233 n. Chr. den Boden kam, dürfte seine Entstehungszeit noch in die 2. Hälfte des 2. Jahrhunderts n. Chr. fallen. Wegen der geringen Mate- lstärke wird es sich wohl um einen vorwiegend zu Paradezwecken verwendeten Helm gehandelt haben. Ein ähnlicher, nicht so llständig erhaltener Helm, der jedoch zwei Adlerprotome hat, befindet sich in der Sammlung Axel Guttmann, Berlin. München, ähistorische Staatssammlung.

ɔb. 146 Kavallerist des 1. Jahrhunderts n. Chr. in Gefechtsausrüstung. Hinter dem Schild stecken die leichten Wurfspeere in ıer Haltevorrichtung.

ɔb. 147 Elfenbeingriff, an der Hilze mit Mulden für die Finger versehen, und Scheidenmundblech einer rekonstruierten *spatha* s 1. Jahrhunderts n. Chr. Das Mundblech ist nach dem Vorbild eines in *Poetovio* (Pettau, Ptuj) in Slowenien gefundenen Origi- ls gestaltet (vgl. Abb. 127). Die Waffe wird mit Trageringen rechts am Gürtel befestigt. Rekonstruktion Toni Feldon, Hetmann nbH.

ɔb. 148 Beingriff und Gurtbefestigung einer *spatha* des 3. Jahrhunderts n. Chr. Die Waffe hängt an dem für diese Zeit charakte- tischen sehr breiten Schultergurt (*balteus*) an der linken Seite. Das hintere Ende des *balteus* läuft in eine lange schmale Zunge s, die kreuzförmig um die Scheide geschlungen und dabei durch den bügelförmigen Schwertriemenhalter geführt wird. Das Ende r Lederzunge wird dann an einer Öse oder einem Knopf befestigt, der sich auf der Rückseite des durchbrochen gearbeiteten ıeibenförmigen Beschlags auf der Vorderseite des *balteus* befindet. Unterhalb dieser Scheibe ist ein gleichfalls durchbrochener hteckiger Beschlag angebracht, der durch Scharniere mit einem herzförmigen Anhänger verbunden ist, welcher das vordere de des *balteus* bildet. Auf die dreiteilige durchbrochen gearbeitete Metallgarnitur verteilt ist eine Inschrift, die bei den Fundstük- ı stets gleich lautet: „*Optime Maxime conserva numerum omnium militantium*" – „[Iuppiter] Optimus Maximus, beschütze die har aller Kriegsdienstleistenden". Statt des Namens „Iuppiter" befindet sich in der Mitte der Scheibe der dem römischen Staats- t heilige Adler. Die Garnitur, die als Vorbild für diese Rekonstruktion diente, wurde im Castell Zugmantel (Taunus) ausgegra- ı. Rekonstruktion Ludwig Pfaud.

b. 149 Reiteroffiziershelm vom Typus Deurne, um 320 n. Chr. Das prächtige Stück wurde 1910 beim Torfstechen südlich der ederländischen Stadt Deurne gefunden. Es hat offensichtlich einem im Moor versunkenen Kavallerieoffizier gehört. Zusammen t dem Helm kamen eine Zwiebelknopffibel, ein Sporn, Glöckchen vom Pferdegeschirr, ein Silberblechbeschlag, mehrere Mün- ı Constantins des Großen aus den Jahren 315–319 n. Chr. und verschiedene lederne und textile Gegenstände ans Tageslicht (vgl. b. 4). Von der Leiche des Verunglückten blieben nur verseifte Reste der rechten Schulter, des rechten Oberarms und, im Helm, s Hirns erhalten. Die Position läßt vermuten, daß Roß und Reiter kopfüber ins Moor gefallen sind, wobei der letztere unter das r zu liegen kam. Da vier Schuhe gefunden wurden, könnte es sein, daß Begleiter des Gestürzten vergeblich versucht haben, ihn ch aus dem Morast zu ziehen. Die eisernen Bestandteile des Helmes sind ebenso wie der Panzer restlos vergangen, doch besaß Helm bei seiner Auffindung noch das Lederfutter, das ihn zusammenhielt. Erhalten geblieben ist der etwa 0,75 mm starke ver- dete Silberblechüberzug der Kalotte, der linken Wangenklappe und des mit zwei Riemen befestigten Nackenschutzes (dieser auf n Photo nicht sichtbar), die rechte Wangenklappe wurde ergänzt. Die Kalotte ist aus zwei aus je drei mit silbernen Knopfnieten sammengefügten Platten bestehenden Hälften zusammengesetzt. Der Spalt zwischen beiden Hälften wird durch den Helmkamm deckt. Am unteren Rand der Kalotte ist ein breiter Stirnreif befestigt, der über den Augen ausgeschnitten ist. Der Nasenschutz, oben in augenbrauenartige seitliche Verlängerungen ausläuft, ist auf den Stirnreif aufgenietet. Der Helm bestand also ein- ließlich der schmalen Metallstreifen, die die Ansatzstellen der Wangenklappen schützen, aus insgesamt 14 Einzelteilen. In den rnreif ist die Inschrift „*Stablesia VI*" eingeritzt, der Offizier hat demnach zur *Vexillatio Comitatensis Stablesiana VI* gehört, einer ch in der *Notitia Dignitatum* aufgeführten Gardekavallerieeinheit. Eine zweite, auf der Nackenschutzplatte angebrachte Inschrift nt als Besitzer einen Marcus Titus Lunamis und gibt das Gewicht des verarbeiteten Silbers mit einem (römischen) Pfund und einhalb Unzen an, was nur 8 g von dem Gewicht des Originals (369 g einschließlich der verlorenen Wangenklappe) abweicht. den, Rijksmuseum van Oudheden.

Beim Kompositbogen dient der Holzkern nur als Träger anderer Materialien, die der Waffe die eigentliche Kraft und Elastizität geben. Dabei kommt es darauf an, die im bespannten Zustand konvexe Seite („Rücken") des Bogens durch Materialien von hoher Zugkraft, die konkave, dem Schützen zugewandte Seite („Bauch") mit solchen von hoher Druckkraft zu verstärken. Durch Spannen des Bogens wird der „Bauch" zusammengepreßt, der „Rücken" aber gedehnt, so daß Druck- und Zugkräfte gleichzeitig zur Entladung drängen. Verglichen mit dem reinen Holzbogen verfügt der Kompositbogen über eine weit höhere Elastizität und kann daher im Verhältnis zur Bogenlänge weiter durchgezogen werden. Er benötigt auch ein geringeres Zuggewicht, um die gleiche Schußleistung zu erzielen als ein Holzbogen, da sich seine kürzeren und leichteren, unter einer enormen Spannung stehenden „Arme" schneller bewegen und dabei weniger Energie verbrauchen. Bei einem Versuchsschießen verlieh ein 193 cm langer Eibenholzbogen von der Art der berühmten mittelalterlichen englischen Langbögen mit einem Zuggewicht von 36,2 kg und einer Zuglänge von 81,3 cm einem 50 g schweren Pfeil eine Anfangsgeschwindigkeit von 53 m/s, während ein 150 cm langer Krimtartarenkompositbogen mit einem Zuggewicht von 27,2 kg und einer Zuglänge von ebenfalls 81,3 cm einen gleich schweren Pfeil mit einer Geschwindigkeit von 51 m/s abschoß. (Bergman, Mc Ewen, Miller)

Das geringere Zuggewicht bei fast gleicher Leistung hat gerade für den berittenen Schützen den zusätzlichen Vorteil, daß er weniger Kraft aufwenden muß und im Augenblick des Zielens und Abschießens unter geringerer Anspannung steht. Letztere wird noch dadurch gemindert, daß das Zuggewicht des Kompositbogens sich nicht wie beim Holzbogen gleichmäßig ansteigend aufbaut, sondern daß infolge der steifen Bogenenden („Ohren") der größte Kraftaufwand am Anfang und nicht am Ende des Spannens erforderlich ist, der Schütze bei voll durchgezogener Sehne also das Gefühl einer gewissen Entlastung hat. Wie mir der große Bogenspezialist Edward Mc Ewen mitteilte, hat er zwar schon mit Bögen von über 50 kg Zuggewicht vom Pferd aus geschossen, doch sei die Treffgenauigkeit mit Bögen von 25–35 kg ungleich besser.

Der Kompositbogen hat im Laufe des Altertums mehrere Entwicklungsstufen durchgemacht. Frühformen waren bereits den Ägyptern und den anderen Völkern des alten Orients bekannt. Ihre klassische Form erhielt die Waffe durch die Skythen. Der skythische Bogen war mit einer Länge von nur 75–100 cm sehr kurz, leicht, handlich, aber relativ schwach, die Pfeile wogen kaum über 25 g. Das Griffstück war deutlich zurückgesetzt, die Bogenenden peitschenförmig vorgebogen, was der Waffe im bespannten Zustand die bekannte Amorbogenform verlieh. Beinerne Endversteifungen waren noch unbekannt. Man führte Bogen und Pfeile in einem gemeinsamen Köcher, dem γωρυτός, der links am Gürtel hing. Der skythische Bogen wurde spätestens in hellenistischer Zeit zum Standardmodell im östlichen Mittelmeerraum und dürfte auch von vielen römischen Bogenschützen bis in die frühe Kaiserzeit hinein verwendet worden sein. In der Kunst wurde er zur Konvention, man bildete mythologische Figuren wie zeitgenössische Soldaten mit diesem Typ bewaffnet ab, auch nachdem schon längst andere, verbesserte Modelle in der Armee eingeführt worden waren.

Der skythische Bogen zeichnete sich durch seine außerordentliche Handlichkeit aus, was ihn zur idealen Reiterwaffe machte, und durch die rasche Schußfolge, die mit ihm möglich war, die Durchschlagskraft ließ jedoch sehr zu wünschen übrig und war langen Holzbögen unterlegen. Das lag vor allem an den sehr leichten Pfeilen, die zwar schnell und weit flogen, aber zu wenig Energie mitgeteilt bekamen, um einem gepanzerten Feind allzu gefährlich werden zu können. Die aus Bronze gegossenen dreiflügligen Pfeilspitzen konnten leicht in Masse hergestellt werden, indes waren sie auch nicht gerade geeignet, die Durchschlagskraft gegenüber harten Zielen zu fördern.

Außer einigen skythischen Köcherbeschlägen und einer Unzahl von Pfeilspitzen ist vom skythischen Bogen nichts erhalten geblieben, wir kennen ihn nur von Abbildungen und Beschreibungen. Bei seinen Nachfolgemodellen, die ihn in der Kaiserzeit ablösten, ist es gerade umgekehrt. Wir besitzen eindeutige Hinweise im Fundmaterial, aber kaum brauchbare bildliche Darstellungen, jedenfalls aus dem römischen Bereich, da die Künstler entweder dem skythischen Bogen treu blieben oder die Waffe so undetailliert darstellten, daß man nichts Konkretes entnehmen kann. *Abb. 150* Man ist daher neben den Originalteilen auf nichtrömische, vor allem parthische und sassanidische Abbildungen sowie auf Parallelen mit späteren Kompositbögen angewiesen.

Einigermaßen komplette römische Bögen haben sich freilich auch aus der Kaiserzeit nicht erhalten, doch gibt es nun zusätzlich zu den Pfeilspitzen eine sehr beträchtliche Zahl von beinernen Endversteifungen, über die die neuen Bögen verfügten. Die frühesten Beispiele stammen aus den augusteischen Lagern von Dangstetten und Oberaden, bedeutende Mengen wurden vor allem in *Carnuntum* und *Intercisa* in Pannonien, Straubing in Raetien, Windisch in Obergermanien und Caerlon und Bar Hill in Britannien entdeckt. Anfangs war man sich nicht recht im klaren darüber, um was es sich bei den aus zwei Bein- oder Geweihplatten zusamengesetzten, am Ende eingekerbten „säbelförmigen" Fundstücken von 6–37 cm Länge und 1,5–2 cm Breite handelte. Vergleiche mit völkerwanderungszeitlichen Grabfunden brachten schließlich die Lösung.

Diese Bogenendversteifungen sind ein deutlicher Hinweis auf eine weiterentwickelte, stärkere Form des Kompositbogens. Sie gaben nicht nur den Bogenenden („Ohren") und den Nocken, die die Sehne hielten, größere Stabilität, sondern sie erhöhten auch die Zuglänge des Bogens und die Schnellkraft der Bogenarme. *Abb. 137–139, 151–153* Häufig sind die Endversteifungen ein und desselben Bogens von unterschiedlicher Länge, da die neuen Bögen asymmetrisch waren. Der obere Arm wurde länger gemacht als der untere, weil der Pfeil ja nicht an der Mitte, sondern am oberen Ende des Griffstückes aufgelegt wurde. Auch begünstigte der kürzere untere Arm des insgesamt länger gewordenen Bogens das Schießen zu Pferde. Das Griffstück konnte, zumindest bei spätrömischen Bögen, gleichfalls mit zwei oder mehr Beinplatten verstärkt sein.

Außer den beinernen Bestandteilen haben sich von einem römischen Bogen nur in einem Fall weitere Materialien erhalten. Dabei handelt es sich um das komplette „Ohr" einen Bogens aus Belmesa in Ägypten. Die Endversteifung sitzt hier noch auf einem Kern von Holz, der auf dem „Rücken" mit Sehnen, auf dem „Bauch" mit Horn beklebt ist, die typischen Materialien eines Kompositbogens. Außerhalb des Römischen Reiches ist ein fast komplettes Exemplar in Yrzi am Euphrat gefunden worden. Das in die frühe bis mittlere Kaiserzeit zu datierende Stück wird meist für parthisch gehalten. Der Bogen war 147 cm lang und hatte asymmetrische Arme, eine von Edward Mc Ewen angefertigte Rekonstruktion hat ein Zuggewicht von gut 30 kg. Merkwürdigerweise besaß die Waffe nicht das sonst für die meisten antiken Bögen charakteristische zurückgesetzte Griffstück, das, wie die Bogenendversteifung, vor allem die Zuglänge erhöhte.

Typischer für die in der römischen Armee verwendeten Bögen wird wohl der sogenannte sassanidische Bogen gewesen sein, der durch Funde in augusteischen Lagern tatsächlich schon für das 1. Jahrhundert v. Chr. belegt ist, den wir aber vor allem von persischen Darstel-

FLAVIVS·PROCVLVS
Q·SING·AVG·DOMO
ODELPIA·AN·XX

lungen des 3. und 4. Jahrhunderts n. Chr. kennen. Er muß dem Yrzi-Bogen geähnelt haben, hatte aber ein deutlich zurückgesetztes Griffstück.

In der Spätantike kam eine meist als hunnisch bezeichnete sehr kräftige Variante des „sassanidischen“ Kompositbogens in Gebrauch. Sein Verbreitungsgebiet reichte von Ostasien bis in den Vorderen Orient und schließlich bis nach Westeuropa. Im 3. Jahrhundert n. Chr. ist er bei den Sarmaten nachweisbar, von diesen werden ihn sowohl die Perser wie die Römer übernommen haben. Ein am Qum Darya in China gefundenes, weitgehend vollständiges han-chinesisches Exemplar, das ins 1. bis 3. Jahrhundert n. Chr. datiert wird, war an die 150 cm lang, hatte asymmetrische Arme und ein zurückgesetztes Griffstück. Typisch für die „hunnischen“ Bögen sind die das Griffstück verstärkenden beinernen Platten, meist besitzt eine solche Waffe insgesamt sieben Bein- oder Geweihplatten, je zwei Hälften für die Bogenendversteifungen und drei Platten für die Seiten und den Rücken des Griffes.

Edward Mc Ewen fertigte für uns die Rekonstruktion eines typischen späten hunnisch-„sassanidischen“ Bogens an. Die Waffe ist, am Rücken entlang gemessen, 155 cm lang, der obere Arm mißt 76,5 cm, der untere 64 cm, das Griffstück 14,5 cm. Die obere Endversteifung aus Hirschgeweih hat eine Länge von 23,5 cm, eine Stärke von 1,8 cm und, beide Platten zusammengenommen, am äußersten Ende eine Breite von 1 cm, die untere eine Länge von 16,8 cm bei sonst gleichen Abmessungen. Während das Griffstück 2,2 cm x 2,5 cm hat, ist der Bogen an den Armen ausgesprochen flach, an der breitesten Stelle 1,2 x 4,5 cm. Wird der Bogen mit der 142 cm langen Sehne aus Seide bespannt, wandelt sich die konkave Form der Waffe in eine konvexe (daher der Name Reflexbogen), die Gesamtlänge beträgt nun, der Sehnenlinie entlang gemessen, 145 cm. Der Bauch des zurückgesetzten Griffstückes hat von der Sehne einen Abstand von 13 cm (Spannhöhe), der Bauch des oberen Armes an seiner stärk-

◁ Abb. 150 Grabstein eines Bogenschützen der kaiserlichen Gardereiter, aus Mainz, Göttelmannstraße, wohl spätes 1. Jahrhundert n. Chr. Die unvollständige Inschrift lautet: „Flavius Proclus, *Eques Singularis Augusti*, aus [Fi]lodelpia, der 20 Jahre gelebt [und . . . Jahre gedient hat. Sein Erbe hat für diesen Grabstein] gesorgt.“ Filodelpia bedeutet Philadelphia, ein Name, den mehrere Städte im Osten des Reiches trugen, unter anderen das heutige Amman. Der Name Flavius und das jugendliche Sterbealter des Reiters deuten darauf hin, daß der Stein nicht wesentlich nach 100 n. Chr. gesetzt worden sein dürfte. Da Flavius Proclus zur kaiserlichen Gardereiterei gehörte, ist anzunehmen, daß er während der Anwesenheit eines Kaisers in Mainz gestorben ist. Domitian hielt sich während des Chattenkrieges in den 80er Jahren längere Zeit in der Stadt auf, und der Grabstein das Flavius Proclus wird daher gewöhnlich mit diesem Kaiser in Zusammenhang gebracht. Das würde die Annahme stützen, die *Equites Singulares Augusti* seien nicht erst unter Traian, für dessen Regierungszeit sie in Rom sicher bezeugt sind, sondern schon unter Domitian aufgestellt worden. Die recht grobschlächtige Skulptur zeigt Flavius Proclus mit gespanntem Bogen auf levadierendem Pferd. Der Künstler scheint vom Bogenschießen wenig Ahnung gehabt zu haben, denn der Pferdekopf steckt zwischen Bogen und Sehne. Am rechten hinteren Hörnchen des Sattels ist ein Köcher befestigt. Undeutlich wiedergegeben hängt an der rechten Hüfte des Reiters sein Schwert. Der Knauf wird neben dem Daumen der rechten Hand sichtbar. Mainz, Landesmuseum.

Abb. 151–153 „Sassanidischer“ Kompositbogen im entspannten, bespannten und gespannten Zustand. Rekonstruktion Edward Mc Ewen.

sten Wölbung von 17,5 cm. Der Bogen wiegt 820 g und besitzt ein Zuggewicht von 28 kg. Mit einem 92 cm langen und 50 g schweren Pfeil hat er eine Zuglänge von 87 cm.

Die Herstellung eines solchen Bogens ist ein komplizierter und langwieriger Vorgang. Sie war Sache der *arcuarii*, hochspezialisierter Handwerker. Aus arabischen, türkischen und chinesischen Quellen des Mittelalters und der Neuzeit wissen wir recht gut über die Technik der Kompositbogenherstellung Bescheid. Der flache Holzkern wurde aus Ahorn-, Maulbeer- oder Hartriegelholz geschnitzt, das Griffstück, das beim Schuß ja starr bleiben sollte, verstärkte man häufig mit Hartholz, etwa Kornelkirsche oder Eiche. Über der Hitze von Holzkohlenbecken bog man das Holz in die richtige Form. Dann leimte man die aus Bein, oder besser aus Geweih, das widerstandfähiger ist, geschnitzten Bogenendversteifungen auf. Der Bogen wurde nun mit Schnüren in eine zum Rücken zu konkave Form gespannt, um auf dem „Bauch" an beiden Armen zwischen Griffstück und Bogenendversteifung einen breiten Streifen Horn aufzuleimen. Dieser Streifen mußte jeweils aus einem Stück bestehen, weshalb man nur sehr lange Hörner verwenden konnte, gewöhnlich Wasserbüffel, aber auch Mufflon und langhörnige Ziegenarten kamen vor. Brauchbar war nur die äußerste Hornschicht. Um den aus gekochten Sehnen oder Fischblasen hergestellten Leim tief in die Materialien eindringen zu lassen, wurden Holz und Horn vorher aufgerauht und gerillt. Es dauerte Monate bis der Leim ganz fest geworden war. Nun wurde die konkave Biegung des Rückens noch verstärkt, dann leimte man eine Schicht im getrockneten Zustand zu flachsartigen Fasern zerstoßener und mit Leim getränkter Rinder- oder Wildsehnen auf den Rücken des Bogens auf. Waren diese getrocknet, steigerte man die Spannung und leimte eine weitere Sehnenschicht auf, unter Umständen fügte man noch eine dritte Schicht hinzu. Wenn alles gut getrocknet war, was erneut mehrere Monate dauerte, umwickelte man den Bogen mit einer spiralig aufgeklebten Schicht Birkenrinde, die dann noch lackiert wurde, um Sehnen und Horn vor Feuchtigkeit zu schützen.

Wird ein solcher Bogen mit der aus Seide, Pflanzenfasern, Sehnen oder Rohhautstreifen verfertigten Sehne bespannt, biegt man ihn über dem Knie und verkehrt die zum Rücken konkave Form in eine konvexe. Der Bogen steht so bereits unter erheblicher Spannung, wenn der Pfeil auf die Sehne gelegt wird. Die normale Abschußmethode war im Altertum die sogenannte Mittelmeerspannung, die auch heute beim Sportschießen angewandt wird. Man legt den Pfeil links am oberen Ende des Griffstückes an (rechtshändiges Schießen vorausgesetzt) und greift mit dem Zeigefinger der rechten Hand oberhalb des hinteren Endes des Pfeilschaftes, mit dem Mittelfinger, meist auch mit dem Ringfinger unterhalb des Schaftes von rechts mit den oberen Fingergelenken in die Sehne. Während man beim modernen Sportschießen des leichteren Zielens wegen die Sehne nur bis zum Kinn zieht, wollte der antike Schütze die Zuglänge und damit die Kraft seines Bogens ganz ausnutzen und zog bis zum rechten Ohr
Bd. II, S. 82 oder sogar bis etwas hinter das Ohr durch. Die Sehne schlägt beim Abschuß häufig am linken Unterarm an, weshalb man diesen mit einem Armschutz zu umwickeln pflegt.

Ob in der Spätantike, möglicherweise unter hunnischem Einfluß, auch schon die sogenannte mongolische Spannung praktiziert wurde, die in Mittelalter und Frühneuzeit für die Steppenvölker typisch war, ist unsicher, aber sehr wahrscheinlich. Bei dieser Methode wird der Pfeil rechts vom Griffstück angelegt, die Sehne wird mit dem rechten Daumen von links umfaßt und zurückgezogen, wobei die Daumenspitze mit dem Zeigefinger in Position gehalten wird. Man brauchte bei dieser Schußart keinen Armschutz, statt dessen verwendete man Daumenringe aus Metall, Bein oder Horn. Es gibt bisher noch keine gesicherten Funde solcher Ringe aus römischer Zeit (möglicherweise mit Ausnahme eines elfenbeinernen Exemplars aus Dura-Europos), klar belegt ist die mongolische Spannung erst durch spätsassanidische Abbildungen. Im 6. Jahrhundert wurden im oströmischen Heer mongolische Spannung und Mittelmeerspannung nebeneinander verwendet, wie aus einer in dieser Zeit verfaßten Anleitung zum Bogenschießen hervorgeht. Dabei kam auch eine Abart der mongolischen Spannung vor, bei der man sich des Zeigefingers statt des Daumens bediente: „Von den Bogenschützen spannen die einen mit den drei mittleren Fingern die Sehne [Mittelmeerspannung], die anderen mit zweien und da wieder die einen mit dem Daumen auf dem Zeigefinger, die anderen umgekehrt [mongolische Spannung]. Die letzgenannten spannen sowohl die Sehne stärker, als schießen auch den Pfeil heftiger ab. Jeder muß sich auf jede der drei genannten Arten üben, um die anderen Finger gebrauchen zu können, wenn die vorher tätigen unter dem ununterbrochenen Spannen litten.“ (Περὶ Τοξεΐας, I.7,8)

Die Eigenschaften des Bogens bestimmen auch die Eigenschaften des Pfeils, der von diesem abgeschossen werden soll, seine Länge, sein Gewicht, seine Elastizität. Jeder Pfeil biegt sich beim Abschuß zuerst nach außen und dann nach innen um das Griffstück, Stabilisierung wird erst 15–20 m nach Verlassen des Bogens erreicht. Wenn die Länge und Elastizität des Pfeiles nicht gut auf die Kraft und Zuglänge des Bogens abgestimmt sind, gibt es erhebliche Abweichungen von Ziel- und Haltepunkt, was das Treffen sehr erschwert. Um dem Pfeil einen Drall zu verleihen und ihn möglichst rasch zu stabilisieren, versieht man ihn am hinteren Ende des Schaftes mit einer Befiederung, die allerdings den Luftwiderstand erheblich vergrößert und daher die Geschwindigkeit und Reichweite des Geschosses verringert. Für kurze Entfernungen bestimmte Pfeile haben daher die größten Federn.

Will man extreme Schußweiten erzielen, muß ein imVerhältnis zum Bogengewicht möglichst leichter Pfeil mit geringer Befiederung („Flugpfeil“) verwendet werden, für den Kriegsgebrauch sind solche Pfeile mangels Treffgenauigkeit und Durchschlagskraft ungeeignet. Je schwerer ein Pfeil ist, desto mehr kinetische Energie nimmt er in sich auf, desto besser bewahrt er sich diese wegen der größeren Energiedichte und Massenträgheit und mit desto größerer Wucht trifft er das Ziel. Vom gleichen Bogen abgeschossen, dringt der schwerere und langsamere Pfeil tiefer ein als der leichtere und schnellere und er behält auf größere Entfernungen eine erhebliche Durchschlagskraft, zumal da der nur geringfügig größere Durchmesser des schwereren Geschosses den zu überwindenden Luftwiderstand nur wenig steigert.

Ein mit 32,6 Joule abgeschossener Pfeil von 15 g Gewicht besitzt auf 40 m Distanz noch eine Energie von 27, auf 100 m von 20, auf 200 m von 12 Joule. Mit 34,5 Joule abgeschossen, hat ein formgleicher Pfeil von 30 g Gewicht auf 40 m eine Energie von 30, auf 100 m von 26 und auf 200 m von 20 Joule (Ph. H. Blyth). Je nach Bogentyp und Art des bekämpften Zieles („weich“ oder gepanzert) schwankt das Gewicht von Kampfpfeilen im Laufe der Geschichte zwischen 20 und 90 g, am brauchbarsten scheinen Pfeile von 30–50 g gewesen zu sein.

Die Durchschlagskraft eines Pfeiles hängt nicht nur vom Gewicht und von der Geschwindigkeit ab, sondern auch von den Eigenschaften der Spitze („Kopf“). Auf „weiche“ Ziele wie Wild und ungepanzerte Menschen schoß und schießt man mit möglichst breitflächigen Pfeilen, die große, stark blutende Wunden verursachen. Das ist wichtig, da die Eindringtiefe eines wuchtig abgeschossenen Pfeils zwar sehr bedeutend ist – auf kurze Entfernungen werden die Weichteile eines Tieres oder Menschen meist glatt durchschlagen –, aber gleichzeitig nur eine geringe Schock- und Aufhaltekraft ausgewirkt wird. Hat man es dagegen mit „harten“ Zielen, in der Regel gepanzerten Feinden, zu tun, muß eine möglichst schmale, aber sehr stabile, meist mehrkantige Spitze verwendet werden, die nur ein keines Loch schlägt und daher wenig

Energie beim Durchschlagen des harten Zieles verbraucht. „Eine druchdringende Wirkung wird nur dann erreicht, wenn die Energie auf eine kleine Fläche konzentriert ist . . . Physikalisch ausgedrückt heißt das: es muß eine hohe Energiedichte (gemessen in Joule/Quadratzentimetern) im Zielpunkt hergestellt werden. Seit der Antike bis heute ist dies das Grundprinzip panzerbrechender Waffen.“ (Baatz 1990, S. 64) Aus diesem Grunde dringen Pfeilschüsse bei gleicher Energie wesentlich tiefer ein als Speerwürfe, Lanzen- oder Schwertstiche. Ein Speer muß, wenn er eine 12 mm starke Sperrholzplatte durchschlagen und dann noch Schaden anrichten soll, ein mindestens 15 mm breites Loch machen, da die Spitze sich ja auf eine Länge von 5 cm oder mehr stetig verbreitert. Dazu braucht er etwa 60 Joule. Ein Pfeil von 7 mm Durchmesser benötigt für die gleiche Durchdringungstiefe nur ein Drittel der Energie.

Auch in römischer Zeit waren daher für verschiedene Zwecke verschiedene Arten von Pfeilköpfen in Gebrauch. Man findet vor allem drei Grundtypen. Einfache eiserne Flachspitzen, meist mit Tülle, dienten zur Jagd oder zur Bekämpfung ungepanzerter Gegner. Sie waren leicht herzustellen, verbogen sich aber auch leicht. Die größeren Exemplare gehen gleitend in die Spitzen leichter Wurfspeere über und sind daher nicht sicher von diesen zu unterscheiden. Die Flachspitzen wurden gewöhnlich aus Eisenblech herausgeschnitten, wobei der untere Teil zu einer Tülle zusammengebogen wurde. Die Spitze ist entweder blattförmig oder hat, häufiger, die Form eines in Widerhaken auslaufenden gleichschenkligen Dreiecks.

Typischer für den Kriegsgebrauch, wenn auch ebensogut zur Jagd geeignet, sind die dreiflügeligen Spitzen, die römischen Pfeilköpfe par excellence. Sie sind vom 2. Jahrhundert v. Chr. bis zumindest ins 3. Jahrhundert n. Chr. im Fundgut vielfach nachweisbar. Selten waren sie, wie die dreiflügeligen skythischen Pfeilspitzen, mit Tüllen versehen und in Bronze gegossen. Im Normalfall wurden die dreiflügeligen Spitzen der Römer aus Eisen gefertigt und mit einem Dorn ausgestattet, mit dem man sie im Schaft einließ. Bei dieser Art der Befestigung blieb die Spitze meist in der Wunde stecken, wenn man den Schaft herauszog, eine vom Schützen zweifellos beabsichtigte Wirkung, die man noch dadurch verschlimmerte, daß man bei der Mehrzahl der Spitzen die Flügel am Hinterende zu Widerhaken abschrägte. Auch ohne diese Nachwirkungen zu berücksichtigen, zerstörte eine dreiflügelige Spitze sehr viel Gewebe, da die Flügel zusammengezählt werden müssen, um die Schnittlänge zu berechnen. Außerdem war dieser Typus von Pfeilkopf wesentlich stabiler als der blattförmige und, wenigstens in seinen schmäleren Exemplaren, auch für die Bekämpfung gepanzerter Feinde einsetzbar. Ohne den 2 bis 3 cm langen Dorn sind die meisten erhaltenen dreiflügeligen Spitzen 2,3–4 cm lang, 1–1,6 cm, in seltenen Fällen 2 cm und darüber breit und mit 2–4,5 g Gewicht relativ leicht, wobei allerdings gerade bei diesem Typ meist mit Korrosionsverlusten zu rechnen ist. Ein Nachteil dieser Spitzen ist die recht schwierige Herstellung.

Abb. 121

Panzerbrechende schmale vierkantige Spitzen mit Dorn oder Tülle kommen im Fundgut vom 2. Jahrhundert v. Chr. bis in spätrömische Zeit vor. Es gibt auch indirekte Belege für ihre Verwendung, etwa Rinderschädel mit kleinen quadratischen Einschüssen, die in Windisch und Corbridge gefunden wurden und von Zielübungen römischer Bogenschützen herrühren dürften. Die stets eisernen Spitzen haben gewöhnlich die Form einer langgestreckten Pyramide, Befestigung mit Hilfe einer Tülle ist mindestens so häufig wie die mit Hilfe eines Dorns, Widerhaken kommen kaum vor. Die Länge der Spitzen beträgt ohne Dorn oder Tülle meist 3–5 cm, die des Dorns 2–3 cm, die der Tülle 3–4 cm, die maximale Breite 0,5–0,9 cm, das Gewicht 4–10 g.

Abb. 122

Wenn der Pfeil seine volle Durchschlagskraft entwickeln soll, darf er beim Einschlag nicht splittern oder abbrechen. Durchschlägt ein Pfeil auf kurze Entfernung ein weiches Ziel, hat die Spitze eine Belastung von etwa einem Zentner auszuhalten, beim Aufprall auf ein hartes Ziel steigt sie auf bis zu acht Zentner (Manfred Korfmann, S. 43). War die Beschießung harter, also gepanzerter Ziele nicht vorgesehen, konnte man als Material für den Pfeilschaft Rohr mit oder ohne einen Vorschaft aus Holz verwenden, ansonsten kamen nur Schäfte in Frage, die durchgehend aus stabilem Holz, etwa Tannenholz angefertigt waren.

Die Pfeile, die Edward Mc Ewen uns für den „sassanidischen" Bogen geliefert hat, besitzen vierkantige Eisenspitzen mit Dorn (Länge der Spitze ohne Dorn 5 cm, maximale Breite 0,8 cm, Länge des Dorns 2,5 cm, Gewicht 9 g) oder dreiflüglige mit Dorn (entsprechende Daten 4 cm, 1,5 cm, 2,5 cm, 8 g), der Schaft aus Birkenholz ist 87,5 cm lang und hat einen Durchmesser von 0,8 cm. Die drei Federn am hinteren Ende des Schaftes sind je 12 cm lang. Der Pfeil besitzt eine Gesamtlänge von 92,5 cm und ein Gesamtgewicht von 50 g.

Der skythische Bogen wurde zusammen mit seinen kurzen, leichten Pfeilen in einem scheidenartigen Köcher am Gürtel geführt. Die Parther benutzten einen eigenen Pfeilköcher von schmaler zylindrischer oder konischer Form, der rechts am Hinterzwiesel des Sattels angebracht war. Die längeren und schwereren Pfeile, die mit dem Yrzi- und dem „sassanidischen" Bogen verschossen wurden, machten einen eigenen Pfeilköcher erforderlich. Abbildungen rö- *Abb. 150* mischer berittener Bogenschützen aus dem 1. Jahrhundert n. Chr. zeigen gleichfalls einen langen Köcher rechts hinten vom Sattel herabhängen. Der bespannte Bogen muß dann in einer eigenen, wohl weiterhin am Gürtel befestigten Scheide untergebracht worden sein. Diese Bogenscheide ist auf keiner römischen Abbildung zu sehen, doch kann ihre Existenz vorausgesetzt werden, da der Schütze den sehr empfindlichen bespannten Bogen sonst ständig in der Hand hätte halten müssen. Der entspannte Bogen kam in ein gekrümmtes längliches Futteral, das fest verschlossen wurde, um die Waffe vor Feuchtigkeit zu schützen. In der Spätantike wurden lange Pfeilköcher üblich, die sich nach unten zu verbreiterten. Man bewahrte in ihnen die Pfeile mit der Spitze nach oben auf. Diese Köcher wurden wieder am Gürtel getragen, und zwar auf der rechten Seite, die Bogenscheide hing links. Wir kennen diese Anordnung von sassanidischen Bildwerken und dürfen annehmen, daß die Römer dieser Zeit es nicht anders *Abb. 112,* gemacht haben werden. In dem Pfeilköcher konnte man etwa 40 Geschosse mitführen. *113*

Neben dem Bogen und seinem Zubehör trug der berittene Bogenschütze noch das übliche Reiterschwert, in der Spätantike mitunter auch eine Lanze, die er sich mit einem Riemen über den Rücken hängte. Helme und Panzer waren üblich, zumal der *sagittarius* keinen Schild tragen konnte. In spätrömischer Zeit kamen sehr kleine Schilde für die berittenen Bogenschützen auf, die mit Riemen über den linken Unterarm geschoben wurden, so daß die Hand frei blieb. *Bd. II, S. 82* Schützen auf gepanzerten Pferden waren nicht ungewöhnlich, ein Teil der Kataphrakten und Clibanarier des 3., 4. und 5. Jahrhunderts war mit dem Bogen bewaffnet. Es ist ein verbreiteter Irrtum zu glauben, die meisten römischen Bogenschützen zu Pferd und zu Fuß hätten orientalische Kleidung und Helme getragen. Die bekannten Darstellungen auf der Traianssäule, die wohl sarmatische Verbündete zu Fuß in langen Röcken und mit spitz zulaufenden Spangenhelmen zeigen, sind aber eine Ausnahme. In der Regel unterschieden sich die *sagittarii* ausschließlich durch ihre Bewaffnung von den anderen Auxiliarsoldaten.

Der Bogen ist nur in der Hand eines wohlgeübten Mannes eine gefährliche Waffe, ganz besonders gilt das natürlich für den sehr schwierigen Gebrauch zu Pferde. Vegetius teilt uns mit, die römischen Bogenschützen hätten auf Ziele aus Stroh geübt, die 600 Fuß (175 m) entfernt gewesen seien. Entweder waren diese Ziele sehr großflächig, oder Vegetius macht sich hier einer Übertreibung schuldig. Zwar können mit einem guten Kompositbogen Kampfpfeile auf Entfernungen von über 200 m verschossen werden, aber selbst der beste Schütze erzielt dann keine nennenswerte Treffgenauigkeit mehr. Bei extremen Weitschüssen liegt der Abschußwinkel bei 40° (nur im luftleeren Raum bei 45°), die Pfeile schlagen von hoch oben kommend wegen der abnehmenden Geschwindigkeit in einem wesentlich steileren Winkel ein, zu der vom Abschuß herrührenden Restenergie ist also noch die aus der Fallgeschwindigkeit resultierende Energie zu rechnen, die vom Gewicht des Geschosses und nicht von seiner Anfangsgeschwindigkeit abhängt. Je schwerer der Pfeil, desto erheblicher wird die bei einem solchen Bogenschuß noch zu erwartende Durchschlagskraft, zumal der schwerere und langsamere Pfeil eine höhere Energiedichte besitzt und relativ weniger durch Luftwiderstand abgebremst wird als der leichtere und schneller. Ein Pfeil von 50 g Gewicht von der Bauart unserer Pfeile besäßen, mit 62 Joule im Bogenschuß mit einem Winkel von 40° abgeschossen, noch eine Auftreffenergie von annähernd 50 Joule, würde also eine recht beachtliche Durchschlagskraft entwickeln. Die exakten Werte sind schwer zu berechnen und hängen von der genauen Dimensionierung und Formgebung des Geschosses ab. Man wandte indirekte Hoch- und Weitschüsse sehr viel an, um flächige Massenziele einem andauernden zermürbenden Hagel auszusetzen, der um so lästiger wurde, als die Beschossenen ihre Schilde hochhalten mußten, um sich zu schützen. Allerdings wurde bei dieser Fechtweise sehr viel Munition bei einer recht niedrigen Trefferquote verbraucht. Was die Ausnutzung extremer Reichweiten im indirekten Bogenschuß im Vergleich zu Schlaufenschleuder oder Feuerwaffe wesentlich erleichterte, war der Umstand, daß der Flug des Pfeiles sich gut beobachten ließ, so daß der Schütze sich schnell und sicher auf eine bestimmte Entfernung einschießen konnte. Allerdings ist bei Weitschüssen auf sich bewegende Ziele noch die lange Laufzeit des Geschosses (10 Sekunden und mehr) als erschwerendes Moment zu berücksichtigen.

Präzises Feuer auf Ziele von Mannsgröße war nur auf wesentlich kürzere Entfernungen möglich. Zu Fuß mag ein guter Schütze bis auf etwa 50 m mit einiger Sicherheit treffen, jedenfalls unter Schießplatzbedingungen, zu Pferde muß er auf die Hälfte der Distanz oder noch näher heranreiten, wenn er aus der Bewegung schießen will, auf stehendem Pferd gibt es wenig Unterschied zum infanteristischen Bogenschützen. Die Vorteile des Reiters bestehen darin, daß er aus rasch wechselnden Positionen und Richtungen schießen kann und daß er in der Lage ist, sich durch die Schnelligkeit seines Pferdes einem Gegenangriff leicht zu entziehen, weshalb er sich auch mit geringerem Risiko näher an sein Ziel heranwagen kann. Eine Einschränkung des berittenen Bogenschützen stellt es dar, daß er (als Rechtshänder) nur nach vorne, nach links und nach hinten (der berühmte „parthische" Schuß), aber nicht nach rechts schießen kann. Manche Schützen waren in der Lage links- wie rechtshändig und somit nach allen Seiten zu schießen, aber das war gewiß eine seltene Fertigkeit.

Das Bogenschießen vom galoppierenden Pferd aus erfordert sehr viel Übung. Das Zielen und Treffen ist an sich nicht das eigentliche Problem, sondern das gleichzeitige Lenken des Pferdes. Man schlingt den locker durchhängenden Zügel um das rechte Handgelenk, da diese
Abb. 139 Hand stets nur bis zum Kopf des Schützen gebracht wird, gleichgültig in welcher Richtung man schießt, während die linke Hand sich bei einem Schuß nach hinten etwa 180 cm hinter der bei einem Schuß nach vorn eingenommenen Position befindet. Trotzdem hat man im Moment des Bogenspannens so gut wie keine Zügeleinwirkung auf das Pferd.

Die kurzen Kampfentfernungen waren nicht nur wegen der Treffgenauigkeit die wirksamsten, sondern auch wegen der Durchschlagskraft, besonders wenn man es mit gepanzerten

Feinden zu tun hatte. Ein Kampfpfeil erreicht eine Anfangsgeschwindikeit von höchstens 60 m/s und verliert durch den Luftwiderstand rasch an Geschwindigkeit und damit an Energie. Zudem werden unter Gefechtsbedingungen nicht alle Pfeile mit maximaler Kraft abgeschossen. Einen starken Bogen bis zur vollen Zuglänge zu spannen ist anstrengend. Wenn in kritischen Situationen sehr rasch geschossen werden sollte, neigten daher viele Schützen zweifellos dazu, nicht voll durchzuziehen und dadurch Kraft und Zeit zu sparen, allerdings auf Kosten der Durchschlagskraft.

Unser „sassanidischer" Bogen schießt einen 50 g schweren Pfeil bei einem Abschußwinkel von 40° 188 m weit. Die Anfangsgeschwindigkeit dürfte dabei nach den von Edward Mc Ewen ermittelten Werten bei gut 50 m/s liegen. Die Anfangsenergie beträgt demnach etwa 62 Joule. Bei Versuchen durchschlug ein mit einer vierkantigen Spitze von 8 mm Seitenbreite versehener Pfeil auf 5 m Entfernung einen aus 10 mm starkem Sperrholz bestehenden, außen und innen mit Leder beklebten Schild, so daß die Spitze 32 cm über die Hinterseite des Zieles hinausragte. Der Schild hätte also im wesentlichen seine Schutzfunktion erfüllt. Ein Wurfspeer (*iaculum*) mit einer vierkantigen Eisenspitze von 14 mm Seitenbreite und mit einem Gewicht von 500 g durchschlug gleichfalls den Schild, die Spitze ragte aber nur 2 cm heraus. Eine Stahlblechplatte von 0,75 mm Stärke durchschlug der Pfeil glatt und drang dahinter noch 30 mm tief in Fichtenholz ein, ohne daß der Pfeil Schaden erlitten hätte. 1,5 mm Stahlblech wurden gleichfalls durchschlagen, die Spitze bohrte sich dann noch 12 mm tief in das Fichtenholz, wobei sie 8 mm tief in den Schaft gedrückt wurde, aber nicht abbrach. Das *iaculum* durchschlug 0,75 mm Stahlblech und drang 26 mm tief in Fichtenholz ein, beim Durchschlag von 1,5 mm Stahlblech betrug die Eindringtiefe im Holz 5 mm. Trafen die Geschosse jedoch in einem schrägen Winkel auf das Stahlblech, brach der Schaft des Speeres wie der des Pfeils unmittelbar hinter der Spitze ab, wodurch sich das Gewicht und damit die Durchschlagskraft des Geschosses auf einen Bruchteil reduzierte.

Ungenieteten Kettenpanzer, der über einen Strohballen gehängt wurde, durchschlug der Pfeil und drang 15 cm tief in den Ballen ein, der Speer schlug ebenfalls durch, drang dann aber nur ca. 3 cm tief ein und federte zurück. Ließ man das Kettenhemd fort, fuhr der Pfeil durch den ganzen 35 cm starken Ballen und drang dann noch 2 cm tief in eine dahinter befindliche Bretterwand ein. Schließlich wurde der Pfeil in einen Seifenwürfel von 30 cm Längsmesser geschossen, wie er bei wundballistischen Versuchen zur Ermittlung der temporären Wundhöhle verwendet wird, da sich die Seife ähnlich wie Körpergewebe verhält. Das Geschoß durchschlug den Block in voller Länge, der Durchmesser der glatten „Wundhöhle" übertraf mit 10 mm den des Pfeils von 8 mm nur unerheblich, es wären etwa 24 cm^3 Gewebe zerstört worden. Im Falle eines Steckschusses hätte allerdings die Entfernung des Pfeiles oder der Pfeilspitze unter Umständen ein Vielfaches an Gewebezerstörung verursacht. Das *iaculum* drang 19 cm tief in den Seifenblock ein und hätte etwa 45 cm^3 Gewebe zerstört. Wegen der größeren Auftrefffläche würde der Speer auch eine höhere Aufhaltekraft entwickeln.

Wie ungleich mörderischer schon frühneuzeitliche Feuerwaffen wirkten, beweist der Vergleich mit den Ergebnissen eines vom Landeszeughaus Graz unternommenen Versuchsschießens, das unter anderem mit einer Muskete Typ Montecuccoli aus dem Jahre 1686 (glattläufiger Vorderlader) veranstaltet wurde. Die Waffe verschoß eine 30,93 g schwere Bleikugel vom Kaliber 17,5 mm mit einer Anfangsgeschwindigkeit von 494 m/s und einer Anfangsenergie von 3774 Joule. Auf 30 m Entfernung durchschlug die Kugel 4 mm Stahlblech oder drang 183 mm tief in trockenes Fichtenholz ein. Auf 9 m Distanz verursachte sie eine temporäre

Wundhöhle von 530,2 cm^3, der Einschuß hatte einen Durchmesser von nicht weniger als 60 mm, der Ausschuß (nach 30 cm) von 20 mm (Paul R. Kalaus).

Die Ursache dieser furchtbaren Wirkung auf das Gewebe liegt in der hohen Auftreffenergie, durch die ein hydrodynamischer Druckstoß in dem hauptsächlich aus nicht komprimierbarer Flüssigkeit bestehenden Gewebe erzeugt wird, der einer kleinen Explosion gleichkommt. Das schwerkalibrige Geschoß wird dabei stark abgebremst und gibt die meiste Energie an das Gewebe ab. Am schlimmsten ist die Wirkung von Steckschüssen, die bei glattläufigen Vorderladern häufig vorkamen, da dann die gesamte Energie an den Körper abgegeben wird, während bei Durchschüssen die Restenergie mit dem Geschoß den Körper verläßt. Die Aufhaltekraft solcher Waffen war daher auf kurze Entfernungen enorm, die Getroffenen müssen sich förmlich überschlagen haben. Im Vergleich dazu ist die Wirkung der Hochgeschwindigkeitsmunition des 20. Jahrhunderts, die meist glatte Durchschüsse verursacht, geradezu harmlos, obwohl sie wegen ihrer größeren Energiedichte noch weit höhere Durchschlagskraft (9–12 mm Stahlblech auf 100 m) besitzt. Nur bei Querschlägern auf kurze Entfernungen entstehen temporäre Wundhöhlen von mehr als 150 cm^3.

Oft wird die Ansicht vertreten, der Bogen sei vor allem wegen seiner viel schnelleren möglichen Schußfolge (10–12 Schuß in der Minute gegenüber 1–3 beim Vorderlader, je nach System) den Feuerwaffen lange Zeit überlegen gewesen. Darin bestand aber auch schon der einzige Vorteil des Bogens selbst gegenüber den primitiven Feuerwaffen der Frühneuzeit. Was Treffgenauigkeit, Reichweite und eben vor allem Durchschlags- und Aufhaltekraft anbetraf, waren letztere dermaßen überlegen, daß es nicht verwundert, daß selbst traditionelle Bogenschützenvölker wie die Türken und die Engländer sehr rasch zur Feuerwaffe übergingen, zumal die Bedienung eines starken Kampfbogens große Körperkraft erfordert und brauchbare Gewehrschützen sehr viel schneller auszubilden sind als Bogenschützen.

Stellen wir zum Abschluß dieses Kapitels noch die Leistungen einiger Waffen zum Vergleich zusammen, wobei es sich zumeist um Höchstwerte handelt, die deutlich über den unter Gefechtsbedingungen zu erwartenden Durschnittsleistungen liegen (Angaben nach Blyth; Bergman/Mc Ewen/Miller; Kalaus; Baatz 1990; sowie Berechnungen von Nikolaus Grohmann). Ein mit einer 2 kg schweren Hiebwaffe mit beiden Händen geführter Schlag entwikkelt eine kinetische Energie von etwa 130 Joule, wiegt die Waffe 1 kg und wird mit einer Hand gehauen, kommen 65 Joule zustande. Der Stoß eines beidhändig geführten 4 kg schweren Langspießes entwickelt 50 Joule, der mit einer einhändig geführten leichten Lanze von 0,8 kg Gewicht 30 Joule. Wird mit der gleichen Lanze unter gleicher Kraftaufwendung von einem mit 11m/s (40 km/h) galoppierenden Pferd aus in der Laufbewegung gestoßen, entstehen etwa 160 Joule. Aus dem Stand geworfen, entwickelt diese Lanze eine Anfangsgeschwindigkeit von 12 m/s (beim Stoß etwa 9 m/s) und eine Anfangsenergie von 58 Joule, nach einem kurzen, sprungartigen Anlauf zu Fuß geschleudert, erhöhen sich die Werte auf 17 m/s und 116 Joule. Wirft man die Lanze vom mit 40 km/h galoppierenden Pferd aus in Bewegungsrichtung, ergibt sich für das Geschoß eine Anfangsgeschwindigkeit von 23 m/s und eine Energie von 210 Joule. Ein Kompositbogen von 27,8 kg Zuggewicht erzielt mit einem 50 g schweren Pfeil eine Anfangsgeschwindigkeit von 50 m/s und eine Anfangsenergie von 62 Joule.

Man muß aber berücksichtigen, daß der Pfeil eine viel kleinere Fläche trifft als die Lanze und daher sehr viel konzentrierter wirkt, also relativ leichter und tiefer durchschlägt (höhere Energiedichte). Während beim Pfeilschuß ein Druck von etwa 120 kp/cm^2 (At) ausgeübt wird, beträgt dieser beim Lanzenstoß aus dem Stand nur etwa 30 kp/cm^2, beim Stoß vom galoppierenden Pferd 83 kp/cm^2 und beim Wurf vom galoppierenden Pferd 107 kp/cm^2. Enorm ist der Druck, der vom Stoß einer starr eingelegten Lanze ausgehen könnte. Bei einer Geschwindigkeit von 40 km/h und einem Gewicht von Roß und Reiter von zusammen 600 kg, wären es nicht weniger als 19 000 kp/cm^2. Dies ist jedoch ein ganz theoretischer Wert, weil der Stoßende mit seiner Hand oder seinem ganzen Körper nachgeben würde (ausgenommen die fest am Rüsthaken des Plattenharnisches aufsitzenden Lanzen der spätmittelalterlichen Ritter) und weil in den meisten Fällen die Lanze brechen würde.

Um mit den Beispielen fortzufahren: Ein mit einer Schlaufenschleuder verschossenes Schleudererblei (*glans*) von 60 g Gewicht (ausgegrabene römische *glandes* wiegen zwischen 23 und 155 g, die meisten 40–70 g) entwickelt eine Anfangsgeschwindigkeit von etwa 50 m/s und eine Anfangsenergie von 75 Joule. Für eine Muskete mit einer 30,93 g schweren Kugel liegen die Werte bei 494 m/s und 3 774 Joule, für ein modernes Sturmgewehr von 7,62 mm Kaliber mit einem Geschoßgewicht von 9,45 g bei 835 m/s und 3 294 Joule.

Aus der geringen Energie und Durchschlagskraft, die die im Altertum zur Verfügung stehenden Waffen besaßen, ergibt sich, daß Schilde, Panzer und Helme den größten Teil der Waffenwirkung unschädlich machen konnten. Soweit kein lebenswichtiges Organ getroffen wurde, war die große Mehrzahl der Verwundungen verhältnismäßig harmlos, am bösartigsten waren die mit schweren Hiebwaffen und breitklingigen, scharf geschliffenen Stichwaffen wie *gladius*, *spatha* und *hasta* zugefügten Wunden, da sie sehr viel Gewebe zerstören konnten. Aber selbst schwere Wunden waren, verglichen mit den von modernen Feuerwaffen und explosiven Kampfmitteln angerichteten Verletzungen, „übersichtlich", wie es Herbert Schwarz ausdrückt (S. 177). Der niedrige Stand der medizinischen Kenntnisse hat diesen Vorteil aber gewiß wieder ausgeglichen. Eindrucksvoll ist die Steigerung der Leistung von Stoß-, Hieb- und Wurfwaffen, wenn sie von einem sich rasch bewegenden Pferd aus geführt werden. Angesichts der geringen Geschwindigkeit aller Waffen kann die vom Pferd eingebrachte zusätzliche kinetische Energie einen bedeutenden Unterschied ausmachen.

DIE SCHUTZWAFFEN DES REITERS

Die späte Bronze- und frühe Eisenzeit sah sowohl in der Ägäis wie auch im Bereich der Hallstatt- und Villanovakulturen in Mitteleuropa und Italien den Aufstieg eines Kriegeradels, der ein ausgeprägtes Repräsentationsbedürfnis besaß, das sich in der reichen Ausstattung der Gräber gerade auch mit Pferdezubehör und Waffen spiegelte. Das Pferd wurde noch vorwiegend zum Ziehen des Streitwagens benutzt. Das Grab eines solchen Streitwagenkämpfers aus dem 7. Jahrhundert v. Chr. wurde in Rom auf dem Esquilin gefunden. Es enthielt unter anderem einen bronzenen Krempenhelm, wie er auch bei den umliegenden Völkern in verschiedenen Varianten in Gebrauch war, sowie Reste eines bronzenen Rundschildes und eines bronzenen *pectorale*. In der Folgezeit kam in Rom die Sitte der Waffenbeigabe zum Erliegen, weshalb wir aus der späten Königszeit und aus fast dem ganzen Zeitraum der Republik so gut wie keine eindeutig als römisch zu identifizierenden Rüstungsteile besitzen. Wir sind daher, neben den, gleichfalls sehr spärlichen, bildlichen Darstellungen auf etruskische und süditalische Funde angewiesen, wo die Waffenbeigabe noch bis ins 4. Jahrhundert v. Chr. eifrig gepflegt wurde. Man darf aber getrost davon ausgehen, daß sich die „Rüstungsmode" der Römer nicht allzusehr von der ihrer Nachbarn unterschieden haben wird.

Bis zum Beginn des 6. Jahrhunderts v. Chr. folgte die Entwicklung ganz einheimischen italisch-etruskischen Traditionen, die in der Villanovazeit wurzelten. Zum Repertoire der vor allem von Etrurien ausgehenden, stark aus dem Orient beeinflußten frührömischen Adelsbewaffnung gehörten Krempen- und Kappenhelme aus Bronze, zunächst rechteckige, später runde bronzene Brustbleche (*pectoralia*) und bronzene Rundschilde. Die Brustbleche hatten einen Durchmesser um 20 cm und wurden mit Riemen umgeschnallt, meist gehörte ein zweites, auf dem Rücken befestigtes Blech dazu. Ihre Verbreitung reicht in Mittelitalien vom 8. zumindest bis zum 6. Jahrhundert v. Chr., in Süditalien wurden sie jedoch weiterentwickelt und noch bis ins 3. Jahrhundert v. Chr. getragen. Die bronzenen, meist über und über in Punzarbeit verzierten Rundschilde des 8. und 7. Jahrhunderts v. Chr. haben zahlreiche Parallelen im östlichen Mittelmeerraum und im nördlicheren Europa. Sie besitzen einen Griffbügel hinter dem zentralen Buckel, der Durchmesser schwankt zwischen 30 und 100 cm, wobei die früheren Exemplare nicht über 70 cm zu messen pflegen. Da letztere aus massivem Bronzeblech gearbeitet sind, darf man in ihnen echte Kampfschilde sehen, während die späteren Stücke aus so schwachem Material bestehen, daß sie nur noch als Zeremonial- und Repräsentationswaffen gelten können. Die tatsächlichen Kampfschilde wurden vom 7. Jahrhundert an wohl aus *S. 176–178* organischem Material hergestellt. Man darf in ihnen wahrscheinlich den Ursprung der republikanischen *parma equestris* erblicken, worauf unten zurückzukommen sein wird.

Ab der 2. Hälfte des 7. Jahrhunderts v. Chr. tritt in Etrurien und Latium neben die italisch-etruskischen Traditionen mehr und mehr das griechische Vorbild, ohne freilich die Weiterentwicklung einheimischer Modelle ganz unterbinden zu können. Vor allem ergriff der griechische Einfluß die höheren Gesellschaftsschichten und somit ganz besonders den Reiteradel.

Bd. II, Abb. 13, 14 Die römischen Reiter des 6. Jahrhunderts v. Chr. waren, nach den wenigen Bildquellen und nach den gewiß analogen etruskischen und griechischen Verhältnissen zu schließen, zum *Bd. II, Abb. 8, 9* Teil hoplitenmäßig gerüstet, zum Teil völlig ungepanzert. Die Hoplitenrüstung bestand damals aus dem zweiteiligen Küraß vom Glockenpanzertyp, der den Rumpf vom Hals bis zur Taille bedeckte, aus dem korinthischen Helm mit mächtigem Roßhaarbusch, aus federnden Beinschienen und aus dem großen argivischen Rundschild aus an der Außenfläche mit Bronzeblech überzogenem Holz von 80–90 cm Durchmesser. Das verwendete Metall war grundsätzlich Bronze.

Das Gewicht einer solchen Panhoplie betrug einschließlich der Waffen (Lanze und Schwert) etwa 21 kg, ließ der Reiter den Schild weg, wie es beim aufgesessenen Einsatz öfters geschah, waren es noch 14 kg, die Gewichtsbelastung war also nicht sehr erheblich. Es handelte sich um keine spezifische Kavallerierüstung, sondern um ein auch von der schweren Infanterie, wie es scheint ohne größere Abänderungen, verwendetes Waffensystem. Es war nicht so hinderlich, daß es den Kampf zu Pferde unmöglich gemacht hätte. Der korinthische Helm beschränkte die Sicht und vor allem das Hörvermögen, der Küraß war starr und bei Hitze stickig, aber diese Nachteile, die in klassischer Zeit zur Ablösung durch andere Helm- und Panzertypen führen sollten, machten sich beim Reiter nicht schlimmer bemerkbar als beim zu Fuß fechtenden Hopliten.

Da die Beinschienen im Gegensatz zu denen der Kaiserzeit kein gesondertes, beweglich angebrachtes Knieteil besaßen, behinderten sie die seitliche Bewegung des Beins, die erforderlich wird, wenn der Reiter einen kräftigen Schenkeldruck ausüben will. Man kann aber nicht sagen, sie hätten das Gefechtsreiten unmöglich gemacht. Im 5. Jahrhundert v. Chr. begann die Infanterie, für die die Beinschienen auch nicht allzu angenehm waren, dieses Rüstungsteil mehr und mehr fortzulassen, die Reiterei ist ihr damit wohl schon vorausgegangen. Das bedeutete natürlich eine erhebliche Einbuße an Schutzwirkung, da die durch den Rundschild nicht gedeckten Schienbeine im Kampf gegen Fußsoldaten sehr gefährdet waren.

Am lästigsten war zweifellos der 6–8 kg schwere Rundschild (ὅπλον, *clipeus*), über den auch die zu Fuß kämpfenden Hopliten heftig klagten. Zu Pferde war seine Verwendung natürlich noch schwieriger, da mit der linken Hand auch die Zügel geführt werden mußten. Zahlreiche Abbildungen zeigen tatsächlich den hoplitenmäßig bewaffneten Reiter ohne Schild kämpfen, noch häufiger jedoch sehen wir den Reiter mit dieser Schutzwaffe dargestellt. Man hat das, Wolfgang Helbig folgend, für eine künstlerische Freiheit gehalten und darin ein Anzeichen dafür erblickt, daß diese Krieger eigentlich nur berittene Fußkämpfer und keine Kavalleristen gewesen seien, da sie einen solchen Schild zu Pferde nicht hätten gebrauchen können. Ohne leugnen zu wollen, daß die berittenen Hopliten im Nahkampf häufig abgesessen sein werden, kann ich der Auffassung, der Einsatz des Hoplitenschildes zu Pferde sei grundsätzlich unmöglich, nicht beitreten. Sie widerspricht nicht nur zahlreichen Bildzeugnissen, sondern entbehrt auch der sachlichen Begründung. Mir erscheint der Hoplitenschild sogar ursprünglich für den Gebrauch zu Pferde konstruiert worden zu sein. Die leicht gewölbte Schildfläche ist am Rand schräg eingetieft und besitzt eine abschließende Börtelung. Auf der Rückseite des Schildes ist in der Mitte eine breite bronzene Armspange angebracht, durch die man mit dem Unterarm fährt. Legt man sich den um den Schildrand laufenden Tragegurt um den Hals, kann man die Waffe ähnlich dem Schild eines hochmittelalterlichen Ritters an der Seite führen, ohne die linke Hand zu benötigen, die so für die Bedienung der Zügel frei bleibt. Bei Bedarf kann der Handgriff erfaßt und der Schild aktiv eingesetzt werden. Kaiserzeitliche Reiterschilde waren nicht viel leichter als die Hoplitenschilde.

Bd. II, S. 21 f., 29 ff.

Neben den von den Griechen übernommenen Ausrüstungsstücken wurden aber auch genuin italische und etruskische Modelle weiter verwendet. Das trifft zweifellos für die einteiligen oder zusammengenieteten Bronzehelme mit mehr oder weniger breiter Krempe zu, die sich in Ober- und Mittelitalien im 7. und 6. Jahrhundert v. Chr. großer Beliebtheit erfreuten und zunächst von Streitwagenkämpfern und dann vornehmlich von Reitern getragen wurden, wie die Grabbeigaben zeigen. Im späten 6. Jahrhundert verdrängte der Helm Typus Negau mit schmaler Krempe und Scheitelgrat die älteren Krempenhelme. All diese Modelle wurden mit großen Roßhaarbüschen nach dem Vorbild der griechischen Helmzier getragen und hatten gewöhnlich keine Wangenklappen.

Zu allen Zeiten muß ein Kompromiß gefunden werden zwischen dem Schutzbedürfnis einerseits und den Erfordernissen von Beweglichkeit und Bequemlichkeit andererseits, wobei recht häufig das Pendel früher oder später in Richtung Bequemlichkeit auszuschlagen pflegt. Man muß berücksichtigen, daß wirklicher Kampfeinsatz verhältnismäßig selten vorkam, daß die Schutzrüstung aber auch die restliche Zeit über herumgeschleppt werden mußte. Daß in der Neuzeit im Laufe des 17. Jahrhunderts die Panzerung so gut wie völlig aus dem Kriegsgebrauch verschwunden ist, hing weniger damit zusammen, daß sie nach dem Aufkommen der Feuerwaffen nichts mehr genützt hätte – was nur mit großer Einschränkung zutrifft –, sondern mit dem Bequemlichkeitsbedürfnis der Soldaten.

Im 5. und 4. Jahrhundert v. Chr. soll die römische Reiterei fast nackt, jedenfalls ungepanzert gekämpft haben. Ob das für alle Reiter in so krassem Ausmaß zutraf, erscheint jedoch sehr zweifelhaft. Polybios erwähnt Schilde, Helme, meist vom attischen oder vom Negauer Typ, mögen auch getragen worden sein. Wohl gegen Ende des 4. Jahrhunderts panzerte sich

Bd. II, S. 36

die römische Kavallerie jedenfalls wieder, griechischen und campanischen Vorbildern folgend.

Der üblichste Körperschutz war zunächst der griechische Klappenpanzer aus übereinan- *Bd. I, Abb. 16, 181* dergeleimten Leinenschichten mit *pteryges* (den Unterleib, häufig auch die Oberarme deckende Streifen aus dem gleichen Material) und Schulterklappen. Er konnte teilweise mit Metallschuppen verstärkt werden. Die griechische und makedonische Kavallerie der spätklassichen und frühhellenistischen Zeit trug gerne eine kurze Variante des bronzenen Muskelpanzers. Da sie vor dem 3. Jahrhundert v. Chr. kaum Schilde benutzt zu haben scheint, war ein effektiver Körperschutz, der oft durch Halsberge und Armschutz ergänzt wurde, von großer Bedeutung für die Schockkavallerie. Kürasse vom Muskelpanzertyp sind für die süditalische Reiterei des 4. Jahrhunderts v. Chr. vielfach belegt, die gelegentliche Verwendung durch römische *equites* wird daher auch nicht auszuschließen sein. Im Laufe der Punischen Kriege des 3. und 2. Jahrhunderts v. Chr. wurden Klappenpanzer und Bronzeküraß zusehends durch den von den Kelten übernommenen Ketten- oder Ringelpanzer (*lorica hamata*) verdrängt. Dieser bestand aus ineinandergefügten Eisenringen, die eine Hälfte von ihnen geschlossene Ringe (*circuli*), die *Abb. 168* andere Hälfte zusammengebogene und vernietete Drahtringe (*hami*), die sich in alternierenden Reihen abwechselten. Aus der Kaiserzeit haben sich zahlreiche Reste von Kettenpanzern erhalten. Der Außendurchmesser der Ringe schwankt zwischen 3 und 14 mm. Ein spätrömisches Kettenhemd aus Weiler-la-Tour (Luxemburg) bestand aus gestanzten Ringen mit einem Außendurchmesser von 8,5 und einem Lochdurchmesser von 5 mm und aus Ringen aus einem rundstabigen Draht von 1,2–1,5 mm Stärke mit einem Außendurchmesser von 10–10,5 mm. Dem entsprechen weitgehend die Ringe unserer rekonstruierten Kettenpanzer. Wie die *Bd. II, Abb. 189* Pydnastele zeigt, ähnelte der Kettenpanzer der Reiterei im 2. Jahrhundert v. Chr. dem des Fußvolks, doch war er am unteren Rand auf beiden Seiten etwa 10 cm hoch eingeschlitzt, um einen bequemeren Sitz zu ermöglichen. Der Panzer hatte an den Schultern schmale Verstärkungen, die in der Form den Schulterklappen des Leinenpanzers entsprachen.

Der häufigste Kopfschutz waren die vom korinthischen Helm abgeleiteten, jedoch das Gesicht frei lassenden, mit schmalen, meist beweglichen Wangenklappen versehenen Helme vom chalkidischen und vom attischen Typ. Sie wurden von einem großen Helmbusch griechischer Form bekrönt, einzelne in Tüllen gesteckte Federn, wie sie Polybios für die Infanterie *Bd. II, Abb. 11* beschreibt und wie wir sie an den Helmen der süditalischen Reiter finden, werden auch vorgekommen sein. Neben dem chalkidischen und attischen Helm wurde der von Xenophon für die Kavallerie empfohlene, bei den makedonischen Reitern sehr beliebte breitkrempige böotische Helm getragen, wie eine Figur auf dem Altar des Domitius Ahenobarbus beweist. Aber auch *Bd. II, Abb. 16* die alten italisch-etruskischen Krempenhelme, wohl meist vom Negauer Typ, wurden bis in spätrepublikanische Zeit von der Reiterei weiterverwendet. Eine Reihe von Bildwerken und Münzbildern des 2. und 1. Jahrhunderts v. Chr., zeigen die römischen Kavalleristen noch *Bd. I, Abb. 14a* ganz eindeutig mit diesen altertümlichen Helmen ausgerüstet. Fundstücke aus der Zeit nach dem 4. Jahrhundert v. Chr. fehlen allerdings in Italien, was aber angesichts des spärlichen er- *Bd. II, Abb. 17* haltenen Materials aus dieser Epoche nicht sehr viel zu bedeuten braucht. Im Alpengebiet ist der Negauer Helm noch bis ins 1. Jahrhundert v. Chr. archäologisch belegt.

Wie die hellenistische Kavallerie des 3. und 2. Jahrhunderts v. Chr. waren die römischen *equites* mit einem nicht sehr großen Rundschild von 50-80 cm Durchmesser ausgerüstet, der sogenannten *parma equestris*. Auf den spätrepublikanischen und frühkaiserzeitlichen Darstellungen kommt dieser Schild in zwei verschiedenen Formen vor. Die häufigere von ihnen

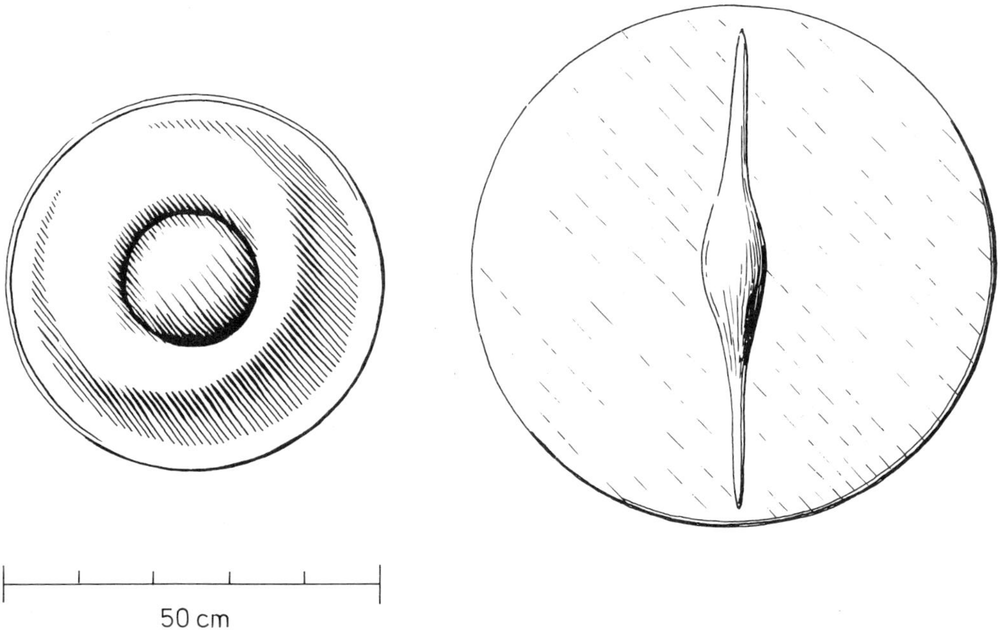

Abb. 154 Zwei römische Reiterrundschilde (*parmae equestres*) aus republikanischer Zeit. Links der traditionelle, aus Leder gepreßte Typ in der Form eines *patera*-Bodens, rechts der größere hölzerne Flachschild keltisch-hellenistischer Art mit hölzerner *spina*. Zeichnung Nikolaus Grohmann.

Abb. 155 Reiter und Fußsoldat, Detail vom Reliefschmuck der etruskisch-römischen Sedia Corsini, 4./3. Jahrhundert v. Chr. Beide Krieger tragen große Ovalschilde mit spindelförmiger Verstärkungsrippe und Knaufhelme vom Typus Montefortino. Rom, Palazzo Corsini, Zeichnung Nikolaus Grohmann nach Pericle Ducati, Tafel VIII.

Bd. I, Abb. 16, Bd. II, S.36, Abb. 17, 39, 89, 102, 154, Bd. III, Abb. 154 links

hatte in der Mitte einen Buckel, der von einer konzentrischen Vertiefung umgeben war. Dann wölbte sich der Schild auf und wurde zum Rand hin wieder flacher. Er erhielt hierdurch eine Form, die an den Boden einer *patera*, einer Opferschale, erinnert. Vermutlich war dies die althergebrachte Gestalt der *parma*, die Polybios mit einem Opferkuchen vergleicht und die seinem Zeugnis nach aus Leder gefertigt war. (Universalgeschichte, VI. 25) In der Tat läßt sich ein Schild der beschriebenen Form am besten herstellen, indem man dickes, eingeweichtes Leder in eine entsprechende hölzerne Negativform preßt und trocknen läßt. John Coles hat dies nach dem Vorbild eines ähnlichen, in Irland gefundenen Lederschildes aus dem 8. Jahrhundert v. Chr. mit Erfolg erprobt. Die Rekonstruktion wurde mit Schwerthieben traktiert und erwies sich als recht widerstandsfähig. Wie Polybios schreibt, besteht die große Gefahr darin, daß der Schild feucht und das Leder dadurch weich wird. Nach den Experimenten von John Coles kann man das aber gut verhindern, indem man den fertigen Schild kurz in geschmolzenem Wachs kocht. Auch durch Behandlung mit heißem Wasser kann das Leder einigermaßen gehärtet und unempfindlich gegen Feuchtigkeit gemacht werden. Wahrscheinlich war auch der *umbo*, der Buckel, der *patera*-förmigen *parma* aus Leder, nicht aus Metall, denn die Vertiefung um den Buckel böte dem zur Befestigung nötigen Rand keine Auflagefläche, auch sieht man nirgends Nieten abgebildet. Neben den die Ursprungsform darstellenden ledernen Exemplaren kamen gewiß, wie schon in der Bronze- und früheren Eisenzeit, auch aus Metall getriebene Schilde dieses Typs vor.

Für das hohe Alter der Schildform sprechen nicht nur der Bericht des Polybios und der Vergleich mit ähnlichen bronze- und früheisenzeitlichen Schilden aus Leder oder Metall, sondern auch der Umstand, daß die *parma* in dieser Gestalt noch von der *iuventus*, der adeligen Jugend der Kaiserzeit, bei zeremoniellen Anlässen getragen wurde, wonach sie als die altehrwürdigere von den beiden Formen des Reiterrundschildes gegolten haben muß. Wir hören, daß es mit Silber überzogene oder ganz aus Silber getriebene Exemplare gegeben hat, wie sie den kaiserlichen Prinzen Gaius und Lucius Caesar von der Ritterschaft geschenkt wurden. *Bd. II, Abb. 89* (Augustus, *Res Gestae*, 3.5) Reine Votiv-, Parade- und Repräsentationswaffen wurden zu allen Zeiten oft aus edleren Materialien hergestellt oder mit solchen verziert, ohne ihre alte, von der Tradition geheiligte Form einzubüßen. Die *parma* diente noch weit in die Kaiserzeit hinein als Offiziersschild und findet sich oftmals auf den Grabmonumenten adeliger Offiziere abgebildet.

Bd. I, Abb. 14a, Bd. III, Abb. 154 rechts

Die andere, seltener dargestellte Art der *parma* war flach, etwas größer und besaß in der Mitte statt eines runden Buckels eine *spina* wie die *scuta* der republikanischen Legionsinfanterie, also eine spindelförmige Verstärkung aus Hartholz. Die Schildfläche bestand zweifellos aus lederbezogenem Holz. Das war wohl der Schild, den die Römer laut Polybios von der hellenistischen Kavallerie übernommen haben, obwohl er auch dort keine alte Tradition hatte und letztlich aus dem keltischen Bereich stammen dürfte. P.F. Stary (1981, S. 166) möchte allerdings die Polybiosstelle auf die Übernahme des Hoplitenschildes durch die römische Reiterei im 6. Jahrhundert v. Chr. beziehen. Im Zusammenhang des Textes würde das aber bedeuten, die griechische und römische Kavallerie hätten zur Zeit der Punischen Kriege noch immer den argivischen Schild getragen, was im Widerspruch zu allen Zeugnissen stünde. Polybios kann also nur einen in hellenistischer Zeit verwendeten Reiterschild gemeint haben. Auf der Pydnastele von 168 n. Chr. trägt einer der makedonischen Reiter einen Rundschild mit *spina*. Die durch diese bedingte Ähnlichkeit mit dem *scutum* mag Polybios veranlaßt haben, diese Schilde als ϑυρεοί zu bezeichnen, ein Ausdruck, mit dem normalerweise das grosse längliche *scutum* bedacht wird. Arrian (Τέχνη Τακτική, 4ff.) und Flavius Josephus (Jüdischer Krieg III. 5,5) nennen den ovalen Schild der kaiserzeitlichen Reiterei gleichfalls θυρεός. Die antiken Autoren bedienten sich eben durchaus nicht immer einer so klaren Terminologie, wie sie der moderne Forscher gerne hätte und sie daher in alte Texte hineinzulesen geneigt ist. Der Oval-, Stumpfoval- oder Sechseckschild der Auxiliartruppen dürfte in der Kaiserzeit auch im Lateinischen als *scutum* bezeichnet worden sein, und nicht als *clipeus*, wie das in der modernen Forschung manchmal geschieht. In der Spätantike diente *scutum* dann oft als Sammelbegriff für alle Arten von Schilden. Die Sedia Corsini zeigt die Reiter mit den gleichen ovalen Schilden ausgerüstet wie die Infanterie, doch steht sie damit unter den vorkaiserzeitlichen antiquarischen Quellen allein. Livius spricht stets von der *parma equestris*. Man wird also den Ausdruck des Polybios hier nicht zu wörtlich nehmen dürfen. Beinschienen waren nicht mehr üblich, ein lederner oder aus geschobenen Metallschienen zusammengesetzter Armschutz (*manica*), den die Reiter der Diadochenheere verwendeten, mag jedoch von manchen am rechten Arm getragen worden sein.

Abb. 155

Mit Schwert und Lanze wog eine Reiterrüstung des 2. Jahrhunderts v. Chr. 14–22 kg, je nach verwendetem Panzertyp. Leinenpanzer wie Kettenpanzer waren wesentlich angenehmer zu tragen als der starre und luftundurchlässige Bronzeküraß. Der unverstärkte Leinenpanzer hatte zwar ein weit geringeres Gewicht als der Kettenpanzer – etwa 4 kg gegenüber 9–14 kg –, trotzdem war der letztere nicht nur stabiler, sondern auch bequemer. Das flexible Ringgeflecht übte keinerlei mechanische Behinderung aus und war, da es eigentlich ein System von Löchern darstellte, völlig luftdurchlässig. Die *lorica hamata* blieb auch in der Kaiserzeit der weitaus populärste Körperschutz der Reiterei.

Sieht man von den altertümlichen Krempenhelmen ab, wie sie etwa das Curtius-Relief oder die Dioskurenmünzen zeigen, scheint sich in spätrepublikanischer und augusteischer Zeit der Helm der Reiterei nicht allzusehr von den anspruchsvolleren Versionen der Infanterie- und besonders der Offiziershelme unterschieden zu haben. Vielleicht handelt es sich bei den späten Abbildungen von Krempenhelmen bereits um den eisernen westkeltischen Helm Typus Agen/Giubiasco. Die wenigen kaiserzeitlichen Reiterdarstellungen aus vorclaudischer Zeit, auf denen Helme identifizierbar sind, zeigen teils den attischen Typus, teils den Typus Hagenau (beide Bronze) und den frühen Typus Weisenau (Eisen) wie die Reliefs vom Bogen von Orange, niemals jedoch den simplen Standardhelm der Infanterie, den Typus Montefortino. Spätestens gegen Ende des 1. Drittels des 1. Jahrhunderts n. Chr., als die Reitergrabsteine aufkamen, wahrscheinlich aber schon in augusteischer Zeit, hatte sich jedoch, basierend auf dem attischen Helm, ein nur für die Reiterei charakteristisches Modell entwickelt, auf das unten zurückzukommen sein wird.

Bd. I, Abb. 16
Bd. II, Abb. 23
S. 164–167

Die Ausrüstung der frühkaiserzeitlichen Kavallerie von Claudius bis Domitian ist uns durch die Reitergrabsteine des 1. Jahrhunderts n. Chr besser bekannt als die irgendeiner anderen Epoche der römischen Geschichte. Der Kettenpanzer blieb in allgemeinem Gebrauch, daneben kam der Schuppenpanzer (*lorica squamata*) aus kleinen, einander überlappenden Bronze- oder Eisenschuppen, die auf einer Unterlage aus Leinen aufgenäht und mit Draht untereinander verflochten waren, vor. Er war an Stabilität dem Kettenpanzer unterlegen, war aber billiger und sah sehr dekorativ aus. Typisch für das 1. Jahrhundert n. Chr. sind die extrem breiten, capeartigen Schulterstücke (*humeralia*) der Reiterpanzer, die mit beweglichen metallenen Brusthaken zusammengehalten wurden. Da die komplizierte Struktur des aus 30 000 und mehr (bis zu 100 000) Ringen bestehenden Kettenpanzers auf den Skulpturen vereinfacht

Bd. I, Abb. 177–179, Bd. II, Abb. 23, 26, 72 Bd. III, Abb. 74, 75, 117, 156, 157, 168

und stilisiert wiedergegeben oder auch nur aufgemalt wurde, hat man viele dieser Darstellungen lange Zeit für solche von „Lederpanzern" gehalten, die aber in dieser Form entweder funktionsunfähig wären oder keinen nennenswerten Schutzwert besäßen. Tatsächlich handelt es sich bei all den kaiserzeitlichen „Lederpanzern", die durch die Literatur geistern, um Kettenhemden.

Unter dem Panzer mußte ein manchmal wohl gepolstertes Untergewand aus dickem Leinen, Filz oder Leder mit oder ohne *pteryges* getragen werden, eine sehr wichtige Ergänzung des die Wucht eines Schlages oder Stoßes nur recht unzureichend absorbierenden Kettenpanzers. Dieses Untergewand (*thoracomachus*) konnte unter Umständen auch verhindern, daß losgerissene Kettenpanzerringe in die Wunde gerieten oder daß geringfügig den Panzer durchdringende Spitzen gleich blutende Wunden verursachten. In der Schrift eines oströmischen Militärschriftstellers heißt es, die Panzer sollten „nicht auf gewöhnlichen Kleidern aufliegen, wie es einige machen, um die Schwere der Ausrüstung zu verringern, sondern auf speziellen Untergewändern, welche mindestens einen Daktylos [etwa 19 mm] dick sind, zum einen damit die Panzer nicht den Körper durch ihre Härte verletzen, sondern diesen getrennt durch eine gut sitzende Auflage umschließen, zum anderen damit die Geschosse der Feinde nicht bis zum Fleisch vordringen . . ." (Anonymus, Περὶ στρατηγίας, XVI,4) Solche polsternden Panzeruntergewänder, im Mittelalter Gambeson, später Rüstwams genannt, schützten auch die Kleidung vor Verschmutzung durch den schwarzen Eisenabrieb und das Öl des Panzers. Eine Unannehmlichkeit bestand darin, daß dicke Untergewänder den Vorzug der Luftdurchlässigkeit, den der Kettenpanzer hatte, zum Gutteil wieder aufhoben. Das war wahrscheinlich der Grund, weshalb manche Soldaten, vor allem bei heißem Wetter, auf das Rüstwams verzichtet haben werden, nicht aber das im Vergleich zum Panzer eher unbedeutende Gewicht, das je nach Größe und Material 2–4 kg betragen haben dürfte.

Aus byzantinischer Zeit wissen wir, daß der Panzer auf Reisemärschen meist nicht am Körper getragen wurde, sondern daß man ihn in einem Lederbeutel verstaute und am Sattel mitführte. Das war natürlich bequemer für den Reiter und schützte den Panzer vor Feuchtigkeit und Schmutz. Die Römer werden es unter friedlichen Bedingungen wohl ähnlich gemacht haben, im Kriegsfall war es aber gewiß den Kavalleristen ebenso verboten wie den Fußsoldaten, außerhalb von befestigten Lagern den Panzer abzulegen, gleichgültig ob Feindberührung zu drohen schien oder nicht. Man gewöhnt sich recht gut an das Gewicht des Panzers, selbst das leichte Schlagen der Schulterstücke, das beim ausgesessenen Traben eintritt, hat sich als nicht besonders lästig erwiesen. Solange man den ganzen Tag über in Bewegung ist, besteht auch bei feuchter Witterung keine Rostgefahr, da die Ringe fortwährend aneinander scheuern und der Panzer sich dadurch selbst entrostet.

Die Helme waren durchwegs von pseudoattischem Typ mit sehr breiten, auch die Ohren bedeckenden Wangenklappen und tiefem, aber schmalem Nackenschutz. Über der Stirn ist bei den fortgeschritteneren Exemplaren ein Schirm angebracht. Die Kalotte weist auf den Skulpturen meist eine haarlockenartige Struktur auf, die Anlaß zu mancherlei Spekulationen bot. Nachdem in jüngerer Zeit mehrere solcher Helme gefunden worden sind, wissen wir, daß

Abb. 156, 157 Römische Reiter im Kettenpanzer und im Schuppenpanzer, jeweils mit breiten Schulterverstärkungen. Details von einem spätaugusteischen Schlachtenrelief. Mantua, Palazzo Ducale. ▷

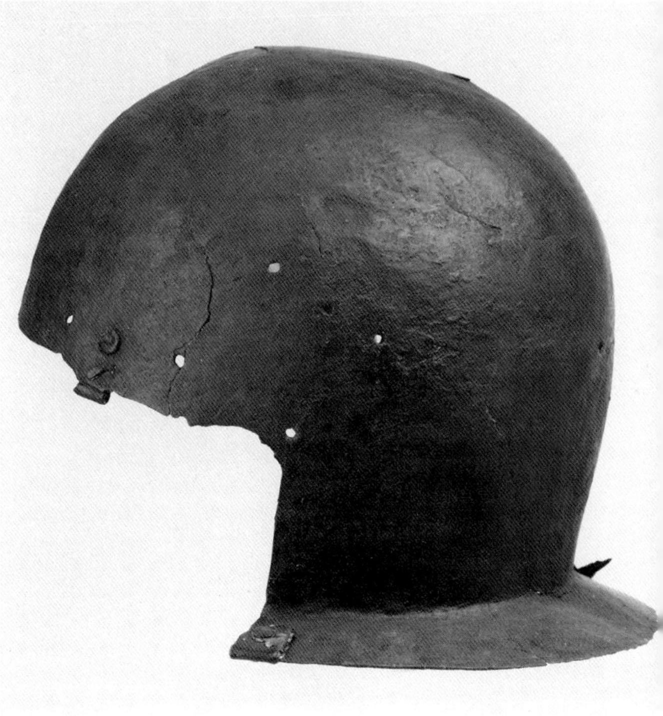

Abb. 158 Eiserner Reiterhelm vom Typus Weiler, gegen Mitte 1. Jahrhundert n. Chr. Der Helm wurde in einem Grab bei Wei nahe Arlon in Luxemburg gefunden, das durch die beigegebene Keramik in claudische Zeit datiert werden kann. Mit Ausnahme bronzenen Stirnbandes besteht der Helm ganz aus Eisen. Die Haarlocken sind direkt aus dem Eisen gearbeitet. Die Wangenkl pen, von denen eine erhalten geblieben ist, lassen außer der Ohrbildung keinen Schmuck erkennen. Arlon, Musée Luxembourge

Abb. 159 Eiserne Unterkalotte eines zweischaligen Kavalleriehelms vom Typus Koblenz-Bubenheim/Weiler, aus Newste (Schottland), spätes 1./frühes 2. Jahrhundert n. Chr. Die Löcher für die Nieten, mit denen die Überkalotte aus Bronze befest wurde, sind deutlich sichtbar. Eine ähnliche Unterkalotte wurde vor kurzem in Xanten-Wardt ausgegraben. Edinburgh, Ro Museum of Scotland.

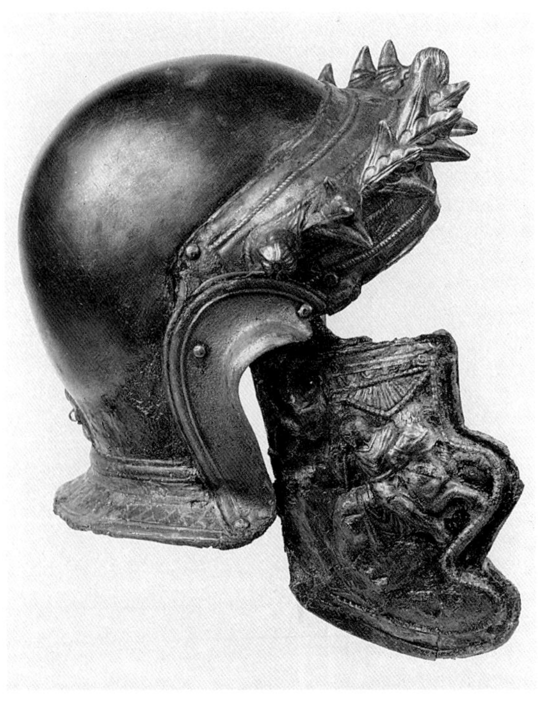

die Kalotte in Form stilisierter Locken getrieben wurde oder daß man dieses Ornament aus dem vollen Material herausgravierte. Im ersten Fall (Typus Koblenz-Bubenheim) handelte es sich um zweischalige Helme aus zwei übereinandergenieteten Kalotten, von denen die untere aus Eisen war, die obere, die die Verzierungen aufwies, aus Bronze oder Silber. Im zweiten Fall (Typus Weiler) bestanden die Helme nur aus einer einzigen, eisernen Kalotte. Die Wangenklappen, mitunter auch das Stirnband und der waagrechte Teil des Nackenschutzes waren mit Treibarbeiten reich verziert. Wie alle römischen Helme bis zum späten 3. Jahrhundert n. Chr. besitzen die Reiterhelme eine Zweipunktbefestigung, indem der Riemen von zwei Ösen unter dem Nackenschutz zu solchen auf den Innenseiten der Wangenklappen läuft und dort zusammengebunden wird. Trotz einem Gewicht von 2,5–3 kg sind diese Helme relativ bequem zu tragen. Es gibt keine Anzeichen dafür, daß auf den normalen Helmen der Auxiliarreiterei in der frühen Kaisezeit Roßhaarbüsche angebracht worden wären.

Bd. I, Abb. 177, 259, 260 Bd. II, Abb. 37, 44, 55, 103, Bd. III, Abb. 35, 54, 84, 117, 158, 159, 161, 163

Der kleine Rundschild der republikanischen Reiterei verschwand und wurde durch größere längliche Schilde keltischer Herkunft ersetzt. Im Gegensatz zum *scutum* der Legionäre waren sie nicht gewölbt, sondern flach. Sie kommen in ovaler, stumpfovaler und sechseckiger Form vor. Stumpfovale Schilde waren vor allem für die 1. Hälfte und die Mitte des 1. Jahrhunderts n. Chr. typisch, später gab es fast nur noch Ovalschilde. Die meisten Reitergrabsteine und der traianische Fries am Constantinsbogen geben die Schilde in realistischer Größe wieder, während sie auf den Reliefs der Traianssäule, wie auch die Legionärs*scuta*, verkleinert sind. Die wenigen erhaltenen Schilde und Schildhüllen bestätigen, daß viele dieser Schutzwaffen in der frühen Kaiserzeit ziemlich groß und schwer waren. Ein etwas außergewöhnliches stumpfovales Exemplar aus Doncaster (Mitte 1. Jahrhundert n. Chr.) ist 125 cm hoch und an der breitesten Stelle 64 cm breit, die Stärke beträgt 10 mm, das Gewicht einer Rekonstruktion 9 kg. Damit war dieser Schild fast so groß und schwer wie die großen Oval*scuta* der republikanischen Infanterie. Es ist allerdings unsicher, ob es sich um eine Reiterwaffe gehandelt hat, wie zu Unrecht aus der senkrechten Stellung des Griffes geschlossen worden ist. Die Hüllen (*tegimenta*) zweier typischer ovaler Flachschilde aus Valkenburg Z.H. in Holland (gleichfalls 1. Jahrhundert n. Chr.) messen 128 x 65 cm und 100 x 54 cm. Da die Ränder der Hüllen über-

Bd. I, Abb. 21, 173, 177, 179, 188, Bd. II, Abb. 55, 56, 58, 78, Bd. III, Abb. 46, 75, 84, 115–118, 123, 124, 155, 162

◁ Abb. 160 Reiterhelm vom Typus Koblenz-Bubenheim/Weiler aus bronzeverkleidetem Eisen, wohl spätes 1., frühes 2. Jahrhundert n. Chr. Das Stück wurde in der Waal bei Nijmegen gefunden. Die Eisenkalotte ist großenteils ergänzt, und man weiß nicht, ob sie einst ganz mit Bronze überzogen war. Das Stirnband ist mit eingravierten Bäumen und Tempeln verziert, darüber sitzt ein diademartiges Band mit vollplastisch herausgetriebenen Eichen- und Lorbeerblättern und einer Büste in der Mitte. Ein ähnliches Band von einem zweiten Helm dieser Art wurde zusammen mit dem abgebildeten Stück gefunden. Über der linken Schläfe ist eine Tülle angebracht, in die eine Feder gesteckt werden konnte, das Gegenstück rechts ist verloren. Eine über dem Nackenschutz sitzende Öse weist darauf hin, daß der Helm gelegentlich mit einem Busch getragen wurde. Die erhaltene rechte Wangenklappe zeigt in Treibarbeit einen Reiter, der mit der Lanze nach unten stößt. Leiden, Rijksmuseum van Oudheden.

Abb. 161 Fragmente eines zweischaligen Kavalleriehelmes vom Typus Koblenz-Bubenheim/Weiler, aus Koblenz-Bubenheim, Mitte/2. Hälfte 1. Jahrhundert n. Chr. Der Helm besaß eine untere Kalotte aus Eisen, über die eine zweite, mit Haarlocken verzierte Kalotte aus Bronze genietet wurde. Koblenz, Mittelrheinmuseum.

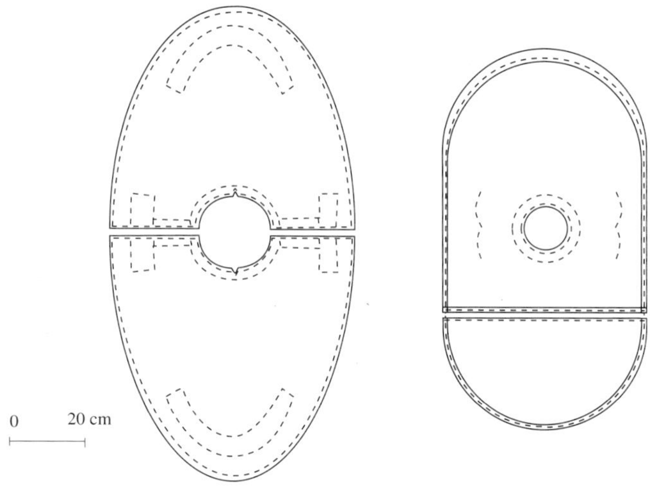

Abb. 162 Die beiden Typen von ovalen ledernen Schildhüllen (*tegimenta*), die im Fundgut des Castells Valkenburg Z.H. (Niederlande) festgestellt wurden, 1. Jahrhundert n. Chr. Die größere, oben und unten relativ schmal zulaufende Form ist um die 130 cm hoch und 65 cm breit. Sie ist aus 2 gleich großen Stücken Ziegenrückenleder hergestellt. Der kleinere, gedrungenere Typ mit geraden Seiten ist gut 100 cm hoch und 53 cm breit. Zu seiner Herstellung reichten 1 1/2 von diesen Lederstücken. Da die Ränder der Hüllen umgeschlagen und zusammengeschnürt wurden, waren die Schilde tatsächlich um 5–10% kleiner. Zeichnung C.A.T. Medienproduktion nach W. Groenman-van Waateringe 1975, Abb. 4 und 5.

geschlagen wurden, läßt das auf Schilde von etwa 120 x 57 bzw. 92 x 46 cm schließen. Es liegt nahe, in dem größeren Exemplar einen Infanterie–, im kleineren einen Kavallerieschild zu sehen. Die oben erwähnten Abbildungen zeigen jedoch, daß die Mehrzahl der Reiterschilde zur größeren Kategorie gehört haben dürfte. Wir müssen auch damit rechnen, daß es verschieden spezialisierte Einheiten mit verschieden großen Schilden gab, ferner, daß innerhalb einer Einheit bestimmte Dienstgrade und Funktionsträger von der Norm abweichende Schilde gehabt haben mögen, wie das auch bei der Infanterie der Fall war.

Wir benutzten zunächst sehr große Schildrekonstruktionen von 123 x 66 cm mit einem Gewicht (ohne Hülle) von 6,3 kg, die sich beim Einsatz zu Pferde als recht unhandlich erwiesen. Wir reduzierten sie daher schließlich auf 114 x 60 cm (5,2 kg), was in etwa den größeren Valkenburgschilden entsprach. So unerheblich der Größenunterschied erscheinen mag, die verkleinerten Schilde waren doch ungleich brauchbarer.

Natürlich waren diese Schilde unhandlicher als die alten Rundschilde. Ihr Vorzug bestand darin, daß sie den Mann vom Kinn bis zu den Waden deckten und daß es auch möglich war, das Pferd mit dem Schild wenigstens in beschränktem Maße zu schützen. Wie uns Arrian es beschreibt, konnten regelrechte Schildmauern gebildet werden, die Roß und Reiter großenteils vor Geschossen abschirmten. Im Nahkampf bietet ein großer Schild einem geübten Benutzer Vorteile, gegen die man auch mit überlegener Beweglichkeit kaum ankommt.

Bd. II, S. 178

Die Annahme, die Reiterschilde hätten im Gegensatz zu denen des Fußvolkes senkrechte statt waagrechter Griffe gehabt, um die gleichzeitige Zügelführung zu ermöglichen, dürfte nicht zutreffen. Viele Reitergrabsteine lassen deutlich eine Arm- und Schildstellung erkennen, die einen in der Längsachse des Schildes verlaufenden Griff ausschließt. Bei unseren Fechtversuchen hat sich gleichfalls die horizontale Griffstellung als die zweckmäßigere erwiesen. Die Zügelführung kann beim Fechten zu Pferde ohnehin nur eine geringe Rolle spielen, da sonst ein aktiver, offensiver Einsatz des Schildes ausgeschlossen wäre. *Bd. I, Abb. 177, 179, 188, Bd. II, Abb. 25, 55*

Das *scutum* der Legionsinfanterie mußte wegen seiner stark gewölbten Formgebung aus einer Art Sperrholz gefertigt werden, die Flachschilde konnte man dagegen weniger aufwendig aus aneinandergefügten Brettern herstellen, wie das die in La Tène gefundenen keltischen Ovalschilde und sogar die leicht konvex gewölbten spätrömischen Rundovalschilde aus Dura-Europos zeigen. Die Römer scheinen aber auch diese Schildart häufig aus Sperrholz gefertigt zu haben, was zwar für Flachschilde keine Notwendigkeit war, zweifellos aber ein festeres Material ergab. Der Doncasterschild besteht aus drei Lagen Eichen- und Erlenbrettchen, die im rechten Winkel übereinandergelegt und verleimt wurden. Die Holzfläche allein ergäbe freilich noch keinen brauchbaren Kampfschild, jeder schwerere Treffer würde ganze Stücke herausbrechen. Um das zu verhindern, mußte das Holz außen und innen mit je einer aufgeklebten Schicht Leinen und/oder Rindsleder überzogen werden. Den Rand entlang beschlug man den Schild meist mit schmalen Bronzeleisten, die ihn vor Bestoßung und Einhakken schützen sollten. *Bd. III, Abb. 84, 117* *Abb. 176*

In der Mitte hatte die Schildfläche ein rundes oder ovales Loch von etwa 10 cm Durchmesser. Durch dieses lief der aus Holz oder Eisen gefertigte, mit Leder umwickelte waagrechte Griff. Nach außen wurde die Hand durch den halbkugelig gewölbten Schildbuckel (*umbo*) aus Eisen, häufiger aus Bronze geschützt. Der Buckel saß mit seinem flachen Rand auf der Schildfläche auf und wurde mittels vier oder mehr Nieten an dieser befestigt.

Die Außenfläche des Schildes wurde in reglementierter Weise bemalt. An den Ornamenten und Symbolen konnte man die einzelnen Einheiten voneinander unterscheiden. Die Schildbemalung wurde nur im Kampf und bei repräsentativen Auftritten wie Paraden gezeigt, sonst verbarg sie die lederne Schildhülle, das *tegimentum*. Diese Hüllen dienten vor allem als Schutz vor Feuchtigkeit. Von ihnen haben sich verschiedentlich Überreste gefunden. Sie sind meist aus Ziegenleder gefertigt und werden mit durch den Hüllenrand geführten Riemen an der Innenseite des Schildes zusammengezogen und verschnürt. In einigen Fällen haben sich durchbrochen gearbeitete Aufschriften in Form einer *tabula ansata* erhalten, denen die Einheit des Trägers zu entnehmen war.

Ähnlich der Infanterie dürfte die Reiterei Tragegurte verwendet haben, um es dem Mann zu ermöglichen, den Schild, wenn er nicht unmittelbar benötigt wurde, an die Seite oder über den Rücken zu hängen. Für die Reiterschilde war keine komplizierte, das Gewicht sorgfältig auf beide Schultern verteilende Zweipunktaufhängung erforderlich wie bei den *scuta* der Legionäre, weil die Reiter während des Marsches keine Gepäckstange mit der *sarcina* auf dem oberen Schildrand aufsitzen lassen mußten, was auf den Schultern eines feldmarschmäßig bepackten Infanteristen je nach Schildtyp 24–27 kg lasten ließ.

Es ist fraglich, ob die römischen Kavalleristen überhaupt den Schild über längere Zeit hinweg am Gurt hängend auf dem Rücken oder seitlich am Körper getragen haben. Flavius Josephus (*Jüdischer Krieg*, III.5.5) schreibt, die Reiter Vespasians hätten ihre Schilde während des Marsches am Sattel befestigt und an der Seite des Pferdes hängen lassen. Zahlreiche skulpturelle Darstellungen bestätigen diese Information, doch zeigen sie mit zwei Ausnahmen Pferde, deren Reiter abgesessen sind. Die horizontal mit dem Tragegurt an den Sattelhörnern abgehängten Schilde bedecken die linke Flanke der Tiere. Zu allen Zeiten war es erforderlich, daß die Reiter, namentlich in schwierigem Gelände, ihre Pferde dadurch entlasteten, daß sie auf längeren Märschen einen Teil der Strecke absaßen und ihre Tiere führten. Hierbei konnte der Schild bequem an den Sattel gehängt werden. Sitzt der Reiter auf, darf der Schild natürlich nicht unmittelbar am Pferdekörper anliegen, denn das würde es unmöglich machen, mit dem linken Schenkel auf das Tier einzuwirken, ganz abgesehen von der extremen Unbequemlichkeit des Sitzes. Der Schild liegt vielmehr horizontal an der Außenseite von Hüfte und Bein an, das Bein befindet sich also zwischen Schild und Pferdeleib. Die Befestigung des Schildes erfolgt mit Hilfe zweier Riemen, die um die vorderen beziehungsweise um die hinteren Sattelhörnchen geschlungen werden. Der Schild muß dabei fest und stabil sitzen und darf nicht an Hals oder Hinterschenkel des Pferdes scheuern. Die richtige Trageweise des Schildes herauszufinden, erforderte langes und nicht ungefährliches Experimentieren.

Abb. 35, 46, 47, 54, 74, 75, 164, 165

Wenn man den Schildgurt nur um den Griff wickelt, ergibt das eine recht instabile Lage. Wir brachten daher an der Rückseite des Schildes mehrere Metallösen an, durch die der Gurt geführt wurde. Ob die Römer sich im Gefecht den Schildgurt um den Hals legten wie die Ritter im Mittelalter, um ihn nicht zu verlieren und notfalls beide Hände frei zu haben, ist nicht bekannt, aus sachlichen Gründen aber mit ziemlicher Sicherheit anzunehmen. Häufig dürfte der zentrale Handgriff durch eine Schlaufe für den Unterarm ergänzt worden sein, wie das auf der Traianssäule und anderen Skulpturen des öfteren abgebildet ist. Die auf zahlreichen Denkmälern dargestellte Schildhaltung mit nach vorne weisender Schmalseite würde durch eine solche Schlaufe wesentlich erleichtert werden. In manchen Situationen wird die Bewegungs-

Abb. 163 Römische Reiter in Attacke. Bruchstück von einem großen Reiterkampffries an einem Grabmonument aus Arlon in Luxemburg (vgl. Bd. I, Abb. 192), Mitte 1. Jahrhundert n. Chr. Die Männer tragen zum Stoß erhobene Lanzen, Reiterhelme von einem stark an den ganz in der Nähe vom Fundort des Reliefs ausgegrabenen Helm von Weiler erinnernden Typ (vgl. Abb. 158), Schwerter mit gekerbten Hilzen und Knäufen in der Form von drei Kugeln. Am auffallendsten ist der Panzer. Statt der üblichen Schulteraufdoppelungen aus Kettenpanzer haben die Reiter die Schulterpartien eines Segmentpanzers über dem Kettenhemd angelegt. (vgl. Abb. 173) Beim linken Reiter ist das rechte Hinterhörnchen des Sattels sehr gut zu erkennen. Arlon, Musée Luxembourgeois. ▷

Abb. 164 Römischer Kavallerist vom Sockel eines verlorenen Denkmals im Heiligtum der *Fortuna Primigenia* in *Praeneste* (Palestrina), um 35 v. Chr. Trotz seinem schlechten Erhaltungszustand läßt das Relief deutlich erkennen, daß ein Reiter auf dem Marsch mit geschulterter Lanze und schräg an die linke Seite gehängtem Ovalschild dargestellt ist. Vatikan, Gabinetto dell'Apoxyomenos.

Abb. 165 Römischer Reiter auf dem Marsch. Relief auf dem Grabstein des Kavalleristen Cusides, aus *Intercisa* um 100 n. Chr. Die Inschrift lautet: „Cusides, Sohn des Disala, Reiter in der *Ala Frontoniana* ist hier bestattet. Sein Erbe Bitugenius hat seinem Andenken diese Grabschrift gesetzt." Die *Ala I Tungrorum Frontoniana* stand bis in frühflavische Zeit am Rhein und wurde dann nach Pannonien verlegt, zwischen 90 und 114 lag sie in *Campana* in der Nähe von *Intercisa*. Cusides ist barhäuptig im *sagum* dargestellt, der stumpfovale Schild hängt schräg an der linken Seite des Hörnchensattels. Budapest, Ungarisches Nationalmuseum.

CVSIDESDIS
ALEF EQVES
ALEF RONOVAN
H S E BITVCEN
TVS HERES
T M P

freiheit durch die Verwendung der Unterarmschlaufe etwas beeinträchtigt, man hat sich ihrer wohl je nach Lage bedient oder nicht bedient. Daß die gleichzeitige Handhabung von Waffe, Schild und Zügel beträchtliche Übung von Reiter und Pferd erforderte, braucht wohl nicht betont zu werden. Nach links kann man auch mit der schildführenden Hand ohne weiteres ein Pferd durch Zügelanlegen lenken, nach rechts muß man den Kopf des Tieres mit dem Schild in die gewünschte Richtung drücken, doch ist man in beiden Fällen dann bis zum Abschluß des Manövers nicht in der Lage, sich mit dem Schild nach allen Seiten zu decken. Der vollendet ausgebildete Kämpfer mußte, wie auch der perfekte berittene Bogenschütze, sein Pferd fast ohne Zügeleinwirkung beherrschen. Soweit hat es bei unseren Experimenten noch keiner von uns gebracht, und so weit brachte es gewiß auch nur der kleinere Teil der römischen Kavalleristen, der dann als Vorkämpfer im vordersten Glied eingesetzt wurde. Daß dies das übliche Verfahren war, geht vor allem aus dem Strategikon des Kaisers Mauricius (II.6) hervor. Die kühne Behauptung von Herbert Schwarz (S. 33 f.), der Reiter habe zu keiner Zeit (!) einen Schild führen können und alle bildlichen Darstellungen seien als Ausdruck „künstlerischer Freiheit" zu betrachten, steht nicht nur in klarem Widerspruch zu einer überwältigenden Fülle bester Quellenzeugnisse – man denke nur an den Reitertraktat des Arrian –, sondern ist auch „sachkritisch" nicht haltbar, wie wir bei zahlreichen Versuchen feststellen konnten, die zeigten, daß der Schildgebrauch schwierig, aber keineswegs unmöglich und auf jeden Fall sinnvoll war. Selbst ein etwas ungelenk bedienter Schild verschafft dem Träger in den meisten Situationen erhebliche Vorteile.

Beinschienen wurden in der kaiserzeitlichen Armee nach dem Ausweis der Skulpturen nur wenig und von der Kavallerie gar nicht benutzt, Arrian (Τέχνη τακτική 4.8) erwähnt jedoch
S. 129 „κνημῖδας μικράς", kleine Beinschienen, Flavius Josephus beschreibt „von Kopf bis Fuß" gepanzert Kavalleristen, was auch irgend eine Form von Beinschienen voraussetzt. In Augs-
Bd. II, Abb. 1, 57 burg wurde ein Exemplar gefunden, das in das späte 1. oder frühe 2. Jahrhundert n. Chr. datiert wird und zu einem Typ gehört, der speziell für den Reitergebrauch bestimmt war, bisher aber für eine Entwicklung der spätantoninischen oder severischen Zeit gegolten hat. Die kaiserzeitliche Kavalleriebeinschiene unterscheidet sich stark von der federnden griechischen Klemmschiene, die die Waden fast ganz umklammerte und durch die Spannung des Materials in Position blieb. Der neue Typ bedeckte nur den vorderen Teil des Beins und wurde mit Rie-

Abb. 166 Verzierter Bronzeschildbuckel von einem flachen Schild, aus Mainz, 2./3. Jahrhundert n. Chr. Es handelt sich um den Buckel „A" von zwei einander ganz ähnlichen Stücken aus Mainz, ein weiterer Buckel dieser Art wurde in Halmàgy in Siebenbürgen gefunden. Neben anderen Verzierungen wie Punz- und Stichelarbeit weisen alle drei Buckel in der Mitte einen Adler auf, der einen Lorbeerkranz im Schnabel hält. Das Metall war teilweise mit einem Silber- bzw. Weißmetallüberzug bedeckt. Wiesbaden, Museum. ▷

Abb. 167 Bronzener Schildbuckel, aus dem Castell der *Ala II Flavia m.p.f.* in Aalen, 2./3. Jahrhundert n. Chr. Aalen, Limesmuseum.

Abb. 168 Überreste von Ausrüstungsteilen aus dem Reitercastell *Biriciana* (Weißenburg, Mittelfranken), 2. und 3. Jahrhundert n. Chr. Oben ein zu einem Klumpen zusammengerosteter Kettenpanzer (*lorica hamata*), darunter die benagelte Sohle eines Militärschuhs, das Fragment eines Kettenpanzers und Schuppen vom Schuppenpanzer (*lorica squamata*).

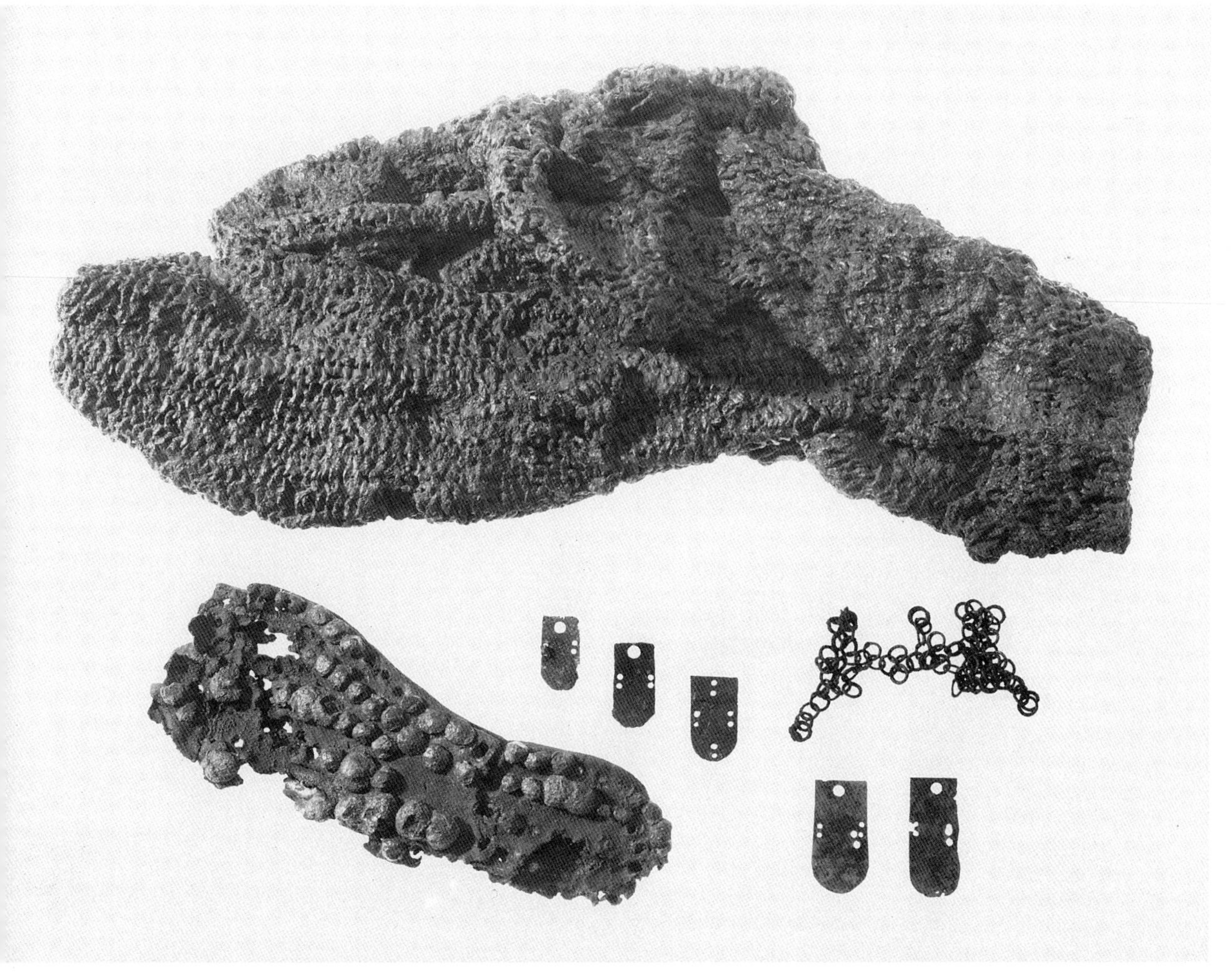

men, die durch sechs Ösen geführt wurden, festgebunden. Die Schiene hat einen senkrechten Mittelgrat und endet unterhalb des Knies. Dort ist mit Hilfe eines Scharniers eine unabhängige Kniekapsel beweglich befestigt. Das Reiten mit diesen sehr leichten Beinschienen – das Paar wiegt 1100 g – bietet keinerlei Probleme, und die Vorteile, namentlich im Kampf mit Infanterie, sind erheblich, da schon ein leichter Schlag gegen Schienbein oder Knie reicht, um den Mann durch den Schmerz wenigstens für Augenblicke kampfunfähig zu machen.

Durchgehender Beinschutz einschließlich der Oberschenkel scheint zur Bewaffnung schwergerüsteter Kataphrakten gehört zu haben. In Dura-Europos wurden zwei Lamellenpanzer dieser Art aus dem mittleren 3. Jahrhundert n. Chr. gefunden. Sie bestanden aus rot bzw. schwarz lackierten Rohlederlamellen. Sie dürften ähnlich wie Cowboychaps getragen worden sein und deckten bei einer Länge von wenigstens 77 bzw. 61 cm (die Exemplare sind möglicherweise unvollständig) die Vorderseite des Unterleibs, der Oberschenkel, die Knie und zumindest die obersten Partien der Schienbeine. Ähnlichen Beinschutz hatten schon die Skythen verwendet.

Ein in Newstead gefundener und ins späte 1. Jahrhundert n. Chr. datierter geschobener Schienenpanzer aus Bronze wurde von H.R. Robinson für einen Oberschenkelschutz gehalten, doch dürfte aufgrund der Dimensionen Michael Simkins rechtzugeben sein, der das Rüststück als *manica lamminata*, als geschobenen Armschutz identifizert (Simkins 1990). Ähnliche Reste, jedoch von eisernen Schüben, wurden in *Carnuntum* ausgegraben. Die Panzerung des im Nahkampf ungemein gefährdeten rechten Arms sowie der rechten Hand, zumindest des Handrückens, muß in der Antike weit häufiger vorgekommen sein als es die wenigen schriftlichen und bildlichen Zeugnisse erscheinen lassen. Nur Gladiatoren werden ab dem mittleren 1. Jahrhundert n. Chr. fast immer mit Armschutz abgebildet. In militärischem Zusammenhang gibt es Darstellungen auf dem hellenistischen Waffenrelief aus Pergamon (frühes 2. Jahrhundert v. Chr.), auf dem Grabstein des Legionssoldaten Sextus Valerius Severus in Mainz (Mitte 1. Jahrhundert n. Chr., mit Fausthandschuh), auf den Metopenreliefs des Tropaeums von Adamklissi (Anfang 2. Jahrhundert n. Chr.) und in der *Notitia Dignitatum* (An-

Bd. II, Abb. 102

Abb. 182

Abb. 169 Bronzehelm, aus dem Castell Butzbach (Hessen), 2./3. Jahrhundert n. Chr. Der Helm stellt einen späten Vertreter des Typus Koblenz-Bubenheim/Weiler dar. Das Stirnband und die Wangenklappen sind mit einem feinen Federmuster verziert (vgl. Abb. 170). Darmstadt, Landesmuseum. ▷

Abb. 170 Bronzene Wangenklappe eines Reiterhelmes mit Federmuster, aus dem Castell der *Ala Noricorum* aus *Durnomagus* (Dormagen), 2./3. Jahrhundert n. Chr. Bonn, Rheinisches Landesmuseum.

Abb. 171 Eisenhelm vom Typus Niederbieber, gefunden in *Nida* (Frankfurt-Heddernheim), spätes 2./3. Jahrhundert n. Chr. Die eiserne Kalotte ist mit gekreuzten Messingbügeln verstärkt, auf dem Nakkenschirm besitzt der Helm einen Tragegriff. Der Typus Niederbieber, von dem eiserne und bronzene Exemplare vorkommen, scheint sowohl von Infanteristen als auch von Kavalleristen getragen worden zu sein (vgl. Abb. 55, 143 und 174). Frankfurt a. M., Museum für Vor- und Frühgeschichte.

Abb. 172 Reiterhelm vom Typus Heddernheim aus teilweise bronzeverkleidetem Eisen, spätes 2., frühes 3. Jahrhundert n. Chr. Die eisernen Bestandteile des zusammen mit einem ähnlichen Stück in Nijmegen gefundenen Helmes sind großenteils ergänzt. Im Gegensatz zum Heddernheimer Exemplar weist der Knauf kein Loch zur Aufnahme eines Helmbusches auf. Leiden, Rijksmuseum van Oudheden.

bb. 169

Abb. 170

bb. 171

Abb. 172

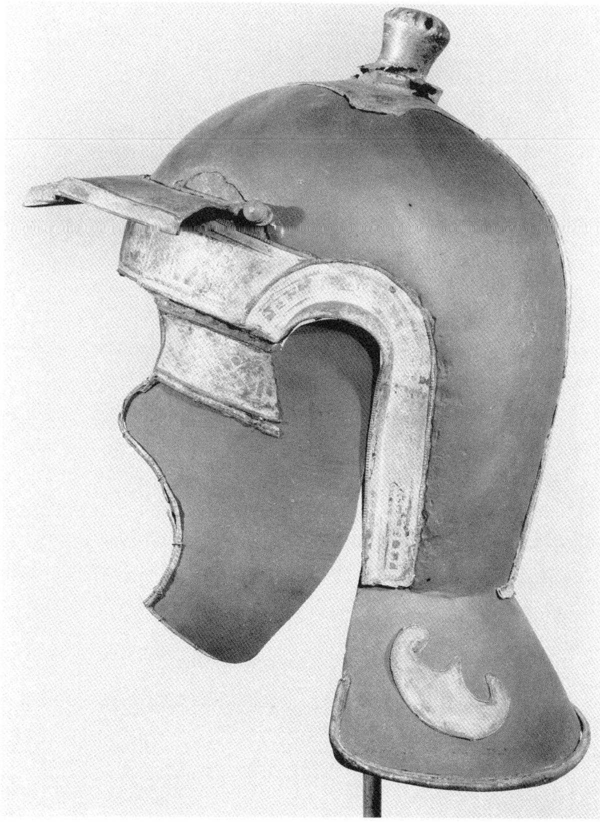

Abb. 178

fang 5. Jahrhundert). Ohne Schild kämpfende schwerstbewaffnete Kataphrakten trugen *manicae* an beiden Armen, wie auf dem Graffito aus Dura-Europos (3. Jahrhundert n. Chr.) und auf mehreren sassanidischen Reitereliefs (3.–4. Jahrhundert) zu sehen ist.

Durchwegs handelt es sich, wie bei den *manicae* der Gladiatoren, um lange Ärmel mit querverlaufenden Rillen oder Wülsten. Als Material werden manchmal organische Substanzen wie quergestepptes Leder oder Leinen, manchmal geschobenen Metallschienen vermutet. Letztere sind ziemlich eindeutig auf den Reliefs von Adamklissi zu identifizieren, außerdem ist ihre Existenz durch die erwähnten Bodenfunde gesichert. Wenn kein regulärer Armschutz vorhanden war, dann konnte ein solcher wenigstens aus dickem Leder oder Filz improvisiert werden.

Abb. 163, 173

Auf einem Relief aus Arlon in Luxemburg (Mitte 1. Jahrhundert n. Chr.) sind Reiter abgebildet, die über dem Kettenhemd Schulterverstärkungen aus geschobenen Schienen angebracht haben, wie wir sie vom gleichzeitigen Segmentpanzer (*lorica segmentata* oder *lamminata*) der Infanterie her kennen. Der komplette Segmentpanzer scheint bei der Kavallerie jedoch nicht vorgekommen zu sein, er war wohl zu starr in der Taille und zu empfindlich gegen Stiche von unten.

Das Gesamtgewicht der Kampfausrüstung eines Reiters des 1. Jahrhunderts n. Chr. konnte je nach Schildgröße, Panzertyp und Verwendung von Zusatzteilen wie Beinschienen oder Armschutz erheblich schwanken, in der Regel dürfte es bei 22–30 kg gelegen haben.

Bd. I, Abb. 21, 173, 186–188 Bd. III, Abb. 119, 174

In traianischer Zeit wurde die Rüstung etwas vereinfacht und erleichtert. Auf der Traianssäule sind nirgends mehr die Kettenhemden mit Schulterverstärkung zu sehen. Die neuen *loricae* waren auch kürzer, hatten aber kurze Ärmel oder Scheinärmel. Die Ränder waren häufig gezackt. Das Gewicht betrug nur mehr 6–10 kg. Man hat die Aufdoppelung an den Schultern, die guten Schutz gegen Hiebe geboten hatte, wohl weniger aufgegeben, weil man Gewicht sparen wollte, sondern weil die mit Leder unterfütterten Schulterstücke nur schwer rostfrei zu halten waren. Wir sammelten entsprechende Erfahrungen, als wir im Juni 1989 am Meeresstrand übten. Die feuchte und salzige Seeluft richtete in wenigen Stunden schon größere Schäden an, als sie bei wochenlangen Märschen in den Alpen eingetreten waren. Ein Kettenhemd ohne Lederbestandteile, also ohne Schulterstücke, kann man durch intensives Schütteln in einem Sandsack wieder blank scheuern, das Leder würde bei einer solchen Prozedur jedoch zerstört. Man muß also die Nähte an den Schultern öffnen und nach der Reinigung wieder neu vernähen, ein sehr zeitraubender Vorgang.

Abb. 173 Reiter in der Ausrüstung der 1. Hälfte/Mitte des 1. Jahrhunderts n. Chr. mit Helm vom Typus Weiler (vgl. Abb. 158) und gemischtem Ketten- und Segmentpanzer (vgl. Abb. 163). Rekonstruktion Michael Simkins (Helm), Dan Peterson (Panzer). ▷

Abb. 174 Reiter in der Ausrüstung des späten 2./frühen 3. Jahrhunderts n. Chr. mit eisernem Helm vom Typus Niederbieber (vgl. Abb. 55 und 171). Rekonstruktion Michael Simkins (Helm), Fritz Bronsart (Kettenhemd).

Abb. 175 Reiter in der Ausrüstung des frühen 4. Jahrhunderts n. Chr. mit einem Helm vom Typus Deurne/Intercisa, nach einem in Burgh Castle, England, gefundenen unverzierten Original (vgl. Abb. 142 und 149). Rekonstruktion Michael Simkins (Helm), Jürgen Woltz (Kettenhemd).

Bd. I, Abb. 21, Bd. III, Abb. 55, 115, 119, 171, 174

Der Helm erscheint auf der Traianssäule gleichfalls vereinfacht, mit Ösen auf der Kalotte. Fortentwicklungen dieser Helme mit gekreuzten Hiebspangen sind im Fundgut des späteren 2.und des 3. Jahrhunderts verschiedentlich aufgetaucht (Typus Niederbieber), und sie galten lange als die römischen Reiterhelme par excellence. Wir hätten dann aber aus einem Zeitraum von über 100 Jahren unter unseren Bodenfunden so gut wie gar keine Infateriehelme mehr, während unter den Stücken der ersten zwei Jahrhunderte der Kaiserzeit, sieht man von den Maskenhelmen ab, die Infanteriemodelle etwa zehnmal häufiger vertreten sind als die der Kavallerie. Mittlerweile hält man den Typus Niederbieber für einen Infanteriehelm, da er auf Grabsteinen von Fußsoldaten aus *Noricum* abgebildet ist. Das dürfte übertrieben sein, denn das Castell Niederbieber, wo das namengebende Original gefunden wurde, war tatsächlich von Reitern belegt. Wahrscheinlich war der Typ Niederbieber ein Einheitshelm, der sowohl von Infanterie als auch von Kavallerie getragen wurde. Wir setzten die Rekonstruktion eines solchen Helmes auf unserem Übungsritt im Juli 1988 ein. Der Träger war wenig glücklich damit, vor allem saß der extrem lange und dann noch schräg nach unten ausladende Nackenschutz recht unangenehm auf den Schultern auf, was aber mit dem kurzen Hals des Trägers zusammengehangen haben mag. Die Schutzwirkung des schon fast mittelalterlich wirkenden Helms ist jedoch eine sehr beachtliche, wenn auch der große Nackenschirm einem Reiter bei Stürzen recht gefährlich werden kann. Die Einführung des sowohl in Eisen als auch in Bronze hergestellten Typus Niederbieber dürfte in die 2. Hälfte des 2. Jahrhunderts fallen, um die Mitte des 3. Jahrhunderts war er der Standardhelm der römischen Armee, wie das das teilweise mit den Leichen im Kampf getöteter Soldaten in den Boden gekommene Fundgut der in den 50er Jahren gefallenen Festungsstadt Dura-Europos in Syrien beweist. Die Produktion dieses Helmtyps wurde wohl um 270 eingestellt, doch hat man intakte Exemplare sicher noch lange weitergetragen, da sie in ihrer Schutzwirkung den ganz andersartigen Nachfolgemodellen überlegen waren.

Abb. 144, 172

Gegen die Annahme, der Typus Niederbieber sei ein reiner Reiterhelm gewesen, spricht auch die extrem schlichte, rein funktionale Ausführung, die im Gegensatz steht zum reichen Schmuck, den wir sonst an kaiserzeitlichen Kavalleriehelmen finden. Der in die Zeit um 200 n. Chr. datierte Typus Heddernheim, der in der Grundform eine gewisse Ähnlichkeit mit dem Typus Niederbieber hat, aber aufwendig verziert ist, könnte aus diesem Grund mit großer Wahrscheinlichkeit ein Reiterhelm sein. Der breite Nackenschirm der Typen Niederbieber und Heddernheim zeigt deutlich den Einfluß der Infanteriehelme vom Typus Weisenau. Das ist bemerkenswert, da ansonsten die Entwicklung des römischen Reiterhelms des 1. und 2. Jahrhunderts n. Chr. ganz von griechischen Vorbildern geprägt war.

Abb. 160, 169, 170; Abb. 145

Neben den Helmen mit ausladendem Nackenschirm behauptete sich aber das ganze 2. Jahrhundert über noch die alte Form mit schmalem Nackenschirm (Typus Guisborough), eine Weiterentwicklung des Typus Koblenz–Bubenheim/Weiler. Die Haarkalotte ist jedoch verschwunden, meist handelt es sich um reine Bronzehelme, zum Teil wohl Stücke, die vielleicht nicht für den Gefechtseinsatz bestimmt waren, wie der reich verzierte Helm aus Theilenhofen. Petulescu hat sich gewiß mit Recht dagegen gewandt, alle pseudoattischen Bronzehelme grundsätzlich für „Paradewaffen" zu erklären. Er schlägt vor, in ihnen die normalen Diensthelme der Decurionen zu sehen, wofür es allerdings nur sehr vage Anhaltspunkte gibt. Neben den pseudoattischen kommen im späten 2. und im 3. Jahrhundert auch mit Treibarbeiten dekorierte pseudokorinthische Bronzehelme vor. Sie haben statt der üblichen in Scharnieren beweglichen Wangenklappen einen das ganze Gesicht umschließenden einteiligen Einsatz, der ähnlich wie die Gesichtsteile der Maskenhelme am Hinterhaupthelm befestigt wird und auch das Kinn und den Halsansatz schützt. Für Augen, Nase und Mund bleibt eine knappe Öffnung in Form eine dreiblättrigen Kleeblatts. Derartige Einsätze an Stelle der Wangeklappen finden sich auch an späten pseudoattischen Helmen sowie an späten Vertretern des Typus Niederbieber (hier manchmal auch aus Eisen). Die Gesichtsöffnung, die die enormen Wangenklappen der üblicheren Varianten des letzteren freigelassen hatten, war schon von ähnlicher Form gewesen. Maskenhelme des späteren 2. Jahrhunderts haben manchmal auch eine Gesichtsöffnung dieser Art, in die man ein kleines Maskenvisier einfügen konnte. Wie in Band II bereits dargelegt, dürften viele der Maskenhelme des 1. bis 3. Jahrhunderts n. Chr. ebenfalls nicht nur bei Turnieren und anderen mehr zeremoniellen Anlässen getragen worden sein, sondern durchaus auch im ernsten Kampf. Der Umstand, daß vor kurzem auf dem vermutlichen Schauplatz der Varusschlacht in Kalkriese die Maske eines solchen Helms gefunden wurde, dürfte auch dagegen sprechen, daß diese Helme reine Parade- und Turnierwaffen waren.

Bd. II, Abb. 92
Bd. II, S. 165–173

Der Schild blieb bis ins späte 2. Jahrhundert länglich oval, dann erhielt er eine wesentlich breitere, rund-ovale Form, die auch von der Infanterie übernommen wurde, der spätantike runde bis rundovale Einheitsschild zeichnete sich ab. Fünf in Dura-Europos in Syrien gefundene Exemplare aus dem frühen 3. Jahrhundert sind zwischen 107 und 118 cm hoch und zwischen 92 und 97 cm breit. Sie haben eine leicht konvexe Wölbung und bestehen aus verleimten Pappelbrettern, die am Rand mit Leder und Rohhaut eingefaßt sind.

Bd. II, Abb. 97, 98
Bd. III, Abb. 35, 176

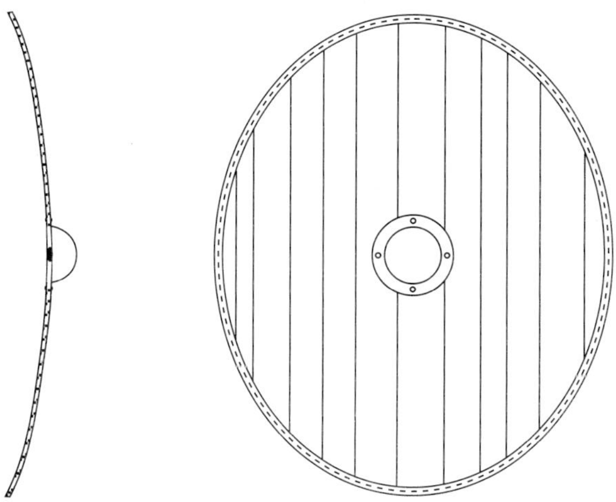

Abb. 176 Schild IV der fünf in Dura-Europos (Syrien) gefundenen Rundovalschilde aus der 1. Hälfte des 3. Jahrhunderts n. Chr. Schild IV war unbemalt, wies aber als einziger noch die ursprüngliche konkave Wölbung auf. Er ist aus etwa 1 cm starken Pappelbrettern zusammengeleimt, am Rand war er, wie wir von den anderen Schilden wissen, mit Leder eingefaßt. Der Schildbuckel in der Mitte ist auf der Zeichnung ergänzt, die originalen Fundstücke, die wahrscheinlich unfertig in den Boden gekommen sind, waren nicht mit *umbones* ausgestattet. Zeichnung C.A.T. Medienproduktion nach *The Excavations at Dura-Europos, Preliminary Report of Sixth Season of Work*, New Haven 1936, Fig. 83.

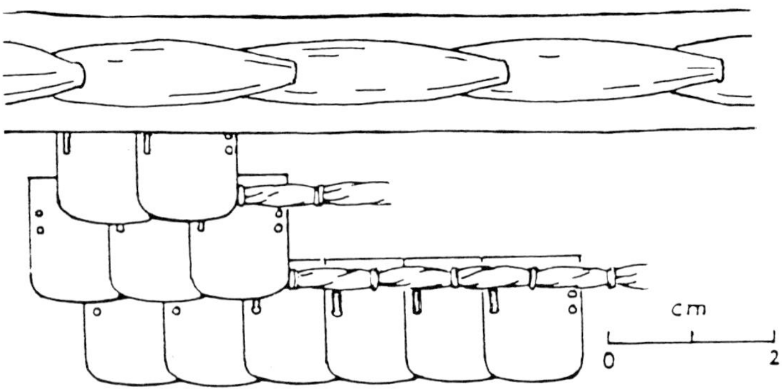

Abb. 177 Rekonstruktion eines Schuppenpanzerfragments, das in Carpow (Schottland) gefunden wurde, Anfang 3. Jahrhundert n. Chr. Ganz oben ein Lederstreifen, der den Panzer am Halsausschnitt einfaßte. Die Bronzeschuppen besaßen jeweils drei in Paaren angeordnete Löcher, ein Paar oben in der Mitte, je ein Paar an jeder Seite in der oberen Hälfte. Die Schuppen wurden einander vertikal überlappend mit durch die seitlichen Löcher geführten Drahtringen zusammengehalten. Die so entstandenen Schuppenreihen setzte man, mit der untersten beginnend, auf ein Untergewand aus grobem Leinen. Dann wurde ein dickes Garn über die oberen Löcher gelegt und mit einem festen Leinenfaden durch die Löcher auf der Leinenunterlage festgenäht. Das Garn verhinderte, daß der Faden von den Kanten der Löcher durchgescheuert wurde, zugleich diente er als Polsterung zwischen den Reihen von Schuppen, die horizontal so übereinander angebracht wurden, daß die obere Schuppenreihe die Garnbefestigung der unteren Reihe bedeckte und schützte. Zeichnung Gudrun Pfrogner nach Michael Simkins 1988, S. 128.

Der üblichste Körperschutz blieb der Kettenpanzer, der länger wurde, weshalb er unten auch wieder seitliche Schlitze erhalten mußte. Die Ärmel wurden gleichfalls verlängert. Ein im Vimose in Dänemark gefundenes gut erhaltenes Kettenhemd römischer Provenienz, das ins 3. Jahrhundert zu datieren ist, besteht aus etwa 20 000 Ringen mit einem Außendurchmesser von 12–14 mm. Es ist über 1 m lang und hat Halbärmel. Auch Panzerkapuzen finden sich abgebildet. Diese verleihen den dargestellten Soldaten ein schon ganz mittelalterliches Aussehen. Der Schuppenpanzer erfreute sich steigender Beliebtheit, daneben kam unter östlichem Einfluß auch der Lamellenpanzer häufiger vor. Letzterer benötigte keine textile Unterlage, auf die, wie beim Schuppenpanzer, die einzelnen Elemente aufgenäht wurden, es handelte sich vielmehr um ein selbsttragendes System. Die aus Eisen, Bronze, Horn oder lackiertem Rohleder hergestellten Lamellen wurden an beiden Enden von durchlaufenden Riemen zusammengehalten. Die größere Verbreitung von Schuppen- und Lamellenpanzern mag mit der zunehmenden Bedeutung des Bogenschießens zusammenhängen, da diese Panzerarten einen schräg auftreffenden Pfeil besser abgleiten lassen als der Kettenpanzer, in dessen zahllosen Ringen sich die Spitzen leicht verfangen können. Beliebt waren im späteren 2. und im 3. Jahrhundert verzierte Brustschließbleche, die, entgegen der üblichen Annahme, nicht nur zu „Paraderüstungen", sondern auch zu normalen Panzern der Kavallerie wie der Infanterie gehört haben dürften.

Bd. II, Abb. 35, 36, 177, 178

Bd. II, Abb. 111, 112

Die schwere Kavallerie der Kataphrakten und *clibanarii* war nach östlichem Vorbild von Kopf bis Fuß gepanzert, wobei sich Teile aus Ketten-, Schuppen-, Segment- und Lamellenpanzer ergänzen konnten. Diese Panzerreiter wurden von antiken Autoren oft mit reitenden

Erzstatuen verglichen. So schildert uns Ammianus Marcellinus den Einritt der Kavallerie des Kaisers Constantius II. in Rom 357 n. Chr.: „Hierauf nun zog mit runden Schilden und flatternden Helmbüschen eine weitere Abteilung Schwerbewaffneter ein, blitzendes Licht von ihren schimmernden Panzern ausstrahlend, und zwischen diesen marschierten die Kataphraktenreiter auf, die die Perser *clibanarii* nennen, mit Masken vor dem Gesicht, die Körper schützend gehüllt in die eisernen Schalen ihrer Panzer, daß man glauben könnte, sie seien von des Praxiteles Meisterhand geschaffene Götterstatuen und keine lebendigen Männer. Die kleinen Schuppen und Ringe schmiegen sich den geschwungenen Konturen des Körpers an, überziehen alle Gliedmaßen, und wo immer ein Gelenk sich bewegt, gibt die fugenlos angemessene Hülle nach.“ (Ammianus Marcellinus, *Res gestae*, XVI. 10,8)

Abb. 178 Attackierender persischer oder römischer Kataphrakt (*clibanarius*?). Graffito aus Dura-Europos, Anfang 3. Jahrhundert n. Chr. Der Reiter trägt eine Kombination aus Ketten- und/oder Schuppenpanzer (Gesicht und Hals, Brust, Unterleib, Oberschenkel) und geschobenem Schienenpanzer (Arme, Bauch, unterer Teil der Beine). Der hohe, spitz zulaufende Helm ist offensichtlich aus mehreren Teilen zusammengesetzt. Das Pferd schirmt eine lange mit Schuppenpanzer bedeckte Schutzdecke ähnlich den in Dura-Europos gefundenen Originalen (vgl. Abb. 194 und 196). Der Reiter führt die Lanze mit einer Hand in Hüfthöhe. New Haven Yale University Art Collection, Courtesy of the Dura-Europos-Collection.

Die detaillierteste Beschreibung der Rüstung eines spätantiken *clibanarius*, allerdings keines römischen, sondern eines parthisch-persischen, enthält der im 3. Jahrhundert verfaßte Roman Αἰθιοπικά des Heliodor (IX,15). Der Reiter „trägt einen genau passenden im Stück getriebenen Helm, der das Gesicht eines Mannes gleich einer Maske nachbildet. Dieser Helm bedeckt den Kopf vom Scheitel bis zum Nacken mit Ausnahme der Augen. In der Rechten hält der Mann eine Stangenwaffe von größerer Länge als eine normale Lanze, mit der Linken führt er den Zügel, an der Seite hängt ein Säbel. Die Panzerung schützt nicht nur die Brust, sondern den ganzen Körper. Der Panzer ist folgendermaßen beschaffen: viereckige geschmiedete Platten, etwa eine Handspanne lang, fügt man so aneinander, daß sie sich horizontal und vertikal überlappen, und nestelt sie an den Rändern zusammen. So entsteht eine schuppige Hülle, die sich bequem um den Körper schmiegt, die Gliedmaßen umschließt und sich zusammenzieht und ausdehnt, ohne die Bewegungen zu behindern; sie hat Ärmel und reicht vom Nacken bis auf die Beine, wobei sie nur zwischen den Schenkeln geteilt ist, um den Sitz auf dem Pferderücken zu ermöglichen ... die Beinschienen gewähren Schutz von den Fußsohlen bis zu den Knien, wo sie an den großen Panzer anschließen ... in seiner Rüstung steckend steigt der Reiter nicht auf, indem er selbst aufs Pferd springt, sondern er wird wegen seines Gewichtes von anderen hinaufgehoben. Kommt es zum Kampf, läßt er die Zügel schießen, gibt dem Pferd die Sporen und stürmt mit voller Wucht auf den Feind los, wobei er aussieht wie ein eiserner Mann, wie ein in Bewegung gesetztes ehernes Standbild."

Die von Ammianus Marcellinus und Heliodor erwähnten Maskenhelme konnten für die Zeit nach der Mitte des 3. Jahrhunderts archäologisch noch nicht nachgewiesen werden, ganz gewiß waren sie nicht aus einem Stück getrieben. Das gleichzeitige horizontale und vertikale Überlappen der Panzerelemente in Heliodors Schilderung läßt an Schuppen- oder Lamellenpanzer denken, doch widerspricht dem die angegebene Seitenlänge der Stücke von etwa 20 cm, die besser zu der ein oder anderen Art von Segmentpanzer passen würde. Die mit Heliodors Text ungefähr zeitgleiche beste bildliche Darstellung eines parthisch-persischen
Abb. 178 (oder römischen?) *clibanarius* auf dem bekannten Graffito aus Dura-Europos zeigt eine Mischpanzerung aus Segmentpanzer, Schuppen- und/oder Kettenpanzer. Während die horizontal geschobenen, reifenartig die Extremitäten umfassenden Schienen den üblichen *manicae* entsprechen, wie wir sie von zahlreichen anderen Abbildungen kennen, ist die Anordnung von zwei Reihen vertikal aneinandergefügter langer Schienen rund um den Rumpf von der Taille bis zum unteren Teil der Brust ungewohnt. Sie ähnelt der Kombination von Plattengürtel und Panzerhemd, die es bei orientalischen Mischpanzern bis weit in die Neuzeit hinein gegeben hat. Ortwin Gamber hat vor allem Parallelen zu vorderindischen Panzern gezogen, in denen sich die parthische Clibanarierrüstung bis ins 19. Jahrhundert „geradezu museal" bewahrt habe (Gamber 1968, S. 26).

Gamber hält diesen Typ von Panzerung für ein „Gemisch steppeniranischer, altpersischer und griechischer Waffenstücke" (ebenda, S. 7). Ausgelöst worden sei diese Entwicklung durch die Feldzüge Alexanders des Großen, dessen Kavallerie die Völker des Orients mit der uns aus Xenophons Schilderung bekannten spätklassisch-hellenistischen Kataphraktenrüstung vertraut gemacht habe. Das griechische Wort κατάφρακτοι, „Bedeckte", habe ursprünglich nur diesen westlichen Typ des Panzerreiters gemeint, dessen Ausrüstung mit wohl metallgefüttertem Klappenpanzer, Maskenhelm und geschobenem Armschutz sich zusam-
Abb. 182 men mit Teilen der Pferdepanzerung auf dem Waffenfries aus Pergamon illustriert finde. Unter Aufgreifen östlicher Traditionen hätten dann die Parther als Antwort auf den hellenisti-

schen Kataphrakten den Clibanarier entwickelt, für den die beschriebene Mischpanzerung aus Ketten-, Schuppen-, Lamellen- und Segmentpanzer charakteristisch sei.

Daß die Clibanarier auch im Altertum als eine orientalische Spielart der Kataphraktenreiterei angesehen wurden, geht aus verschiedenen Texten hervor. So heißt es in der oben zitierten Stelle bei Ammianus Marcellinus: „... *cataphracti equites, quos clibanarios dicticant Persae* ...“ (*Res Gestae*, XVI. 10,8). Der Verfasser der um die Wende des 4. zum 5. Jahrhundert entstandenen *Historia Augusta* legt dem Severus Alexander in den Mund: „Wir haben die Perser besiegt ... die Kataphrakten, die jene als Clibanarier bezeichnen.“ (*Vita Severi Alexandri*, 56) Demnach scheint das Wort *clibanarii* iranischen Ursprungs zu sein, und die oft geäußerte These, es leite sich vom griechischen κλίβανος („Ofen“) her, muß wohl als eine nachträglich konstruierte Etymologie gelten, wenn sie auch in Anbetracht der in der Hitze des Orients nicht gerade angenehmen Trageeigenschaften einer solchen Vollpanzerung als recht treffend bezeichnet werden muß. *S. 197*

Auf die Frage, inwieweit auch die Pferde gepanzert wurden und ob sich die römischen Kataphrakten- und Clibanariereinheiten in dieser Hinsicht voneinander unterschieden haben, werde ich unten im Kapitel über die Pferdepanzerung eingehen. Was die Bewaffnung und Panzerung der Männer anbetrifft, ist J.C. Coulston (1986) zu der Ansicht gelangt, die Clibanarier seinen eine besonders schwer bewaffnete, mit Bogen und langer Lanze bewaffnete mesopotamische Spielart der Kataphrakten gewesen, während die normalen Kataphrakten zwar auch starke Panzerung getragen, aber die übliche westliche Kombination von leichter Lanze und Schild geführt hätten. Da die Clibanarier mit Pfeil und Bogen und mit einer meist mit beiden Händen gehaltenen langen Lanze kämpften, konnten sie keinen oder nur einen sehr kleinen Schild gebrauchen. Das machte eben ihre besonders massive Panzerung erforderlich. Vermutlich wog die volle Rüstung eines Clibanariers einschließlich der Waffen um die 40 kg, ein Gewicht, das erst die Ritterrüstungen des 13. Jahrhunderts wieder erreicht haben. *S. 212–216*

Sieht man einmal von der Spezialgattung der Clibanarier ab, unterschied sich der Körperschutz im 4. Jahrhundert kaum von dem im Jahrhundert zuvor getragenen. Ein halb- oder langärmeliges, bis an die Knie reichendes Panzerhemd aus Ketten- oder Schuppenpanzer mit oder ohne Panzerkapuze war das Hauptstück der Rüstung. Der Schild war rundoval oder, häufiger, kreisrund. *Manicae* am rechten Arm werden weiterhin viel getragen worden sein. Einen vollkommenen Neuanfang erfuhr jedoch die Helmentwicklung, die gänzlich mit den griechisch-italisch-keltischen Traditionen brach, die seit vielen Jahrhunderten den Kopfschutz des römischen Soldaten geprägt hatten.

Die wesentlichsten Neuerungen bestanden darin, daß die bisher aus einem Stück getriebene Kalotte aus zwei oder mehr Segmenten zusammengenietet wurde, daß man, die frühesten Exemplare ausgenommen, die auch in ihrer Form ganz veränderten Wangenklappen nicht mehr mit Scharnieren an der Kalotte befestigte, sondern mit Hilfe des Futters, daß der Nackenschutz sich verselbständigte und beweglich mit Riemen an der Kalotte angebracht wurde, daß die bis ins 3. Jahrhundert noch häufig verwendete Bronze als Helmmaterial zugunsten des Eisens völlig aufgegeben wurde, und daß, wenn auch nicht bei allen Helmen, erstmals seit 700 Jahren der Nasenschutz wieder in Erscheinung trat. In der Bauweise sind zwei Grundtypen voneinander zu unterscheiden, der Spangenhelm und der Kammhelm. Ersterer bestand aus mehreren sich radial im Helmscheitel vereinigenden dreieckigen Segmenten, die unten durch einen Stirnreif, im Scheitel durch eine kleine Platte zusammengehalten wurden. Der Kammhelm dagegen wurde aus zwei Hälften, die in sich nochmals aus mehreren vernieteten *Abb. 179*

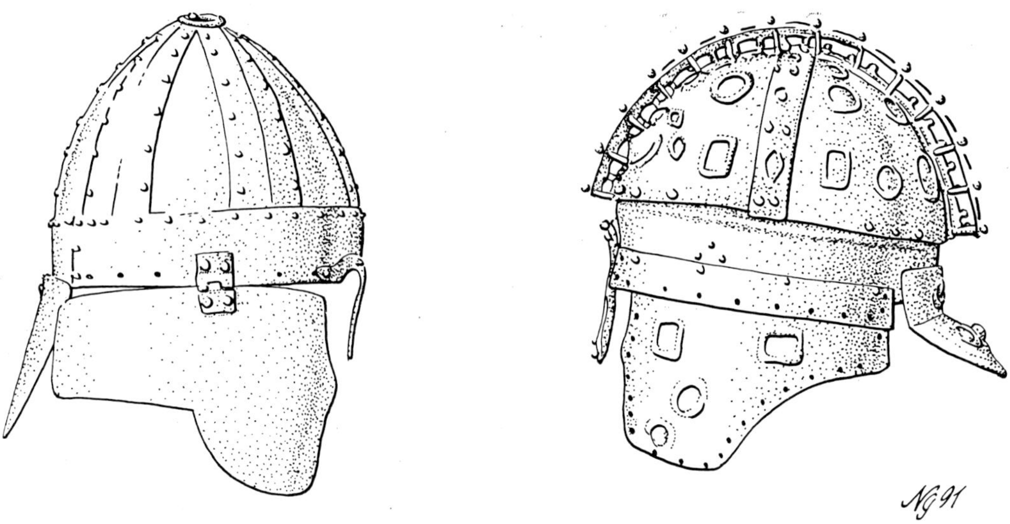

Abb. 179 Die beiden Typen des spätrömischen Segmenthelms. Links eiserner Spangenhelm, gefunden in Dêr-el-Medineh in Ägypten, vermutlich spätes 3. Jahrhundert n. Chr. Die Kalotte ist aus einem unten von einem Stirnreif zusammengehaltenen Spangengestell aufgebaut, in das 6 dreieckige Platten eingenietet sind. An der Scheitelplatte ist ein Ring befestigt. Der Nasenschutz läuft oben in augenbrauenartig geschwungene Leisten aus. Die breiten Wangenklappen und der Nackenschutz sind durch Scharniere mit der Kalotte verbunden. Helme des Typs Dêr-el-Medineh sind auf dem Galeriusbogen in Thessaloniki abgebildet (vgl. Bd. II, Abb. 35). Rechts eiserner Kammhelm vom Kavallerietyp (sog. Helm Berkasovo I), gefunden in Berkasovo in Jugoslawien, wohl 2. Jahrzehnt des 4. Jahrhundert n. Chr. Er stammt aus einem Hortfund, der u.a. einen zweiten Kammhelm und zwei Ringtrensen enthielt. Der Helm, der auf der rechten Seite Hieb- und möglicherweise Blutspuren aufweist, könnte einem Offizier des Licinius gehört haben und nach der Schlacht von Cobalae 314 in den Boden gekommen sein. Das 3 mm starke Eisenblech ist vollständig von einer 2 mm starken Schicht von vergoldetem Silber bedeckt, Edelsteinimitationen aus Glasfluß verleihen dem Helm besondere Pracht. Die Kalotte ist aus vier dreieckigen Segmenten zusammengesetzt, die Wangenklappen wurden vom Futter, der Nackenschutz von Riemen gehalten. Letzterer saß, soweit wir das vom Sutton-Hoo-Helm wissen und wie es unsere Versuche als praktische Notwendigkeit bestätigt haben, mit seinem senkrechten Oberteil nicht außen an der Kalotte, sondern innen. Der komplizierte Aufbau des zweiteiligen Helmkamms kommt nur bei diesem Stück vor. Die getriebenen Ornamente an den Rändern sind auf der Zeichnung der Übersichtlichkeit halber weggelassen worden. Die Originale befinden sich im Ägyptischen Museum in Kairo und im Museum von Novi Sad. Zeichnungen von Nikolaus Grohmann nach Dittmann, Tafel 16, und Klumbach 1973, Tafel 5.

Segmenten aufgebaut sein konnten, zusammengesetzt und durch einen längs des Scheitels verlaufenden nach oben abgerundeten niedrigen Kamm verbunden, am unteren Rand war wieder ein Stirnreif angebracht.

Zweifellos stellen die Segmenthelme, was die Anspruchsvolligkeit der Konstruktion anbetrifft, einen krassen Abstieg gegenüber ihren Vorgängern dar. Das braucht freilich keineswegs zu bedeuten, sie seien auch in funktionaler Hinsicht minderwertige Produkte gewesen, wie oft angenommen wird. Es ist sogar wesentlich einfacher, in Segmentbauweise einen Helm aus sehr massivem Material herzustellen als eine homogene Kalotte von vergleichbarer Stärke im Stück zu treiben. Ein in Dura-Europos gefundenes Exemplar persischer Provenienz wog einschließlich seines Nackenschutzes aus Kettenpanzer über 4 kg. Im allgemeinen waren die neuen Reiterhelme keineswegs leichter als ihre Vorgänger, doch sind sie, wie unsere Experimente bestätigt haben, gerade zu Pferde wesentlich bequemer zu tragen als die tiefen, im Nakken starren Typen Niederbieber und Heddernheim.

Vor allem aber war der Übergang zu einer primitiveren Herstellungstechnik in veränderten ökonomischen und betrieblichen Gegebenheiten begründet, wie Simon James überzeugend dargelegt hat. Die in der Krisenzeit des 3. Jahrhunderts verheerende Ausmaße annehmende Inflation brachte das bisherige System, einen Großteil der Ausrüstung von privaten Manufakturen liefern zu lassen, zum Erliegen, gleichzeitig hatten die an allen Grenzen unter schwerem Druck stehenden und zusätzlich noch in dauernden Bürgerkriegen verschlissenen Armeen einen wachsenden Bedarf an rasch beschaffbarem Kriegsmaterial. Die Folge war, daß in der 2. Hälfte des 3. Jahrhunderts die Rüstungsindustrie in staatliche Regie überging. Um die Herstellung zu rationalisieren, griff man zu arbeitsteiligen Methoden und ließ im Interesse der Massenproduktion anspruchsvolle und komplizierte Verfahren wie das Treiben homogener Kalotten oder die Herstellung von Scharnieren fallen.

Etwa ab 260 wurden die Spangenhelme vom Typus Dêr-el-Medineh hergestellt, deren Wangenklappen noch mit Scharnieren befestigt waren. Die im frühen 4. Jahrhundert aufkommenden und rasch zur dominierenden Gattung werdenden Kammhelme verzichteten dann auch auf diese. Kammhelme gab es in einem einfacheren zweischaligen Typ mit schmalen Wangenklappen und Ohrenausschnitt, gewöhnlich aber ohne Nasenschutz (Typus Intercisa), der mit der Infanterie in Verbindung gebracht wird, und in einem aufwendigen Typ mit meist mehrteiligen Halbschalen, sehr breiten Wangenklappen ohne Ohrenausschnitt und Nasenschutz mit sichelförmigen Brauen (Typus Deurne), den man als Reiterhelm zu bezeichnen pflegt. Mit Ausnahme des in Burgh Castle gefundenen Exemplars besitzen die letzteren stets einen ganz oder teilweise vergoldeten, in zwei Fällen sogar mit Juwelenimitationen besetzten Silberüberzug. Die Identifizierung als Kavalleriehelme dürfte berechtigt sein, da mehrere von ihnen zusammen mit Reitzubehör gefunden wurden und einer auch durch seine Inschrift als Helm eines Reiters gesichert ist.

Bd. II, Abb. 35, Bd. III, Abb. 179 links

Abb. 149, 179 rechts

Abb. 137, 138, 175

Abb. 4, 179

Abb. 149

Im allgemeinen schreibt man den Segmenthelmen persischen Ursprung zu. Für die Spangenhelme ist dies mit ziemlicher Sicherheit abzulehnen, sie scheinen vielmehr von den Sarmaten übernommen worden zu sein, einzelne Exemplare kommen bei den Hilfsvölkern schon in traianischer Zeit vor. Kammhelme dagegen gibt es tatsächlich auch bei den Persern, wobei das schon erwähnte Stück aus Dura-Europos noch in die 250er Jahre fällt, also früher ist als die römischen Modelle. Wie Daniel Studer gezeigt hat, unterscheidet sich aber die von vorne gesehen konische, von der Seite parabolische Form gänzlich von der halbkugeligen des römischen Helms, der Scheitelkamm ist ganz anders geartet, ebenso die Ornamente, alle erhaltenen Exemplare hatten weder Wangenkappen noch geschmiedeten Nackenschutz. Wenn auch die Grundidee des Kammhelms aus dem Iran stammen mag, so kann doch die römische Version im wesentlichen als eine eigenständige, den speziellen Bedürfnissen der spätkaiserzeitlichen Armee entsprungene Schöpfung gelten. Auf jeden Fall prägten die römischen Segmenthelme ihrerseits die germanische Helmentwicklung der folgenden Jahrhunderte. Auf die Kammhelme gingen die skandinavischen „grimhelme" zurück, auf die Spangenhelme die gleichnamigen Helme vom Typus Baldenheim.

DIE PANZERUNG DER PFERDE

Zu allen Zeiten wurden bei den Attacken mehr Pferde als Reiter getötet oder verwundet. Das ist nicht verwunderlich, weil das Pferd der Waffenwirkung die weit größere Angriffsfläche bietet. Da ein Reiter, der sein Pferd eingebüßt hatte, seines wichtigsten Kampfmittels beraubt war und getroffen stürzende oder herumtobende Pferde zudem die Ordnung einer Formation durcheinanderbringen und den Schwung einer Attacke brechen konnten, lag es nahe, das Tier zumindest an seinen gefährdetsten Körperteilen zu panzern.

Roßstirnen und andere Schutzvorrichtungen für die Kampfpferde waren im Altertum viel verbreiteter, als man es beim Studium der griechischen und römischen Bildquellen allein vermuten könnte. Diese lassen wohl aus ästhetischer Konvention die Reiter fast durchwegs auf völlig ungepanzerten Tieren ins Gefecht ziehen. Aus dem griechisch-hellenistischen Bereich ist dem Verfasser nur eine Ausnahme bekannt, nämlich die Darstellungen isolierter – vom Pferd nicht getragener – Teile von Pferdepanzern einschließlich einer Roßstirn auf einem
Abb. 182 Trophäenfries des Athenaheiligtums von Pergamon (1. Hälfte 2. Jahrhundert v. Chr.). Fres-
Bd. II, ken aus italisch-campanischen Gräbern des 4. und 3. Jahrhunderts v. Chr zeigen dagegen des
Abb. 11 öfteren Roßstirnen und Brustpanzerung. Aus der Spätzeit der römischen Republik gibt es sehr detaillierte Abbildungen von Roßstirnen auf einem zu Ehren Sullas errichteten Monument auf
Abb. 180 dem Capitol. Weder die Reitergrabsteine noch die großen Reliefzyklen auf den Triumphsäulen der Kaiserzeit lassen irgendwo Pferdepanzerung erkennen, sieht man von den phantasie-
Abb. 195 voll gestalteten Schuppenpanzern der Pferde der feindlichen Sarmaten auf der Traianssäule ab. Selbst die Kataphrakten, als deren Merkmal geradezu die gepanzerten Pferde gelten, sind
Bd. II, auf ihren (wenigen) Grabsteinen stets ohne Andeutung einer solchen Schutzrüstung darge-
Abb. 31 stellt. Die Ritzzeichnung eines mit gefällter Lanze heranstürmenden vollgepanzerten Kata-

Abb. 180 Relief mit Darstellung einer Roßstirn (*frontale*) griechischen Typs, geschmückt mit einem Roßhaarbusch. Detail vom Sockel des Denkmals, das der mauretanische König Bocchus dem Sulla 91 v. Chr. auf dem Capitol errichten ließ. Rom, Musei Capitolini, Palazzo dei Conservatori. ▷

Abb. 181 Bronzene Roßstirn griechischen Typs mit Löwenprotome in einem Kranz aus Donnerkeilen und Blitzen, aus dem Legionslager *Novaesium* (Neuss), 1. Jahrhundert n. Chr. Dem Emblem nach gehörte die Roßstirn wahrscheinlich der *Ala Afrorum* (vgl. Bd. II, Abb. 77). Der untere, bis zu den Nüstern reichende Teil des *frontale* fehlt, doch befindet sich im Berliner Antikenmuseum ein vollständiges, sonst identisches Exemplar unbekannter Provenienz. Bonn, Rheinisches Landesmuseum.

Abb. 182 Maskenhelm, Roßstirn, Pferdepanzer und andere Ausrüstungsgegenstände auf einem Waffenfries aus dem Athenaheiligtum in Pergamon, 1. Hälfte 2. Jahrhundert v. Chr. Es handelt sich um eine ganz singuläre frühe Darstellung eines Maskenhelms, die beweist, daß diese Form des Kopfschutzes im hellenistischen Bereich schon fast zwei Jahrhunderte vor dem ersten gesicherten Auftreten in der römischen Armee bekannt war. Zu dem abgebildeten Typ gibt es im späteren Fundgut keine Entsprechung mehr. Die mit einer *crista* aus Federn geschmückte Roßstirn gehört zum üblichen Typ griechischer und hellenistischer *frontalia*. Rechts neben der Roßstirn ist ein schürzenartiger Lamellenpanzer für die Brust des Pferdes dargestellt. Die Lamellen können aus Eisen, Bronze, Horn oder Rohleder bestehen. Links unten ein hellenistischer Klappenpanzer, rechts unten *manicae* zum Schutz der Arme wohl aus geschobenen Metallschienen. Rechts oben ein Schwert vom ξίφος-Typ. Berlin, Pergamonmuseum.

Abb. 180

Abb. 181

Abb. 182

Abb. 178 phrakten auf gleichfalls gepanzertem Pferd aus Dura-Europos aus dem 3. Jahrhundert n. Chr. gilt allgemein als Abbildung eines parthischen oder persischen Reiters, es kann sich aber auch um einen Angehörigen der schweren römischen Kavallerie handeln, zumal in Dura-Europos Originale von Pferdepanzern gefunden wurden.

Etwas reichlicher fließen die schriftlichen Quellen. Xenophon erwähnt schon in der 1. Hälfte des 4. Jahrhunderts v. Chr. den Körperschutz von Pferden als einen ganz normalen Bestandteil der Kampfausrüstung: „Da der Reiter in ernste Gefahr gerät, wenn sein Pferd verwundet wird, muß dieses gleichfalls an Kopf, Brust und Seiten geschützt werden. Die Seitenpanzerung deckt auch die Schenkel des Reiters.“ (Περὶ ἱππικῆς XII.8) In der Anabasis (I.8,6 und 7) beschreibt der gleiche Autor mit Roßstirnen und Bugpanzern versehene persische Pferde. Die römischen Schriftsteller kommen bei der Schilderung der Kämpfe gegen die Heere der Diadochen im 2. Jahrhundert v. Chr. erstmals auf orientalische Panzerreiter zu sprechen, dann wieder anläßlich der Kriege gegen Mithridates im 1. Jahrhundert v. Chr. Umfangreichere Erwähnungen setzten aber erst ein, als die Autoren Gelegenheit bekamen, das schrecklich-grandiose Erscheinungsbild der parthischen, persisch-sassanidischen, palmyranischen und römischen Kataphrakten und *clibanarii* zu schildern. In der schon oben zitierten *S. 198* Beschreibung der persischen Panzerreiter bei Heliodor heißt es: „In ähnlicher Weise [wie den Reiter] schützen sie auch das Pferd, die Beine werden in Metall gehüllt, der Kopf erhält ringsum Metallplatten, vom Rückgrat bis auf Höhe des Bauches hängen sie auf beide Seiten aus Metall geflochtene Decken, die das Pferd schützen, ohne es in seiner Beweglichkeit zu beeinträchtigen.“ (Heliodor, Αἰθιοπικά, IX.15) Ganz ähnlich sahen wohl 100 Jahre später die von Nazarius beschriebenen Clibanarier des Maxentius in der Schlacht bei Turin 312 n. Chr. aus: „Welch ein schrecklicher, furchteinflößender Anblick! Die Pferde wie die Reiter in gleicher Weise mit einer Eisenhülle bedeckt! Clibanarier nennt man sie im Heer.“ (Panegyrikon auf Constantin den Großen, 1. März 321)

Im Vergleich zu den spärlichen bildlichen und schriftlichen Quellen haben wir es jedoch mit einer beachtlichen Menge von ausgegrabenen Originalteilen zu tun. In skythischen Kurganen fand man Überreste von Pferdepanzerungen, vor allem schmale Stirnplatten. Griechische Roßstirnen und Pferde-Bugpanzer (Brustplatten) aus Bronze haben sich von archaischer Zeit an zahlreich erhalten. Der größte Teil der Funde stammt aus Großgriechenland, also Süditalien und Sizilien, ein weiterer Beweis dafür, daß die Kavallerie bei den Westgriechen eine größere Rolle spielte als im Mutterland. Die schmalen, elegant geformten Roßstirnen der Griechen schützten den Kopf des Pferdes gegen Hiebe und Stöße von vorn, nicht aber die Seiten und nicht die Augen. Zweifellos kam diesen προμετωπέδια auch dekorative Funktion zu, *Abb. 182* mehrere Abbildungen zeigen eine Bekrönung mit einem quergestellten Helmbusch aus Roßhaar oder Federschmuck. Wie die Reliefs auf dem Sullamonument beweisen, verwendeten *Abb. 180* auch die Römer in republikanischer Zeit derartige Roßstirnen (*frontalia*). In Neuss wurde der *Abb. 181* obere Teil eines Originals aus claudischer Zeit gefunden, ein fast identisches Stück unbekannter Provenienz befindet sich in Berlin. Das sind die spätesten bekannten Vertreter dieser Form des Kopfschutzes.

Im Laufe des 1. Jahrhunderts n. Chr. kamen zwei neue Typen von Roßstirnen auf. Der eine bestand aus dickem Leder und bedeckte einen weit größeren Teil des Kopfes als das griechische Modell. Zwei Exemplare wurden Anfang des Jahrhunderts in Newstead in Schottland ausgegraben, vor kurzem kamen in *Vindolanda* am Hadrianswall drei weitere Stücke ans Tageslicht, Bruchteile von ledernen Roßstirnen wurden in Carlisle identifiziert. Alle diese Roßstirnen oder, richtiger, Roßköpfe, stammen aus dem späten 1. oder der 1. Hälfte des 2. Jahrhunderts und weisen große Ähnlichkeit miteinander auf. Sie wurden aus 4–5 mm dickem Rindsleder gefertigt, mit Ziegenleder gefüttert und mit zahlreichen Bronze- oder Messingnägeln verziert. Vielleicht hat man das Leder wie beim mittelalterlichen *cuir bouilli* mit heißem Wachs getränkt, wodurch es geformt, gehärtet und gegen Feuchtigkeit imprägniert wurde, doch sind an den erhaltenen Stücken keinerlei Anzeichen für ein solches Verfahren festzustellen, wie mir Carol van Driel-Murray mitteilt. Für die Augen wurden zwei große runde Löcher aus dem Leder geschnitten, in denen nach Ansicht der meisten Forscher metallene Augenschutzkörbe saßen, die einzeln des öfteren gefunden werden. Bei keiner der erhaltenen Lederroßstirnen konnte allerdings eine Vorrichtung zur Befestigung dieser Körbe entdeckt werden. Diese bildeten also keinen festen Bestandteil des Kopfschutzes, konnten aber bei Bedarf selbständig am Kopfgeschirr befestigt und mit ihrer Wölbung durch die Augenlöcher geschoben werden. Bei einem der Exemplare aus *Vindolanda* haben sich Spuren einer solchen Prozedur, die mit zu großen Augenkörben durchgeführt worden zu sein scheint, erhalten.

Bd. II, Titelbild Abb. 70, 72, Bd. III, Abb. 183–186

Damit sind wir beim anderen Typ von Kopf- oder, genauer, Augenschutz angelangt, der sich im 1. Jahrhundert n. Chr. entwickelte, nämlich den Augenschutzkörben. Ein Fund in Pompeii beweist, daß diese schon vor 79 n. Chr. in Gebrauch waren. Manche der Schutzkörbe, deren Gitter oft verschlungene Ornamente aufweisen, bestanden aus getrennten Stücken, die auf einer ledernen Unterlage angebracht gewesen sein müssen, die anderen, oft mit asymmetrischen Fortsätzen der Rückenplatten versehen, waren mit Schnallen untereinander und am Kopfgeschirr befestigt. Letztere besitzen häufig ein verbindendes Mittelteil, das mit Treib- oder Einlegearbeiten geschmückt wurde. Daraus entstanden die dreiteiligen kurzen Roßstirnen – man könnte fast von Schutzbrillen sprechen –, die mit zwei besonders schönen Exemplaren im Straubinger Schatzfund vertreten sind. Zu diesem aus dem frühen 3. Jahrhundert n. Chr. stammenden Hortfund gehören neben kurzen Roßstirnen auch fünf vollständige Vertreter eines langen dreiteiligen Typs. An der reich verzierten Stirnplatte waren mit Scharnieren zwei Seitenteile mit Augenschutzkörben befestigt. Der Pferdekopf wurde durch diese langen bronzenen Roßköpfe im gleichen Umfang bedeckt wie durch den älteren Typ aus Leder. Natürlich mußten sie stark gefüttert werden, da die drei starren, kastenartig den Kopf des Pferdes umschließenden Flächen sich dessen Form nicht so gut anfügten wie die ledernen Roßstirnen.

Abb. 187, 188
Abb. 189, 190
Abb. 191

Üblicherweise werden alle römischen Roßstirnen, wie die Maskenhelme der Reiter, für Teile einer reinen Parade- und Turnierausrüstung gehalten. Sie sollten dem Pferd ein imposantes und unheimliches Aussehen verleihen und es bei den ἱππικὰ γυμνάσια vor den stumpfen Wurfspeeren schützen. Im scharfen Kampf muß das Bedürfnis, Stirn und Augen des Pferdes zu decken, aber nicht minder groß gewesen sein. Es ist nicht einzusehen, warum man grundsätzlich im Gefecht auf die Verwendung von Schutzvorrichtungen verzichtet haben soll, die, wie die Funde lehren, in beträchtlicher Zahl vorrätig waren. Der Einwand, die Roßstirnen seien zu hinderlich für das Pferd, um beim ernsthaften Einsatz getragen zu werden, ist nicht stichhaltig. Wenn sie bei den Turnieren, bei denen Höchstanforderungen an das Leistungsvermögen der Tiere gestellt wurden, nicht störten, dann werden sie es in der Schlacht auch nicht getan haben. Der Verfasser hat mehrere Camarguepferde, denen man einen Nachbau einer der Lederroßstirnen aus Newstead mit Augenschutzkörben umgeschnallt hatte, bei Gefechtsübungen geritten und konnte nicht feststellen, daß die Tiere in irgendeiner Weise in ihrer Einsatzfähigkeit beeinträchtigt worden wären. Erstaunlich war vor allem, daß die Mehrzahl der

Bd. II, S. 165–174
Bd. II, Titelbild, Bd. III, Abb. 141

Abb. 183 Zeichnung des ledernen Roßkopfs I aus *Vindolanda* (England). Die Oberfläche des Leders war mit Messingnägeln und kleinen fischblasenförmigen Messingplättchen verziert. Letztere zeigten in Treibarbeit Bacchus- oder Amorköpfe. Gewiß war auch die Kreisfläche zwischen den Augenlöchern mit einer Zierplatte versehen. Auf der quer über den Nasenrücken laufenden *tabula ansata* war wohl die Einheit angegeben. Zeichnung Gudrun Pfrogner nach Carol van Driel-Murray 1989, Fig. 5.

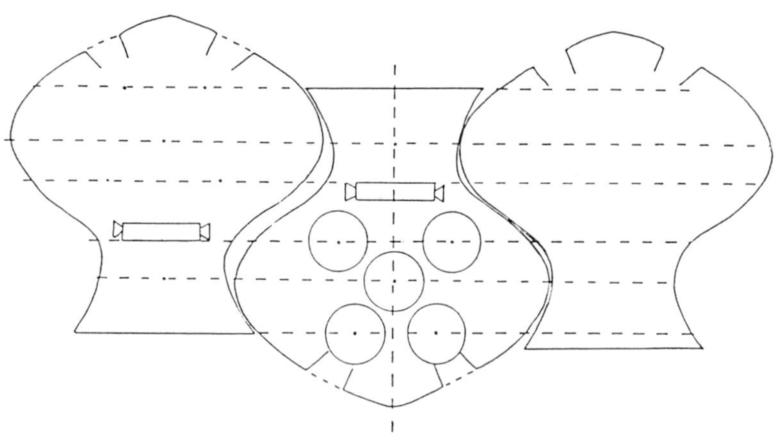

Abb. 184 Schnittmuster für die Herstellung mehrerer Roßköpfe vom Typ Newstead/*Vindolanda* aus einem großen Stück Leder. Zeichnung Gudrun Pfrogner nach Carol van Diel-Murray 1989, Fig. 4.

b. 185 Einer von zwei in Newstead (Schottland) gefundenen ledernen Roßköpfen, spätes 1./frühes 2. Jahrhundert n. Chr. In
n kleinen Löchern saßen ursprünglich Ziernägel. Edinburgh, Royal Museum of Scotland.

b. 186 Rekonstruktion des Roßkopfes von Abb. 185 mit ergänzten Augenschutzkörben. Edinburgh, Royal Museum of
otland.

b. 187 Bronzener Augenschutzkorb, aus Corbridge, England, 2./3. Jahrhundert n. Chr. Corbridge, *Corstopitum Museum*.

b. 188 Augenschutzkorb aus gegossener Bronze, gefunden im Legionslager Neuss, 1. Jahrhundert n. Chr. Der Korb war
sprünglich in Leder eingenäht. Bonn, Rheinisches Landesmuseum.

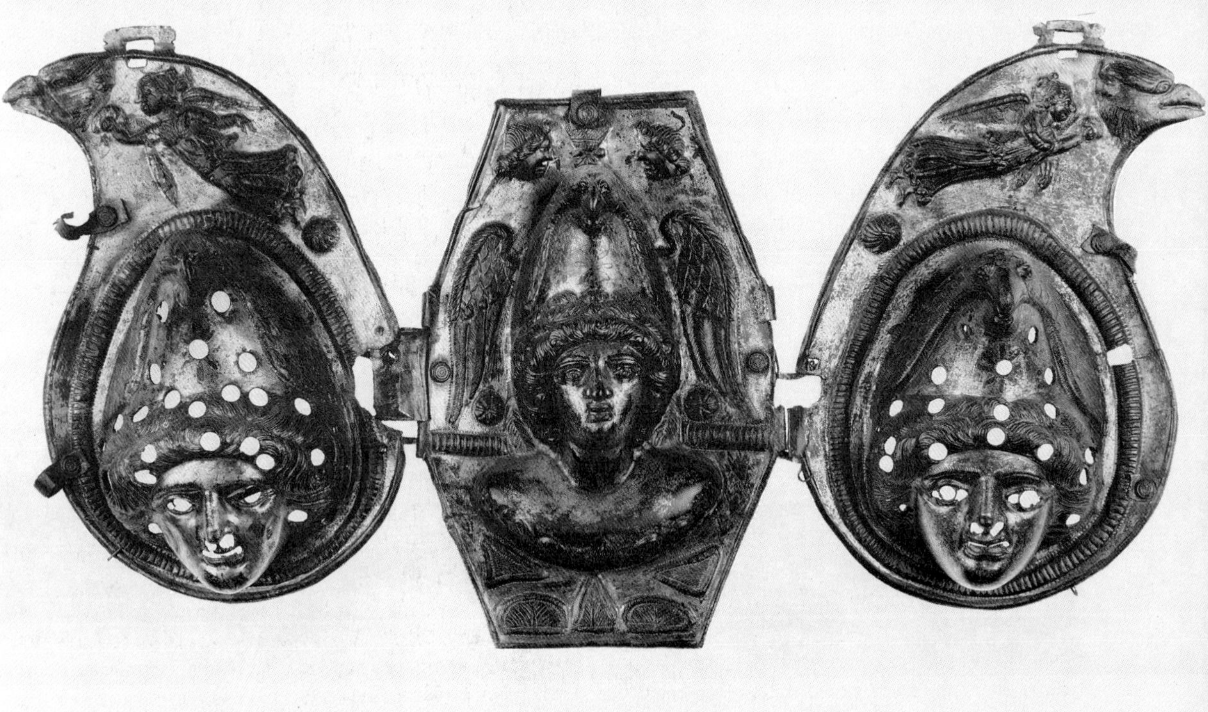

›b. 191 Dreiteiliger bronzener Roßkopf, aus dem Straubinger Hortfund, 1. Drittel 3. Jahrhundert n. Chr. Die mittlere Platte zeigt n Kriegsgott Mars über einem Giganten, ganz oben Iuppiteradler mit Kranz. Auf den seitlichen Platten sind oberhalb der von je er Schlange umwundenen Augenschutzkörbe fliegende Victorien dargestellt, darunter die Dioskuren, die Schutzgötter der Reiei. Auf der Roßstirn ist neben dem Besitzer Primus der Hersteller Proclus Maternus zweifach genannt. Straubing, Gäubodenmuım.

›b. 189, 190 Zwei dreiteilige Bronzeroßstirnen („Schutzbrillen"), aus dem Straubinger Hortfund (vgl. Abb. 191 und 114), Drittel 3. Jahrhundert n. Chr. Die eine zeigt auf dem geschwungenen achteckigen Mittelteil Minerva, flankiert von Schlangen. e beiden in Scharnieren beweglichen fischblasenförmigen Seitenteile mit den Augenschutzkörben sind mit Victorien und Löwen :sehen. Die andere ist in der Mitte von einer Büste des Ganymed geschmückt, darüber ein Adler und zwei Köpfe im Profil. Die itenteile laufen oben in Adlerköpfe aus, darunter fliegende Victorien. Die Augenschutzkörbe werden von durchlöcherten Ganydköpfen gebildet. Die noch Reste von Versilberung aufweisende Roßstirn trägt die eingepunzte Inschrift „*Primitivi* *pl[icarii]*", also eine Besitzerinschrift des Kavallerieleutnants Primitivus. In Straubing (*Sorviodurum*) stand ab der Mitte des Jahrhunderts die *Cohors I Flavia Canathenorum miliaria sagittariorum*, bei der es sich, den Roßstirnen und der inschriftlichen wähnung von Turmen und *duplicarii* nach, um eine *cohors equitata* gehandelt haben muß. Straubing, Gäubodenmuseum.

Pferde die ungewohnte Kopfverhüllung sofort und anstandslos akzeptierte. Obwohl die Form und Größe der Pferdeköpfe nicht unerheblich variierte, konnte ein und dieselbe Roßstirn von verschiedenen Tieren getragen werden. Sonderanfertigungen waren also nur bei Extremfällen erforderlich. Die Annahme Ann Hylands, die zwar mit ledernen Roßstirnen experimentiert, aber keine Augenschutzkörbe verwendet hat, die Tiere würden durch die Gitter erheblich in ihrem Sehvermögen eingeschränkt (S. 148), scheint nicht zuzutreffen. Die von der gleichen Autorin geäußerte Vermutung, andere Pferde würden über das veränderte Erscheinungsbild ihres Artgenossen zu Tode erschrecken, hat sich, jedenfalls innerhalb unserer Camarguehcrde, auch nicht bewahrheitet. Wir konnten so gut wie gar keine Reaktion feststellen. Natürlich legten die Römer nur unmittelbar vor einem Gefechtseinsatz ihren Pferden die Roßstirnen an, das heißt, sie wurden, soweit vorhanden, vorher im Gepäck mitgeführt. Im Falle der großen dreiteiligen Exemplare mag das recht lästig gewesen sein, die kleinen „Augenschutzbrillen" und die ledernen Roßstirnen bereiten dagegen auch in dieser Hinsicht keine großen Probleme.

Die bronzenen Pferdebugpanzer der Griechen lassen sich in republikanischer Zeit überhaupt nicht und in der Kaiserzeit ausschließlich als Teil von Prunkgarnituren hochgestellter *Bd. I, Abb. 183* Persönlichkeiten nachweisen. Die Pferde der Reiterdenkmäler von Cartoceto tragen solche reich geschmückten *baltei*, zwei mit fast völlig erhaben gearbeiteten Reiterkampfreliefs ver- *Bd. III, Abb. 82* zierte Originalstücke aus der Zeit um 100 n. Chr. haben sich in Aosta und in Brescia gefunden, der figürliche Schmuck eines weiteren wird in Wien aufbewahrt.

Mit großer Wahrscheinlichkeit gab es bei der Truppe jedoch Körperschutz, vor allem Brustschutz, der aus vergänglicherem Material, Leder, versteiftem Leinen oder dickem Filz, gefertigt war. Assyrische Reliefs zeigen des öfteren zusätzlich zur Schabracke eine den Rumpf vorn und hinten verkleidende Schutzdecke, als deren Material man Filz vermuten darf. Von den beiden auf dem Pergamonfries abgebildeten Bruststücken besteht der eine aus Lamellen, deren Material Metall, Horn oder dickes Leder sein könnte. In Valkenburg Z.H. (Holland) wurde ein ursprünglich mit Nägeln verziertes Lederfragment gefunden, das ziemlich si- *Abb. 192* cher zu einem spitz zulaufenden Bugpanzer gehört haben dürfte. Die Ornamente ähneln stark denen auf den Lederroßstirnen aus Newstead und Vindolanda. Ein ähnlich geformtes Stück aus Windisch in der Schweiz hat Gansser-Burckhart als Teil eines Soldatenpanzers fehlinterpretiert. Beide Stücke sind noch ins 1. Jahrhundert n. Chr. zu datieren. In der Wiener Hofrüstkammer wird ein kompletter Pferdepanzer des Erzherzogs Ferdinand in Tirol (1566–1595) *Abb. 193* aufbewahrt, der aus mehreren sich überlappenden, unten spitz zulaufenden dicken Lederstükken besteht, in deren Form sich die Valkenburger und Windischer Leder gut einfügen würden. Ganz ähnliche Schutzdecken aus Leder und/oder Filz tragen die Pferde der Jäger auf einem *Bd. I, Abb. 158* Jagdmosaik des 4. Jahrhunderts n. Chr. aus Oued Athménia bei *Cirta* (Constantine in Algerien). In *Vindolanda* wurden nach freundlicher Mitteilung von Carol van Driel-Murray vor kurzem Fragmente von eigenartig geformten Lederdecken gefunden, bei denen es sich mit einiger Wahrscheinlichkeit um Reste von Pferdepanzerung handeln dürfte, zumal die Stücke in einigen Fällen gemeinsam mit ledernen Roßstirnen ausgegraben wurden. Vier in Form von *tabulae ansatae* verstärkte Schlitze könnten nach Anordnung und Abständen dazu gedient haben, die Decke über die Hörnchen eines kleinhörnigen Sattels zu schieben. Die Art der Nähte läßt vermuten, daß das Leder mit textilem Material bezogen war, das vielleicht in der Art hochmittelalterlicher Pferdedecken herabhing. Es scheint also, daß Carol van Driel-Murray mit Recht die unausgewogenen Proportionen der Pferde auf modernen Rekonstruktionszeichnungen bemängelt, auf denen die reich dekorierten Roßstirnen in unschönem Kontrast stün-

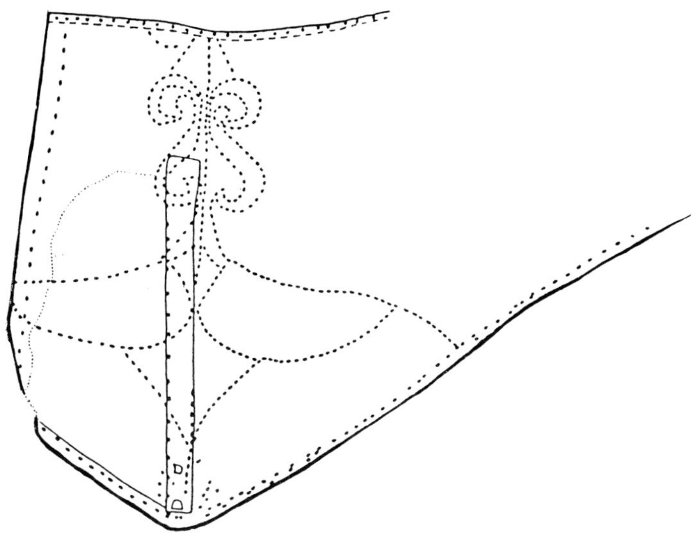

Abb. 192 Fragment von einem mit Ziernägeln geschmückten Pferdebugpanzer (?) aus Valkenburg Z.H. (Niederlande), 1. Jahrhundert n. Chr., größte Höhe 23,5 cm. Die Art der Verzierung erinnert an die der ledernen Roßstirnen aus Britannien (vgl. Abb. 183). Zeichnung Gudrun Pfrogner nach Willy Groenman-van Waateringe 1967, Fig. 36.

Abb. 193 Lederner Pferdepanzer des Erzherzogs Ferdinand in Tirol, spätes 16. Jahrhundert. Zeichnung Gudrun Pfrogner nach dem in der Hofrüstkammer in Wien aufbewahrten Original.

den zur kuriosen Nacktheit des restlichen Pferdes und ihm ein kopflastiges Äußeres verliehen, ganz im Gegensatz zum ausbalancierten Erscheinungsbild der mittelalterlichen Ritterpferde. Das soll nicht heißen, daß alle Pferde einer Einheit Roßstirnen und Brustschutz besessen haben, aber doch ein Teil, namentlich die der Offiziere, der Standartenträger und der im ersten *Bd. II, S. 178* Glied stehenden Elitekämpfer. Arrian erwähnt in seinem Reitertraktat, bei den Turnieren müßten den Pferden nur Roßstirnen zum Schutz der Augen, aber keine Rumpfpanzerung angelegt werden, da nur stumpfe Speere zum Einsatz kämen. Das bedeutet aber, daß im Ernstfall sowohl Roßstirnen als auch die ein oder andere Form von Körperschutz getragen wurden.

Im 2. Jahrhundert n. Chr., unter Hadrian, erschienen dann die ersten Kataphraktenalen in *S. 196–199* der römischen Armee. Die früheste belegte Einheit ist die *Ala Gallorum et Pannoniorum catafracta*, die sich also nicht, wie eigentlich zu vermuten, aus Orientalen rekrutierte. Im Laufe des 3. und 4. Jahrhunderts nahm ihre Zahl noch bedeutend zu. Der griechische Ausdruck ἱππεῖς κατάφρακτοι, aus dem im Lateinischen *equites cataphracti* oder *catafracti*, am häufigsten aber *catafractarii* wurde, bedeutet „bedeckte (gepanzerte) Reiter". Man hat das in der jüngeren Forschung oft so aufgefaßt, daß damit nur die Reiter gemeint gewesen und erst mit den *cilibanarii* des 4. Jahrhunderts gedeckte Pferde bei den Römern aufgetaucht seien, doch wäre es ziemlich unsinnig gewesen, eine neue Truppenbezeichnung für etwas zu kreieren, das es schon lange in der römischen Armee gab, nämlich gepanzerte Reiter. Der Irrtum kam vor allem dadurch zustande, daß man bis vor kurzem glaubte, die auf den Soldatengrabsteinen des 1. Jahrhunderts n. Chr. und auf der Traianssäule abgebildeten Reiter trügen nur Lederpanzer. Wir dürfen also davon ausgehen, daß die römischen Kataphrakten wie ihre hellenistischen und orientalischen Vorbilder in der Regel auf gepanzerten Pferden ritten. In diesem Sinne äußert sich auch Arrian, der in seiner Kriegskunst (4.1) schreibt, bei den Kataphrakten seien Roß und Reiter geschützt, die Männer mit Rumpfpanzern aus Kettengeflecht, Leinen oder Horn und Oberschenkelpanzerung, die Pferde mit Roßstirnen und Schutzdecken.

Die Sache wird noch weiter verwirrt durch den Umstand, daß im frühen 4. Jahrhundert neben den Kataphrakten die Einheiten der *clibanarii* auftauchen. Wenn auch der persische Ur- *S. 182 f.* sprung der Clibanarier als gesichert gelten darf, so ist es doch umstritten, ob innerhalb der römischen Armee die Bezeichnung „Kataphrakten" und „Clibanarier" Synonyme für ein und dieselbe Gattung schwerer Kavallerie waren, oder ob sie zwei ausrüstungsmäßig verschiedene Arten von Panzerreitern auseinanderhalten sollten. Wie es scheint, handelt es sich bei dem älteren Terminus „Kataphrakten" um den Überbegriff und bei den jüngeren „Clibanariern" um eine spezielle Untergruppierung, wohl um besonders schwer gepanzerte, im Osten rekrutierte Einheiten. Die älteste Erwähnung eines Clibanariers auf einem lateinischen Grabstein aus Bithynien aus der Zeit um 300 n. Chr. nennt diesen einen *„catafractarius clibanarius"*. Da man also mit „Kataphrakten" das Allgemeine, mit „Clibananriern" das Spezielle meinte, werden die letzteren wohl auch in ihrer Ausrüstung präziser definiert gewesen sein, während es bei den Kataphrakten im Laufe der Zeit wahrscheinlich eine größere Bandbreite an Möglichkeiten gab. Das mag auch die Häufigkeit und Qualität der Pferdepanzerung betroffen haben.

Man muß stets damit rechnen, daß Bezeichnungen wie Kataphrakten und Clibanarier sich im Laufe der Zeit von ihrer ursprünglichen Bedeutung lösen können. Als Beispiel sei die schwerste Gattung der neuzeitlichen Kavallerie, die der Kürassiere angeführt. Der Name leitet sich vom französischen *cuirasse* her, das Panzer bedeutet. In der 1. Hälfte des 17. Jahrhunderts verstand man unter einem Kürassier oder Kürisser einen Reiter, der einen 28–35 kg schweren Dreiviertelharnisch trug, der den Mann vom Kopf bis zu den Knien schützte. Bereits in der 2. Hälfte des Jahrhunderts hatte man die Panzerung auf Brust- und Rückenplatte und allenfalls noch einen Helm reduziert, Gesamtgewicht 14–18 kg. Obwohl er mit dieser Panzerung nach der herkömmlichen Terminologie eigentlich zu einem Arkebusier, einem leichten Reiter, geworden war, blieb die alte Bezeichnung, während die Arkebusiere ganz verschwanden. Im 18. Jahrhundert ließ man auch den Helm fortfallen, und der Küraß wurde in den meisten Armeen auf die 5–9 kg schwere Brustplatte beschränkt, mitunter entfiel sogar diese. In der napoleonischen Ära verstärkte man die Panzerung wieder, der im Material nicht mehr so massive Küraß wurde durch die Rückenplatte ergänzt, der Helm wieder eingeführt, Gesamtgewicht 9–12 kg. Im späten 19. Jahrhundert schaffte man in einigen Ländern die Panzerung erneut ab, was, wie in Bayern, dazu führen konnte, daß die Kürassierregimenter in Schwere Reiter umgetauft wurden, während man in Preußen die traditionelle Bezeichnung beibehielt. In analoger Weise müssen die Römer unter Kataphrakten und Clibanariern nicht immer völlig gleichartig gerüstete Reiter verstanden haben.

Im Gegensatz zu den bisher besprochenen Roßstirnen und Bugpanzern, die nur die allergefährdetsten Teile des Pferdes schützten, waren die Tiere der Kataphrakten fast gänzlich durch oft mit Metall-, Leder- oder Hornschuppen, Lamellen oder Kettenpanzer verstärkte Schutzdecken abgeschirmt. Der Ursprung dieser Kavalleriegattung dürfte in Zentralasien zu suchen sein. Berthold Rubin schreibt, dem sowjetischen Forscher S. P. Tolstov folgend, die Anfänge der Kataphraktenreiterei den Chorezmiern am Aralsee zu, bei denen die Panzerung von Mann und Roß bis in das 6. Jahrhundert v. Chr. zrückzuverfolgen sei. Von dort habe dann diese Entwicklung nach Osten zu den Chinesen, nach Süden zu den Persern ausgestrahlt. Die Idee, Pferde zu panzern, ist tatsächlich noch viel älter, denn schon im 2. Jahrtausend v. Chr. wurden die besonders exponierten Zugtiere der Streitwägen häufig mit Schutzdecken versehen. In den Heeren der Diadochen gab es Lamellenpanzer zumindest für den ganzen vor dem Sattel be- *Abb. 182*
findlichen Teil des Pferderumpfes. Mit derart ausgerüsteter Kavallerie bekamen es die Römer in den Kriegen des 3. und 2. Jahrhunderts v. Chr. zu tun. Die erste große – und für die Römer fatale – Konfrontation mit östlichen Panzerreitern erfolgte jedoch erst in der Schlacht bei Carrhae 53 v. Chr. In Verbindung mit Schwärmen leichter berittener Bogenschützen fügten die parthischen Kataphrakten den Legionen eine verheerende Niederlage zu. Die Parther blieben nicht die einzigen, die den Römern mit solchen Panzerreitern entgegentraten. Die Sarmaten im östlichen Donaugebiet, die Palmyraner und schließlich die die Parther ablösenden sassanidischen Perser machten ebenfalls intensiven Gebrauch von Kataphraktenreiterei.

Da uns die römischen Bildquellen – im Gegensatz zu den sassanidischen – fast völlig im Stich lassen, ist es von unschätzbarem Wert, daß in Dura-Europos in Syrien drei römische Kataphraktenpferdepanzer aus dem frühen 3. Jahrhundert n. Chr. ausgegraben wurden, von denen zwei noch weitgehend vollständig waren, jedenfalls was die Seitendecken anbetrifft. *Abb. 194,*
Sie bestehen aus einem Untergrund von grobem Leinen, auf den Bronze- bzw. Eisenschuppen *196*
aufgenäht wurden. Die Schuppen sind verhältnismäßig groß, im Durchschnitt 25 x 35 mm. Die beiden Decken werden dem Rückgrat entlang von einem breiten Lederstreifen zusammengehalten. Für den Sattel ist eine ovale Aussparung gelassen. Da die Panzerung unterhalb dieser kleinen Sattelaussparung ohne Unterbrechung durchläuft, kann der Reiter mit seinen Schenkeln nur recht schwach auf die Flanken des Pferdes eingewirkt haben. Gewiß wurde die Decke durch einen gepanzerten Halsschutz und einen Roßkopf ergänzt. Viele Kataphrakten werden sich wohl mit ähnlich geformten, einfacheren Panzern aus Leder, Rohhaut, Filz oder

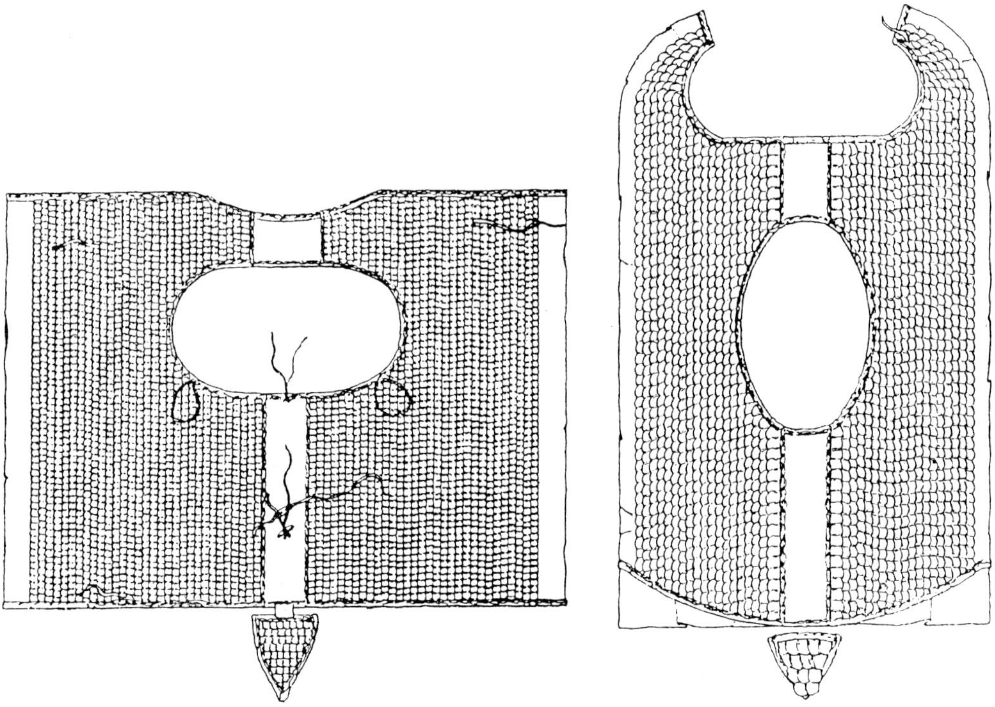

Abb. 194 Zwei in Turm 19 von Dura-Europos (Syrien) gefundene Pferdeschuppenpanzer (vgl. Abb. 196), 3. Jahrhundert n. Chr. Die linke Schutzdecke mißt, am Boden ausgebreitet, 122x169 cm, die rechte 148x110 cm (ohne die vorspringenden Zipfel, die die Brust des Pferdes umfangen sollten). Der erstgenannte Panzer läßt die Brust völlig frei, für sie muß es einen eigenen Bugpanzer gegeben haben. In beiden Fällen fehlt die Panzerung des Halses, die wohl gesondert angelegt worden ist. In der Tat fanden sich zusammen mit den Schutzdecken weitere, schlechter erhaltene Schuppenpanzerfragmente, bei denen es sich um solche ergänzenden Teile gehandelt haben dürfte. Ferner gehörten natürlich auch Roßstirnen oder Roßköpfe aus Leder oder Metall zur vollständigen Panzerung. Beide Schutzdecken bestehen aus grobem Leinen, auf das mit einem starken Leinenfaden die Metallschuppen aufgenäht sind. Durch die seitlichen Löcher werden die einander überlappenden Schuppen mit Bronzedraht zusammengehalten (vgl. Abb. 177). Die Schuppen des linken Panzer sind aus Bronze, die des rechten aus Eisen hergestellt. Dem Rücken entlang verläuft in der Mitte ein breiter Streifen aus rotem Leder, auch an den Rändern sind beide Panzer mit rotem Leder eingefaßt. Die Panzer waren für höchstens mittelgroße, aber sehr kräftig gebaute Tiere bestimmt. Zeichnung Gudrun Pfrogner nach *The Excavations at Dura-Europos. Preliminary Report of Sixth Season of Work*, New Haven 1936, Plate XXI.

Abb. 195 Römische Kavallerie in Verfolgung sarmatischer Kataphrakten. Detail von der Traianssäule ▷
in Rom, 107–117 n. Chr. Die Panzerreiter tragen hohe Helme aus zusammengenieteten Metallteilen und sind bis zum Hals vollständig in Schuppenpanzer gehüllt. Der die Körperformen trikotartig nachmodellierende enge Sitz des Panzers ist der Phantasie des Künstlers entsprungen. Das gilt auch für die in gleicher Weise vom Schuppenpanzer umkleideten Pferde. Die sarmatischen Kataphrakten erscheinen hier als berittene Bogenschützen.

Abb. 196 Einer der in Dura-Europos (Syrien) gefundenen Pferdeschuppenpanzer, 3. Jahrhundert n. Chr. (vgl. Abb. 194). Man hat ihn auf dem Photo nach der Auffindung im Winter 1932/1933 einem zweifellos etwas zu großen Pferd übergelegt.

Abb. 112 Leinen begnügt haben, die keine oder nur teilweise Verstärkung durch Metall besaßen. Auch Halbpanzerung, bei der nur Kopf, Hals und der Rumpf vor dem Sattel, nicht aber die Hinterhand geschützt wurden, dürfte häufig vorgekommen sein. Die am vollständigsten Gepanzerten standen in den ersten Gliedern der Schlachtordnung.

Ein derart geschütztes Pferd war natürlich weit weniger gegen Waffenwirkung, vor allem gegen den im Osten so intensiv betriebenen Pfeilbeschuß empfindlich als ein ungepanzertes. Der Nachteil lag in der Behinderung des Pferdes. Diese war kaum mechanischer Art, da die Panzerung elastisch der Bewegung nachgab. Unangenehmer war das Gewicht, das zu dem des schwer gerüsteten Reiters hinzukam. Legt man die Abmessungen und Materialien des bronzenen Perdeschuppenpanzers aus Dura-Europos zu Grunde und ergänzt die fehlenden Teile für Brust und Hals, kommt man zu dem Ergebnis, daß ein solcher Panzer aus etwa 4 500 Schuppen von je 7 g Gewicht (bei 1 mm Blechstärke) bestünde. Die Schuppen wögen demnach 31,5 kg, dazu wären die verbindenden Drahtstücke, die Leinenunterlage, das Strohfutter und die Lederteile zu rechnen. Das Gesamtgewicht käme dann auf über 40 kg, zusammen mit der noch nicht berücksichtigten Roßstirn auf etwa 45 kg. Die Perser züchteten wohl nicht zuletzt aus diesem Grunde eine besonders kräftig gebaute Rasse von Kampfpferden. Die Panzer aus Dura-Europos, die ihren Abmessungen nach von sehr wuchtigen Pferden mit einem Stockmaß von gut 150 cm getragen worden sein müssen, bestätigen diese Annahme. Das Schlimmste war aber zweifellos der Mangel an Luftzufuhr. Bedenkt man zudem, daß die Kataphrakten vorwiegend im Orient eingesetzt wurden, müssen die Pferde schon sehr rasch heftig zu schwitzen begonnen haben. Ein plötzlicher hoher Feuchtigkeitsverlust ist, wenn das Wasser und die ausgeschwitzten Minerale nicht rasch ersetzt werden können, für ein Pferd höchst gefährlich. Ähnlich einem mittelalterlichen Ritter brauchte ein antiker Kataphrakt mehrere Pferde, um wirklich effektiv kämpfen zu können, ein Reisepferd, um das Streitroß auf dem Marsch zu entlasten, mindestens ein Packpferd, das vor und nach dem Gefecht die Rüstung und sonstiges Gepäck trug, und möglichst zwei oder mehr Kampfpferde, um erschöpfte Tiere auswechseln zu können. Solche günstige Bedingungen werden bei weitem nicht immer gegeben gewesen sein, und das dürfte zum Teil erklären, weshalb die Leistungen der römischen Kataphrakten (und wohl auch die der anderen Völker) häufig hinter den in sie gesetzten Erwartungen zurückblieben. *Bd. II, S. 81 f.*

ANHANG I

Zur Konstruktion römischer Rennwägen

In Ergänzung der Erläuterungen, die ich in Teil I, Kapitel IV des vorliegenden Werkes zum römischen *currus circensis* geboten habe, möchte ich in diesem Anhang noch einmal auf die Konstruktion des antiken Rennwagens eingehen. Dabei stütze ich mich vornehmlich auf die mir erst nach Erscheinen von Teil I zugänglich gewordenen Ausführungen von J. Spruytte (1977, 1983), der mehrere antike Wagentypen – darunter leider keinen römischen – nachgebaut und mit ihnen experimentiert hat. *Bd. I, S. 142–145*

Am besten bekannt ist uns der ägyptische Streitwagen des 2. Jahrtausends v. Chr., von dem es nicht nur zahlreiche gute Abbildungen gibt, sondern von dem sich auch acht einigermaßen vollständige Exemplare erhalten haben, davon allein sechs im Grab des 1337 v. Chr. verstorbenen Pharao Tutanchamun. Die ägyptischen Wägen waren ganz aus Holz, Leder, Rohhaut und Leim gebaut, eventuelle Metallteile hatten keinen funktionalen Charakter, sondern dienten zum Schmuck. Die für zwei Insassen – Fahrer und Kämpfer – bestimmten Fahrzeuge wurden stets von zwei Pferden gezogen und waren in ihrer extrem leichten Bauweise auf möglichst große Schnelligkeit berechnet, was sie den späteren Sportwägen vergleichbar macht. Die Länge der 6–8 cm starken Achsen beträgt bei den acht erhaltenen Wägen 192–236 cm bei einer Spurweite von 147–180cm. Der Raddurchmesser schwankt zwischen 74 und gut 100 cm, mit Ausnahme des wahrscheinlich sehr frühen Wagens aus Theben, der heute in Florenz aufbewahrt wird und vierspeichige Räder besitzt, sind die aus Holz und Rohhaut hergestellten Räder alle sechsspeichig. Der Wagenkasten hat eine vorne abgerundete, D-förmige Grundfläche, ist hinten offen (mit Ausnahme des Wagens aus dem Grab des Yuia und des Tuiu) und besitzt eine hinten fast senkrecht abfallende Brüstung (die im Bogen schräg nach hinten abfallende Brüstung des Florentiner Wagens ist wahrscheinlich falsch restauriert worden). Der Boden besteht aus einem Holzrahmen, zwischen dem ein elastisches Geflecht aus Rohhautriemen gespannt ist, das eine gewisse Federung darstellt. Die Grundfläche des Kastens ist 90–111cm breit und 39–54 cm tief, die Brüstung hat eine Höhe von 53–86 cm. Die Achse verläuft unter dem hinteren Ende des Wagenkastens. Die schräg emporwachsende, stark geschwungene Deichsel mißt insgesamt 213–260 cm. Vorne befindet sich auf ihr ein 73–96 cm langes abnehmbares Joch mit zwei gabelförmigen Jochsätteln. (Alle Maße nach Littauer und Crouwel, 1985, S. 91)

Spruytte baute nach dem Vorbild eines der im Grab des Tutanchamun gefundenen Wägen eine Rekonstruktion, die einschließlich der Deichsel und des Jochs ein Gewicht von nur 34,1 kg besitzt. Die Position der Achse unter dem hinteren Ende des Wagenkastens hat zur Folge, daß die Konstruktion vorderlastig ist. Geht man, wie bei einem römischen Rennwagen, von nur einem Insassen aus, und gibt diesem ein Gewicht von 70 kg, dann lastet auf jedem Rad ein Gewicht von 45,55 kg, auf dem Vorderende der Deichsel, also auf den Nacken der beiden Pferde, ein solches von 18 kg.

Diese Werte sind, trotz dem großen zeitlichen Abstand, durchaus von Interesse für die Rekonstruktion des römischen Rennwagens, da dieser, nach den zahlreichen kaiserzeitlichen Abbildungen zu schließen, im Aufbau und in den Proportionen große Ähnlichkeit mit dem ägyptischen Streitwagen besaß. Hans Nachod meint in seiner Untersuchung über den Rennwagen bei den Italikern (1909) zu dieser Ähnlichkeit, sie werde „aber doch zufällig und darauf zurückzuführen sein, daß man bei dem Bestreben, dem Rennwagen bei geringstem Gewicht größte Festigkeit zu geben, von selbst auf die Form verfiel, die nur das unbedingt Notwendige aufweist.“ (S.97)

Natürlich gab es auch Unterschiede. Der Wagenkasten des römischen *currus circensis* brauchte im Gegensatz zu militärisch genutzten Modellen nur Platz für einen einzigen Mann zu bieten, war also schmäler. Die meisten Abbildungen geben deutlich das von einem einfa- *Bd. I, Abb. 94, 122, 124, 138, 152* chen Holzbügel gebildete offene Geländer wieder, das lediglich durch ausgespanntes, mit Zipfeln am Holzrahmen befestigtes Leder oder textiles Material verkleidet wurde. Statt der geraden horizontalen Brüstung des ägyptischen Wagens, die hinten fast senkrecht abfiel, verlief die des römischen Modells meist vom höchsten Punkt vorne in der Mitte in einer stetigen *Bd. I, Abb. 135* Kurve nach unten abfallenden Linie. Neben dieser einfachen, geschwungenen Form der Brüstung kommt auch vereinzelt eine sich vom sogenannten ionischen Wagentypus herleitende Variante mit seitlichen Grifffösen vor, welche eine Art selbständigen offenen Seitengeländers *Abb. 197* bilden. Der Boden des Kastens bestand, wie beim ägyptischen Wagen, aus einem Netz aus *Bd. I, Abb. 123, 124, 138* Riemen oder Stricken, wie etwas das Große Circusmosaik in Piazza Armerina oder eine im Tiber gefundene bronzene Miniaturbiga klar erkennen lassen. Die Position der Achse bewirkt eine ähnliche Gewichtsverteilung wie bei den ägyptischen Streitwägen, das Fahrzeug ist also vorderlastig, doch tritt die rückwärtige Lage der Achse nicht immer so klar in Erscheinung, da der Wagenkasten schmäler und häufig nach hinten durch eine Art Trittbrett verlängert ist.

Mit Sicherheit verwendeten die Römer metallene Bestandteile, wenn auch sparsam, um den Wagen möglichst leicht zu belassen. Die reine Holz-Leder-Rohhaut-Leim-Konstruktion der Ägypter war nur unter den trockenen klimatischen Bedingungen Nordafrikas zweckmäßig. Feuchtigkeit weicht die glashart getrocknete Rohhaut auf und läßt sie sich wieder ausdehnen, außerdem setzt sie den geleimten Verbindungen zu. Die Abdeckung mit Birkenrinde, die die Ägypter an besonders gefährdeten Punkten wie den Naben angewandt hatten, wäre bei stärkeren Regenfällen wohl nicht ausreichend gewesen. Allerdings konnte der nicht für die Wechselfälle eines Kriegszuges, sondern ausschließlich für die Circusauftritte bestimmte römische Rennwagen stets trocken aufbewahrt und gut gewartet werden, zum Einsatz kam er wohl nur bei einigermaßen geeignetem Wetter, so daß sich das feuchtere Klima Italiens kaum ausgewirkt haben wird. Die extreme Belastung, denen die Räder und die sie tragenden Achsschenkel bei den Rennen ausgesetzt waren, haben die Römer aber gewiß dazu veranlaßt, gerade im Bereich Nabe und Achsschenkel metallene Bauteile zu verarbeiten, zumal ihnen im Gegensatz zu den Ägyptern nicht nur Bronze, sondern auch das stabilere Eisen zur Verfügung stand. Eiserne Nabenringe, Nabenbüchsen, Achsschenkelbeschläge, Achsnägel und bronzene Achsendbeschläge erhöhten die Lebensdauer und Zuverlässigkeit der Räder und Achsschenkel beträchtlich, ob auch die bei Straßenfahrzeugen üblichen eisernen Reifen über die Holzfelgen gezogen wurden, erscheint mir dagegen nicht sicher, da die Abnutzung auf dem Sandboden der Arena nicht sehr erheblich gewesen sein kann und man zweifellos bemüht war, jede nicht unbedingt erforderliche Gewichtsbelastung zu vermeiden.

Obwohl der Kasten des römischen Wagens schmäler war als der des ägyptischen, dürfte

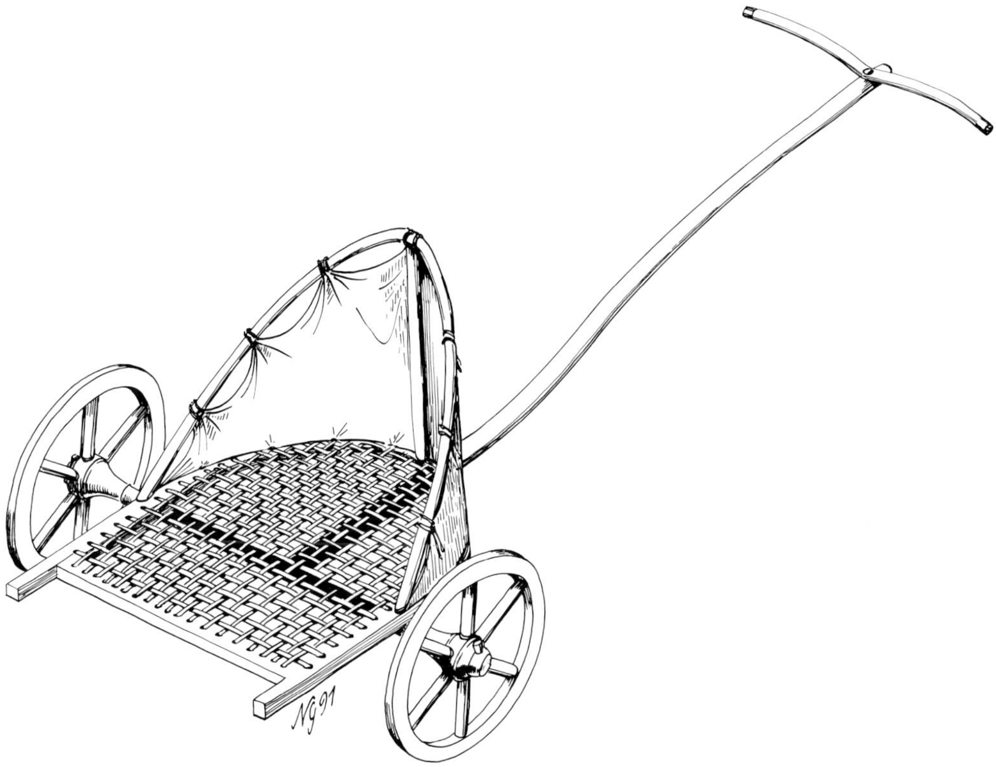

Abb. 197 Römischer Rennwagen der Kaiserzeit. Zeichnung Nikolaus Grohmann.

die Spurweite nicht viel geringer gewesen sein, da das Fahrzeug in den scharfen Kurven eine stabile Lage brauchte. Die sechs- oder, noch häufiger, achtspeichigen Räder scheinen einen ziemlich geringen Durchmesser besessen zu haben, der allenfalls den der kleinsten ägyptischen Räder erreichte. Die Deichsel ähnelte der der ägyptischen Wägen, das Joch war aber gerade, nicht geschwungen. Die Schirrung unterschied sich gleichfalls, wie in Anhang 2 dargelegt werden wird. *S. 223*

Die in den ägyptischen Wägen verarbeiteten Holzarten waren überwiegend aus nördlicheren Gefilden importiert, den Römern dürfte hingegen ihre Beschaffung keine Schwierigkeiten bereitet haben. Das am häufigsten festgestellte Holz ist das der Ulme, das gut über Hitze gebogen werden kann. Beim Florentiner Wagen bestehen der Brüstungsbügel, die Naben und das Joch aus Ulmenholz, bei den Wägen aus dem Grab des Tutanchamun, die allerdings in dieser Hinsicht noch nicht alle systematisch analysiert worden sind, wurde Ulmenholz bisher an Speichen, Felgen, Naben, Achsen und Deichsel identifiziert. Sieht man von den an allen erhaltenen Wägen vorhandenen Umwicklungen aus Birkenrinde ab, wurden nach Giuseppe Botti (1951) an dem Florentiner Wagen außer Ulmenholz noch Eschenholz (Vorderteil des Bodenrahmens des Wagenkastens, Achse, Felgen), Ahornholz (hintere Abschlußstange des

Wagenkastens), Weidenholz (Deichsel), Pflaume (Speichen) und Akazienholz (Stützstrebe im Geländer des Wagenkastens) erkannt, doch dürfen diese Identifizierungen nicht alle als gesichert gelten. Bei den Tutanchamun-Wägen konnte außer dem reichlich verwendeten Ulmenholz nur noch das der Tamariske an einem der Räder festgestellt werden (Littauer und Crouwel, 1985, S. 92 ff.).

Als Abmessungen für einen typischen römischen Rennwagen der Kaiserzeit würde ich annehmen:

Gesamtlänge der Achse: 190 cm
Spurweite: 165 cm
Raddurchmesser: 75 cm
Höhe des Wagenkastens: 75 cm
Breite des Wagenkastens: 55 cm
Tiefe des Wagenkastens: 55 cm
Gesamtlänge der Deichsel: 250 cm
Länge des Joches: 90 cm
Gesamtgewicht: 30 kg

Dieser Wagen stellt mit den höchstens 100 kg, die er einschließlich seines leicht gebauten Fahrers und dessen Ausrüstung wiegt, nur eine ganz unbedeutende Last für die Pferde dar. Bei einer Biga fallen 50 kg auf jedes Tier, bei einer Quadriga 25 kg. Das Fahrzeug ähnelt kaum den viel zu hohen und schweren, zudem mit ganz falschen Schirrungen versehenen Wägen, die in Filmen gewöhnlich benützt werden. Die Requisiteure scheinen sich mehr die Abbildungen von Triumph- und sonstigen Paradewägen zum Vorbild genommen zu haben als die der wesentlich schlichteren und funktionaleren Rennwägen. Das mag zum guten Teil auch die Schwierigkeiten erklären, die man 1958 bei den Dreharbeiten für den zweiten Ben Hur-Film mit den tiefen Spurrillen bekam.

Bd. I, Abb. 50, 51, S. 116

ANHANG II

Zu den römischen Schirrungen

Auch für diesen Anhang boten vor allem die von J. Spruytte durchgeführten Experimente den Anlaß. Die antike Schirrung hat ja seit den für lange Zeit richtungweisenden, gleichfalls durch Experimente abgestützten Ausführungen Lefebvre des Noëttes (1931) eine große Rolle in der Forschung gespielt. Georges Raepsaet stellt in seiner Untersuchung über die nordgallischen Schirrsysteme (1982) sehr treffend fest. „Selten haben die Gelehrten einem scheinbar banalen Problem der antiken Agrararchäologie eine so bedeutende Rolle zugeschrieben: die Art und Weise der Schirrung und des Zugsystems stehen im Mittelpunkt vielfacher Erklärungsmodelle für die sozio-ökonomischen Strukturen des Altertums und ihre Umformung im Mittelalter, und man hat nicht gezögert, in diesem Zusammenhang die Zugkraft der Tiere in Gegensatz zu stellen zur Sklavenarbeit, Equiden zu Boviden, technischen Fortschritt zu fortschrittsfeindlicher Mentalität, Wirtschaftlichkeit zu ökonomischer Stagnation, ja den Westen zur Mittelmeerwelt, wobei man durchwegs jenem die jeweils erstgenannten Eigenschaften der gegensätzlichen Begriffspaare zuschrieb, dieser die an zweiter Stelle angeführten.“ (S. 215)

Lefebvre des Noëttes war der Ansicht, die in der Antike angewandten Schirrsysteme seien im höchsten Maße ineffektiv gewesen, da die Tiere hauptsächlich mit dem Hals hätten ziehen müssen, wobei der Druck des Kehlriemens („*collier de gorge*“) bei einigermaßen schwerer Belastung die Luftzufuhr und die Blutzirkulation beeinträchtigt habe. Da man es zudem auch nicht verstanden habe, mehrere Zugtiere hintereinander zu spannen – was nicht stimmt –, sei es vor der Einführung des Kummets im 10. Jahrhundert unmöglich gewesen, Lasten von mehr als einer halben Tonne Gewicht auf einem Wagen zu transportieren. Deshalb sei man auf Sklavenarbeit angewiesen gewesen, deren leichte Verfügbarkeit wiederum zur Folge gehabt habe, daß man sich keine Gedanken über technische Verbesserungen machte. Lefebvre des Noëttes' Theorie war eine der Grundlagen für die bis vor kurzem vorherrschende Auffassung, die römische Wirtschafts- und Technikgeschichte sei von Innovationsfeindlichkeit und Stagnation gekennzeichnet gewesen.

Nun kann es keinem Zweifel unterliegen, daß in der Antike Massen- und Schwertransporte, wo es nur ging, mit dem Schiff durchgeführt wurden, und zwar schon aus Kostengründen. Kevin Greene (1986, S. 40) schätzt, daß in der Kaiserzeit die Kostenrelation von Schiffstransport auf dem Meer zu Schiffstransport auf Flüssen zu Straßentransport etwa 1:4,9:28 betrug, der Schiffstransport also sogar dann noch rentabel war, wenn große Umwege in Kauf genommen werden mußten. Die Römer befanden sich hierbei in einer ausnehmend günstigen Lage, weil ihnen das ganze Mittelmeer – zum einzigen Male in der Geschichte – als Binnengewässer zur Verfügung stand. Trotzdem hat die dominierende Rolle des Schiffstransports nichts mit spezifischen Verhältnissen der Antike oder gar der Behinderung des Landverkehrs durch ein ineffizientes Schirrsystem zu tun, denn im England des 18. Jahrhunderts waren die Verhältnisse nicht viel anders. Die Relation lag damals bei 1:4,7:22,6 (ebda). Erst die Eisenbahn bewirkte hier eine tiefgreifende Veränderung.

Natürlich waren den Möglichkeiten des Schiffstransports Grenzen gesetzt. Viele Punkte konnten eben nur auf mehr oder weniger langen Landwegen erreicht werden. Als Alternative zum Wageneinsatz standen Tragtiere, vor allem Maultiere, zur Verfügung, die in der Antike eine große Rolle spielten. Das Tragtier war besonders in gebirgigen Gegenden wie Mittelitalien oder Griechenland ein kaum weniger wichtiges Transportmittel als der Wagen. Auch die Armee machte wegen deren Geländegängigkeit in großem Umfang Gebrauch von Tragtieren. Der Nachteil bestand einmal darin, daß der menschliche Begleiter zu Fuß laufen oder ein eigenes Reittier benutzen mußte, während er auf dem Wagen mitfahren konnte, vor allem aber in der geringen Kapazität eines Tragtiers. Über längere Strecken kann ein Maultier 100–130 kg tragen, ein Esel 60–100 kg. Die Belastung mußte aber auf dem Tragsattel in zwei Hälften geteilt werden können, d.h., es war unmöglich einzelne Gepäckstücke von mehr als äußerst 65 kg Gewicht auf Tragtieren zu transportieren. Menschen, deren Belastbarkeit ja noch um einiges niedriger ist, scheinen im klassischen Altertum regelmäßig in größerem Umfang nur auf kurze Entfernungen, etwa bei Be- und Entladungsarbeiten im Hafen, als Träger eingesetzt worden zu sein. Schon aus diesem Grunde ist der Zusammenhang, den Lefebvre des Noëttes zwischen unzweckmäßiger Schirrung und Sklaverei hergestellt hat, nicht stichhaltig.

Bd. I, S. 68–85

Wegen der unzureichenden Kapazität der Tragtiere kamen für den Massen- und Schwertransport zu Lande also nur Wägen in Frage. Das vorzügliche römische Straßensystem begünstigte die Entwicklung des rollenden Verkehrs und war wohl auch zum Teil durch dessen Bedürfnisse motiviert. Daß in der Antike in sehr beachtlichem Umfang Lasten von weit mehr als einer halben Tonne Gewicht transportiert worden sein müssen, zeigen schon die monumentalen griechischen und römischen Bauwerke, in denen sich oft einzelne Bauelemente von mehreren Tonnen Gewicht finden. Diese Schwertransporte wurden hauptsächlich, wenn nicht ausschließlich mit ochsengezogenen Fahrzeugen betrieben, für die die antike Jochschirrung konzipiert und an denen sie ohne Nachteil anzuwenden war. Darauf hat schon 1960 A. Burford hingewiesen, als er feststellte: „Die orthodoxe Ansicht hat recht, wenn sie betont, daß die antike Schirrung für das Pferd ungeeignet war, doch ist das irrelevant für eine Untersuchung des Schwertransports. . . der Ochse war das Arbeitstier, nicht das Pferd.“ (S. 3)

Zweifellos gab es Ochsengespanne schon lange, bevor das Pferd gezähmt und als Zugtier eingesetzt wurde. Die Jochschirrung wurde also für die Anatomie des Ochsen entwickelt und erst später für die des Pferdes adaptiert, in ganz unzureichender Weise, wie man seit Lefebvre des Noëttes meint. Der Ochse hat hinter einem tiefsitzenden, konkav eingebuchteten Nacken einen buckelartigen hohen Widerrist, der als Gegenlager für das Joch geeignet ist, zumal die Nackenhaltung des Ochsen, im Gegensatz zu der des Pferdes, gewöhnlich waagrecht ist. Der Nacken des Pferdes dagegen ist hoch und konvex gewölbt, der Widerrist ist schwach ausgeprägt und sitzt niedrig. Die Folge ist, daß letzterer das Joch nicht in Position halten kann, so daß die Zuglast tatsächlich am Halsgurt hängt und das Pferd, je nach Gewicht der Ladung, mehr oder weniger stark stranguliert wird. Das war nach Lefebvre des Noëttes der fatale Mangel der griechisch-römischen Schirrung mit dem auf dem Widerrist vereinigten Hals- und Bauchgurt, die er 1910 experimentell erproben ließ. Die Ergebnisse seiner praktischen Versuche bestätigten seine Theorien vollauf und flossen in sein 1931 veröffentlichtes Werk ein.

Nun hat Spruytte nachgewiesen, daß Lefebvre des Noëttes seinen Experimenten eine fehlerhafte, zwei in ihrer Verschiedenheit von ihm nicht erkannte Schirrungsmethoden höchst unglücklich miteinander kombinierende Rekonstruktion zugrunde gelegt hatte. Falsche Anwendung mußte natürlich zu falschen Ergebnissen führen: „Es ist ein schwerer Irrtum zu glauben, daß die modernen Schirrungen, wenn sie durch Unwissenheit des Benutzers den Tieren schlecht angepaßt und angelegt werden, die Pferde nicht behindern oder verletzen können." (Spruytte 1977, S. 11)

Die Ägypter hatten bereits erkannt, daß das Joch nicht auf dem Widerrist aufsitzen durfte und hatten Jochsättel mit nach unten gekehrten gabelartigen Bögen verwendet, die, durch Kissen abgepolstert, vor dem Widerrist auf dem Nacken aufsaßen und den Hals entlasteten.

Zur klassischen griechisch-römischen Schirrung gehörte eine kurze, in einer starken Schwingung emporwachsende Deichsel, auf deren vorderem Ende das gerade Joch saß. Das Joch lag auf einem Kissen hinter dem Widerrist auf dem Rücken auf und wurde durch die sich an dieser Stelle vereinigenden Gurte um Brust und Bauch festgehalten. Schon Hans Nachod (1909) hatte den von den Griechen λέπαδνον genannten vorderen Gurt richtigerweise als „Zuggurt um die Vorderbrust" bezeichnet (S. 64) und nicht als Halsgurt. Um den Druck auf eine möglichst große Fläche zu verteilen, wurde der Brustgurt nach vorne zu stetig verbreitert. Der schmälere Bauchgurt (μασχαλιστήρ) hielt das Joch und damit das obere Ende des Brustgurts in einer Position hinter dem Widerrist, was verhinderte, daß der Brustgurt zur Kehle hochrutschte. Auf Abb. 76 in Band I müßte dementsprechend der in der Legende auch fälschlicherweise als Halsgurt bezeichnete Brustgurt etwas tiefer sitzen. Anders als bei der ägyptischen Schirrung mit Jochsätteln waren bei der griechisch-römischen der Zugträger (Brustband) und der Stabilisator (Joch) nicht identisch, wodurch eine unabhängigere Bewegung der Pferde ermöglicht wurde, gerade für ein Renngespann ein besonders wichtiger Vorzug. Beweglicher noch als die unter dem Joch gehenden inneren Pferde einer Quadriga (*iugales*) waren die beiden Außenpferde, deren Geschirr nur mit einem am Vereinigungspunkt von Brust- und Bauchgurt auf dem Rücken befestigten Zugstrang mit dem Wagenkasten verbunden war (*funales*). Die Zugstränge der *funales* wurden in Ösen direkt an der vorderen Unterkante des Wagenkastens eingehängt, denn das Ortscheit, eine vor dem Wagenkasten verlaufende Querstange zur Befestigung der Zugstränge aller vorgespannten Tiere, war noch nicht in Gebrauch, es gehört zu einem grundsätzlich anderen Zugsystem als die Jochschirrung.

In Teil I, S. 142, hatte ich das rechte Jochpferd (*iugalis dexter)* als das Führungsperd einer Quadriga bezeichnet. Das möchte ich nach Rücksprache mit einigen Spezialisten dahingehend korrigieren, daß die *iugales* zwar besonders kräftig und zuverlässig ziehende Tiere sein mußten, die eigentliche Führungsrolle bei den scharfen Linkskurven im Circus aber dem *funalis sinister*, dem linken Außenpferd, zugekommen ist, wie das auch Ann Hyland, S. 206, vertritt. Das schnellste Pferd mußte dagegen der *funalis dexter*, das rechte Außenpferd, sein, da er in den Kurven die weiteste Strecke zurückzulegen hatte.

Spruytte ließ zwei Pferde in griechisch-römischer Schirrung einen Wagen von 1 Tonne Gewicht auf schwerem Boden ziehen und konnte keinen Unterschied zum Leistungsvermögen modern angeschirrter Pferde feststellen. Der Brustriemen blieb in seiner korrekten Position, rutschte also nicht zum Hals und übte keine strangulierende Wirkung aus. Der Zugleistung antiker Gespanne wurden demnach nur durch die Stabilität der Achse – Eisenachsen waren noch nicht in Gebrauch – und das Gewicht der Zugtiere Grenzen gesetzt, nicht aber durch die Schirrung. Der Umstand, daß das Körpergewicht der vorgespannten Tiere entscheidend ist für die Fähigkeit, große Massen zu bewegen, war die Ursache dafür, daß für Schwertransporte in Antike und Mittelalter gewöhnlich Ochsen verwendet wurden, denn das schwere Kaltblutpferd der Neuzeit gab es noch nicht. Weitere Vorteile, die der Einsatz von Ochsen bot, waren ihre Genügsamkeit beim Fressen und ihre ruhige Wesensart, der große Nachteil bestand in ihrer außerordentlichen Langsamkeit (kaum mehr als 2 km/h).

Für leichte und mittelschwere Transporte wurden dagegen die lebhafteren und schnelleren Maultiere und Pferde herangezogen. Georges Raepsaet (1982) ist, gestützt auf die zahlreichen bildlichen Darstellungen des 1. bis 3. Jahrhunderts n. Chr. aus Nordgallien und dem Rheinland, zu der Ansicht gekommen, zumindest in diesem Raum habe das Pferd gegenüber dem Maultier eine weit größere Rolle gespielt als gemeinhin angenommen wird. Pferde statt Maultieren kamen wohl vorwiegend dann zum Einsatz, wenn es um besondere Schnelligkeit oder um Repräsentation und Prestige ging. Letzteres mag teilweise dafür verantwortlich sein, daß das Pferd auf bildlichen Darstellungen von Reise- und Wirtschaftsfahrzeugen überrepräsentiert sein dürfte. Aber gleichgültig, ob es sich mehrheitlich um Pferde oder Maultiere gehandelt hat, steht es fest, daß in der Kaiserzeit ein neues Schirrsystem für Equiden auftauchte, in dem man den Vorläufer des spätmittelalterlichen und neuzeitlichen Kummets erblicken darf. Der Umstand, daß die Masse der Abbildungen aus Nordgallien und dem Rheinland stammt, hat nicht zu bedeuten, daß die Kummetschirrung auf diese Gebiete beschränkt gewesen sei, sondern dürfte eher mit Konventionen der lokalen Grabplastik zusammenhängen. Zahlreiche Bodenfunde und auch etliche bildliche Darstellungen beweisen, daß diese Art der Schirrung auch im unteren Donauraum weit verbreitet war, aus Italien selbst liegen gleichfalls eine Reihe von Abbildungen vor. Mit großer Wahrscheinlichkeit wurde während der Kaiserzeit zumindest im ganzen Westteil des Reiches die klassische griechisch-römische Schirrung bei Equiden fast nur mehr dann angewandt, wenn sie vor Repräsentations- und Sportfahrzeuge gespannt wurden.

Bd. I, S. 72–75 Abb. 73–75

Das römische Kummet bestand aus einem auf dem Nacken aufsitzenden starren hölzernen Oberteil, das zu einem Doppeljoch gehören oder ein selbständiges, mit Zugsträngen oder einer Deichselgabel am Wagenkasten befestigtes Teil sein konnte, und einem federnden Unterteil, das an jenem festgebunden wurde und den Hals umfaßte. Auf den bildlichen Darstellungen sitzt das Kummet deutlich oberhalb des Widerrists und der Schulter. Spruytte, der die Kummetschirrung praktisch nicht erprobt hat, war der Ansicht, das Kummet müsse tatsächlich tiefer gesessen und auf den Schultern gelastet haben, doch hat Raepsaet ausgeführt, daß die von den antiken Künstlern dargestellte Position nicht auf den Hals, sondern auf den Rükken und den obersten Teil der Schulter wirkte, die Abbildungen also durchaus der Realität

Bd. I, Abb. 75, 77, 238

entsprechen dürften. Raespaets Interpretation gewinnt noch dadurch an Überzeugungskraft, daß das Unterteil nicht aus festen Lederriemen bestand, wie er angenommen hat, sondern aus einem die Mitte des Halses freilassenden federnden Eisenbügel.

Die neue Schirrung wurde bei zwei verschiedenen Grundtypen von Fahrzeugen angewandt. Vierrädrige Wägen mit einem Leergewicht von wohl 200–500 kg waren mit einer Deichsel und Doppeljoch ausgestattet, zweirädrige Karren von etwa 100–300 kg hatten dagegen eine Deichselgabel, also zwei Stangen, zwischen die das Zugtier gespannt wurde und die seitlich am Kummet befestigt waren. Letztere Schirrungsweise, die eine keltisch-römische Neuerung darstellte, erlaubte es auch, vor ein Fahrzeug nur ein einziges Zugtier zu spannen, was mit den bisherigen Schirrmethoden nicht möglich gewesen war.

Die bildlichen Darstellungen lassen nicht erkennen, ob die vierrädrigen Wägen schon mit

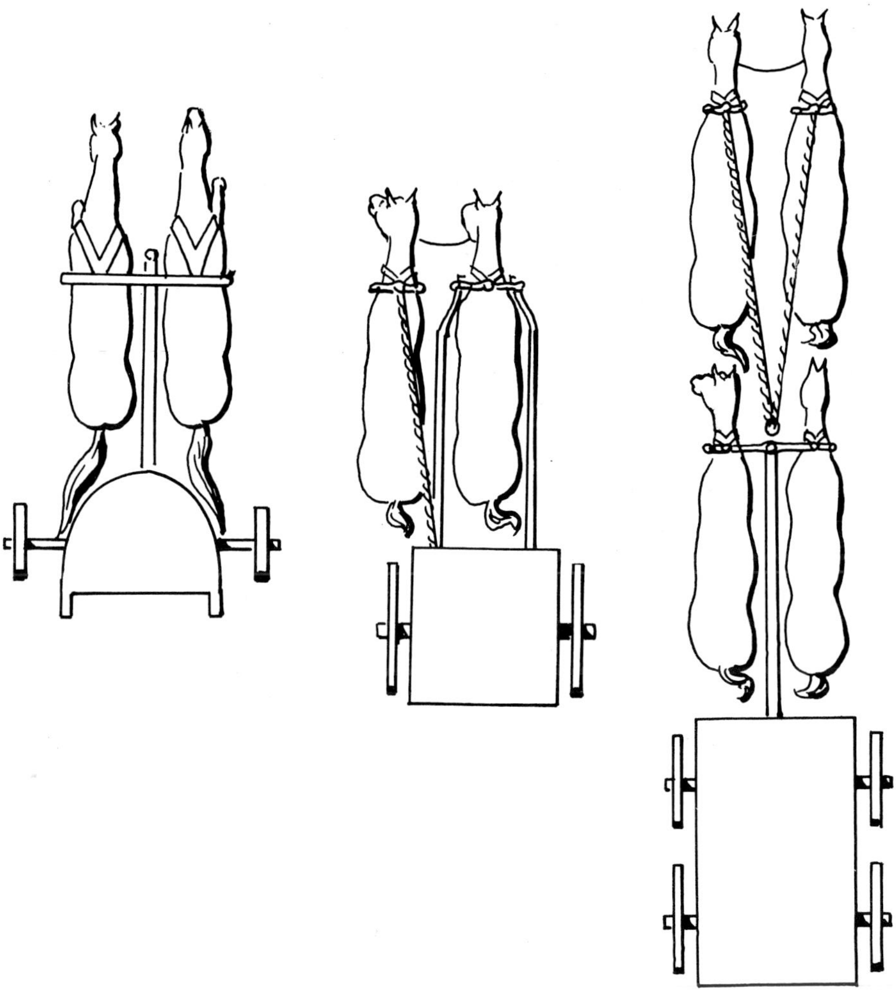

Abb. 198 Schematische Darstellung der römischen Schirrsysteme. Links Jochschirrung mit Bauch- und Brustgurt vor einem Rennwagen, Mitte Kummetschirrung mit Deichselgabel und einem mit einem Strang zusätzlich vorgespannten Pferd vor einem zweirädrigen Wagen, rechts Kummetschirrung mit Doppeljoch und einem mit Strängen vorgespannten zweiten Pferdepaar. Zeichnung Nikolaus Grohmann nach Georges Raepsaet, Pl.F.

einer beweglichen Vorderachse ausgerüstet waren, durch deren Einschwenken man das Fahrzeug mit einem relativ kleinen Wendekreis drehen konnte, doch schaffen hier Bodenfunde Klarheit. Man hat schon zahlreiche Reibnägel und die zugehörigen Reibnagelführungen ausgegraben. Der Reibnagel verband die mit der Deichsel versehene Vorderachse mit dem restlichen Wagen und er bildete zugleich den Drehpunkt für die Vorderachse. Das alles zeigt, daß das Fahrwesen im römischen Altertum viel fortgeschrittener war als man lange Zeit geglaubt hat und vielfach heute noch glaubt, und daß von einer über das Niveau der römischen Kaiserzeit hinausführenden „Verkehrsrevolution" vor dem 19. Jahrhundert nicht die Rede sein kann.

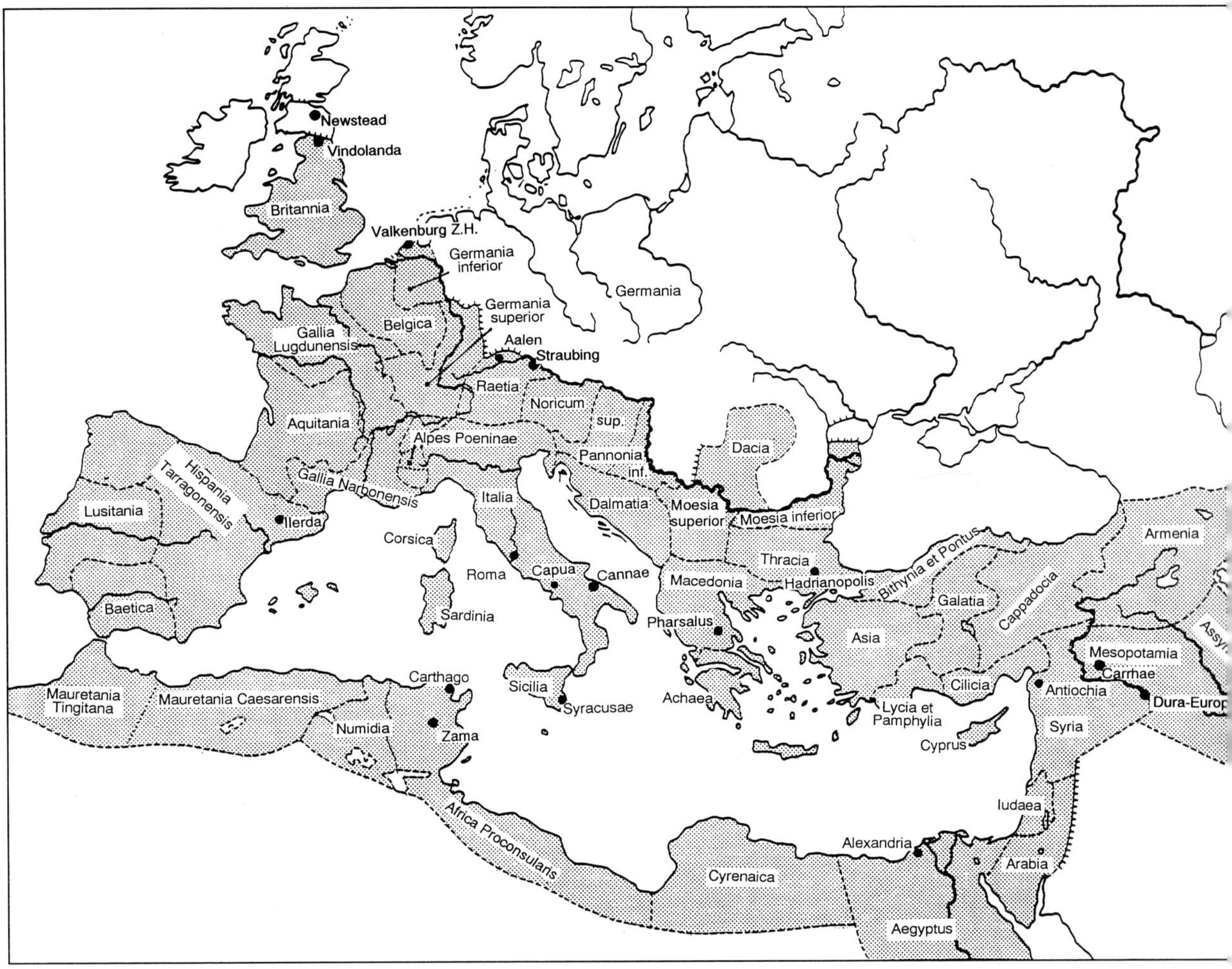

Abb. 199 Karte des Römischen Reiches und seiner Provinzen zur Zeit der größten Ausdehnung am Ende der Regierungszeit K ser Traians (117 n. Chr). Zeichnung C.A.T. Medienproduktion.

Quellenverzeichnis

Ammianus Marcellinus (Ammian), *Res Gestae*, Lateinisch–Deutsch, hrsg. und übersetzt von Wolfgang Seyfarth, 4 Bde., Berlin 1968–1971

Apuleius von Madaura (Apuleius), *Der goldene Esel. Metamorphosen (Methamorphoseon libri)*, Lateinisch-Deutsch, hrsg. und übersetzt von Eduard Brandt, München^{2} 1963

Flavius Arrianus (Arrian), *Scripta minora et fragmenta Flavii Arriani, quae extant omnia*, Griechisch, hrsg, von A. G. Roos, Bd. 2, Leipzig 1968

Franz Kiechle, *Die „Taktik" des Flavius Arrianus*, Reitertraktat Griechisch–Deutsch, hrsg. und übersetzt von Franz Kiechle, 45. Bericht der Römisch-Germanischen Kommission (1964) 1965

Gaius Iulius Caesar (Caesar, Gallischer Krieg), *De bello Gallico*, Lateinisch–Deutsch, hrsg. und übersetzt von Marieluise Deissmann, Stuttgart 1980

Gaius Iulius Caesar (Caesar, Bürgerkrieg), *De bello civili*, Lateinisch–Deutsch, hrsg. und übersetzt von Georg Dorminger, München^{4} 1976

Corpus Inscriptionum Latinarum, 16 Bde., Berlin^{3}, 1957ff.

Cassius Dio, *Roman History*, Griechisch–Englisch, 9 Bde. London 1914–1927

Dionysios von Halikarnassos, Ῥωμαικῆ Ἀρχαιολογία (*Römische Altertümer*), benützte Ausgabe „The Roman Antiquities", Griechisch–Englisch, hrsg. von Earnest Cary, 7 Bde., London 1937–1950

Sextus Julius Frontinus (Frontin) *Stratagemata*, Lateinisch–Deutsch, hrsg. von Gerhard Bendz, Berlin 1963

Marcus Cornelius Fronto (Fronto), *Epistulae*, hrsg. von M.P.J. van den Hout, Leiden 1954

Heliodorus Emensus (Heliodor), Αἰθιοπικά – *Aethiopica – Les Éthiopiques,* Griechisch–Französisch, hrsg. von Robert Mantle Rattenburg und T. W. Lumb, übersetzt von J. Maillon, Paris 1935

Scriptores Historiae Augustae (*Historia Augusta*), Lateinisch–Englisch, hrsg. und übersetzt von David Magie, 3 Bde., London 1961–1967

Herodianus Historicus (Herodian), *Historiae de imperio post Marcum*, Griechisch–Englisch, hrsg. und übersetzt von C.R. Whittaker, 2 Bde., London 1969, 1970

Ineditum Vaticanum, hrsg. von H. von Arnim, Hermes 27, 1892

Flavius Josephus, *Der Jüdische Krieg*, Griechisch–Deutsch, hrsg. von Otto Michel und Otto Bauernfeind, 3 Bde., München 1959–1969

Iulianus Imperator, *The Works of the Emperor Iulian*, Griechisch–Englisch, hrsg. und übersetzt von Wilmer Cave Wright, 3 Bde., London und New York 1913–1923

Titus Livius (Livius), *Ab urbe condita*, Lateinisch–Deutsch, hrsg. und übersetzt von Marion Giebel, 2 Bde., Stuttgart 1981 und 1987

Maurikios (Mauricius), *Das Srategikon des Maurikios*, Griechisch–Deutsch, hrsg. von George T. Dennis, übersetzt von Ernst Gamillscheg, Corpus fontium historiae byzantinae 17, Wien 1981

Mauricius, *Maurice's Strategikon. Handbook of Byzantine Military Strategy*, Englisch, übersetzt von George T. Dennis, Philadelphia 1984

Notitia dignitatum et administrationum (Notititia Dignitatum), Lateinisch, hrsg. von Eduard Böcking, 2 Bde., Bonn 1839, 1840

Notitia dignitatum accedunt notitia urbis Constantinopolitanae et laterculi provinciarum (Notititia Dignitatum), Lateinisch, hrsg. von Otto Seeck, Berlin 1876

Gaius Plinius Secundus maior (Plinius der Ältere), *Naturalis historiae libri XXXVII (Naturgeschichte)*, Lateinisch–Deutsch, hrsg. und übersetzt von Roderich König und Gerhard Winkler, München 1973 ff.

Plutarchos von Chaironeia (Plutarch), *Vitae Parallelae*, Griechisch–Französisch, 15 Bde., Paris 1957–1979

Polybios, *Historiae* (Universalgeschichte), Griechisch–Französisch, hrsg. von Paul Pedech, Paris 1961 ff.

Prokopios (Procopius Caesariensis), *Gotenkriege*, Griechisch–Deutsch, hrsg. und übersetzt von Otto und Albert Veh, München 1961

Prokopios (Procopius Caesariensis), *Perserkriege*, Griechisch–Deutsch, hrsg. und übersetzt von Otto und Albert Veh, München 1970

Roman Military Records on Papyrus, hrsg. von Robert O. Fink, Cleveland, Ohio 1971

Lucius Annaeus Seneca (Seneca), *Troades*, Lateinisch–Englisch, hrsg. und übersetzt von Elaine Fantham, Princeton, N.J. 1982

Gaius Tranquillus Suetonius (Sueton), *De vita duodecim Caesarum*, Lateinisch–Englisch, London 1920

Publius Cornelius Tacitus (Tacitus), *Das Leben des Julius Agricola*, Lateinisch–Deutsch, hrsg. und übersetzt von Rudolf Till, Berlin 1976

Publius Cornelius Tacitus (Tacitus), *Annales*, Lateinisch–Deutsch, hrsg. und übersetzt von Carl Hoffmann, München 1954

Publius Cornelius Tacitus (Tacitus), *Historiae*, Lateinisch–Deutsch, hrsg. und übersetzt von Helmuth Vretska, Stuttgart 1984

Publius Cornelius Tacitus (Tacitus), *Germania*, Lateinisch–Deutsch, hrsg. und übersetzt von Josef Lindauer, München 1986

Publius (oder Flavius) Vegetius Renatus (Vegetius), *Epitoma rei militaris*, hrsg. von Carl Lang, Stuttgart[2] 1967 (1885)

Publius Vergilius Maro, *Aeneis*, lateinischer und deutscher Text, hrsg. und übersetzt von Johannes Götte, München 1979 (1955)

Xenophon, Περὶ ἱππικῆς. *De re equestri (Reitkunst)*, Griechisch–Deutsch, hrsg. und übersetzt von Klaus Widdra, Berlin 1965

Xenophon, *Hipparchicus*, Griechisch–Französisch, hrsg. und übersetzt von Édouard Delebecque, Paris 1973

Literaturverzeichnis

Zu den in Teil I und II behandelten Fragen sind noch einige bibliographische Hinweise nachzutragen:

NACHTRÄGE ZU BAND I

Franz Altheim, *Griechische Götter im alten Rom*, Giessen 1930

Bernard Andreae, *Vom Pergamonaltar bis Raffael. Vorbilder, Eigenart und Wirkung der römischen Sarkophage*, Antike Welt 1992/1

Erwin Bielefeld, *Amazonomachia. Zur Geschichte der Motivwandlung in der antiken Welt*, Halle a. d. Saale 1951

Eduard Boehmer, *De colorum nominibus equorum*, Romanische Studien 1, 1871

José María Blázquez Martínez, *Caballos en el infiero etrusco*, Ampurias 19/20, 1957/1958

F. Castagnoli, *Dedica arcaica laviniate a Castore e Polluce*, Studi e Materiali ai studi della Religione 30, 1959

Anthony King, *A Comparative Survey of Bone Assemblages from Roman Sites in Britain*, Bulletin of the Institute of Archaeology 15, 1978

Hans Klumbach, *Pferde mit Brandmarken*, Festschrift des Römisch-Germanischen Zentralmuseums in Mainz 1952, Bd. II

Götz Lahusen, *Untersuchungen zur Ehrenstatue in Rom. Literarische und epigraphische Zeugnisse*, Rom 1983

Anne-Marie Leander Touati, *The Great Trajanic Frieze. The Study of a Monument and of the Mechanics of Message Transmission in Roman Art*, Skrifter utgivna av Svenska Institutet i Rom 4°, 45, 1987

Rudi Paul Lindner, *Nomadism, Horses and Huns*, Past and Present 92, 1981

Sidney David Markman, *The Horse in Greek Art*, New York 1969

Richard H. Meadow, Hans-Peter Uepermann (Hrsg.), *Equids in the Ancient World*, Wiesbaden 1986

Urs A. Müller, *Das Pferd in der griechisch-keltischen Frühgeschichte*, Helvetia Archaeologica 84, 1990

E. Petersen, *Die Dioskuren auf Monte Cavallo und Juturna*, Mitteilungen des Deutschen Archäologsichen Instituts, Römische Abteilung 15, 1900

W.K. Quinn-Schofield, *Sol in the Circus Maximus*, in Jacqueline Bibauw (Hrsg.), „Hommages à Marcel Renard“, Bd. II, Brüssel 1969

Karl Rittweger, *De equi vocabulo et cognomine*, Diss. Halle 1890

Robert Schilling, *Les Castores romains à la lumière des traditions indo-européennes*, in „Hommages à Georges Dumézil", Bd. 2, Latomus 45, Brüssel 1960
Wolfgang Christian Schneider, *Animal laborans. Das Arbeitstier und sein Einsatz in Transport und Verkehr der Spätantike und des frühen Mittelalters*, Settimane di studio del centro Italiano di studi sull'Alto Medioevo 31, 1985
Heinrich B. Siedentopf, *Das hellenistische Reiterdenkmal*, Waldsassen 1968
Carl W. Weber, *Brot und Spiele. Massenunterhaltung als Politik im alten Rom*, Herrsching 1989
Christoph Willms, *Der Hausesel nördlich der Alpen*, Saalburgjahrbuch 45, 1990
Gerhard Winkler, *Bronzestandbild eines römischen Kaisers aus Ovilava (Wels)*, Archäologisches Korrespodenzblatt 5, 1975

NACHTRÄGE ZU BAND II

Bernard S. Bachrach. *Animals and Warfare in Early Medieval Europe*, Settimane di Studio del Centro Italiano di studi sull'Alto Medioevo 31, 1985
M. C. Bishop, *On Parade: Status, Display and Morale in the Roman Army*, in Hermann Vetters und Manfred Kandler (Hrsg.), Akten des 14. Internationalen Limeskongresses 1986 in Carnuntum, Wien 1990
L. Borhy, *Zwei neue Parade-Brustplatten im Ungarischen Nationalmuseum*, Bayerische Vorgeschichtsblätter 55, 1990
Peter Connolly, *The Roman Fort*, Oxford 1991
Philippe Contamine, *La guerre au Moyen âge*, Paris 1980
J. C. Coulston, *Roman, Parthian and Sassanid Tactical Developments*, in Philip Freeman und David Kennedy (Hrsg.), „The Defence of the Roman and Byzantine East", Bd.I, British Archaeological Reports, International Series 297 (I), 1986
J. C. N. Coulston, *The ‚draco' Standard*, Journal of Roman Military Equipment Studies 2, 1991
Heinz Cüppers (Hrsg.), *Die Römer in Rheinland-Pfalz*, Stuttgart 1990
Donald W. Engels, *Alexander the Great and the Logistics of the Macedonian Army*, Berkeley 1987
Arthur Ferrill, *The Fall of the Roman Empire. The Military Explanation*, London 1986
Andres Furger-Gunti, *Frühe Auxilien am Rhein – Keltische Münzen in römischen Militärstationen*, Archäologisches Korrespondenzblatt 11, 1981
Jochen Garbsch, *Eine Paradebeinschiene von Pförring*, Das archäologische Jahr in Bayern 1990
Mordechai Gichon, *Aspects of a Roman Army in War according to the Bellum Judaicum of Josephus*, in Philip Freeman und David Kennedy (Hrsg.), „The Defence of the Roman and Byzantine East" Bd. I, British Archaeological Reports, International Series 297 (I), 1986
Hans Rupprecht Goette, *Mulleus – Embas – Calceus. Ikonographische Studien zu römischem Schuhwerk*, Jahrbuch des Deutschen Archäologischen Instituts 103, 1988
Hans Klumbach und Dietwulf Baatz, *Eine römische Parade-Gesichtsmaske aus dem Kastell Echzell, Kr. Büdingen (Hessen)*, Saalburg-Jahrbuch 27, 1970

Annabel K. Lawson, *Zu den römischen Reiterspielen*, Archäologisches Korrespondenzblatt 10, 1980
Hermann Müller-Karpe, *Vom Anfang Roms*, Heidelberg 1959
Hermann Müller-Karpe, *Zur Stadtwerdung Roms*, Heidelberg 1962
Margit Németh, *Forschungen im Alenkastell von Aquincum*, in Hermann Vetters und Manfred Kandler (Hrsg.) Akten des 14. Limeskongresses 1986 in Carnuntum, Wien 1990, Bd. 2
Wlodzimierz Onacewicz, *Armored Cavalry Systems, 378 AD–1346 AD*, History, Numbers and War 3,2,1980
Emilio Peruzzi, *Origini di Roma*, Bd. II, Florenz 1973
Liviu Petculescu, *Contributions to Roman Decorated Helmets and Breastplates from Dacia*, in Hermann Vetters und Manfred Kandler (Hrsg.), Akten des 14. Internatonalen Limeskongresses 1986 in Carnuntum, Wien 1990
Michel Rambaud, *La cavalerie de César*, in Jacqueline Bibauw (Hrsg.), „Hommages à Marcel Renard“, Bd. II, Brüssel 1969
P. Southern, *The Numeri of the Roman Imperial Army*, Britannia 20, 1989
Michael P. Speidel, *Zwei weitere Raeter bei den kaiserlichen Gardereitern*, Bayerische Vorgeschichtsblätter 48, 1983
Götz Waurick, *Helm und Maske. Untersuchungen zu den römischen Gesichtshelmen*, Studien zu den Militärgrenzen Roms 3, 1986
Örjan Wikander, *Senators and Equites. I. The Case of the Aufidii*, Opuscula Romana 15, 1985
Örjan Wikander, *Senators and Equites. II. The Aristocracy as Agents of Production*, Opuscula Romana 16, 1987
Henning Wrede, *Zur Trabea*, Jahrbuch des Deutschen Archäologischen Instituts 103, 1988

BILDLICHE DARSTELLUNGEN ALLGEMEIN

R. Amy, P.-M. Duval, J. Formigé, J.-J. Hatt, A. Piganiol, Ch. Picard, *L'Arc d'Orange*, 2 Bde., Gallia, 15. Supplement, 1962
Bernard Andreae, *Römische Kunst*, Freiburg, Basel, Wien 1973
Gerhard Bauchhenß, *Corpus signorum Imperii Romani*, III.1. *Bonn und Umgebung. Militärische Grabdenkmäler*, 1979
Giovanni Becatti, *Colonna di Marco Aurelio*, Mailand 1957
Tilmann Bechert, Peter Noelke, *Steindenkmäler und Gefäßinschriften*, Funde aus Asciburgium 4, Duisburg 1976
Johannes Bergemann, *Römische Reiterstatuen. Poträtplastik im öffentlichen Bereich*, Beiträge zur Erschließung hellenistischer und kaiserzeitlicher Skulptur und Architektur 11, Mainz 1990
Pamela Chernoff Berger, *The Insignia of the Notitia Dignitatum*, New York, London 1981
R. Brilliant, *Gesture and Rank in Roman Art. The Use of Gesture to Denote Status in Roman Sculpture*, Connecticut Academy of Arts and Sciences, Memoirs 14, New Haven, Conn., 1963
Gerda von Bülow, *Thrakerdarstellungen in der römischen Kunst*, Klio 62, 1980
C. Cichorius, *Die Reliefs der Traianssäule,* Textbände 2 und 3 – 1 nie erschienen – Tafelbände 1 und 2, Berlin 1896–1900

Heinz Cüppers (Hrsg.), *Die Römer in Rheinland-Pfalz*, Stuttgart 1990

Pericle Ducati, *La Sedia Corsini*, Monumenti antichi publicati per cura della Reale Academia dei Lincei 24, Mailand 1918

E. Espérandieu, *Recueil géneral des bas-reliefs, statues et bustes de la Gaule romaine* [ab Bd. X *Germanie romaine*], III (1910), VI (1915), VII (1918), VIII (1922), IX (1925), X (1931), XI (1938)

Fritz Fremersdorf, *Die Denkmäler des römischen Köln*, II, Köln 1963

Werner Gauer, *Untersuchungen zur Traianssäule*, I, Berlin 1977

Germania Romana, Bamberg 1922

Tonio Hölscher, *Beobachtungen zu römischen historischen Denkmälern*, Archäologischer Anzeiger 1979

Gerhard M. Koeppel, *Official State Reliefs of the City of Rome*, in Hildegard Temporini (Hrsg.), „Aufstieg und Niedergang der römischen Welt" II. 12,1, Berlin, New York 1982

Gerhard M. Koeppel, *Die historischen Reliefs der römischen Kaiserzeit*, Teil I–VI, Bonner Jahrbücher 183–189, 1983–1989

Eugenio La Rocca, *Fabio o Fannio. L'affresco medio-repubblicano dell'Esquilino come reflesso dell'arte rappresentativa come espressione di mobilità sociale*, Dialoghi di Archeologia 2, 1984

Anne-Marie Leander Touati, *The Great Trajanic Frieze. The Study of a Monument and of the Mechanics of Message Transmission in Roman Art*, Skrifter utgivna av Svenska Institutet i Rom 4°, 45, 1987

A. McN. G. Little, *The Sassanian Fresco*, in P.V.C. Baur, M.J. Rostovtzeff und Alfred R. Bellinger (Hrsg.), „The Excavations at Dura-Europos. Preliminary Report of Fourth Season of Work", New Haven 1933

Peter L'Orange, Armin von Gerkan, *Der spätantike Schmuck des Konstantinbogens*, Berlin 1939

B.C. McDermot, *Roman Emperors in the Sasanian Reliefs*, Journal of Roman Studies 44, 1954

Claude Nicolet, *Lcs equites Campani et leurs représentations figurées*, Mélanges d'Archéologie et d'Histoire 1962

Peter Noelke, *Grabsteine aus dem römischen Neuss*, Neusser Jahrbuch 1977

Fernando Rebecchi, *Le stele di età tetrarchica al museo di Aquileia. Documenti tardo-antichi per la storia della città*, Aquileia Nostra 47, 1976

Henri Rolland, *Le Mausolée de Glanum*, Gallia, 21. Supplement, Paris 1969

Lino Rossi, *Trajan's Column*, London 1971

Agnès Rouveret, Angela Pontrandolfo, *Pittura funeraria in Lucania e Campania. Puntualizzazioni cronologiche e proposte di lettura*, Dialoghi di Archeologia III/1, 1983

Alastair Scott Anderson, *Roman Military Tombstones*, Aylesbury 1984

Ignez Scott Ryberg, *Panel Reliefs of Marcus Aurelius*, Monographs in Archaeology and Fine Arts 14, 1967

Mathilde Schleiermacher, *Römische Reitergrabsteine. Die kaiserzeitlichen Reliefs des triumphierenden Reiters*, Diss. München 1977, Bonn 1984

Arnold Schober, *Die römischen Grabsteine von Noricum und Pannonien*, Wien 1923

Wolfgang Selzer, *Römische Steindenkmäler. Mainz in römischer Zeit*, Katalog zur Sammlung in der Steinhalle des Landesmuseums Mainz, Mainz 1988

Salvatore Settis, Adriano La Regina, Giovanni Agosti, Vincenzo Farinella, Eugenio Monti, *La Colonna Traiana*, Turin 1988
Stephan Steingräber, *Grabmalereien in Unteritalien. Campanien, Lukanien, Apulien*, Antike Welt 10/4, 1989
Carol Humphrey Vivian Sutherland, *Roman Coins*, London 1974, (deutsche Übersetzung, *Münzen der Römer*, München 1974)
Jocelyn Mary Catherine Toynbee, *Art in Britain under the Romans*, Oxford 1964
Lise Vogel, *The Column of Antoninus Pius*, Diss. Havard 1968, Cambridge Mass. 1973
Götz Waurick, *Soldaten in der römischen Kunst*, W.S. Hanson und L.F. J. Keppie (Hrsg.), Roman Frontier Studies 12, Oxford 1980
Götz Waurick, *Untersuchungen zur historisierenden Rüstung in der römischen Kunst*, Jahrbuch des Römisch-Germanischen Zentralmuseums Mainz 30, 1983
F. Weege, *Oskische Grabmalerei*, Jahrbuch des kaiserlich Deutschen Archäologischen Instituts 24, 1909

REITAUSRÜSTUNG

Andreas Alföldi, *Funde aus der Hunnenzeit und ihre ethnische Sonderung*, Archaeologia Hungarica 9, 1932
Lindsay Allason-Jones, Roger Miket, *The Catalogue of Small Finds from South Shields Roman Fort*, Newcastle upon Tyne 1984
J.K. Anderson, *Ancient Greek Horsemanship*, Berkeley und Los Angeles 1961
Franz Altheim, *Geschichte der Hunnen*, 5 Bde., Berlin 1959-62
R. Amy, P.-M. Duval, J. Formigé, J.-J. Hatt, A. Piganiol, Ch. Picard, *L'Arc d'Orange*, 2 Bde., Gallia, 15. Supplement, 1962
Bernard S. Bachrach, *Charles Martel, Mounted Shock Combat, the Stirrup and Feudalism*, Studies in Medieval and Renaissance History 7, 1970
Tilmann Bechert, *Ausgrabungen in Asciburgium. Vorbericht der Grabungen 1975-1977*, Bonner Jahrbücher 179, 1979
Tilmann Bechert, *Die Römer in Asciburgium*, Duisburger Forschungen 36, Duisburg 1989
Michael Charles Bishop, *Cavalry Equipment of the Roman Army in the First Century A. D.*, in J.C. Coulston (Hrsg.), „Military Equipment and the Identity of Roman Soldiers", British Archaeological Reports, International Series 394, Oxford 1988
A.D.H. Bivar, *The Stirrup and Its Origins*, Oriental Art (New Series) 1, London 1955
A.D.H. Bivar, *Cavalry Equipment and Tactics on the Euphrates Frontier*, Dumbarton Oaks Papers 26, 1972
G. M.E.C. van Boekel, *Roman Terracotta Horse Figurines as a Source for the Reconstruction of Harnessing*, in Carol van Driel-Murray (Hrsg.), „Roman Military Equipment: The Sources of Evidence", British Archaeological Reports, International Series 476, 1989
István Bóna, *Die Awaren. Ein asiatisches Reitervolk an der Mittleren Donau*, in „Awaren in Europa. Schätze eines asiatischen Reitervolkes, 6.–8. Jahrhundert", Ausstellungskatalog, Frankfurt am Main 1985
István Bóna, *Ungarns Völker im 5. und 6. Jahrhundert. Eine historisch-archäologische Zu-*

sammenschau, in „Germanen, Hunnen und Awaren. Schätze der Völkerwanderungszeit“, Katalog der Ausstellung des Germanischen Nationalmuseums, Nürnberg 1987
István Bóna, *Das Hunnenreich*, Stuttgart 1991
Eva B. Bónis, *Das kaiserzeitliche Wagengrab Nr. 3 von Környe*, Folia Archaeologica 33, 1982
C. Boube-Piccot, *Phalères de Maurétaine tingitane*, Bulletin d'archéologie marocaine 5, 1964
Marijke Brouwer, *Römische Phalerae und anderer Lederbeschlag aus dem Rhein*, Oudheidkundige Mededeelingen uit het Rijksmuseum van Oudheden te Leiden 63, 1982
A. V. A. J. Bosman, *Early Roman Military Horse Gear from Velsen*, Arma 3,2, 1991
David Cahn, *Waffen und Zaumzeug*, Katalog des Antikenmuseums Basel, Basel 1989
Germain Carnat, *Das Hufeisen in seiner Bedeutung für Kultur und Zivilisation* (aus dem Französischen), Zürich 1953
Grahame Clark, *Horses and Battle-axes*, Antiquity 15, 1941
John Coles, *Archaeology by Experiment*, London 1973
John Coles, *Experimental Archaeology*, London 1979
Peter Connolly, *The Roman Army*, London 1975 (deutsche Übersetzung *Die römische Armee*, Hamburg 1976)
Peter Connolly, *Greece and Rome at War*, London 1981
Peter Connolly, *A Reconstruction of a Roman Saddle*, Britannia 18, 1986
Peter Connolly, *The Roman Saddle*, in M. Dawson (Hrsg.), „The Accoutrements of War“, British Archaeological Reports, International Series 336, Oxford 1987
Peter Connolly, *Tiberius Claudius Maximus. The Cavalryman*, Oxford 1988
Peter Connolly, *The Saddle Horns from Newstead*, Journal of Roman Military Equipment Studies 1, 1990
Peter Connolly, Carol van Driel-Murray, *The Roman Cavalry Saddle*, Britannia 22, 1991
P.T. Craddock, Janet Lang, K.S. Painter, *Roman Horse-Trappings from Fremington Hagg, Reeth, Workshire, N.R.*, The British Museum Quarterly 37, London 1973
James Curle, *A Roman Frontier Post and Its People. The Fort of Newstead in the Parish of Melrose*, Glasgow 1911
Jim Dakin, *Roman Cataphracts of the Later Fourth Century A.D.*, Slingshot 128, November 1986
George Dennis (Hrsg.), Ernst Gamillscheg (Übers.), *Das Strategikon des Maurikios*, Corpus fontium historiae byzantinae 17, Wien 1981
A.A. Dent, *The Early Horseshoe*, Antiquity 41, 1967
Hans Deringer, *Hipposandalen*, Oberösterreichische Heimatblätter 15, 1961
Eckhard Deschler-Erb, Markus Peter, Sabine Deschler-Erb, *Das frühkaiserzeitliche Militärlager in der Kaiseraugster Unterstadt*, Augst 1991
A.V. Dmitriev, *The Burials of Horsemen and Battle Horses in the Cemetery at Durso River near Novorossiisk*, Soviet Archaeology 4, 1979 (Russisch)
Walter Drack, *Hufeisenfunde in, auf und über der römischen Straße in Oberwinterthur. Ein Beitrag zur Geschichte des Hufeisens*, Bayerische Vorgeschichtsblätter 55, 1990
Carol van Driel-Murray, Michael Gechter, *Funde aus der fabrica der legio I Minervia am Bonner Berg*, Beiträge zur Archäologie des römischen Rheinlandes 4, Köln 1984
Carol van Driel-Murray, *The Vindolanda Chamfrons and Miscellaneous Items of Leather*

Horse Gear, in Carol van Driel-Murray (Hrsg.), „Roman Military Equipment: The Sources of Evidence", British Archaeological Reports, International Series 476, Oxford 1989

Carol van Driel-Murray (Hrsg.), *Roman Military Equipment: The Sources of Evidence. Procedings of the Fifth Roman Military Equipment Conference*, British Archaeological Reports, International Series 476, 1989

W. Eadie, *The Development of Roman Mailed Cavalry*, Journal of Roman Studies 57, 1967

Th. Eckinger, *„Römische" Hufeisen*, Jahresbericht der Gesellschaft Pro Vindonissa, 1930/31, Brugg 1931

Klaus Fischer, *Zu erzählenden Gandhara-Reliefs*, Deutsches Archäologisches Institut Bonn, Allgemeine und Vergleichende Archäologie, Beiträge 2, 1980

Leonard Franz, *Kannten die Römer Hufeisen?*, Der Schlern 27, 1953

S.S. Frere, J.K. St. Joseph, *The Roman Fortress at Longthorpe*, Britannia 5, 1974

Wolfgang Gaitzsch, *Ein westeuropäisches Pferdegeschirr des späten 13. Jahrhunderts aus Pergamon*, Istanbuler Mitteillungen 37, 1987

Wolfgang Gaitzsch, *Eine zweiteilige Kandare des späten Mittelalters aus Königshoven*, Archäologie im Rheinland 1987, Köln 1988

Ortwin Gamber, *Kataphrakten, Clibanarier, Normannenreiter*, Jahrbuch der Kunsthistorischen Sammlungen Wien 64, 1968

Jochen Garbsch, *Eine Trense des 3. Jahrhunderts n. Chr.*, Bayerische Vorgeschichtsblätter 51, 1986

Jochen Garbsch, *Mann und Roß und Wagen.Transport und Verkehr im antiken Bayern*, Ausstellungskatalog der Prähistorischen Staatssammlung München, München 1986

August Gansser-Burckhardt, *Das Leder und seine Verarbeitung im römischen Legionslager Vindonissa*, Veröffentlichungen der Gesellschaft Pro Vindonissa 1, Basel 1942

Roman Ghirshman, *Parther und Sassaniden*, München 1962

Roman Ghirshman, *La selle en Iran*, Iranica Antiqua 10, Leiden 1973

Ulrike Giesler, *Jüngerkaiserzeitliche Nietknopfsporen mit Dreipunkthalterung vom Typ Leuna*, Saalburgjahrbuch 35, 1978

Charles Green, *The Purpose of the Early Horseshoe*, Antiquity 40, 1966

Willy Groenman-van Waateringe, *Romeins lederwerk uit Valkenburg Z. H.*, Diss. Amsterdam, Groningen 1967

Willy Groenman-van Waateringe, *Römische Lederfunde aus Vindonissa und Valkenburg Z.H.; ein Vergleich*, Jahrbuch der Gesellschaft Pro Vindonissa 1974, Brugg 1975

Willy Groenman-van Waateringe, *Zwei Kappzäume oder Hebelarm-Hackamoren aus Augst*, Jahresbericht aus Augst und Kaiseraugst 1, 1980

Friedrich Wilhelm von Hase, *Die Trensen der Früheisenzeit in Italien*, Prähistorische Bronzefunde XVI. 1, München 1969

Martin Hell, *Keltische Hufeisen aus Salzburg*, Archaeologia Austriaca 7, 1950

Gerald Heres, *Die römischen Bildlampen der Antiken-Sammlung*, Berlin 1972

Georgina Herrmann, *Parthian and Sasanian saddlery. New Light from the Roman West*, in L. de Meyer und E. Haerinck (Hrsg.), „Archaeologia Iranica et Orientalis" II, Gent 1989

R. H. Hilton, P. H. Sawyer, *Technical Determinism: the Stirrup and the Plough*, Past and Present 24, 1963

J. H. Holwerda, *Een Vondst uit den Rijn bij Doorweerth*, Oudheidkundige Mededeelingen uit's Rijksmuseum van Oudheden te Leiden, Supplement bij Nieuwe Reeks 12, 1931

Heinz Günther Horn, *Die Wiederherstellung archäologischer Denkmäler in den Werkstätten des Rheinischen Landesmuseums Bonn am Beispiel römischer Sattelbeschläge*, Das Rheinische Landesmuseum Bonn, Sonderheft „Rheinische Ausgrabungen 76", 1977
W. Hübener, *Die römischen Metallfunde von Augsburg-Oberhausen*, Materialhefte zur bayerischen Vorgeschichte 28, Kallmünz 1973
A. Hug, *Sella equestris*, Pauly-Wissowa, Realencyclopädie der classischen Altertumswissenschaft 2. Reihe 2,2, 1923
Ann Hyland, *Equus. The Horse in the Roman World*, London 1990
Ann Hyland, *The Action of the Newstead Cavalry Bit*, Journal of Roman Military Equipment Studies 1, 1990
Ann Hyland, *The Action of the Newstead Snaffle Bit*, Journal of Roman Military Equipment Studies 2, 1991
H. Jacobi, *Hatten die Römer Steigbügel?*, Germania 6, 1922
Walter Jansen, *Die Sattelbeschläge aus Grab 446 des fränkischen Gräberfeldes von Wesel-Bislich, Kreis Wesel*, Archäologisches Korrespondenzblatt 11, 1981
Martin Jahn, *Der Reitersporn*, Mannus-Bibliothek 21, 1921
Jan Jenkins, *A Group of Silvered-Bronze Horse-Trappings from Xanten (Castra Vetera)*, Britannia 16, 1985
Marcus Junkelmann, *Römische Kavallerie – Equites Alae. Die Kampfausrüstung der römischen Reiterei im 1. und 2. Jahrhundert n. Chr.*, Schriften des Limesmuseums Aalen 42, Stuttgart 1989
Marcus Junkelmann, *Die Reiter Roms. Teil I: Reise, Jagd, Triumph und Circusrennen*, Mainz 1990
Marcus Junkelmann, *Die Reiter Roms. Teil II: Der militärische Einsatz*, Mainz 1991
Max Udo Kasparek, *Stand der Forschung über den Hufbeschlag des Pferdes*, Zeitschrift für Agrargeschichte und Agrarsoziologie 6, 1958
Werner Krämer, *Laténezeitliche Trensenanhänger in Omegaform*, Germania 42, 1964
Marit Kretschmar, *Römische Reiterspiele in Bayern und orientalische Panzerreitertaktik*, Bayerns Pferdezucht und Pferdesport 8/2, 1972
Karl Kromer, *das östliche Mitteleuropa in der frühen Eisenzeit (7.–5. Jh. v. Chr.). Seine Beziehungen zu den Steppenvölkern und zu den antiken Hochkulturen*, Jahrbuch des Römisch-Germanischen Zentralmuseums Mainz 33/1, 1986
Ernst Künzl, *Zwei silberne Tetrarchenporträts im RGZM und die römischen Kaiserbildnisse aus Gold und Silber*, Jahrbuch des Römisch-Germanischen Zentralmuseums Mainz 30, 1983
Hans-Peter Kuhnen, *Der Sarazenensattel: Zu den Voraussetzungen der Sarazeneneinfälle am Limes Arabiae*, in Valerie A. Maxfield und Michael J. Dobson, „Roman Frontier Studies 1989", Exeter 1991
Georges Lafaye, *Frenum*, in Daremberg-Saglio, „Dictionnaire des Antiquités Grecques et Romaines" 2,2, 1894
Georges Lafaye, *Habena*, in Daremberg-Saglio, „Dictionnaire des Antiquités Grecques et Romaines" 3,1, 1894
Georges Lafaye, *Sella equestris*, in Daremberg-Saglio, „Dictionnaire des Antiquités Grecques et Romains" 4, 1909

Friedrich Lammert, *Steigbügel*, Pauly–Wissowa, Realencyclopädie der Classischen Alterthumswissenschaften 2. Reihe 3,2, 1929
Gyula Lázlo, *Der Grabfund von Koroncó und der altungarische Sattel*, Budapest 1943
Annabel K. Lawson, *Römische Hackamoren und Kappzäume aus Metall*, Festschrift Hans-Jürgen Hundt, Jahrbuch des Römisch-Germanischen Zentralmuseum in Mainz 22, 1975 (veröffentlicht unter dem Mädchennamen Annabel K. Taylor)
Annabel K. Lawson, *Studien zum römischen Pferdegeschirr*, Jahrbuch des Römisch-Germanischen Zentralmuseum in Mainz 25, 1978, Mainz 1982
R. Lefebvre Des Noettës, *L'Attelage, le Cheval de Selle à travers les âges. Contribution à l' histoire de l' Esclavage*, Paris 1931
Mary Aiken Littauer, *Early Horseshoe Problemes Again*, Antiquity 42, 1968
Mary Aiken Littauer, *Bits and Pieces*, Antiquity 43, 1969
Mary Aiken Littauer, *Hipposandals Again. Plus ça change*, Antiquity 51, 1977
Mary Aiken Littauer, *Early Stirrups*, Antiquity 55, 1981
A. de Loë, *La ‚Tombe de Saives', Commune de Celles*, Annales de la Societè d'archéologie de Bruxelles 17, 1903
Michael Mackensen, *Frühkaiserzeitliches Pferdegeschirr aus Thamusida (Mauretania Tingitana) – Evidenz für eine Garnison?*, Germania 69, 1991
Otto John Maenchen-Helfen, *The World of the Huns, Studies in Their History and Culture*, Los Angeles, London 1973 (deutsche Übersetzung „Die Welt der Hunnen. Eine Analyse ihrer historischen Dimension", Wien, Köln 1978)
Heinz-Erhard Mandera, *Sind die Hufeisen von der Saalburg römisch?*, Saalburgjahrbuch 15, 1956
Marlia Mundell Mango, *Der Seuso-Schatzfund*, Antike Welt 21/2, 1990
William Harry Manning, *Catalogue of Romano-British Ironwork in the Museums of Antiquities Newcastle upon Tyne*, Newcastle upon Tyne 1976
Zdravko Marić, *Eine Bronzetrense aus Donja Dolina bei Brosanska Gradiška (Jugoslawien)*, Germania 42, 1964
Hans Müller-Hickler, *Sitz und Sattel im Laufe der Jahrhunderte*, Zeitschrift für Historische Waffen- und Kostümkunde, Berlin 1923
David Nicolle, *The Impact of the European Couched Lance on Muslim Military Tradition*, The Journal of the Arms and Armour Society 10,1, 1980
J. D. A. Ogilvy, *The Stirrups and Feudalism*, University of Colorado Studies 10, 1966
Jürgen Oldenstein, *Zur Ausrüstung römischer Auxiliareinheiten*, 57. Bericht der Römisch-Germanischen Kommission, 1976
Sylvia Palágyi, *Über Pferdegeschirr- und Jochkonstruktionen von Inota*, Studien zu den Militärgrenzen Roms III, 1986
Sylvia Palágyi, *Rekonstruktionsmöglichkeiten der Pferdegeschirrfunde aus Pannonien*, in Carol von Driel-Murray (Hrsg.), „Roman Military Equipment: The Sources of Evidence", British Archaeological Reports, International Series 476, Oxford 1989
Sylvia Palágyi, *Neue Rekonstruktion von Pferdegeschirren aus Pannonien*, in Hermann Vetters und Manfred Kandler (Hrsg.), Akten des 14. Internationalen Limeskongresses 1986 in Carnuntum, Wien 1990
Ludwig Pauli, Susanne Wilbers, *Eine Trense der Römischen Kaiserzeit aus der Donau*, Germania 63, 1985

Oscar Paret, *Fundberichte. Neues aus Rottweil am Neckar*, Fundberichte aus Schwaben, NF 12, 1952

Vernon John Parry, Malcolm Edward Yapp (Hrsg.), *War, Technology and Society in the Middle East*, London 1975

Ernst Pernice, *Griechisches Pferdegeschirr im Antiquarium der Königlichen Museen*, Winckelmann-Programme 56, Berlin 1896

Dan Peterson, *Limesritt 90: Continuing Experiments with the Roman Saddle*, Arma 2,2, 1990

Gernot Piccottini, *Die Römer in Kärnten*, Klagenfurt 1989

Dieter Planck, *Arae Flaviae I. Neue Untersuchungen zur Geschichte des römischen Rottweil*, Stuttgart 1975

Dieter Planck, *Neues zum römischen Kastell Waldmössingen, Kreis Rottweil*, Fundberichte aus Baden-Württemberg 3, Stuttgart 1977

Walter Pohl, *Die Awaren. Ein Steppenvolk in Mitteleuropa. 567-822 n. Chr.*, München 1988

Erwin Pollack, 'Εφίππιον, in Pauly-Wissowa, „Realencyclopädie der classischen Altertumswissenschaft" 5/2, 1905

Johannes A.H. Potratz, *Die Pferdetrensen des Alten Orients*, Analecta Orientalia 41, Rom 1966

Provincie Gelderland, *Provinciaal Museum G.M. Kam. Gelderse oudheden*, Nijmegen 1989

Elisabeth Rabeisen, *La production d'équipment de cavalerie au 1er s. après J.-C. à Alesia (Alise-Sainte-Reine, Côte-d'Or, France)*, Journal of Roman Military Equipment Studies 1, 1990

Britta Rabold, *Vicusfunde aus dem Weiherbereich bei Waldmössingen, Kreis Rottweil*, Fundberichte aus Baden-Württemberg 9, 1984

R. Reinecke, *Zur Geschichte des Steigbügels*, Germania 17, 1933

Heinrich Rempel, *Frühe Steigbügel aus Mitteldeutschland*, in Paul Grimm (Hrsg.), „Varia Archaeologica", Festschrift Wilhelm Unverzagt, Berlin 1964

Pitt Rivers, *Excavations in Cranborne Chase, near Rushmore on the Border of Dorset and Wiltshire*, 3 Bde., London 1887–1892

Anne Ross, Richard Feachem, *Ritual Rubbish? – The Newstead Pits*, in John Vincent S. Megaw (Hrsg.), „To Illustrate the Monuments. Essays on Archaeology Presented to Stuart Piggot", London 1976

Berthold Rubin, *Die Entstehung der Kataphraktenreiterei im Lichte der chorezmischen Ausgrabungen*, Historia 4, 1955

Sergei J. Rudenko, *Frozen Tombs of Siberia. The Pazyryk Burials of Iron Age Horsemen*, London 1970 (aus dem Russischen)

Erwin M. Ruprechtsberger, *Römische Hufeisen und der Phaidrasarkophag im Camposanto zu Pisa*, Römisches Österreich 5/6, 1977/78

Henry Russell Robinson, *The Armour of Imperial Rome*, London 1975

Martin Schiller, *Trense und Kandare. Ein Beitrag zur Heniastik des Pferdes unter besonderer Berücksichtigung der europäischen Formen*, Diss. Berlin 1957

Edmund Saglio, *Calcar*, Daremberg-Saglio, „Dictionnaire des Antiquités Grecques et Romaines" 1,2 , 1887

Giuseppina Pisani Sartorio, *Mezzi di trasporto e traffico*, Vita e costumi dei Romani antichi 6, Rom 1988

Adolph Schlieben, *Die Pferde des Altertums*, Leipzig 1867

Adolph Schlieben, *Die Reit- und Packsättel der Alten*, Annalen des Vereins für nassauische Altertumskunde und Geschichtsforschung 21, 1889, Wiesbaden 1890
Adolph Schlieben, *Geschichte der Steigbügel*, Annalen des Vereins für nassauische Altertumskunde und Geschichtsforschung 24, Wiesbaden 1892
Ivan Georg Sparkes, *Old Horseshoes*, 1976
P. F. Stary, *Zur eisenzeitlichen Bewaffnung und Kampfweise in Mittelitalien*, Diss. Hamburg 1978, Mainz 1981
T. Sulimirski, *The Sarmatians*, London 1970
H. Schwab, *Le Rondet – eine römische Brücke im großen Moos*, Archäologisches Korrespondenzblatt 3, 1973
Lothar Schwinden, *Zur Trageweise der Metallhackamore bei römischen Pferden. Ein treverisches Steinbild*, Funde und Ausgrabungen im Bezirk Trier 19, 1987
Kathleen M. Shelton, *The Esquiline Treasure*, London 1981
Hugh de Shortt, *A Provincial Roman Spur from Longstock, Hamps., and Other Spurs from Roman Britain*, The Antiquaries Journal 39, 1959
L. Sprague de Camp, *Before Stirrups*, Isis 51, 1960
Donald Strong, David Brown (Hrsg.), *Roman Crafts*, London 1976
Jocelyn Mary Catherine Toynbee, *Animals in Roman Life and Art*, London 1973 (deutsche Übersetzung, *Tierwelt der Antike. Bestiarium Romanum*, Mainz 1983)
Christian-Henry Tavard, *L'habit du Cheval. Selle et bride*, Fribourg 1975 (deutsche Übersetzung *Sattel und Zaumzeug. Das Pferdegeschirr in Vergangenheit und Gegenwart*, Fribourg, Köln 1975)
Annabel K. Taylor siehe Annabel K. Lawson
J. Venedikov, *Trakijskata juzda*, Isvestija na Archeologiceskaja institut (Bulletin de l'Institut Archéologique) 21, Sofia 1957
J. Venedikov, *Trakijskata kolesnica*, Sofia 1960
Hayo Vierck, *Prunksättel aus Gellep und Ravenna*, Archäologisches Korrespondenzbaltt 2, 1972
Paul Vigneron, *Le cheval dans l'antiquité Gréco-romaine (des guerres médiques aux grandes invasions). Contribution à l'histoire des techniques*, 2 Bde., Diss. Straßburg 1967, Nancy 1968
Gordon Ward, *The Iron Age Horseshoe and Its Derivatives*, The Antiquaries Journal 21, 1941
Joachim Werner, *Opus interrasile an römischem Pferdegeschirr des 1. Jahrhunderts*, Beiträge zur älteren europäischen Kulturgeschichte I, Festschrift für Rudolf Egger, Klagenfurt 1952
Joachim Werner, *Keltisches Pferdegeschirr der Spätlatènezeit*, Saalburg-Jahrbuch 12, 1953
Joachim Werner, *Beiträge zur Archäologie des Attila-Reiches*, Abhandlungen der Bayerischen Akademie der Wissenschaften, Philosophisch-Historische Klasse, Neue Folge 38A, B, München 1956
Wolfgang M. Werner, *Ein dakischer Trensenknebel aus Augsburg-Oberhausen*, Archäologisches Korrespondenzblatt 13, 1983
Wolfgang M. Werner, *Pferdetrensen aus Südosteuropa – Eine Übersicht*, Archäologisches Korrespondenzblatt 15, 1985
Westfälisches Museum für Archäologie, Münster, *2000 Jahre Römer in Westfalen*, Ausstellungskatalog, Mainz 1989

K. D. White, *Greek and Roman Technology*, Ithaca, N.Y., 1984
Lynn White Jr., *Medieval Technology and Social Change*, Oxford 1962 (deutsche Übersetzung *Die mittelalterliche Technik und der Wandel der Gesellschaft*, München 1968)
Lynn White Jr., *Introduction: The Reticenses of the Middle Ages*, in Rainer Berger (Hrsg.), „Scientific Methods in Medieval Archaeology", Berkeley-Los Angeles 1970
Lynn White Jr., *The Crusades and the Technological Thrust of the West*, in V. J. Parry und M.E. Yapp (Hrsg.), „War, Technology and Society in the Middle East", London 1975
John Earl Wiita, *The Ethnika in Byzantine Military Treatises*, Diss. 1977, Ann Arbor, Mich., 1978
Fr. Winkelmann, *Über das Hufeisen*, Germania 12, 1928
Karl A. Wittfogel, *China und die osteurasische Kavallerie-Revolution*, Ural-altaische Jahrbücher 49, 1977
Henning Wrede, *Lunulae im Halsschmuck*, in „Wandlungen. Studien zur antiken und neueren Kunst, Festschrift für Ernst Homann-Wedeking", Waldsassen 1975
A.N. Zadoks-Josephus Jitta und A.M. Witteveen, *Roman Bronze Lunulae from the Netherlands*, Oudheidundige Mededlingen uit het Rijksmuseum von oudheden te Leiden 58, 1977
R. Zschille und R. Forrer, *Der Sporn in seiner Formen-Entwicklung*, 2 Bde., Berlin 1891 und 1899
R. Zschille und R. Forrer, *Die Pferdetrense in ihrer Formen-Entwicklung*, Berlin 1893

REITWEISE

J.K. Anderson, *Ancient Greek Horsemanship*, Berkeley und Los Angeles 1961
J. K. Anderson, *Military Theory and Practice in the Age of Xenophon*, Berkeley 1970
Bernard S. Bachrach, *Charles Martel, Mounted Shock Combat, the Stirrup and Feudalism*, Studies in Medieval and Renaissance History 7, 1970
A.D.H. Bivar, *The Stirrup and Its Origins*, Oriental Art (New Series) 1, London 1955
István Bóna, *Die Awaren. Ein asiatisches Reitervolk an der Mittleren Donau*, in „Awaren in Europa. Schätze eines asiatischen Reitervolkes, 6.–8. Jahrhundert", Ausstellungskatalog, Frankfurt am Main 1985
István Bóna, *Ungarns Völker im 5. und 6. Jahrhundert. Eine historisch-archäologische Zusammenschau*, in „Germanen, Hunnen und Awaren. Schätze der Völkerwanderungszeit", Katalog der Ausstellung des Germanischen Nationalmuseums, Nürnberg 1987
François Buttin, *La Lance et l'Arrêt de Cuirasse*, Archaeologia 99, 1965
Roy William Davies, *Fronto, Hadrian and the Roman Army*, Latomus 27, 1968
Hans Delbrück, *Antike Kavallerie*, Klio 10, 1910
Hans Delbrück, *Geschichte der Kriegskunst im Rahmen der politischen Geschichte*, Bände I und II, Berlin[3] 1930 (1900), 1921 (Photomechanischer Nachdruck 1964, 1966)
George Dennis (Hrsg.), Ernst Gamillscheg (Übers.), *Das Strategikon des Maurikios*, Corpus fontium historiae byzantinae 17, Wien 1981
W. Eadie, *The Development of Roman Mailed Cavalry*, Journal of Roman Studies 57, 1967
Ortwin Gamber, *Kataphrakten, Clibanarier, Normannenreiter*, Jahrbuch der Kunsthistorischen Sammlungen Wien 64, 1968
Roman Ghirshman, *Parther und Sassaniden*, München 1962

Wolfgang Helbig, *Zur Geschichte des römischen Equitatus. Die Equites als berittene Hopliten*, Abhandlungen der Kgl. Bayerischen Akademie der Wissenschaften München, Philosophisch-Historische Klasse 23,2, 1905
R. H. Hilton, P. H. Sawyer, *Technical Determinism: the Stirrup and the Plough*, Past and Present 24, 1963
Ann Hyland, *Equus. The Horse in the Roman World*, London 1990
H. Jacobi, *Hatten die Römer Steigbügel?*, Germania 6, 1922
Max Jähns, *Roß und Reiter*, 1872
Marcus Junkelmann, *Römische Kavallerie – Equites Alae. Die Kampfausrüstung der römischen Reiterei im 1. und 2. Jahrhundert n. Chr.*, Schriften des Limesmuseums Aalen 42, Stuttgart 1989
Marcus Junkelmann, *Die Reiter Roms. Teil I: Reise, Jagd, Triumph und Circusrennen*, Mainz 1990
Marcus Junkelmann, *Die Reiter Roms. Teil II: Der militärische Einsatz*, Mainz 1991
John Keegan, *The Face of Battle. A Study of Agincourt, Waterloo and the Somme*, Harmondworth[2] 1978 (deutsche Übersetzung *Das Antlitz der Schlacht,* Düsseldorf, Wien 1978)
Franz Kiechle, *Die „Taktik" des Flavius Arrianus*, 45. Bericht der Römisch-Germanischen Kommission (1964), 1965
Friedrich Lammert, *Steigbügel*, Pauly–Wissowa, Realencyclopädie der Classischen Alterthumswissenschaften 2. Reihe 3,2, 1929
Georges Lafaye, *Equitatio, Equitatus*, Daremberg-Saglio, „Dictionnaire des Antiquités Grecques et Romaines" 2,1, 1892
Georges Lafaye, *Equites*, in Daremberg-Saglio, „Dictionnaire des Antiquités Grecques et Romaines" 2,1, 1892
R. Lefebvre Des Noëttes, *L'Attelage, le Cheval de Selle à travers les âges. Contribution à l'histoire de l'Esclavage*, Paris 1931
Mary Aiken Littauer, *Early Stirrups*, Antiquity 55, 1981
Minor M. Markle III, *The Macedonian Sarissa, Spear, and Related Armor*, American Journal of Archaeology 81, 1977
Minor M. Markle III, *Use of the Sarissa by Philip and Alexander of Macedon*, American Journal of Archaeology 82, 1978
Hans Müller-Hickler, *Sitz und Sattel im Laufe der Jahrhunderte*, Zeitschrift für Historische Waffen- und Kostümkunde, Berlin 1923
David Nicolle, *The Impact of the European Couched Lance on Muslim Military Tradition*, The Journal of the Arms and Armour Society 10,2, 1980
J. D. A. Ogilvy, *The Stirrups and Feudalism*, University of Colorado Studies 10, 1966
Walter Pohl, *Die Awaren. Ein Steppenvolk in Mitteleuropa. 567-822 n. Chr.*, München 1988
Erwin Pollack, *Reitkunst*,in Pauly-Wissowa, „Realenzyclopädie der classischen Altertumswissenschaft" 2. Reihe, 1,1, 1914
T.G.E. Powell, *The Introduction of Horseriding to Temperate Europe: A Contributory Note*, Proceedings of the Praehistoric Society 37,II, 1971
R. Reinecke, *Zur Geschichte des Steigbügels*, Germania 17, 1933
Berthold Rubin, *Die Entstehung der Kataphraktenreiterei im Lichte der chorezmischen Ausgrabungen*, Historia 4, 1955
Adolph Schlieben, *Geschichte der Steigbügel*, Wiesbaden 1892

L. Sprague de Camp, *Before Stirrups*, Isis 51, 1960

Peter Thein (Hrsg.), *Handbuch Pferd*, München, Wien, Zürich, 1984

W. von Unger, *Wie ritt Seydlitz? Eine Studie über Pferde und Reitkunst in der Kavallerie Friedrichs des Großen*, Berlin 1906

G.W. von Valentini, *Die Lehre vom Krieg. Erster Theil: Der kleine Krieg und die Gefechtslehre*, Leipzig[4] 1820 (1799)

Paul Vigneron, *Le cheval dans l'antiquité Gréco-romaine (des guerres médiques aux grandes invasions). Contribution à l'histoire des techniques*, 2 Bde., Diss. Straßburg 1967, Nancy 1968

Lynn White Jr., *Medieval Technology and Social Change*, Oxford 1962 (deutsche Übersetzung *Die mittelalterliche Technik und der Wandel der Gesellschaft*, München 1968)

Lynn White Jr., *Introduction: The Reticenses of the Middle Ages*, in Rainer Berger (Hrsg.), „Scientific Methods in Medieval Archaeology", Berkeley-Los Angeles 1970

Lynn White Jr., *The Crusades and the Technological Thrust of the West*, in V. J. Parry und M.E. Yapp (Hrsg.) „War, Technology and Society in the Middle East", London 1975

Karl A. Wittfogel, *China und die osteurasische Kavallerie-Revolution*, Ural-altaische Jahrbücher 49, 1977

R. Zschille und R. Forrer, *Die Steigbügel in ihrer Formen-Entwicklung*, Berlin 1896

REITKLEIDUNG

Andreas Alföldi, *Der frührömische Reiteradel und seine Ehrenzeichen*, Baden-Baden 1952

Andreas Alföldi, *Die Herrschaft der Reiterei in Griechenland und Rom nach dem Sturz der Könige*, in „Gestalt und Geschichte", Festschrift Karl Schefold, Bern 1965

Johannes Bergemann, *Römische Reiterstatuen. Poträtplastik im öffentlichen Bereich*, Beiträge zur Erschließung hellenistischer und kaiserzeitlicher Skulptur und Architektur 11, Mainz 19

Hubert Devijver, *Equestrian Officers and Their Monuments*, in ders., „The Equestrian Officers of the Roman Imperial Army", Amsterdam 1989

Carol van Driel-Murray, Michael Gechter, *Funde aus der fabrica der legio I Minervia am Bonner Berg*, Beiträge zur Archäologie des römischen Rheinlandes 4, Köln 1984

Claudio Franzoni, *Habitus atque habitudo militis. Monumenti funerari di militari nella Cisalpina Romana*, Rom 1987

Hanns Gabelmann, *Die ritterliche Trabea*, Jahrbuch des Deutschen Archäologischen Instituts 92, 1977

Hanns Gabelmann, *Ein Eques Romanus auf einem afrikanischen Grabmosaik*, Jahrbuch des Deutschen Archäologischen Instituts 94, 1979

Hanns Gabelmann, *Römische ritterliche Offiziere im Triumphzug*, Jahrbuch des Deutschen Archäologischen Instituts 96, 1981

August Gansser-Burckhardt, *Das Leder und seine Verarbeitung im römischen Legionslager Vindonissa*, Veröffentlichungen der Gesellschaft Pro Vindonissa 1, Basel 1942

E. Ghislanzoni, *Il rilievo dei cavalieri romani nel museo civico di Como*, in „Rivista archeologica dell'antica provincia e diocesi di Como", 1936

Hans Rupprecht Goette, *Mulleus – Embas – Calceus. Ikonographische Studien zu römischem Schuhwerk*, Jahrbuch des Deutschen Archäologischen Institus 103, 1988
Hans Rupprecht Goette, *Studien zu römischen Togadarstellungen*, Mainz 1989
Jutta Göpfrich, *Römische Lederfunde aus Mainz*, Saalburg-Jahrbuch 42, 1986
Willy Groenman-van Waateringe, *Romeins lederwerk uit Valkenburg Z. H.*, Diss. Amsterdam, Groningen 1967
Willy Groenman-van Waateringe, *Römische Lederfunde aus Vindonissa und Valkenburg Z.H.; ein Vergleich*, Jahrbuch der Gesellschaft Pro Vindonissa 1974, Brugg 1975
Wolfgang Helbig, *Toga und Trabea*, Hermes 39, 1904
Mary G. Houston, *Ancient Greek, Roman and Byzantine Costume and Decoration*, London 1974
Marcus Junkelmann, *Die Reiter Roms. Teil I: Reise, Jagd, Triumph und Circusrennen*, Mainz 1990
Marcus Junkelmann, *Die Reiter Roms. Teil II: Der militärische Einsatz*, Mainz 1991
Gerhard M. Koeppel, *Die historischen Reliefs der römischen Kaiserzeit VI*, Bonner Jahrbücher 189, 1989
Frank Kolb, *Römische Mäntel: Paenula, lacerna, μανδύη*, Mitteilungen des Deutschen Archäologischen Instituts, Römische Abteilung 80, 1973
Frank Kolb, *Zur Statussymbolik im antiken Rom*, Chiron 7, 1977
Eugenio La Rocca, *Fabio o Fannio. L'affresco medio-repubblicano dell'Esquilino come reflesso dell'arte rappresentativa come espressione di mobilità sociale*, Dialoghi di Archeologia 2, 1984
Ludwig Lindenschmit, *Tracht und Bewaffnung des römischen Heeres während der Kaiserzeit*, Braunschweig 1882
Claude Nicolet, *Les equites Campani et leurs représentations figurées*, Mélanges d'Archéologie et d'Histoire 1962
F. Rebecchi, *Immagini di equites Romani su sarcofagi pagani di produzione Ravennate*, Felix Ravenna, Quarta Serie, 7–8, 1974
David und Francesca R. Ridgway, *Italy Before the Romans. The Iron Age, Orientalizing and Etruscan Periods*, London 1979
Erich Sander, *Die Kleidung des römischen Soldaten*, Historia 12, 1963
Thomas Schäfer, *Zur Ikonographie der Salier*, Jahrbuch des Deutschen Archäologischen Instituts 95, 1980
Hansjörg Ubl, *Waffen und Uniform des römischen Heeres der Prinzipatsepoche nach den Grabreliefs Noricums und Pannoniens*, Diss. Wien (maschinenschriftlich) 1969
Hannsjörg, Ubl, *Pilleus Pannonicus, die Feldmütze des spätrömischen Heeres*, Archaeologia Austriaca Beiheft 14 (Festschrift für Richard Pittioni II), Wien 1976
Paul Veyne, *Iconographie de la ‚transvectio equitum' et des Lupercales*, Revue des études anciennes 62, 1960
Larissa Bonfante Warren, *Roman Costumes. A Glossary and Some Etruscan Derivations.*, in Hildegard Temporini (Hrsg.), „Aufstieg und Niedergang der römischen Welt" I.4, Berlin, New York 1973
John Peter Wild, *Clothing in the North-West Provinces of the Roman Empire*, Bonner Jahrbücher 168, 1968
Lillian M. Wilson, *The Roman Toga*, Baltimore 1924

Lillian M. Wilson, *The Clothing of the Ancient Romans*, Baltimore 1938
Henning Wrede, *Zur Trabea*, Jahrbuch des Deutschen Archäologischen Instituts 103, 1988
Lise Vogel, *The Column of Antoninus Pius*, Cambridge, Mass., 1973

WAFFEN UND KAMPFAUSRÜSTUNG

Andreas Alföldi, *Funde aus der Hunnenzeit und ihre ethnische Sonderung*, Archaeologia Hungarica 9, 1932
Andreas Alföldi, *Vom Speerattribut der altrömischen Könige zu den Benefiziarierlanzen*, Limes-Studien, Basel 1959
Joseph Alfs, *Der bewegliche Metallpanzer im römischen Heer*, Zeitschift für Historische Waffen- und Kostümkunde 7, 1941
Lindsay Allason-Jones, *An Eagle Mount from Carlisle*, Saalburg-Jahrbuch 42, 1986
Franz Altheim, *Geschichte der Hunnen*, 5 Bde., Berlin 1959-62
J. K. Anderson, *Military Theory and Practice in the Age of Xenophon*, Berkeley 1970
J.W. Anstee und L. Biek, *A Study in Pattern-Welding*, Medieval Archaeology 5, 1961
Dietwulf Baatz, *Zur Geschützbewaffnung römischer Auxiliartruppen in der frühen und mittleren Kaiserzeit*, Bonner Jahrbücher 166, 1966
Dietwulf Baatz, *Schleudergeschosse aus Blei – Eine waffentechnische Untersuchung*, Saalburg-Jahrbuch 45, 1990
Bernard S. Bachrach, *Charles Martel, Mounted Shock Combat, the Stirrup and Feudalism*, Studies in Medieval and Renaissance History 7, 1970
Bernard. S. Bachrach, *Animals and Warfare in Early Medieval Europe*, Settimane di Studio del Centro Italiano di studi sull'Alto Medioevo 31, 1985
Alberto Balil, *Dos piezas de Yelmo Romano-Imperial descubiertas en España*, Temas de Historia Militar 2, Comunicaciones del Primer Congreso del Historia Militar, Zaragoza 1982
Phil Barker, *Armies and Enemies of Imperial Rome. Organization, Tactics, Dress and Weapons. (150 B.C. – 600 A.D.)*, Sussex[4] 1981
Jacob Becker, *Grabinschrift eines römischen Panzerreiteroffiziers aus Rödelheim bei Frankfurt a.M.*, Neujahrsblatt des Vereins für Geschichte und Alterthumskunde zu Frankfurt a. M. 1868
Klaus Beckhoff, *Die eisenzeitlichen Kriegsbogen von Nydam*, Offa 20, 1963
Klaus Beckhoff, *Bogen*, Reallexikon der germanischen Altertumskunde 3, 1978
Julian Bennett, *A Chased Cheek-Piece from Stanwix*, in M. C. Bishop (Hrsg.) „The Production and Distribution of Roman Military Equipment", British Archaeological Reports, International Series 275, Oxford 1985
Pamela Chernoff Berger, *The Insignia of the Notitia Dignitatum*, New York, London 1981
C. A. Bergman, E. Mc Ewen, R. Miller, *Experimental Archery: Projectile Velocities and Comparison of Bow Performance*, Antiquity 62, 1988
Folke Bergman, *Archaeological Researches in Sinkiang. Reports from the Scientific Expedition to the Northwestern Provinces of China*, Archaeology VII.1, Stockholm 1939
M. Biborski, P. Kaczanowski, Z. Kędzierski, J. Stępiński, *Ergebnisse der metallographischen Untersuchungen von römischen Schwertern aus dem Vindonissa-Museum Brugg und dem Römermuseum Augst*, Jahresbericht der Gesellschaft Pro Vindonissa 1985

Michael Charles Bishop, *The Military Fabrica and the Production of Arms in the Early Principate*, in M.C. Bishop (evd.) „The Production and Distribution of Roman Military Equipment“, British Archaeological Reports, International Series 175, 1985
Michael Charles Bishop, *O Fortuna: A Sideways Look at the Archaeololgical Record and Roman Military Equipment*, in Carol van Driel-Murray (Hrsg.), „Roman Military Equipment: The Sources of Evidence“, British Archaeological Reports, International Series 176, 1989
Michael Charles Bishop, *The Composition of Some Copper Alloy Artifacts from Longthorpe*, Arma 1,2, 1989
A.D.H. Bivar, *Cavalry Equipment and Tactics on the Euphrates Frontier*, Dumbarton Oaks Papers 26, 1972
Philip Henry Blyth, *The Design and Material of the Bow*, in Robert Hardy, „Longbow“, Cambridge 1976
Philip Henry Blyth, *The Effectiveness of Greek Armour against Arrows in the Persian War (490-479 B.C.): An Interdisciplinary Enquiry*, Diss. Reading 1977
István Bóna, *Die Awaren. Ein asiatisches Reitervolk an der Mittleren Donau*, in „Awaren in Europa. Schätze eines asiatischen Reitervolkes, 6.–8. Jahrhundert“, Ausstellungskatalog, Frankfurt am Main 1985
István Bóna, *Ungarns Völker im 5. und 6. Jahrhundert. Eine historisch-archäologische Zusammenschau*, in „Germanen, Hunnen und Awaren. Schätze der Völkerwanderungszeit“, Katalog der Ausstellung des Germanischen Nationalmuseums, Nürnberg 1987
István Bóna, *Das Hunnenreich*, Stuttgart 1991
Angelo Bottini, Marcus Egg, Friedrich-Wilhelm von Hase, Herman Pflug, Ulrich Schaaff, Peter Schauer, Götz Waurick, *Antike Helme. Sammlung Lipperheide und andere Bestände des Antikenmuseums Berlin*, Mainz 1988
Hermann Born, *Antike Herstellungstechniken: Gegossene Brustpanzer und Helme aus Italien*, Acta praehistorica et archaeologica 21, 1989
Hermann Born, *Antike Waffenschmiedekunst. Anmerkungen zum Forschungsstand der Herstellung antiker Schutzwaffen*, in „Die Ritter“, Katalog der Burgenländischen Landesausstellung 1990, Burgenländische Forschungen Sonderband 18, Eisenstadt 1990
Hermann Born, Louis D. Nebelsick, *Ein bronzener Prunkhelm der Hallstattzeit*, Berlin 1991
Jim Bradbury, *The Medieval Archer*, Woodbridge 1985
F.E. Brown, *Arms and Armor*, in „The Excavations at Dura Europe. Preliminary Report of the Sixth Season of Work 1932–1933“, New Haven 1936
Rupert Bruce-Mitford u.a., *The Sutton Hoo-Ship-Burial*, Bd. 2, London 1978
Rupert Bruce-Mitford, *The Sutton Hoo Helmet-Reconstruction and the Design of the Royal Harness and Sword-Belt. A Reply to Hofrat Dr. Ortwin Gamber with some additional Comments on the Sutton Hoo Arms and Armour*, The Journal of the Arms an Armour Society 10,6, 1982
Ada Bruhn-Hoffmeyer, *Military Equipment in the Byzantine Manuscript of Scylitzes in Bibliotheca Nacional in Madrid*, Gladius 5, 1966
Paul Buckland, *A First Century Shield from Doncaster, Yorkshire*, Britannia 9, 1978
D.A. Bullough, *Europae Pater: Charlemagne and His Achievement in the Light of Recent Scholarship*, The English Historical Review 85, 1970
E. Martin Burgess, *The Mailmaker's Technique*, Antiquaries Journal 33, 1953

Anna Lisa Busch, *Die römerzeitlichen Schuh- und Lederfunde der Kastelle Saalburg, Zugmantel und Kleiner Feldberg*, Saalburgjahrbuch 22, 1965
François Buttin, *La Lance et l'Arrêt de Cuirasse*, Archaeologia 99, 1965
David Cahn, *Waffen und Zaumzeug*, Katalog des Antikenmuseum Basel, Basel 1989
Duncan B. Campbell, *Auxiliary Artillery Revisited*, Bonner Jahrbücher 186, 1986
Franco Cardini, *Alle radici della cavalleria medievale*, Il pensiero storico 76, 1981
Filippo Coarelli, *Su un monumento funerario romano nell'abbazia di San Guglielmo al Goleto*, Dialoghi di Archeologia 1, 1967
John Coles, *European Bronze Age Shields*, Proceedings of the Prehistoric Society 28, 1962
John Coles, *Archaeology by Experiment*, London 1973
John Coles, *Experimental Archaeology*, London 1979
Peter Connolly, *The Roman Army*, London 1975 (deutsche Übersetzung *Die römische Armee*, Hamburg 1976)
Peter Connolly, *Hannibal and the Enemies of Rome*, London 1978 (deutsche Übersetzung *Hannibal und die Feinde Roms*, Hamburg 1979)
Peter Connolly, *Greece and Rome at War*, London 1981
Peter Connolly, *Tiberius Claudius Maximus. The Cavalryman*, Oxford 1988
Peter Connolly, *Greece and Rome*, in Anne Cope (Hrsg.) „Swords and Hilt Weapons", New York 1989
Peter Connolly, *The Roman Fighting Technique Deduced from Armour and Weaponry*, in Valerie A. Maxfield und Michael J. Dobson, „Roman Frontier Studies 1989", Exeter 1991
Paul Couissin, *Les Armes Romaines. Essai sur les origines et l´evolution des armes individuelles du légionnaire romain*, Paris 1926
J.C. Coulston, *Roman Archery Equipment*, in M.C. Bishop (Hrsg.), „The Production and Distribution of Roman Military Equipment", British Archaeological Reports, International Series 275, 1985
J.C. Coulston, *Roman, Parthian and Sassanid Tactical Developments*, in Philip Freeman und David Kennedy (Hrsg.), „The Defence of the Roman and Byzantine East", Bd.I, British Archaelogical Reports, International Series 297 (I), 1986
J.C. Coulston, *Roman Military Equipment on the Third Century Tombstones*, in M. Dawson (Hrsg.), „Roman Military Equipment. The Accoutrements of War", British Archaeological Reports, International Series 336, 1987
J.C.N. Coulston, *Later Roman Armour, 3rd – 6th Centuries*, Journal of Roman Military Equipment Studies 1, 1990
P. T. Craddock, *The Composition of Copper Alloys Used in the Classical World*, Diss. London 1975
Mauro Cristofani, *Il fregio d'armi del Tomba Giglioni di Tarquinia*, Dialoghi di Archeologia 1, 1967
James Curle, *A Roman Frontier Post and Its People. The Fort of Newstead in the Parish of Melrose*, Glasgow 1911
Wolfgang Czysz, *Ein spätrömisches Waffengrab aus Westendorf, Lkr. Augsburg*, Bayerische Vorgeschichtsblätter 51, 1986
Krzysztof Dabrowski und Jerzy Kolendo, *Les épées romaines découvertes en Europe centrale et septentrionale*, Archaeologia Polona 13, 1972

Jim Dakin, *Roman Cataphracts of the Later Fourth Century A.D.*, Slingshot 128, November 1986

Hilda Roderich Ellis Davidson, *The Sword in Anglo-Saxon England. Its Archaeology and Literature*, Oxford 1962

Jeffrey L. Davies, *Roman Arrowheads from Dinorben and Sagittarii of the Roman Army*, Britannia 8, 1977

Hans Delbrück, *Antike Kavallerie*, Klio 10, 1910

Hans Delbrück, *Geschichte der Kriegskunst im Rahmen der politischen Geschichte*, Bände I und II, Berlin[3] 1930 (1900), 1921 (Photomechanischer Nachdruck 1964, 1966)

August Demmin, *Die Kriegswaffen in ihren geschichtlichen Entwicklungen*, Leipzig[4] 1893

George Dennis (Hrsg.), Ernst Gamillscheg (Übers.), *Das Strategikon des Maurikios*, Corpus fontium historiae byzantinae 17, Wien 1981

Eckhard Deschler-Erb, Markus Peter, Sabine Deschler-Erb, *Das frühkaiserzeitliche Militärlager in der Kaiseraugster Unterstadt*, Augst 1991

Alexandra Diaconescu, Coriolan Poreanu, *A Note on Roman Military Equipment from Romania*, in M. Dawson (Hrsg.), „Roman Military Equipment. The Accoutrements of War", British Archaeological Reports, International Series 336, 1987

P. Dintsis, *Hellenistische Helme*, Archaeologica 43, 1986

Karl Heinrich Dittmann, *Ein eiserner Spangenhelm in Kairo*, Germania 24, 1940

Carol van Driel-Murray, Michael Gechter, *Funde aus der fabrica der legio I Minervia am Bonner Berg*, Beiträge zur Archäologie des römischen Rheinlandes 4, Köln 1984

Carol van Driel-Murray, *The Vindolanda Chamfrons and Miscellaneous Items of Leather Horse Gear*, in Carol van Driel-Murray (Hrsg.), „Roman Military Equipment: The Sources of Evidence", British Archeological Reports, International Series 476, Oxford 1989

Carol van Driel-Murray (Hrsg.), *Roman Military Equipment: The Sources of Evidence. Procedings of the Fifth Roman Military Equipment conference*, British Archaeological Reports, International Series 476, 1989

Percle Ducati, *La Sedia Corsini*, Monumenti Antichi publicati per cura della Reale Accademia dei Lincei, Mailand 1918

W. Eadie, *The Development of Roman Mailed Cavalry*, Journal of Roman Studies 57, 1967

Markus Egg, *Italische Helme. Studien zu den ältereisenzeitlichen Helmen Italiens und der Alpen*, Monographien des Römisch-Germanischen Zentralmseums Mainz 11, 1.2, Mainz 1986

Markus Egg, Götz Waurick, *Antike Helme*, Katalog der Ausstellung in Speyer, Mainz 1990

Joachim Emmerling, *Die metallographische Untersuchung der Schwertklingen aus Münsingen*, Jahrbuch des Bernischen Historischen Museums in Bern 47 und 48, 1967 und 1968

Joachim Emmerling, *Technologische Untersuchungen an eisernen Bodenfunden*, Alt-Thüringen 12, 1972

Wilfried Epprecht und Eduard Schaller, *Eisen und Stahl aus Vindonissa*, Jahresbericht der Gesellschaft Pro Vindonissa 1981

Elisabeth Erdmann, *Dreiflügelige Pfeilspitzen aus Eisen von der Saalburg*, Saalburg–Jahrbuch 23, 1976

Elisabeth Erdmann, *Vierkantige Pfeilspitzen aus Eisen von der Saalburg*, Saalburg–Jahrbuch 38, 1982

Guy Fairon, J. Morceau-Maréchal, *Le casque romain de Weyler,* (Arlon), Bulletin de l'Institut Archeologique du Luxembourg Arlon, 1983
Guy Fairon, Juliette Moreau-Maréchal, *La tombe au casque de Weiler, commune d'Autelbas près d'Arlon*, Germania 61/2, 1983
Rudolf Fellmann, *Das Grab des Lucius Munatius Plancus bei Gaeta*, Basel 1957
Thomas Fischer, *Ein Halbfabrikat von der Wangenklappe eines römischen Reiterhelms aus dem Lager von Eining-Unterfeld, Gde. Neustadt, Ldkr. Kelheim*, Bayerische Vorgeschichtsblätter 50, 1985
Thomas Fischer, *Der Soldat und sein Dienst, seine Ausrüstung, seine Bewaffnung*, in Michael Petzet (Hrsg.), „Die Römer in Schwaben", Arbeitshefte des Bayerischen Landesamtes für Denkmalpflege 27, München 1985
Thomas Fischer, *Zur römischen Offiziersausrüstung im 3. Jahrhundert n. Chr.*, Bayerische Vorgeschichtsblätter 53, 1988
Vernard Foley, George Palmer, Werner Soedel, *The Crossbow*, Scientific American 252, 1985
Georgia Franzius, *Die Maske eines Gesichtshelms*, in Wolfgang Schlüter, „Römer im Osnabrücker Land. Die archäologischen Untersuchungen in der Kalkrieser-Niewedder Senke", Bramsche 1991
Franz Fröhlich, *Das Kriegswesen Caesars*, Zürich 1889-90
R.N. Frye, *The Heritage of Persia*, Cleveland 1963
Ortwin Gamber, *Kataphrakten, Clibanarier, Normannenreiter*, Jahrbuch der Kunsthistorischen Sammlungen Wien 64, 1968
Ortwin Gamber, *Glossarium armorum*, 7 Bde. Graz 1972
Ortwin Gamber, *Waffe und Rüstung Eurasiens. Frühzeit und Antike.*, Braunschweig 1978
Ortwin Gamber, *Some Notes on the Sutton Hoo Military Equipment*, The Journal of the Arms and Armour Society 10,6, 1982
August Gansser-Burckhardt, *Das Leder und seine Verarbeitung im römischen Legionslager Vindonissa*, Veröffentlichungen der Gesellschaft Pro Vindonissa 1, Basel 1942
Jochen Garbsch, *Ein römisches Paradekettenhemd von Bertholdsheim*, Ldkr. Neuburg-Schrobenhausen, Neuburger Kollektaneenblatt, Jahrbuch 136, Neuburg a. D. 1984
Jochen Garbsch, *Römische Paraderüstungen*, Ausstellungskatalog des Germanischen Nationalmuseums Nürnberg und der Prähistorischen Staatssammlung München, mit Beiträgen von Hans-Jörg Kellner, Franz Kiechle und Maria Kohlert, München 1987
E. Norman Gardiner, *Throwing the Javelin*, The Journal of Hellenic Studies 27, 1907
Roman Ghirshman, *Parther und Sassaniden*, München 1962
Einar Gjerstad, *Innenpolitische und militärische Organisation in frührömischer Zeit*, in Hildegard Temporini (Hrsg.), „Aufstieg und Niedergang der römischen Welt" I.1, 1972
Einar Gjerstad, *Early Rome*, IV.2, V, Lund 1966, 1973
Walter Grabert, Hubert Koch, *Militaria aus der villa rustica von Treuchtlingen-Weinbergshof*, Bayerische Vorgeschichtsblätter 51, 1986
Robert Grigg, *Inconsistency and Lassitude: The Shield Emblems of the Notitia Dignitatum*, The Journal of Roman Studies 73, 1983
Willy Groenman-van Waateringe, *Een Romeins lederen Schildfoederaal uit Valkenburg (Z.H.)*, Helinium 3, 1963

Willy Groenman-van Waateringe, *Romeins lederwerk uit Valkenburg Z. H.*, Diss. Amsterdam, Groningen 1967
Willy Groenman-van Waateringe, *Römische Lederfunde aus Vindonissa und Valkenburg Z.H.; ein Vergleich*, Jahrbuch der Gesellschaft Pro Vindonissa 1974, Brugg 1975
Max von Groller, *Römische Waffen*, Bericht des Vereins Carnuntum in Wien für das Jahr 1899, Wien 1900
Mathilde Grünewald, *Die Funde aus dem Schutthügel des Legionslagers von Carnuntum*, Wien 1983
John F. Haldon, *Some Aspects of Byzantine Miltary Technology from the Sixth to the Tenth Centuries*, Byzantine and Modern Greek Studies 1, 1975
Robert Hardy, *Longbow. A Social and Military History*, Cambridge 1976
Jacques Harmand, *L'armée et le soldat à Rome de 107 à 50 avant notre ère*, Paris 1967
Jacques Harmand, *L'armament défensif romain de metal dans le nord-ouest de l'empire, de la conquête au Ve siècle*, Caesarodunum 22, 1986
M.W.C. Hassall, Robert Ireland, *De Rebus Bellicis*, British Archaeological Reports, International Series 63, 1979
P.J. Hazell, *The Pedite Gladius*, Antiquaries' Journal 61, 1981
D. Head, *Armies of the Macedonian and Punic Wars 359 BC to 146 BC*, Groving-by-Sea 1982
Dagmar Hejdová, *Der sogenannte St.-Wenzels-Helm*, Waffen- und Kostümkunde 1966/2; 1967/1; 1968/1
Wolfgang Helbig, *Zur Geschichte des römischen Equitatus. Die Equites als berittene Hopliten*, Abhandlungen der Kgl. Bayerischen Akademie der Wissenschaften München, Philosophisch-Historische Klasse 23,2, 1905
Wolfgang Helbig, *Ein homerischer Rundschild mit einem Bügel*, Jahreshefte des Österreichischen Archäologischen Instituts in Wien 12, 1909
R. H. Hilton, P. H. Sawyer, *Technical Determinism: the Stirrup and the Plough*, Past and Present 24, 1963
Herman-Josef Höper, *Damaszenerstahl – eine alte Schmiedetechnik*, Landschaftsverband Westfalen 1984
Clark Hopkins, F.E. Brown, R. J. Gettens, *The Painted Shields*, in M.J. Rostovtzeff, F. E. Brown und C. B. Wells (Hrsg.), „The Excavations at Dura-Europos. Preliminary Report of Fourth Season of Work", New Haven 1939
Clark Hopkins, *The Arms, Equipment and Ceremonial Vessels of the Early Etruscan Warriors*, The Classical Journal 60, 1964/1965
Clark Hopkins, Bernard Goldman, *The Discovery of Dura Europos*, New Haven und London 1979
W. Hübener, *Die römischen Metallfunde von Augsburg-Oberhausen*, Materialhefte zur bayerischen Vorgeschichte 28, Kallmünz 1973
Hans-Hürgen Hundt, *Die spätrömischen eisernen Dosenortbänder*, Saalburg-Jahrbuch 12, 1953
Hans-Jürgen Hundt, *Nachträge zu den römischen Ringknaufschwertern, Dosenortbändern und Miniaturschwertanhängern*, Saalburg-Jahrbuch 14, 1955
Ann Hyland, *Equus. The Horse in the Roman World*, London 1990
J. Ilkajer, Jøren Lønstrup, *Der Moorfund im Tal der Illerum-Å bei Skanderborg in Ostjütland (Dänemark)*, Germania 61, 1983

Peter Jaeckel, *Pergamenische Waffenreliefs*, Waffen- und Kostümkunde 1965/1
Peter Jaeckel, *Ausrüstung und Bewaffnung der türkischen Heere*, in Hubert Glaser (Hrsg.), „Kurfürst Max Emanuel. Bayern und Europa um 1700", München 1976
Simon James, *Dura-Europos and the Chronology of Syria in the 250s A.D.*, Chiron 15, 1985
Simon James, *Evidence from Dura Europos for the Origins of Late Roman Helmets*, Syria 63, 1986
Simon James, *Dura-Europos and the Introduction of the ‚Mongolian Release'*, in M. Dawson (Hrsg.), „Roman Military Equipment. The Accoutrements of War", British Archaeological Reports, International Series 336, 1987
Simon James, *The Fabricae: State Arms Factories of the Later Roman Empire*, in J.C. Coulston (Hrsg.), „Military Equipment and the Identity for Roman Soldiers", British Archaeological Reports, International Series 394, 1988
Stephen Johnson, *A Late Roman Helmet from Burgh Castle*, Britannia 11, 1980
Peter Jones, *The Target*, in Robert Hardy, „Longbow", Cambridge 1976
Marcus Junkelmann, *Muli Mariani. Marsch in römischer Legionarsausrüstung über die Alpen*, Schriften des Limesmuseums Aalen 37, Stuttgart 1985
Marcus Junkelmann, *Die Legionen des Augustus. Der römische Soldat im archäologischen Experiment*, Mainz 1986
Marcus Junkelmann, *Römische Kavallerie – Equites Alae. Die Kampfausrüstung der römischen Reiterei im 1. und 2. Jahrhundert n. Chr.*, Schriften des Limesmuseums Aalen 42, Stuttgart 1989
Marcus Junkelmann, *Die Reiter Roms. Teil I: Reise, Jagd, Triumph und Circusrennen*, Mainz 1990
Marcus Junkelmann, *Die Reiter Roms. Teil II: Der militärische Einsatz*, Mainz 1991
Paul R. Kalaus, *Schießversuche mit historischen Feuerwaffen des Landeszeughauses Graz an der Prüf- und Versuchstelle für Waffen und Munition des Amtes für Wehrtechnik*, in „Von alten Handfeuerwaffen. Entwicklung, Technik, Leistung", Veröffentlichungen des Landeszeughauses Graz 12, 1989
John Keegan, *The Face of Battle. A Study of Agincourt, Waterloo and the Somme*, Harmondworth[2] 1978 (deutsche Übersetzung *Das Antlitz der Schlacht*, Düsseldorf, Wien 1978)
Josef Keim, Hans Klumbach, *Der römische Schatzfund von Straubing*, München[2] 1976 (1951)
Hans-Jörg Kellner, *Zu den römischen Ringknaufschwertern und Dosenortbändern in Bayern*, Jahrbuch des Römisch-Germanischen Zentralmuseums Mainz 13, 1966
Hans-Jörg Kellner, *Der römische Verwahrfund von Eining*, München 1978
Franz Kiechle, *Die „Taktik" des Flavius Arrianus*, 45. Bericht der Römisch-Germanischen Kommission (1964), 1965
Hans Klumbach, *Drei römische Schildbuckel aus Mainz*, Jahrbuch des Römisch-Germanischen Zentralmuseum Mainz 13, 1966
Hans Klumbach, *Römische Helme aus Niedergermanien*, Kunst und Altertum am Rhein, Führer des Landesmuseums Bonn 51, Köln 1974
Hans Klumbach, W. Braat, M. Manojlović Marijanski, E. Skalon, E. Thomas, *Spätrömische Gardehelme*, Münchner Beiträge zur Vor- und Frühgeschichte 15, 1973
Hans Klumbach, und Ludwig Wamser, *Ein Neufund zweier außergewöhnlicher Helme der*

römischen Kaiserzeit aus Theilenhofen, Landkreis Weißenburg-Gunzenhausen, Jahresbericht der Bayerischen Bodendenkmalpflege 17/18, 1976/1977

Taxiarchis G. Kolias, *Byzantinische Waffen. Ein Beitrag zur Byzantinischen Waffenkunde von den Anfängen bis zur lateinischen Eroberung*, Byzantina Vindobonensia 17, Wien 1988

Manfred Korfmann, *Schleuder und Bogen in Südwestasien. Von den frühesten Belegen bis zum Beginn der historischen Stadtstaaten*, Diss. Bonn 1972

Marit Kretschmar, *Römische Reiterspiele in Bayern und orientalische Panzerreitertaktik*, Bayerns Pferdezucht und Pferdesport 8/2, 1972

Johannes Kromayer und Georg Veith, *Heerwesen und Kriegsführung der Griechen und Römer*, Handbuch der Altertumswissenschaften V.3,2, München 1928 (Nachdruck 1963)

Erich Künzl, *Les armes decorées du soldat romain*, Dossiers de l'archéologie 28, 1978

Jürgen Kunow, *Bemerkungen zum Export römischer Waffen in das Barbarikum*, Studien zu den Militärgrenzen Roms 2, 1986,

Lambertz, *Parma*, in Pauly-Wissowa, „Realenzyclopädie der classischen Altertumswissenschaft" 18,4, 1949

Janet Lang, *Study of the Metallography of Some Roman Swords*, Britannia 19, 1988

Eugenio La Rocca, *Fabio o Fannio. L'affresco medio-repubblicano dell'Esquilino come riflesso dell'arte rappresentativa come espressione di mobilità sociale*, Dialoghi di Archeologia 2, 1984

Berthold Laufer, *Chinese Clay Figures. Part I. Prolegomena on the History of Defensive Armor*, Chicago 1914

R. Lefebvre Des Noettës, *L'Attelage, le Cheval de Selle à travers les âges. Contribution à l' histoire de l' Esclavage*, Paris 1931

Ludwig Lindenschmit, *Tracht und Bewaffnung des römischen Heeres während der Kaiserzeit*, Braunschweig 1882

A. McN. G. Little, *The Sassanian Fresco*, in P.V.C. Baur, M.J. Rostovtzeff und Alfred R. Bellinger (Hrsg.), „The Excavations at Dura-Europos. Preliminary Report of Fourth Season of Work", New Haven 1933

Karl Lohberg, *Untersuchungen an Eisenfunden aus Limeskastellen*, Saalburg-Jahrbuch 26, 1969

Jørn Lønstrup, *Das zweischneidige Schwert aus der jüngeren römischen Kaiserzeit im freien Germanien und im römischen Imperium*, Studien zu den Militärgrenzen Roms 3, 1986

Otto John Maenchen-Helfen, *The World of the Huns, Studies in Their History and Culture*, Los Angeles, London 1973 (deutsche Übersetzung „Die Welt der Hunnen. Eine Analyse ihrer historischen Dimension", Wien, Köln 1978)

William Harry Manning, *Catalogue of Romano-British Ironwork in the Museums of Antiquities Newcastle upon Tyne*, Newcastle upon Tyne 1976

William Harry Manning, *Catalogue of the Romano-British Iron Tools, Fittings and Weapons in the British Museum*, London 1985

David Marchant, *Roman Weapons in Great Britain, a Case Study: Spearheads. Problems in Dating and Typology*, Journal of Roman Military Equipment Studies 1, 1990

Minor M. Markle III, *The Macedonian Sarissa, Spear, and Related Armor*, American Journal of Archaeology 81, 1977

Minor M. Markle III, *Use of the Sarissa by Philip and Alexander of Macedon*, American Journal of Archaeology 82, 1978

Stefanie Martin-Kilcher, *Ein silbernes Schwertortband mit Niellodekor und weitere Militärfunde des 3. Jahrhunderts aus Augst*, Jahresberichte aus Augst und Kaiseraugst 5, 1985
Valerie A. Maxfield, *The Military Decorations of the Roman Army*, London 1981
Eugene Stock McCartney, *The Military Indebtedness of Early Rome to Etruria*, Memories of the American Academy at Rome 1, 1915/1916
W. Mc Leod, *The Range of the Ancient Bow*, Phoenix 19, 1965
Gero von Merhart, *Hallstatt und Italien. Gesammelte Aufsätze zur frühen Eisenzeit in Italien und Mitteleuropa*, Mainz 1969
H. Molitz und R. Strobel, *Äußere Ballistik*, Berlin 1963
Hermann Müller-Karpe, *Vom Anfang Roms*, Heidelberg 1959
Hermann Müller-Karpe, *Zur Stadtwerdung Roms*, Heidelberg 1962
Gustav Müller, *Durnomagus. Das römische Dormagen.*, Köln 1979
Margit Németh, *Denkmäler des Legionslagers von Aquincum*, Budapest 1986
Helmut Nickel, *Der mittelalterliche Reiterschild des Abendlandes*, Diss. Berlin 1958
Claude Nicolet, *Les equites Campani et leurs représentations figurées*, Mélanges d'Archéologie et d'Histoire 1962
David C. Nicolle, *The Impact of the European Couched Lance on Muslim Military Tradition*, The Journal of the Arms and Armour Society 10,1, 1980
David C. Nicolle, *Arms and Armour of the Crusading Era, 1050–1350*, 2 Bde., White Plains, N.Y. 1988
Rolf Nierhaus, *Das severische Gräberfeld von Diersheim*, Römisch-Germanische Forschungen 28, Berlin 1966
P.M. Nilsson, *The Introduction of Hoplite Tactics at Rome: Its Date and Its Consequences*, Journal of Roman Studies 19, 1929
J. D. A. Ogilvy, *The Stirrup and Feudalism*, University of Colorado Studies 10, 1966
Jürgen Oldenstein, *Zur Ausrüstung römischer Auxiliareinheiten*, 57. Bericht der Römisch-Germanischen Kommission, 1976
Bernhard Overbeck, *Numismatische Zeugnisse zu den spätrömischen Gardehelmen*, in Georg Kossack und Günter Ulbert (Hrsg.), „Studien zur vor- und frühgeschichtlichen Archäologie. Festschrift für Joachim Werner zum 65. Geburtstag" Teil I, München 1974
Oscar Paret, *Fundberichte. Neues aus Rottweil am Neckar*, in Fundberichte aus Schwaben NF 12, 1952
Vernon John Parry, Malcolm Edward Yapp (Hrsg.), *War, Technology and Society in the Middle East*, London 1975
Emilio Peruzzi, *Origini di Roma*, Bd. II, Florenz 1973
Liviu Petculescu, *Bronze Spearheads and Spear Butts from Dacia*, Journal of Roman Equipment Studies 2, 1991
Dan Peterson, *The Roman Legions Recreated in Colour Photographs*, London 1992
Hermann Pflug, *Antike Helme*, Katalog der Ausstellung im Rheinischen Landesmuseum Bonn, Köln, Bonn 1989
Hermann Pflug, *Schutz und Zier. Helme aus dem Antikenmuseum Berlin und Waffen anderer Sammlungen*, Katalog der Ausstellung im Antikenmuseum Basel, Basel 1989
Renate Pirling, *Ein Spangenhelm des Typs Baldenheim aus Leptis Magna in Libyen*, Festschrift Joachim Werner, Bd. II, München 1974

Dieter Planck, *Arae Flaviae I. Neue Untersuchungen zur Geschichte des römischen Rottweil*, Stuttgart 1975
Radomír Pleiner, *Alteuropäisches Schmiedehandwerk. Stand der metallkundlichen Forschung*, Prag 1962
Radomír Pleiner, *Zur Schmiedetechnik im römerzeitlichen Bayern*, Bayerische Vorgeschichtsblätter 35, 1970
Walter Pohl, *Die Awaren. Ein Steppenvolk in Mitteleuropa. 567-822 n. Chr.*, München 1988
Saxton T. Pope, *Yahi Archery*, in T.T. Waterman, „The Yana Indians", University of California Publications in American Archaeology and Ethnology 13, 1918
Johannes Prammer, *Das römische Straubing – Ausgrabungen – Schatzfund - Gäubodenmuseum*, München, Zürich 1989
P. L. Pratt, *The Arrow*, in Robert Hardy, „The Longbow", Cambridge 1976
Provincie Gelderland, *Provinciaal Museum G.M. Kam. Gelderse oudheden*, Nijmegen 1989
Klaus Raddatz, *Pfeilspitzen aus dem Moorfund von Nydam*, Offa 20, 1963
Klaus Raddatz, *Die Bewaffnung in der jüngeren römischen Kaiserzeit*, Nachrichten der Akademie der Wissenschaften Göttingen, Philologisch-Historische Klasse 1967
Klaus Raddatz, *Pfeil*, Reallexikon der germanischen Altertumskunde 3, 1978
Klaus Raddatz, *Der Thorsberger Moorfund, Katalog. Teile von Waffen und Pferdegeschirr, sonstige Fundstücke aus Metall und Glas, Ton- und Holzgefäße, Steingeräte*, Offa-Bücher 65, 1987
Gad Rausing, *The Bow. Some Notes on Its Origins and Development*, Bonn, Lund 1967
Fernando Rebecchi, *Le stele die età tetrarchica al museo di Aquileia. Documenti tardo-antichi per la storia della città*, Aquileia Nostra 47, 1976
David und Francesca R. Ridgway, *Italy Before the Romans. The Iron Age, Orientalizing and Etruscan Periods*, London 1979
Josef Röder, *Das Schwert von Vrasselt. Oberflächenuntersuchung*, Bonner Jahrbücher 177, 1977
Anne Ross, Richard Feachem, *Ritual Rubbish? – The Newstead Pits*, in John Vincent S. Megaw (Hrsg.), „To Illustrate the Monuments. Essays on Archaeology Presented to Stuart Piggot", London 1976
D. J. A. Ross, *L'originalité de ‚Turoldus': le maniement de la lance*, Cahiers de Civilisation Médiévale. Xe-XIIe Siècles 6, 1963
Michael J. Rostovtzeff, *Graffiti*, in P.V.C. Baur, M.J. Rostovtzeff und Alfred R. Bellinger (Hrsg.), „The Excavations at Dura-Europos. Preliminary Report of Fourth Season of Work", New Haven 1933
Agnès Rouveret, Angela Pontrandolfo, *Pittura funeria in Lucania e Campania. Puntualizzazioni cronologiche e proposte di lettura*, Dialoghi di Archeologia III/1, 1983
Berthold Rubin, *Die Entstehung der Kataphraktenreiterei im Lichte der chorezmischen Ausgrabungen*, Historia 4, 1955
F. Rundgren, *Über einige iranische Lehnwörter im Lateinischen und Griechischen*, Orientalia Suecana 6, 1957
Henry Russell Robinson, *Oriental Armour*, London 1967
Henry Russell Robinson, *The Armour of Imperial Rome*, London 1975
Henry Russell Robinson, *What the Soldiers Wore on Hadrian's Wall*, Newcastle upon Tyne 1976

Manfred Sachse, *Damaszenerstahl. Mythos, Geschichte, Technik, Anwendung*, Bremerhaven 1989

Ulrich Schaaff, *Etruskisch–römische Helme*, in Angelo Bottini u.a., „Antike Helme", Monographien des Römisch-Germanischen Zentralmuseums 14, Mainz 1988

Peter Schauer, *Der Rundschild der Bronze- und frühen Eisenzeit*, Jahrbuch des Römisch-Germanischen Zentralmuseums 27, 1980

Otmar Schissel von Fleischberg, *Spätantike Anleitung zum Bogenschießen*, Wiener Studien 59 und 60, 1941, 1942

Hans Schönberger, *Kastell Künzing-Quintana. Die Grabungen von 1958 bis 1966*, Berlin 1975

Wolfgang Schlüter, *Römer im Osnabrücker Land. Die archäologischen Untersuchungen in der Kalkrieser-Niewedder Senke*, Bramsche 1991

Ernst Hermann Schulz, *Über die metallkundliche Untersuchung einiger römischer Schwertklingen*, Technische Beiträge zur Archäologie 1, 1959

Eberhard Schürmann und Hermann Schroder, *Härte- und Glühverusche an dem Klingenbruchstück eines Nydam-Schwertes*, Archiv für das Eisenhüttenwesen 30, 1959

Eberhard Schürmann, *Untersuchungen an Nydam-Schwertern*, Archiv für das Einsenhüttenwesen 30, 1959

Ian R. Scott, *Spearheads of the British Limes*, Roman Frontier Studies 1979, British Archaeological Reports, International Series 71, Oxford 1986

K. Sellier, *Schußwaffen und Schußwirkungen. Ballistik, Medizin und Kriminalistik*, Lübeck 1969

Michael Simkins, *The Roman Army from Hadrian to Constantine*, London 1979

Michael Simkins, *The Roman Army from Caesar to Trajan*, London² 1984

Michael Simkins, *Warriors of Rome. An Illustrated Military History of the Roman Legions*, London 1988

Michael Simkins, *The Manica Lamminata*, Arma 2,2 1990

Anthony M. Snodgrass, *The Hoplite Reform and History*, The Journal of Hellenic Studies 85, 1965

Anthony M. Snodgrass, *Arms and Armour of the Greeks*, London 1967 (deutsche Übersetzung: *Wehr und Waffen im antiken Griechenland*, Mainz 1984)

Michael P. Speidel, *Catafractarii, Clibanarii and the Rise of the Later Roman Mailed Cavalry. A Gravestone from Claudiopolis in Bithynia*, Epigraphica Anatolica 4, 1984

Kurt Stade, *Beinplatten zur Bogenversteifung aus römischen Waffenplätzen*, Germania 17, 1933

Peter F. Stary, *Foreign Elements in Etruscan Arms and Armour: 8th to 3rd Centuries B.C.*, Proceedings of the Praehistoric Society 45, 1979

Peter F. Stary, *Keltische Waffen auf der Appeninnenhalbinsel*, Germania 57, 1979

Peter F. Stary, *Schutzwaffen der 2. Hälfte des 1. Jahrtausends v. Chr. aus Süditalien*, Hamburger Beiträge zur Archäologie 8, 1981

Peter F. Stary, *Zur eisenzeitlichen Bewaffnung und Kampfesweise in Mittelitalien*, Diss. Hamburg 1978, Marburger Studien zur Vor- und Frühgeschichte 3, Mainz 1981

Peter F. Stary, *Ursprung und Ausbreitung der eisenzeitlichen Ovalschilde mit spindelförmigem Schildbuckel*, Germania 59, 1981

Berta Stjernquist, *Runde Beschlagplatten mit Befestigungsöse*, Saalburg-Jahrbuch 13, 1954

P. Stuart, *Provincie van een imperium. Romeinse oudheden uit Nederland in het Rijksmuseum von Oudheden te Leiden*, Leiden 1986

Daniel Studer, *Frühgeschichtliche Kammhelme aus dem Kanton Tessin und dem weiteren südosteuropäischen Raum – ein Faktor bei der Entwicklung des spätrömischen Kammhelms?*, Helvetia Archaeologica 83, 1990

Donald Strong, David Brown (Hrsg.), *Roman Crafts*, London 1976

T. Sulimirski, *The Sarmatians*, London 1970

Edit B. Thomas, *Helme, Schilde, Dolche. Studien über römisch-pannonische Waffenfunde*, Amsterdam 1971

Karl Traga, *Eine Dolchscheide aus Poetovio*, Jahrbuch für Altertumkunde 3, 1909

William Trousdale, *The Long Sword and Scabbard Slide in Asia*, Smithsonian Contributions to Anthropology 17, 1975

R.F. Tylecote und B.J.J. Gilmour, *The Metallography of Early Ferrous Edge Tools and Edged Weapons*, British Archaelogical Reports, British Series 155, 1986

R.F. Tylecote, *The Early History of Metallurgy in Europe*, London 1987

Hansjörg Ubl, *Waffen und Uniform des römischen Heeres der Prinzipatsepoche nach den Grabreliefs Noricums und Pannoniens*, Diss. Wien (maschinenschriftlich) 1969

Günter Ulbert, *Römische Waffen des 1. Jahrhunderts n. Chr.*, Schriften des Limesmuseum Aalen 4, Stuttgart 1968

Günter Ulbert, *Gladii aus Pompeii. Vorarbeiten zu einem Corpus römischer Gladii*, Germania 47, 1969

Günter Ulbert, *Straubing und Nydam. Zu römischen Langschwertern der späten Limeszeit*, in Georg Kossak und Günter Ulbert (Hrsg.), „Studien zur Vor- und Frühgeschichtlichen Archäologie. Festschrift Joachim Werner“, 1, München 1974

Günter Ulbert, *Das Schwert und die eisernen Wurfgeschoßspitzen aus dem Grab von Es Soumâa*, in Heinz Günter Horn, Christoph B. Rüger (Hrsg.), „Die Numider, Reiter und Könige nördlich der Sahara“, Katalog der Ausstellung im Rheinischen Landesmuseum Bonn, 1979

Paul Vigneron, *Le cheval dans l'antiquité Gréco-romaine (des guerres médiques aux grandes invasions). Contribution à l'histoire des techniques*, 2 Bde., Diss. Straßburg 1967, Nancy 1968

Johannes Volkmann, *Die Waffentechnik in ihrem Einfluß auf das soziale Leben der Antike*, in L. von Wiese (Hrsg.), „Die Entwicklung der Kriegswaffen und ihr Zusammenhang mit der Sozialordnung“, Köln 1953

Thomas Völling, *Funditores im römischen Heer*, Saalburg-Jahrbuch 45, 1990

John Warry, *Warfare in the Classical World. An Illustrated Encyclopaedia of Weapons, Warriors and Warfare in the Civilisations of Greece and Rome*, London 1980 (deutsche Ausgabe *Die Kriegskunst der Griechen und Römer,* Köln 1981)

Götz Waurick, *Die Schutzwaffen im numidischen Grab von Es Soumâa*, in Heinz Günter Horn und Christoph B. Rüger (Hrsg.), „Die Numider“, Katalog der Ausstellung, Bonn 1979

Götz Waurick, *Soldaten in der römischen Kunst*, W.S. Hanson und L.F. J. Keppie (Hrsg.), Roman Frontier Studies 12, Oxford 1980

Götz Waurick, *Die römische Kettenrüstung von Weiler-la-Tour*, Hémecht 34, 1982

Götz Waurick, *Untersuchungen zur historisierenden Rüstung in der römischen Kunst*, Jahrbuch des Römisch-Germanischen Zentralmuseums Mainz 30, 1983

Götz Waurick, *Helm und Maske. Untersuchungen zu den römischen Gesichtshelmen*, Studien zu den Militärgrenzen Roms 3, 1986
Götz Waurick, *Römische Helme*, in Angelo Bottini u.a., „Antike Helme", Monographien des Römisch–Germanischen Zentralmuseum 14, Mainz 1988
Graham Webster, *The Roman Imperial Army of the First an Second Centuries A.D.*, London[4] 1985 (1969)
Graham Webster, J. Watson, J.W. Anstee, L. Biek, *The Swords and Pieces of Equipment*, In P. Bennett, S.S.Freare und S. Stow, „Excavations at Canterbury Castle", Canterbury 1982
F. Weege, *Oskische Grabmalerei*, Jahrbuch des kaiserlich Deutschen Archäologischen Instituts 24, 1909
Joachim Werner, *Bogenfragmente aus Carnuntum und von der unteren Wolga*, Euroasia Septentrionalis Antiqua 7, 1932
Joachim Werner, *Beiträge zur Archäologie des Attila-Reiches*, Abhandlungen der Bayerischen Akademie der Wissenschaften, Philosophisch-Historische Klasse, Neue Folge 38A, B, München 1956
Joachim Werner, *Spätrömische Schwertortbänder vom Typ Gundremmingen*, Bayerische Vorgeschichtsblätter 31, 1966
K.D. White, *Greek and Roman Technology*, Ithaca, N.Y. 1984
Lynn White Jr., *Medieval Technology and Social Change*, Oxford 1962 (deutsche Übersetzung *Die mittelalterliche Technik und der Wandel der Gesellschaft*, München 1968)
Lynn White Jr., *Introduction: The Reticenses of the Middle Ages*, in Rainer Berger (Hrsg.), „Scientific Methods in Medieval Archaeology", Berkeley-Los Angeles 1970
Lynn White Jr., *The Crusades and the Technological Thrust of the West*, in V. J. Parry und M.E. Yapp (Hrsg.), „War, Technology and Society in the Middle East", London 1975
Leopold von Wiese (Hrsg.), *Die Entwicklung der Kriegswaffe und ihr Zusammenhang mit der Sozialordnung*, Köln 1953
Peter Wilcox, *Rome's Enemies (3): Parthians and Sassanid Persians*, London 1986
John Peter Wild, *Fourth-Century Underwear with Special Reference to the Thoracomachus*, in M.W.C. Hassall und Robert Ireland, „De rebus bellicis", British Archeological Reports, International Series 63, 1979
J.J. Wilkes, Romans, *Dacians and Sarmatians*, in Brian Hartley und John Wacher (Hrsg.), „Rome and Her Northern Provinces", Gloucester 1983
A.R. Williams, *Roman Arms and Armour: A Technical Note*, Journal of Archaeological Science 4, 1977
Karl A. Wittfogel, *China und die osteurasische Kavallerie-Revolution*, Ural-altaische Jahrbücher 49, 1977
Jaap Ypey, *Europäische Waffen mit Damaszierung*, Archäologisches Korrespondenzblatt 12, 1982
Werner Zanier, *Römische dreiflügelige Pfeilspitzen*, Saalburg–Jahrbuch 44, 1988

ANHANG I

C. Benedetti, *La tomba Vetuloniese del "Littore" II. Il carro*, Studi Etruschi 28, 1960
Giuseppe Botti, *Il carro del sogno*, Aegyptus 31, 1951

Andrea Carandini, Andreana Ricci, Marietta de Vos, *Filosofiana. La Villa di Piazza Armerina. Immagine di un aristocratico romano al tempo di Costantino*, 2 Bde., Palermo 1982
John Coles, *Archaeology by Experiment*, London 1973
John Coles, *Experimental Archaeology*, London 1979
Johann Christian Ginzrot, *Die Wägen und Fuhrwerke der Griechen und Römer und anderer alten Völker nebst der Bespannung, Zaumzeug und Verzierung ihrer Zug-, Reit- und Lastthiere*, München 1817 (Nachdruck Hildesheim, New York 1975)
Marcus Junkelmann, *Die Reiter Roms. Teil I: Reise, Jagd, Triumph und Circusrennen*, Mainz 1990
H.A. Harris, *Sport in Greece and Rome*, London 1972
John H. Humphrey, *Roman Circuses. Arenas for Chariot Racing*, London 1986
Ann Hyland, *Equus. The Horse in the Roman World*, London 1990
Bernadette Letellier, *Le grand char plaqué d'or de Toutankhamon et son équipment*, in Christiane Desroches-Noblecourt (Hrsg.), „Ramsès le Grand“ Ausstellungskatalog, Paris 1976
R. Lefebvre Des Noettës, *L'Attelage, le Cheval de Selle à travers les âges. Contribution à l' histoire de l' Esclavage*, Paris 1931
Mary Aiken Littauer und Joost H. Crouwel, *Wheeled Vehicles and Ridden Animals in the Ancient Near East*, Leiden, Köln 1979
Mary Aiken Littauer und Joost H. Crouwel, *Chariots and Related Equipment from the Tomb of Tut'Ankhamun*, Oxford 1985
Eugen von Mercklin, *Der Rennwagen in Griechenland*, Teil I, Diss. Leipzig 1909 (Teil II nie erschienen)
Hans Nachod, *Der Rennwagen bei den Italikern und ihren Nachbarn*, Diss. Leipzig 1909
Oskar Nuoffer, *Der Rennwagen im Altertum*, Teil I, Diss. Leipzig 1904
Edmund Saglio, *Currus*, in Daremberg–Saglio, „Dictionnaire des Antiquités Grecques et Romaines“ 1,2, 1887
Giuseppina Pisani Sartorio, *Mezzi di trasporto e traffico*, Vita e costumi dei Romani antichi 6, Rom 1988
J. Spruytte, *Etudes expérimentales sur l'attelage. Contribution à l'histoire du cheval*, Paris 1977
J. Spruytte, *Early Harness Systems: Experimental Studies: Contribution to the History of the Horse*, London 1983
Paul Vigneron. *Le cheval dans l'antiquité Gréco-romaine (des guerres médiques aux grandes invasions). Contribution à l'histoire des techniques*, 2 Bde., Diss. Straßbourg, 1967, Nancy 1968

ANHANG II

A. Burford, *Heavy Transport in Classical Antiquity*, The Economic Review 13, 1960
Hugh Chapman, *Roman Vehicle Construction in the North-West Provinces*, in Sean McGnail (Hrsg.), „Woodworking Techniques before A.D. 1500“, British Archaeological Reports, International Series 129, 1982
Jan Filip, *Pferd*, in Jan Filip (Hrsg.), „Enzyklopädisches Handbuch zur Ur- und Frühgeschichte Europas“, Bd. 2, Stuttgart 1969

Moses I. Finley, *The Ancient Economy*, London 1973 (deutsche Ausgabe *Die antike Wirtschaft*, München 1977)
D.R. Freitag, *History of Wheels for Off-Road Transport*, Journal of Terramechanics 16, 1979
Hanns Gabelmann, *Ein Wagenrelief in Pesaro*, in D. Metzler (Hrsg.), „Antidoron. Festschrift für Jürgen Thimme“, Karlsruhe 1983
Jochen Garbsch, *Mann und Roß und Wagen. Transport und Verkehr im antiken Bayern*, Ausstellungskatalog der Prähistorischen Staatssammlung München, München 1986
Kevin Greene, *The Archaeology of the Roman Economy*, Berkeley und Los Angeles 1986
R. H. Hilton, P. H. Sawyer, *Technical Determinism: the Stirrup and the Plough*, Past and Present 24, 1963
Marcus Junkelmann, *Die Reiter Roms. Teil I: Reise, Jagd, Triumph und Circusrennen*, Mainz 1990
John Gray Landels, *Engineering in the Ancient World*, London 1978 (deutsche Übersetzung, *Die Technik in der antiken Welt*, München 1989)
R. Lefebvre Des Noettës, *L'Attelage, le Cheval de Selle à travers les âges. Contribution à l' histoire de l' Esclavage*, Paris 1931
Albert C. Leighton, *Transport and Communications in Early Medieval Europe*, Newton Abbot 1972
Mary Aiken Littauer, *The Function of the Yoke Saddle in Ancient Harnessing*, Antiquity 42, 1968
Mary Aiken Littauer, Joost H. Crouwel, *Wheeled Vehicles and Ridden Animals in the Ancient Near East*, Leiden, Köln 1979
Marc E. Mariën, *Römisches Grab mit Wagenteilen und Pferdegeschirr von Long Pont, Gem. Thorembais-Saint-Trond (Prov. Brabant, Belgien)*, Archäologisches Korrespondenzblatt 9, 1979
Michel Molin, *Quelques considérations sur le charriot des vendanges de Langres, (Haute Marne)*, Gallia 42, 1984
Sylvia Palágyi, *Über Pferdegeschirr- und Jochkonstruktionen von Inota*, Studien zu den Militärgrenzen Roms III, 1986
Henri Polge, *L'amélioration de l'attelage a-t-elle reéllement fait reculer le servage?*, Journal des Savants 1967
Georges Raepsaet, *La faiblesse de l'attelage antique : La fin d'un mythe?*, L'Antiquité Classique 48, 1979
Georges Raepsaet, *Attelages antiques dans le Nord de la Gaule – les Systèmes de Traction par Equides*, Trierer Zeitschrift 45, 1982
Christoph Wilhelm Röring, *Bemerkungen zum römischen Wagen aus Fenz, Kreis Düren*, Archäologisches Korrespondenzblatt 8, 1978
Christoph Wilhlem Röring, *Untersuchungen zu römischen Reisewagen*, Diss. Bonn 1981, Koblenz 1983
Giuseppina Pisani Sartorio, *Mezzi di trasporto e traffico*, Vita e costumi dei Romani antichi 6, Rom 1988
H. Schwab, *Le Rondet – eine römische Brücke im großen Moos*, Archäologisches Korrespondenzblatt 3, 1973
J. Spruytte, *Etudes expérimentales sur l'attelage. Contribution à l'histoire du cheval*, Paris 1977

J. Spruytte, *Early Harness Systems: Experimental Studies: Contribution to the History of the Horse*, London 1983

László Tarr, *Karren, Kutsche, Karosse*, Berlin[2] 1978 (aus dem Ungarischen), 1968

Paul Vigneron, *Le cheval dans l'antiquité Gréco-romaine (des guerres médiques aux grandes invasions). Contribution à l'histoire des techiniques*, 2 Bde., Diss. Straßburg, 1967, Nancy 1968

K.D. White, *Farm Equipment of the Roman World*, Cambridge 1975

K.D. White, *Greek and Roman Technology*, London 1984

Lynn White jun., *Medieval Technology and Social Change*, Oxford 1962 (deutsche Übersetzung *Die mittelalterliche Technik und der Wandel der Gesellschaft*, München 1968)

E. Zahn, *Die Igeler Säule bei Trier*, Neuss 1968

Nach Drucklegung dieses Bandes erschien das Werk von

Karen R. Dixon und Pat Southern, *The Roman Cavalry. From the First to the Third Century AD*, London 1992. Siehe hierzu meine Besprechung in Bonner Jahrbücher 192, 1992.

Fotonachweis

nach *Altertümer von Pergamon*: X,1939: 182
Archivio della Soprintendenza Archeologica di Roma: 180
Bayerisches Landesamt für Denkmalpflege Würzburg: 2, 168
Gerhard Bortenschlager, Mainburg: 49, 59, 135–139, 142
Courtesy of the Trustees of the British Museum London: 90, 99
C.A.T. Medienproduktion: 12, 23, 47, 54–58, 63, 64, 74, 75, 91, 104–107, 110, 111, 115, 116, 122–124, 133, 134, 140, 141, 143, 146, 148, 173,
Deutsches Archäologisches Institut, Rom: 118, 119, 195
F. u. C. di Querci, Mantua: 156, 157
Gäubodenmuseum Straubing: 189–191
Nikolaus Grohmann: 50, 108, 109
Historisches Museum der Pfalz, Speyer: 19
Landesmuseum Kärnten, Klagenfurt: 16
Kulturstiftung für den Landkreis Merzig-Wadern: 80
Landesamt für Denkmalpflege Koblenz: 161
Landesmuseum Mainz: 46
Musée d'Art et d'Histoire, Auxerre: 34
Musée Luxembourgeois, Arlon: 158, 163
Musei e Gallerie Pontificie, Vatikan: 164
Museum of Antiquities of the University and Society of Antiquaries of Newcastle upon Tyne: 187
Museum für Vor- und Frühgeschichte Frankfurt a. M.: 144, 171
Museum Ptuj: 127
Museum Wiesbaden: 166
Niederrheinisches Museum der Stadt Duisburg: 3, 37
Georg Nußbaum: 169
Dan Peterson: 67
Ludwig Pfaud: 131, 132
Prähistorische Staatssammlung München: 8, 98, 100, 101, 102, 145
Regione Autonoma Valle d'Aosta, Servizio Beni Archeologici: 82
Rheinisches Bildarchiv Köln: 35, 83, 84, 117
Rheinisches Landesmuseum Bonn: 14, 87, 91, 92, 97, 129, 130, 170, 181, 188
Rheinisches Landesmuseum Trier: 20
Rijksmuseum van Oudheden, Leiden: 4, 85, 86, 160, 172
Römermuseum der Stadt Augsburg: 10

FOTONACHWEIS

Römisch-Germanisches Zentralmuseum Mainz: 36
nach M. J. Rostovtzeff u.a., *The Excavations at Dura-Europos. Preliminary Reports of Sixth Season of Work*, Plate XXII.3.: 196
Royal Museum of Scotland, Edinburgh: 7, 11, 15, 21, 41, 93, 120, 126, 159, 185, 186
David Schiller, Zeitschrift „Visier": 60, 61
Schweizerisches Landesmuseum Zürich: 62
Stefan Sturm, Neuss: 42
Ulrich Sauerborn: 6, 121, 167
Ungarisches Nationalmuseum, Budapest: 165
Verfasser: Titelbild, 17, 38, 22, 24–26, 38, 48–53, 65, 66, 68–73, 147, 174
Wadsworth Athenaeum, Hartford, Conn.: 81
Westfälisches Museum für Archäologie, Münster: 13, 18
Württembergisches Landesmuseum Stuttgart: 43
Yale University Collection, New Haven, Courtesy of the Dura-Europos-Collection: 178

Korrekturen:

Die auf Seite 92 erwähnte Darstellung genagelter Hufeisen auf einem Hippolytussarkophag im Camposanto von Pisa braucht nach persönlicher Autopsie der Skulptur nicht auf eine spätere Überarbeitung zurückgeführt zu werden, da überhaupt keine eindeutige Abbildung von Hufeisen vorliegt. Der Künstler hat, wohl aus gestalterischen Gründen, lediglich zwei Hufeisen einen wulstigen unteren Rand gegeben, ohne jedoch eine klare Trennlinie zu ziehen oder irgendwie Nagelung anzudeuten.

Das auf Abb. 192 (S. 211) gezeigte Lederfragment dürfte nach neuesten Erkenntnissen zu einem Lederzelt und nicht zu einem Pferdebugpanzer gehören. (Briefliche Mitteilung von Carol van Driel-Murray vom 1. April 1992)

Register

HINWEISE ZUM REGISTER

Berücksichtigt sind Personen-, Orts-, antike Länder- und Völkernamen sowie Sachbegriffe im Text und in den Abbildungslegenden, nicht jedoch, in den Quellen-, Literatur- und Abbildungsverzeichnissen verzeichnete und die auf Abbildungen eingetragenen.

Römische Eigennamen sind, soweit es sich um berühmte Personen handelt, unter dem geläufigsten Namensbestandteil zu finden, ansonsten unter dem *nomen gentile.*

PHILIPP VON ZABERN · KULTURGESCHICHTE DER ANTIKEN WELT

Band 1:
John Boardman
Schwarzfigurige Vasen aus Athen
Einführung und Handbuch
278 Seiten; 321 Abbildungen

Band 2: *vergriffen*
Maria Alföldi
Antike Numismatik
Teil 1: Theorie und Praxis

Band 3:
Maria Alföldi
Antike Numismatik
Teil 2: Bibliographie

Band 4:
John Boardman
Rotfigurige Vasen aus Athen
Die archaische Zeit
285 Seiten; 528 Abbildungen

Band 5:
John Boardman
Griechische Plastik
Die archaische Zeit
297 Seiten; 481 Abbildungen

Band 6:
Karl-Theodor Zauzich
Hieroglyphen ohne Geheimnis
Eine Einführung in die
altägyptische Schrift
125 Seiten; 8 Farb- und
6 Schwarzweißabbildungen

Band 7:
Friedrich Karl Dörner
Vom Bosporus zum Ararat
Reise- und Fundberichte aus
Kleinasien

Band 8: *vergriffen*
Friedrich Richter
Wilhelm Hornbostel
Unser tägliches Griechisch

Band 9: *vergriffen*
Sybille Haynes
Die Tochter des Augurs

Band 10: *vergriffen*
Volkert Haas
Hethitische Berggötter und
hurritische Steindämonen
Riten, Kulte und Mythen

Band 11: *vergriffen*
Labib Habachi
Die unsterblichen Obelisken
Ägyptens

Band 12: *vergriffen*
Gerd Hagenow
Aus dem Weingarten der Antike

Band 13: *vergriffen*
Denys Haynes
Griechische Kunst und die
Entdeckung der Freiheit

Band 14: *vergriffen*
W. K. Lacey
Die Familie im antiken
Griechenland

Band 15: *vergriffen*
Jost Perfahl
Wiedersehen mit Argos und
andere Nachrichten über Hunde
in der Antike

Band 16: *vergriffen*
Karl Schefold
Die Bedeutung der griechischen
Kunst für das Verständnis des
Evangeliums

Band 17: *vergriffen*
J. M. C. Toynbee
Tierwelt der Antike

Band 18: *vergriffen*
Hilde Rühfel
Das Kind in der griechischen
Kunst

Band 19: *vergriffen*
Hilde Rühfel
Kinderleben im klassischen Athen

Band 20: *vergriffen*
A. M. Snodgrass
Wehr und Waffen im antiken
Griechenland

Band 21: *vergriffen*
Patricia und Don R. Brothwell
Manna und Hirse
Eine Kulturgeschichte der
Ernährung

Band 22: *vergriffen*
Roland Hampe
Antikes und modernes
Griechenland

Band 23: *vergriffen*
Donna C. Kurtz/John Boardman
Thanatos
Tod und Jenseits bei den Griechen

Band 24: *vergriffen*
Alison Burford
Künstler und Handwerker in
Griechenland und Rom

Band 25: *vergriffen*
Howard Hayes Scullard
Römische Feste
Kalender und Kult

Band 26: *vergriffen*
Hermann Müller-Karpe
Frauen des 13. Jahrhunderts
v. Chr.

Band 27: *vergriffen*
Barbara Deppert-Lippitz
Griechischer Goldschmuck

Band 30:
Rainer Stadelmann
Die ägyptischen Pyramiden
Vom Ziegelbau zum Weltwunder
313 Seiten; 94 Textabbildungen;
23 Farb- und 54 Schwarzweiß-
tafeln
3., erweiterte Auflage

Band 31: *vergriffen*
Claude Bérard,
Jean Pierre Vernant u. a.
Die Bilderwelt der Griechen

Band 32: *vergriffen*
Frédéric L. Bastet
Hinter den Kulissen der Antike

Band 33:
Marcus Junkelmann
Die Legionen des Augustus
Der römische Soldat
im archäologischen Experiment
313 Seiten mit 24 Textabbildungen;
80 Tafeln mit 31 Farb- und
126 Schwarzweißabbildungen

Band 34: *vergriffen*
Erika Simon
Die konstantinischen Decken-
gemälde in Trier

PHILIPP VON ZABERN · KULTURGESCHICHTE DER ANTIKEN WELT

Band 35:
John Boardman
Griechische Plastik
Die klassische Zeit
323 Seiten mit 412 Abbildungen; 8 Farbtafeln

Band 36: *vergriffen*
Thomas Hägg
Eros und Tyche

Band 37: *vergriffen*
Anne Johnson
Römische Kastelle

Band 38: *vergriffen*
H. W. Parke
Athenische Feste

Band 39:
Bernard Andreae
Laokoon und die Gründung Roms
220 Seiten mit 14 Abbildungen; 40 Tafeln mit 30 Farb- und 22 Schwarzweißabbildungen

Band 40: *vergriffen*
Friedrich Karl und Eleonore Dörner
Von Pergamon zum Nemrud Dağ
Die archäologischen Entdeckungen Carl Humanns

Band 41: *vergriffen*
John M. Camp
Die Agora von Athen
Ausgrabungen im Herzen des klassischen Athen

Band 42: *vergriffen*
Bettina Schmitz/Ute Steffgen (Hrsg.)
Waren sie nur schön?
Frauen im Spiegel der Jahrtausende

Band 43: *vergriffen*
Werner Ekschmitt
Weltmodelle
Griechische Weltbilder von Thales bis Ptolemäus

Band 44: *vergriffen*
John S. Morrison/John F. Coates
Die athenische Triere
Geschichte und Rekonstruktion eines Kriegsschiffs der griechischen Antike

Band 45:
Marcus Junkelmann
Die Reiter Roms
Teil I: Reise, Jagd, Triumph und Circusrennen
293 Seiten; 49 Farb- und 234 Schwarzweißabbildungen

Band 46: *vergriffen*
Michael Siebler
Troia – Homer – Schliemann

Band 47:
Arthur D. Trendall
Rotfigurige Vasen aus Unteritalien und Sizilien
343 Seiten; 595 Abbildungen

Band 48.
Rotfigurige Vasen aus Athen
Die klassische Zeit
287 Seiten; 566 Schwarzweißabbildungen

Band 49:
Marcus Junkelmann
Die Reiter Roms
Teil II: Der militärische Einsatz
222 Seiten; 27 Farb- und 91 Schwarzweißabbildungen

Band 50: *vergriffen*
Karl-Wilhelm Weeber
Humor in der Antike

Band 51:
Karl Jaroš
Kanaan · Israel · Palästina
Ein Gang durch die Geschichte des Heiligen Landes
184 Seiten; 27 Karten; 31 Abbildungen

Band 52:
Bernhard Kytzler
Lutz Redemund
Unser tägliches Latein
Lexikon des lateinischen Spracherbes
XXXIX, 994 Seiten
3., erweiterte Auflage

Band 53:
Marcus Junkelmann
Die Reiter Roms
Teil III: Zubehör, Reitweise, Bewaffnung
227 Seiten; 33 Farb- und 166 Schwarzweißabbildungen

Band 54: *vergriffen*
Hans Georg Gundel
Zodiakos
Tierkreisbilder im Altertum

Band 55:
Heidemarie Koch
Es kündet Dareios der König ...
Vom Leben im persischen Großreich
V, 309 Seiten; 199 Textabbildungen; 36 Farbtafeln

Band 56: *vergriffen*
Stephanos Geroulanos
René Bridler
Trauma
Wund-Entstehung und Wund-Pflege im antiken Griechenland

Band 57:
M. Carroll-Spillecke u. a.
Der Garten von der Antike bis zum Mittelalter
293 Seiten; 95 Textabbildungen; 39 Farbtafeln

Band 58: *vergriffen*
Werner Ekschmitt
Ugarít – Qumrán – Nag Hámmadi
Die großen Schriftfunde zur Bibel

Band 59:
Ralf-Bernhard Wartke
Urartu
Das Reich am Ararat
189 Seiten mit 90 Textabbildungen, 64 Farb- und 26 Schwarzweißtafeln, 2 Karten

Band 60:
Geoffrey Thorndike Martin
Auf der Suche nach dem verlorenen Grab
Neue Ausgrabungen verschollener und unbekannter Grabanlagen in Memphis
283 Seiten mit 128 Abbildungen, 16 Tafeln mit 27 Farbabbildungen

Band 61:
Paul Zanker
Pompeji
Stadtbild und Wohngeschmack
238 Seiten mit 113 Schwarzweißabbildungen, 16 Farbtafeln mit 22 Abbildungen

PHILIPP VON ZABERN · KULTURGESCHICHTE DER ANTIKEN WELT

Band 62:
Alfred Stückelberger
Bild und Wort · Das illustrierte Fachbuch in der antiken Naturwissenschaft, Medizin und Technik
139 Seiten mit 61 Abbildungen, 37 Farb- und 2 Schwarzweißtafeln

Band 63:
Karl Jaroš
Wurzeln des Glaubens
Zur Entwicklung der Gottesvorstellung bei Juden, Christen und Muslimen
277 Seiten mit 54 Schwarzweiß- und 2 Farbabbildungen

Band 64:
Rainer Hannig
Die Sprache der Pharaonen
Großes Handwörterbuch
Ägyptisch – Deutsch
(2800 bis 950 v. Chr.)
LIX, 1414 Seiten, 21 Karten

Band 65:
Conrad Stibbe
Das andere Sparta
316 Seiten mit 143 Abbildungen, 16 Farbtafeln

Band 66:
Bernard Andreae
»Am Birnbaum«
Gärten und Parks im antiken Rom, in den Vesuvstädten und in Ostia
148 Seiten mit 32 Abbildungen, 32 Farbtafeln

Band 67:
Orhan Bingöl
Malerei und Mosaik der Antike in der Türkei
147 Seiten mit 96 Abbildungen, 32 Farbtafeln mit 59 Abbildungen

Band 68:
Nikolaus Himmelmann
Minima Archaeologica
298 Seiten mit 149 Abbildungen

Band 69:
Karol Myśliwiec
Herr beider Länder
288 Seiten mit 22 Strich-, 87 Schwarzweiß- und 24 Farbabbildungen auf 15 Tafeln

Band 70:
Dietrich Sahrhage
Fischfang und Fischkult im alten Ägypten
ca. 230 Seiten mit 90 Abbildungen, 24 Farbtafeln

Band 71:
Karl Jaroš
Esther
Geschichte und Legende
125 Seiten mit 7 Abbildungen, 7 Farbtafeln

Band 72 und 73:
In Vorbereitung

Band 74:
Thomas G. Schattner (Hrsg.)
Archäologischer Wegweiser durch Portugal
ca. 300 Seiten mit 200 Abbildungen (Fotos, Pläne, Zeichnungen, davon ca. 15 als Farbfotos)

Band 75:
Marcus Junkelmann
Panis Militaris oder der Grundstoff der Macht
254 Seiten mit 10 Farb- und 84 Schwarzweißabbildungen, 18 Tafeln mit 33 Farbabbildungen

Sonderband:
Werner Ekschmitt
Die Sieben Weltwunder
Ihre Erbauung, Zerstörung und Wiederentdeckung
293 Seiten; 100 Abbildungen; 28 Farb- und 50 Schwarzweißtafeln
10. Auflage

Sonderband: *vergriffen*
Homer
Die Odyssee
In gekürzter Form nacherzählt von Eva Jantzen und bibliophil illustriert von Brinna Otto

Sonderband: *vergriffen*
Edmund Buchner
Die Sonnenuhr des Augustus

Sonderband: *vergriffen*
Eva Jantzen
Homer – Die Odyssee

Sonderband: *vergriffen*
Ausgrabungen, Funde, Forschungen des Deutschen Archäologischen Instituts

Sonderband: *vergriffen*
Roland Hampe/Erika Simon
Griechisches Leben im Spiegel der Kunst

Sonderband: *vergriffen*
Wiktor A. Daszewski
Dionysos der Erlöser
Griechische Mythen im spätantiken Zypern

Sonderband: *vergriffen*
Nikolas Yalouris
Pegasus · Ein Mythos in der Kunst

Sonderband: *vergriffen*
Gloria London
Töpferei auf Zypern
Damals – heute

Sonderband: *vergriffen*
Werner Ekschmitt
Die Kykladen
Bronzezeit, Geometrische und Archaische Zeit

Sonderband: *vergriffen*
Oleg V. Volkoff
1000 Jahre Kairo